Curriculum
Epistemicide

탈식민주의와
교육과정연구

Curriculum
Epistemicide

탈식민주의와
교육과정연구

João M. Paraskeva

김영천·최성호 옮김

아카데미프레스

Curriculum Epistemicide: Towards an Itinerant Curriculum Theory

by João M. Paraskeva

Printed in Korea

ISBN: 979-89-968103-3-7

저자 소개

João M. Paraskeva는 현재 미국의 매사추세츠주 다트머스 대학교의 Educational Leadership and Policy Studites의 교수로 재직하고 있다. 그는 매사추세츠 대학교에서 Educational Leadership 학과장(2009~2016)과 대학원장(2009~2016)을 역임하였다. 또한 그는 포르투갈의 Minho 대학교의 교수, 미국의 위스콘신 매디슨 대학교의 명예교수, 스페인 La Coruna 대학교 등 다수의 대학교에서 객원교수로 재직하였다.

　Paraskeva는 사회과학과 인문학의 분야를 넘나들며 주로 사회와 인지적 정의를 다루기 위한 교육학과 교육과정적 이론, 정책, 평등과 혁신 등의 주제를 연구하였다. 그는 비판적, 후기 구조주의, 반식민주의, 탈식민주의적 접근을 통한 간학문적 접근을 시도하였으며, 교실에서 생산되고 촉진되는 인식론적 파시즘의 근원으로서 현대의 서구 유럽 중심의 분석에 도전하기 위해 순회하는 교육과정 이론(Itinerant Curriculum Theory, ICT)이라는 새로운 이론적 접근법을 만들어 냈다. 대표적인 저서로는 *Conflicts in Curriculum Theories: Challenging Hegemonic Epistemologies*(2011), *Curriculum: Decanonizing the Field*(2014), *Towards a Just Curriculum Theory*(2018) 등이 있다.

🍏 책 목록

(2009) *Unaccomplished Utopia. Neoconservative Dismantling of Public Higher Education in the European Union*. Rotterdam: Sense Publishers.

(2011) *Conflicts in Curriculum Theories. Challenging Hegemonic Epistemologies*. New York: Palgrave.

(2012) *Globalisms and Power. Iberian Educational and Curriculum Policies*. New York: Peter Lang (co-edit with Jurjo Torres Santome).

(2014) *Conflicts in Curriculum Theories. Challenging Hegemonic Epistemologies*. New York: Palgrave (Updated paperback edition with a new afterword from Antonia Darder).

(2014) *Transformative Educators and Researchers for Democracy-Dartmouth Dialogues*. Boston: Sense (co-edit with Thad Lavallee).

(2015) *Curriculum: Decanonizing the Field*. New York: Peter Lang.

(2015) *Curriculum: Whose Internationalization?* New York: Peter Lang.

(2016) *Curriculum Epistemicides*. New York: Routledge.

(2017) *International Critical Pedagogy Reader*. New York: Routledge (with Antonia Darder and Peter Mayo).

(2018) *Towards a Just Curriculum Theory: The Epistemicide*. New York: Routledge.

(2019) *Critical Transformative Leadership and Policy Studies: Lessons from Leading Voices*. MA: Meyers Educational Press.

(2020) *Generation of Utopia*. New York: Routledge.

저자 서문

해방하는 인식론의 무자비함과 위조: 험난한 여정

식민주의는 폭력에 의해 억압되어 온 사람들의 인권을 부정하고, Marx가 인간 이하의 상태라고 부르는 고통과 무지의 상태에 머무르도록 강요한다. 인종 차별주의는 법률, 제도, 그리고 생산과 교환의 식민주의적인 방법의 본질에 뿌리를 두고 있다. 정치적이고 사회적인 규제는 서로를 강화시킨다. 원주민은 인간 이하의 존재이기 때문에 인권 선언은 그들에게 적용되지 않는다. 달리 말하면 그들은 인권이 없기 때문에 비인격적 억압으로부터의 보호를 받지 못한다. 이 억압은 식민적 실천(praxis)을 함께 가져왔으며, 식민적 조직으로부터 매 순간 생겨났고, 그리고 이는 두 부류를 정의하는 생산의 관계로부터 지속되었다. 그중 한 부류는 개인을 그들의 권리를 행사함으로써 인격적 존재가 되는 특권과 인간성(humanity)의 집단이고, 다른 부류는 권리 제한의 고통을 거부하고, 만성적 굶주림, 무지함 또는 일반적으로 인간 이하의 것이라 불리는 자들이었다.

—Albert Memmi(1965)

50년 전, Albert Memmi[1]는 자신의 위대한 책인 *The Colonized and the Colonizer*에서 권력의 식민성에 대한 이전의 비판을 더 많이 제시했다. 이 비판에서, Memmi는 서구의 엘리트 주체성과 비교하여 하층민이나 원주민을 인간 이하의 존재로 여기는 인종 차별주의와 식민적 실천의 비인간적 행위를 솔직하게 드러냈다. 그렇게 함으로써, Memmi는 서양의 제국주의의 잔인함과 포악성에 주목할 것을 주장하였고, 위조된 합법성과 독점은 권력의 식민성을 유지하는 지식 생산의 방법을 제공했다. Memmi의 무절제한 비판은 최초로 식민적 조직을 발생시킨 조직으로부터 발생된 객관성과 우월성의 비인간화의 반복에 근거한 생산의 인식 말살적 인식의 방법에 도전한다.

유사하게도, João Paraskeva가 이 책에서 말한 것처럼 Memmi도 서양의 헤게모니적 인권 프로젝트를 신랄하게 비판한다. 매우 명백해진 것은, 보기에는 자비로운 인권에 대한 관점이 실제로는 어떻게 기만적인 분열과 헤게모니적 장치의 모호함으로써의 기능을 하는지는 오직 이러한 질문들을 통해 이해할 수 있다는 것이다. Paraskeva가 지대한 영향을 받은 Boaventura de Sousa Santos[2](2007)의 분석에서, 이 관념적 장치를 유지하는 모더니스트의 관념은 **심연의 분단**(abyssal divide)을 만들어 낸 장본인으로서 이해될 수 있다. 즉, 구분되는 선을 기준으로 식민적 조직의 권한 밖에 놓여 있는 모든 것을 존재하지 않고 인간 이하의 것이며, 또는 기껏해야 관련이 없다고 선언함으로써 이 구분선은 매우 엄격하게 그려져 있다. 그만큼, 서구 이외의 사람들이 인간 이하의 존재라는 뿌리 깊게 자리 잡은 신념은 심지어 자유주의를 철저히 옹호하는 사람들의 마음에도 서구 중심의 사고방식이 계속해서 머무르게 만들었다. 유엔의 인권 선언 이후 거의 70년이 지난 지금, 서구의 배척 사상의 근저에 있는 권력의 식민성과 파괴적인 세속적 징후가 사실상 변하지 않은 채로 끈질기게 남아 있는 것은 놀라운 일이 아니다. 한편, 모든 선을 추구하는 캠페인과 선언에도 불구하고, Paulo Freire(1971)가 의도적이든지 의도적이지 않든지 **거짓된 관용**(false generosity)이라 칭한 것에 기초한 인권의 정치는 학교와 사회 내에서 만발하고 있는 근본적인 식민적 조직을 변화시키는 데 비참하게 실패했다.

이 과정에서, 권력의 식민성에 도전하고 권력과 힘의 재분배의 실제적인 구조적 변화를 요구하는 종속적인(subaltern) 인식론적 대안들은 쉽게 근대성의 패권 세력으로부터 강력한 죽음의 문턱에 도달한 존재가 되었다. 여기서 우리는 식민지화, 우주의 팽창, 인류의 발전을 위한 필요성에 따른 물질적 정복을 폐쇄적으로 배치하는 억압적인 교육과정의 세계관의 비교 가능성과 지속적인 역사적 상호작용을 발견할 수 있다. 이러한 문화적인 죽음의 문턱에 도달한 맥락에 반대하는 Paraskeva는 해방적인 잔인함은 우리의 삶과 인간성에 대해 그럴듯해 보이는 절대적인 권위를 가지는 서구의 현대 유럽 중심적인 인식론적 관점의 우생학적 지배로부터 우리를 해방시킬 수 있다고 주장한다. 그러므로 Paraskeva와 더불어 혁명적인 학자들의 위대한 전통에 포함된 무자비한 비평가들의 급진적인 관념으로부터 이 짧은 서문을 시작하는 것이 가장 적합한 것으로 보인다.

🍎 왜 무자비함인가?

이럴 때는 설득력 없는 맹렬한 모순이 필요하다. 오! 내가 능력이 있다면, 그리고 국가의 귀에 닿을 수 있다면, 나는 오늘까지 맹렬한 조롱과, 격렬한 비난, 조소적인 빈정거림, 그리고 심한 질책의 맹렬한 물줄기를 쏟아부었을 것이다. 필요한 것은 한줄기 빛이 아니라 불이고, 온화한 빗줄기가 아닌 천둥이다. 우리는 폭풍, 돌풍, 지진이 필요하다. 국가의 감정은 반드시 활발해져야 하며, 국가의 양심은 반드시 각성되어야 하고, 국가의 적절성에 반드시 의문이 던져져야 하며, 국가의 위선은 반드시 드러나야 하고, 신과 인간에 반하는 범죄는 반드시 선포되고 비난받아야 한다.

—Frederick Douglass[3](1852)

왜 무지비하냐는 비난에 대응하기 위해, "권력은 요구 없이는 아무것도 용납하지 않는다. 그런 적도 없고 앞으로도 없을 것이다."라고 우리를 상기시키는 Frederick Douglass의 열정적인 말을 인용할 수 있다. 세계의 비판적 교육자, 운동가, 문화적 시민으로서 우리는 바로 우리의 인간성을 위한 무자비한 세계적인 투쟁에 몰두하고 있는데, 이는 우리에게 대담한 정직과 용기로 특히 현대적인 형태인 선진 자본주의의 착취적인 폐해를 집중적으로 비난할 수 있는 불굴의 정신을 가지도록 요구한다. 우리는 자유 시장의 인식론적 학살로부터 안전하게 지지받는 신자유주의의 계략의 시대에 살고 있다. 이러한 풍토는 우리의 신체와 인식적 존재를 철저히 분리시키고, 우리를 시장의 논리로써 착취 가능한 존재로 인식하며, 진정한 인권 법률의 제정의 가능성을 약화시킨다. 이 과정에서 우리의 삶과 노동, 그리고 우리의 꿈의 역동성 있는 생명력은 오늘날 우리의 행성을 지배하고 있는 '물질만능주의(money gods)'에 의해 매일 빼앗기고 있다.

신자유주의의 금전적 처벌의 회피에 맞서기 위해 필요한 것은 Douglass가 말한 무자비함이다. 즉, 필요한 것은 한줄기 빛이 아니라 물이고, 온화한 빗줄기가 아닌 천둥이다! 우리 인류에 대한 냉담하고 뻔뻔한 공격들이 무수히 쏟아지는 가운데, 사회 정의를 위한 우리의 오랜 역사적 투쟁의 정당성을 부정하는 압도적인 세력과 맞서는 데 있어서 순진하게 있지도, 무신경하지도 않을 것이다. 또한 억압하는 세력이 부당하게 획득한 권위와 물질적 지배에 우리가 아무런 저항도 없이 쉽게 굴복한다고 말할 수도 없다. 그리고 우리는 권력자들의 해방적 주장으로부터 흘러나온 도덕적 빛에 마치 마술처럼 신기하게 반응을 보일 수도 없다. 대신에 Paraskeva는 우리의 정치적 실천은 반드시 인식론적 맹렬함과 우리의 종속 상태의 감정들에 깊숙이 고정되어야 한다고 주장한다. 이 지점은 우리가 진정으로 서구의 억압적인 독재의 무거운 멍에를 벗을 수 있는 유일한 장소로서, 빈곤, 식민지화, 노예화, 대량 학살의 쓰라린 역사를 불러일으켜 왔다.

Paraskeva는 이 모든 것을 고려하며, 어떻게 우리가 세상을 인식하고 경험하고(개별적이든 공동체적이든), 어떻게 문제를 식별하고 해결책에 이름을 붙이며, 그리고 어떻게 우리를 세계에서 위치시키는가가 인지적 정의를 위한 투쟁과 불가분의 관계에 있다는 것을 알도록 정확히 우리에게 상기시켜 주고 있다. 따라서 특정한 인식론에 대한 이데올로기적인 충성이 결국 우리가 구성하는 의미를 결정한다는 점을 고려하면, 그것은 우리가 어떻게 세계를 바라보고, 우리가 어떻게 우리의 참여를 맥락화하는지를 나타낸다. 또한 교육적인 교육과정의 문맥, 사회적 운동의 효과, 그리고 우리의 일상적인 존재 안에서 우리가 어떻게 개인과 진실, 가정, 가치들의 집합을 영속시키는지를 알 수 있게 해 준다. 여기서 우리가 발견할 수 있는 다루어지지 않은 추론들, 상식적인 형성과 인지적 복잡함은 우리가 내면화된 권력의 식민성으로 곧바로 연결되었다. 이는 대부분 교육의 은행 시스템적인 잠재적 교육과정과 심각하게 계층화되고, 인종 차별화되었으며, 젠더화된 우리 사회의 문화 산업을 통해 가능해졌다.

그러므로 인식론이 실제로 사회와 물질적 영역에 실질적인 결과를 가져온다고 말하는 것은 한편으로는 우리의 진행 중인 자연 세계와의 변증법적 관계를 비판적으로 인정하는 것이고, 다른 한편으로는 인간 존재의 테두리와 범주를 형성한 것을 의심 없이 수용하는 우리의 생각을 비판적으로 인정하는 것이다. 따라서 의식은 인식론적 질문일 뿐만 아니라 깊이 있는 물질적 질문이기도 하다. Paraskeva가 의식을 무자비하게 문제화하고 다시금 생각하거나 새롭게 시작해야 한다는 지점에 우리를 초대하였다. 즉, 인간성의 자유라는 해방적인 비전의 심화와 확장의 노력 안에서 Marx의 끝나지 않은 정치경제적 프로젝트의 우리의 종속적인 참여의 방법으로써 우리를 참여시켰다. 이제야 우리는 다초점적인 인식론적 렌즈의 복합성을 통해 지속적으로 변화하는 성격을 지닌 우리의 문화적 형성과 정치적 표상에 잘 견뎌낼 수 있게 되었다.

🐞 해방의 인식론

> 나는 삶의 모든 측면에서 권위, 계층, 지배의 구조를 찾아내고 확인하며, 그것에 도전하는 것이 가장 올바르다고 생각한다. 그들에게 명분이 주어지지 않는 한, 그들은 불법이며 인간의 자유의 범위를 넓히기 위해 해체되어야 한다.
>
> —Noam Chomsky(1996)

삶의 모든 측면에서 권위, 계층, 지배의 구조에 끈질기게 도전할 수 있는 해방의 인식론은 학교와 사회 안의 매일의 축복받은 혼란과 통제하기 힘든 혼돈 속에서 길러지고, 양육되며, 구체화되어야 한다. Paraskeva는 여기서 교육과 정의 인식론은 우리 인간성의 역학과 다차원적인 비전에 기원하고 있다고 알려 주며, 오직 우리의 차이에 얽매이지 않으며 존재하고자 하는 우리의 집단적 열망에 의해서만 통합된다고 말한다. 서구의 헤게모니적 신화는 평등을 재미없는 동질성으로 바꾸고, 차이를 왜곡된 열등감으로 바꾸는 진부한 신자유주의적 감성들에 의해 힘을 얻는다. 여기서 인지적 정의에 대한 인식론은 당당하게도 서구의 헤게모니적 신화를 해체하는 것을 목표로 한다.

Santos(2012)의 영향을 받은 Paraskeva는 자연 세계로부터 인간의 존재를 기만적으로 분리시키는 서양의 전멸적인 이원론에 저항하는 네 가지 방향의 논리에 기초해야 한다고 제안한다. 이와 같이, 포용과 비판의 해방적 인식론의 구축은 해방적인 사회 변화를 위한 교육적이고 정치적인 운동의 형성에 절대적으로 중요한 부재, 출현, 지식의 생태학, 문화 간 변형에 관여하는 해방적인 교육학적 원칙에 기초하고 있다. 이것은 우리의 교육과 정치가 지금까지 불가능하게 보였던 것을 가능하게 만들어야 한다는 것을 의미한다. 여기서는 현재의 실천으로부터 드러난 미래의 중복적이고 구체적인 가능성을 만들어야 하며, 모든 인간관계와 지식은 특권과 무지 양쪽 모두를 통해 알 수 있다고 가정해야 하고, "세상 속의 경험 가운데 상호간의 지식"을 가능하게 하는 지식 구조의 형성을 통합해야 한다(p. 58).

이러한 관점에서, 우리는 학교와 사회에서 우리가 포용하고, 제정하며, 영속하는 특정한 교육과정의 인식론이 결코 무해하거나 중립적이지 않다는 것을 비판적으로 이해하게 된다. 우리의 인지의 과정은 비인간화된 서양의 고전적인 헤게모니적 권리와 타당성을 강화하고 생산하거나 해방적 인식론과 삶의 방식을 향한 길을 열어 주며, 질식의 상태로부터 우리를 해방시킨다. 이를 고려한 Paraskeva는 타인의 표현을 엄격하게 방해하고 왜곡하거나 제거하는 식민성의 심오한 사고를 부수기 위해 인식론적 힘과 시간을 거슬러 가고, Santos(2007)가 심연의 분단이라고 부르는 것을 넘어서는 것 모두를 실천할 것을 제안한다. 그렇게 함으로써, 우리는 우리의 하층성의 역사와 토착적인 지식에 대한 우리의 관계를 변화시키기 위해 노력할 수 있다.

이러한 노력은 우리가 새롭고 자유로운 방식, 즉 우리를 위대하고 세계적인 인지적 정의로 잠재적으로 이끌어 줄 수 있는 방식 안에서 세계 속에서 우리의 존재에 대한 이해를 도울 것이다.

🍎 순회하는 교육과정과 인지적 정의

그러므로 세계 사회 정의를 위한 투쟁은 또한 세계 인지 정의를 위안 투쟁이어야 한다. 이 투쟁은 성공하기 위해 새로운 종류의 사고, 즉 심오한 사고(abyssal thinking)를 넘어설 필요가 있다.

—Boaventura de Sousa Santos(2007)

Paraskeva가 인식하는 것과 같이, 순회(방랑)하는 교육과정 이론(Itinerant Curriculum Theory, ICT)은 우리의 노력을 세계 인지 정의의 실제적인 실천으로 변화시키기 위해 우리를 안내하기 위한 것이다. 이것은 우리의 배움과 삶에 고통을 주는 경직되고, 분리되고, 파괴되고, 그리고 환원적인 이데올로기를 우리에게 다시 상상하고 변형시킬 공간을 제공하는 차이와 완전히 다름의 해방적 인식론으로부터 주도되는 교육과정을 포함한다. 학교와 사회의 해방적 노력을 통해, 우리는 이전에 종속된 하층민의 삶을 침묵하고 보이기 않게 만든 지식의 오래된 방식들에 대해 우리가 새로이 이름 짓고, 저항하고, 파괴하면서 우리의 차이점을 극복하기 위한 새로운 가능성에 대해 우리들 자신과 학생들에게 길을 열어 준다. 따라서 단순히 추상적이고 이론적이거나 지적인 노력과는 거리가 먼 인지적 정의는 특히 탁월한 자본주의가인 신자유주의의 자본가 집단의 파괴적인 경제 정책들로부터 고통을 받는 불공정한 사회와 물질적 상태를 중단하고 해체하는 것을 목표로 하는 실천의 비판적 인식론에 의해 지배된다. 이러한 자본주의가들은 전 세계적 규모의 대혼란은 야기할 수 있는 자신들의 자유 시장에서의 속임수, 사유화, 투기, 규제 완화 정책의 잔혹한 결과에 대한 책임을 회피해 왔다. 종속성에 대한 인식과 해방적 가능성의 인식론적 재주장의 과정에서의 핵심은 변증법적인 인식론의 영역인데, 여기서 우리의 종속적 인식론의 숨겨지고 억압된 힘은 우리의 인간성에 대한 이익 안에서 교육적이고 정치적으로 접근되고, 되찾아지고, 소속되고, 활용될 수 있다. 이 과정은 이것이 전조하는 개인과 집단의 의식의 영역으로 확장되는 것을 통해 우리의 존재를 구체화하는 신자유주의적 관념에 물든 인식론적 학살에 의해 우리가 끌어당겨지는 것을 객관화할 수 있게끔 도와주며, 이를 통해 우리가 새로운 가능성을 자발적으로 다시금 상상할 수 있게 해 줄 수 있다. 그리고 Santos(2009)가 우리에게 상시시켜 주듯이, "억압으로부터의 저항과 해방의 투쟁을 위한 희생은 사회 변혁의 의지를 강화하고 급속화하는 데 기여할 수 있는 공유와 소속감을 강화시킨다."

더욱이, 지속적으로 생산되거나 재생산하는 새로운 시작으로서의 변증법 안에 사는 것은 급진적인 개방성, 모호성과 복잡성에 대한 관용, 독창성뿐만 아니라 실존의 구체화와 민주적인 삶의 진정한 표현에 필요한 혼돈으로부터의 안락함을 수반한다. 바로 이 혁명의 차원은 세계적인 주체성을 객관적인 동질성으로 가정하고, 그들의 지배적 관념의 이미지를 만들어 내거나, 이원론의 편협한 합리성에 의해 정당화된 선형적인 현상으로서 의식의 객관화를 만들어 내는 서양 세계의 제한적인 헤게모니적 영역을 제거하는 것이다.

우리의 도전은 계속해서 인식되어 왔고, 인식론적으로 우리의 의식을 안정화할 수 있을 뿐만 아니라 인지적으로 유동적이고, 유연하며, 변화를 쉽게 수용할 수 있는 인지적 정의 형식에 기반을 두고 있다. 즉, 우리가 현재 모두 어느 정도 관여되어 있는 너무나 익숙한 심오한 관념과 신자유주의적 가정에 빠지지 않고, 해방적인 시각과 실천에 유연해지거나 고정되는 것에 대해 더욱 안정적으로 유지될 것이다. 이러한 관점에서, 훌륭한 방랑적인 교육과정에 대한 Paraskeva의 설명은 이원론의 파산적인 논리로부터 우리의 자각을 정리하기보다는 의식의 다양성뿐만 아니라 고정되지 않고 유동성 있는 성질을 뚜렷하게 만드는 사회적 인식의 (재)형성을 위한 위대한 수단을 보여 주고 있다. Paraskeva에게 의식은 끊임없이 진화하는 인간의 과정으로 이해되며, Freire가 말했듯이, 세상 속에서 우리 존재의 이름을 만들어 낸 인식론적인 렌즈를 통해 영향을 받고 경험하며 의미를 새겨 넣는다. 그리고 인간의 의식은 미완성된 현상, 끊임없이 창조하고 역동하는 가능성의 인지적 영역, 그리고 지속적인 재생산과 재창조의 능력으로 이해가 되며, 우리는 여기서부터 근본적인 희망의 심오한 감각을 이끌어 낼 수 있다. 더욱이 우리가 겪었던 억압에 내재된 것을 인식할 수 있는 종속성의 집단적 인식론적인 과정을 통해서도 우리의 해방을 위한 숨겨진 촉매적 힘이 없어질 수 있다. 억압에 저항하는 우리의 집단적인 투쟁을 통해, 내가 다른 책을 통해 말했던 Darder(2011)의 정치적 은혜(political grace) 또는 의식의 집단적인 힘 안에서 한때 우리를 묶었던 족쇄가 우리의 해방의 수단이 될 수 있다. 여기서의 의식은 우리의 대화적 노력으로 발생한 사랑과 강화의 방법으로 이전에 다루기 힘든 인식론적 학살의 권력으로부터 질식되었던 앎의 해방적인 방법을 위한 촉매제가 되는 방식으로 방출된다. 따라서 의식은 새로운 가능성을 상상하는 중재적인 힘인 동시에 인지적 항해의 창조적인 방법으로 역할을 하는 해방의 인식론으로 이해될 수 있다.

그렇다면 집단적인 재생산을 위한 종속적인 정치적 과정은 바로 우리를 Paraskeva의 방랑하는 교육과정으로 나아갈 수 있게 해 준다. 이 교육과정은 권력의 식민성과 헤게모니적 독단의 이탈에 의한 인식론적 파멸로 이해되었다. 그 다음으로 이 과정은 우리의 의식의 영역을 해방시켜 종속적인 관점의 재생, 강화의 새로운 표현, 그리고 정신과 신체뿐만 아니라 우리의 현존하는 실체의 사회적/물질적 상태를 변형시키기 위해 필수적인 정치적 힘의 강력한 재생산의 길을 열어 주었다. 물론 모든 목적은 Paraskeva의 학문적인 탐구의 중심에 있으며, 여기서 그는 인식론적 학살의 전면을 극복하는 것이 가장 핵심적이고 중요한 문제가 될 수 있다는 것을 충분히 인지하고 있다. 이러한 탐구의 목적은 우리의 철학적이고 교육적인 노력이 "식민주의의 수많은 모호성과 자본주의에 대항하는 사회적 운동과 투쟁"(Santos, 2012)을 촉진하는 것이고, 우리의 인간성을 없애는 심연의 분단에 저항을 확장하는 것이다.

그러므로 우리가 서구의 헤게모니의 심오한 분열에 효과적으로 대항하고 또한 각자의 국가에서 인간의 차이를 반론의 여지 없이 만들고 설명한다면, 해방의 새롭고 재생산적인 인식론은 반드시 우리의 지속적이고 무자비한 심문을 통해 지속적으로 발전되며 재개발될 것이다. 그러므로 중요한 주체로서 우리는 인식론적 비판을 시작해도 되는지에 대한 허락을 받기 위해 여기에 있는 것이 아니다. 또한 우리는 참을 수 없는 것을 끊임없이 견디기 위해 여기에 있는 것도 아니다. 더불어 우리는 해방적인 이상에 대한 반헤게모니적 위반에 대해 사과하기 위해 여기에 있는 것도 아니다. 대신에 우리는 무자비하게 지속하는 식민주의의 잔혹함과 권력의 식민성의 파괴성을 폭로하고, 저항하고, 해체하기 위해 이 자리에 있다. 그렇게 함으로써 우리는 Amílcar Cabral이 말했듯이, 새로운 가능성과 보편의식의 진실적이고 포괄적인 표현으로 실현되는 우리의 학교와 사회의 진정한 창조적 공간을 만들 수 있다. 이 보편 의식은 공상적이지 않은 하층적 지혜와 새로운 역동성 및 활기찬 가능성 사이의 창조적인 지형에 변증법적으로 건설되며, 우리가 살고 있는 현재에 고정되어 있다.

Paraskeva가 제안한 순회하는 교육과정의 후기 심연의 지형(post–abyssal terrain)이 정말로 복잡하고 도전적인 정치적 프로젝트를 구성한다는 것에는 의심의 여지가 없다. 여기서는 종종 권력의 지배/종속의 관계의 어두운 영역을 변증법적으로 항해하는 것을 수반한다. 하지만 여기서 우리는 스스로 새롭게 태어나기 위해 끊임없는 투쟁을 해야 하며, 우리가 억압적인 이분법의 모순으로 무너져 내리는 것을 막는 방법과 더불어 억압을 무자비하게 비판하기 위해 정치적으로 준비하게 된 것은 바로 이 변증법적인 갈등의 혼란을 지속적으로 부정함으로써 명확해진다. 게다가, 심각한 인종 차별주의와 신자유주의의 절망의 심연의 분단을 넘어서, 우리가 앎, 사랑, 그리고 존재의 새로운 방법을 주장하기 위해서는 도덕적 분노와 정치적 의지를 함께 모으는 우리 시대의 인식론적 전체주의를 거절하기 위한 지속적인 노력과 변함없는 헌신이 필요하다. 이러한 노력과 헌신의 끝으로 향하기 위해, 이 책은 길고 고된 여정에 우리에게 정치적 위안, 철학적 영감, 교육학적 자양분을 제공해 준다.

Antonia Darder

Loyola Marymount University

🍎 참고문헌

Chomsky, N. (1996) "Noam Chomsky on Anarchism, Marxism & Hope for the Future" in *Red and Black Revolution*, N. 2. Accessed from: http://struggle.ws/rbr/noamrbr2.html

Darder, A. (2011) *A Dissident Voice: Essay on Culture, Pedagogy, and Power*. New York: Peter Lang.

Douglass, F. (1852) *What to the Slave is the Fourth of July?* Rochester, New York. Accessed from: http://en.wikisource.org/wiki/What_to_the_Slave_is_the_Fourth_of_July%3F

Freire, P. (1971) *Pedagogy of the Oppressed*. New York: Seabury Press.

Memmi, A. (1965) *The Colonized and the Colonizer*. New York: Orion Press.

Santos, B. (1999) Porque é que é Tão Difícil Construir uma Teoria Crítica. *Revista Crítica de Ciências Sociais*, 54, pp. 197-215.

Santos, B. (2007) Beyond Abyssal Thinking: From Global Lines to Ecologies of Knowledges. *Review Fernand Braudel Center*, 30 (1), pp. 45-89.

Santos, B. (2009) If God Were a Human Rights Activist: Human Rights and the Challenges of Political Theologies. *Law, Social Justice and Global Development Journal* (April 1). Accessed from: http://www.highbeam.com/doc/1G1-207350769.html

Santos, B. (2012) Public Sphere and Epistemologies of the South. *Africa Development*, 37 (1), pp. 43-67.

🍎 역자 후주

[1] Memmi는 프랑스 초등학교에서 교육을 받았고, 튀니스의 카르노 고등학교, 알제 대학교에서 철학, 그리고 마침내 파리의 소르본 대학에서 공부를 했다. 그는 자신이 세 가지 문화적 특징을 지니고 있다는 것을 알게 되었고, 이를 바탕으로 동양과 서양 사이의 균형을 찾는 연구에 집중했다. 대표적인 소설 작품에는 『소금기둥(*La statue de se*)』, 『이방인들(*Agar*)』, 『전갈(*Le Scorpion*)』, 『사막(*Le Desert*)』 등이 있다. 또한 그의 가장 잘 알려진 비소설 작품은 1957년 출판된 『식민지 개척자와 식민지(*Colonizer and the Colonized*)』이다. 2006년 10월, 이 작품의 후속작인 『탈식민주의와 탈식민(*Decolonization and the Decolonized*)』이 출판되었다. 이 책에서 Memmi는 전 지구적 탈식민화의 여파로 인한 과거 식민지의 고통이 식민주의자들의 탓도 아니며, 이 고통을 이 국가들을 통제하는 부패한 지도자와 정부 탓으로도 돌릴 수 없다고 주장하고 있다.

[2] Boaventura de Sousa Santos는 1940년 11월 15일 포르투갈 코임브라에서 태어났다. 그는 현재 코임브라 대학교의 경제학부 교수와 Centre for Social Studies의 총책임자, Wis-

consin-Madison 법대의 명예교수, Warwick 대학교의 글로벌 법학자로 재직하고 있다. 그는 반헤게모니적 세계화에 대한 연구와 서구의 인식론의 근간인 세계적 인지정의의 투쟁을 강조하고 있다. 또한 그는 빈민촌과 같은 불법적으로 조성된 지역사회에 대한 연구에 관심을 가지고 있다.

[3] Frederick Douglass는 미국의 사회 개혁가, 노예제도 폐지론자, 웅변가, 작가, 정치가이다. 그는 메릴랜드의 노예로 있다가 탈출한 뒤, 노예제도를 반대하는 신랄한 연설문과 논설로 주목을 받으며 매사추세츠주와 뉴욕에서 노예 폐지 운동가로서 이름을 널리 떨치게 되었다. 그는 『Ferederick Douglass의 생애사(*Narrative of the Life of Frederick Douglass*)』(1845), 『나의 구속과 나의 자유(*My Bondage and My Freedom*)』(1855), 『Frederick Douglass의 삶과 시대(*Life and Times of Frederick Douglass*)』(1881)와 같은 몇 권의 자서전을 통해 흑인 노예로서의 삶과 해방에 대한 그의 열망을 보여주었다.

한국 연구자들을 위한 번역판 서문
(Preface to the Korean Edition)

❧ Justice Against the Epistemicide: Challenging the Putrid Silenced Schizophrenic Frenzy of the Identical

> *"This is not just another book on critical theory, therefore; it also an attempt to do critical theory"*
>
> *(Kellner, 1989, p. 2)*

In one of his lectures at *Oxford Union Society*, Slovenian public intellectual Slavov Žižek tells a story about three individuals in church appealing for God's forgiveness. The first one, a merchant, said, "God forgive me, but I am nobody, I am not worth it of your attention"; the second one, a very rich merchant, said, "Oh my God. I am also nobody, I am not worthy of your attention, don't consider me in your thoughts"; the third one, an extremely poor guy also said, "God, I am also really nobody. I have nothing." The rich merchant turned to the merchant and said, "Who is this guy that thinks that he can come here and also claim that he is nobody? Who does he think he is?"

This little story from Žižek, describes rather vividly the epistemological despotism that frames Modern Western Eurocentric matrix, which, not only eugenically produced and reproduces the 'Other,' but, in doing so, concomitantly, denies their authority and legitimacy to define his or her own condition. Despite the 'Other's' authority of lived experience (hooks, 1994), such authority has been squashed and wrapped within a sub-humanity that has been defined by those—and within the epistemological terms of those—who actually created the 'Other's sub-humanity.' The 'Other' is obstructed of even any veil of being able to express their own sub-existence —a subhuman existence mired in misery, poverty, and slavery, as deplorable incarnated categories.

The sub-humanity of the 'Other' is not just physical but also metaphysical though. The need and the right to dream, to wonder, to introspect, to be with one-self, and to supplicate, to pray, to obtest, and to try to reach out to the transcendent, to 'work and be from within in' as Pinar (1974) would put it can only happen with the previous imprimatur of who creates the 'Other' and within a framework that paradoxically produces the 'Other's' sub-humanity. The 'Other' could not even qualify to be 'a son of a lesser God,' in *Kunderan* terms. The 'Other's' sub-humanity is a metamorphosis of *thingification*, as Cesaire would put it, a destriped subject, a pitiful it. The 'Other,' the oppressed, has no authority or legitimacy to even express *its own hetero-constructed it* in neither physical nor metaphysical terms.

Žižek—despite his severe concerns and animosity with the anti-colonial movement and the struggle against eurocentrism, as I will examine later on—provides us a real dodgy and dangerous world containing, for instance, the very colors of a concrete epistemological despotism in which dominant groups and individuals have the audacity of drafting and dig an eugenic abyssal ditch—claiming what is 'visible and invisible', as Santos (2014) would put it—and, in so doing, interposing themselves as the censors between the 'Other's' mundane and transcendent sub-existence. Modern Western epistemology is a despotic matrix, physically and metaphysically eugenically certified, through a "cartesian view of the human being in the world that is anything but straightforward rational" (Autio, 2006, p. 41).

This excerpt from Žižek should ring many bells—better say, all the bells—in all of us radical critical progressive educators really focused on social and cognitive justice (Santos, 2005) as such despotism unfortunately is not just a plague of dominant movements and individuals within the Modern Western Eurocentric platform. Unfortunately, it has been also the malaise eroding and corroding most of the radical critical progressive counterhegemonic (dominant and non-dominant) Modern Western Eurocentric movements and intellectuals working within a Modern Western Eurocentric epistemological framework. As such, it constitutes one of the vast and titanic challenges facing what I have called and examine elsewhere (Paraskeva, 2014; 2011) the radical critical educational and curriculum river.

Truth to be told, just like the modern social sciences, not only was radical critical progressive theory never able to recognize the existence of an eugenic epistemological abyssal line (Santos, 2018), but also never realized that it was the radical critical progressive theory platform itself also the producer and promoter of this same abyssal line and thought, a reasoning that lives, participates, and fosters a pretentiously scientific extractive rationality (Walsh and Mignolo, 2018), a rationality that paradoxically, such theory does not hesitate to criticize. Such rationality—abyssally produced—determines the very longitudinal and latitudinal limitedness of the real and of the transcendent. It goes without saying, as Santos (1999) so rightly argues, that Eurocentrism lethally ignored that the reason that is criticized cannot be the reason that emancipates.

The tendency to speak for the 'Other', which somehow has also made solid school within the Eurocentric counterhegemonic field, is one of the clearest examples of the materialization of what I (Paraskeva, 2017; 2016) called reversive epistemicide, i.e. the epistemicide within the epistemicide, or an epistemicidal replica, that ironically have been triggered throughout the noble struggle against the epistemicide championed by counterhegemonic movements and groups. In Shohat and Stam's (2014) terms, "the 'other' is also the raw material for academic careerism in the West" (p. 365). In a way, somehow, as the Latino saying goes, perhaps so many of us have become world experts on a speck in the eye of the 'other,' yet one cannot see a tree before one's very own eyes. This might be probably an over-statement, but I argue that it is something that I have learned recurrently in my work in non-eurocentric settings with African, Latin American, Asian, South Asian, and Middle East intellectuals. It seems that radical critical pro-gressive theories—despite undeniable noteworthy accomplishments—in their struggle for social justice, got lost in its countless attempts to examine and explain 'the Other,' which was persistently painted with *the* Eurocentric Western despotic brush and color, and, in doing so, were quite uncapable of at least interrupting such eugenic abyssal divide. Barata-Moura (2013) insighfully states:

> To condemn morally does not comprehend the surrounding reality, upon which any effective change has to affect. Just as juxtaposing to the existing (repudiated) an (imagined) alternative is not to promote the changes that materially lead to societal functioning on a different ba-sis, and with other horizons of breathing. (p. 233)

The 'Other' is, in fact, the most investigated, dissected, dismembered so-cial category in the social sciences (Smith, 1999) and certainly in the field of curriculum. Despite the fact that the 'Other' is the most excavated category in the Western academia, as Walsh and Mignolo (2018) woud put it, it is undeniable that decolonizing praxis—that would do justice to the "Other's visibility—are "often denied or hidden in academic settings which requires doctoral students and their advisors, as revolutionary partners, to push against the Eurocentric limitations of how we define research, in order to create an expanded field of engagement" (Darder, 2019, pp. 4-5).

Despite such concern with the 'Other', 'its' subhumanity not only does not end, but also worsens, as the conditions of 'its humanity' also aggravates. And, the 'problem' is that the 'Other,' in his or her irreversible majestic multitudinal plural, have now decided to challenge the abyssal ditch and confront the true source of her or his sub-humanity across such abyssal line and, without knocking at the door, to enter and confront the colonial matrix of power in its own terrain. History repeats itself, the first as tragedy, then as farce, as Marx so strikingly said. 'Inconveniently,' the 'Other' is now breaking abyssal lines and coming by his or her own foot… and will.

Hence failing to break free from the chains of the modern Western Eurocentric epistemological matrix, counter-hegemonic movements, also ended up partaking in the epistemicide they were fighting. The radical critical progressive ground has always been unable to read the subhumanity eugenically shattered on the basis and beyond the matrix that has provoked its very existence. The 'Other' and the dynamics of segregation that produce the 'Other' have always been embedded in a theoretical framework that has been lost much more in explaining it—and in a matrix that could never do it in a just way—than in emancipating it. The emancipation of the 'Other' could never—and will never—happen just within the turf of Eurocentric cognitive frameworks. The 'Other's' turn and voice was usurped, his or her being and living has been portrayed as nonexistent, disposable, and in need of someone who spoke on his or her behalf, of someone crying his or her pain; to the 'Other' it was always denied the authority of its authorship, its subjectivity, but, more than anything, it was always denied a robust and unique cognitive grid, as capable as any other 'cognitive matrix'. We are facing an altericide, thus "constructing the other not as similar but as an intrinsically threatening object that must be protected, disposed of or simply destroyed because it cannot secure its full control" (Mbembe, 2014, p. 26). The 'Other' "does not exist as such a 'statistic' *it*. It is produced every day in a social bond of submission" (Mbembe, 2014, p. 40).

As it has been extensively examined (Darder, 2019; Connell, 2007; Santos, 2018; Walsh and Mignolo, 2018, Paraskeva, 2014; West, 1999; Smith, 1999; Mbembe,

2014; Hontondji, 1983), the 'Other'—a eugenic construction that emerges right at the invasion of indigenous lands by Europeans and establishes the expansion of the colonial pattern of power (Quijano, 1992)—always served for what it has been created, that is, to guarantee and justify the existence of a matrix of humanity only possible in the subhumanity of the 'Other' (Santos, 2014). As Mbembe (2014, p. 147) claims, "the fact that no blacks have freely reached the shores of the New World is precisely one of the irresistible dilemmas of the West", and determines the entire Modern Western Eurocentric reasoning and the construction of the 'Other'.

The 'Other,' Žižek(2012) would argue, is the Modern Western monumental social construction that stood behind all social sagas, moral decay, and social unrest. The 'Other's—read, perceived, interpreted and constructed in a trivialized subhumanity—is thus the pillar of the humanity in Modern Western Eurocentric humanist terms, a humanity that needs to be understood as an invasion, a segregated structure and not an event, as Wolfe (2007) would state. The 'Other' is expelled from what in reality has always been—an it, never 'Other' than what it is not—and of what it really is. The 'Other' is expelled from her/himself, from her or his 'very self.'

The radical and critical platforms—by falling into the erudite error of speaking for the 'Other', defining the 'Other's' oppression and identity, under the terms of an Eurocentric matrix, itself a cause of such oppression—would dissect the reason of the other 'on the basis of a Eurocentric despotic reason that created this very same 'Other,' and concomitantly all those who do not identify with the 'Other.' The 'reason of the Other' dissected by his/her own reason is not—and will never be—identical with the Eurocentric reason that justifies radical critical progressive theories. Hence, for example, that the question of caste did not even become an anathema on the critical radical progressive board to be challenged and deconstructed (see Ambedkar, 2018; Teltumbde, 2011). This anathema is precisely the absence of the caste on the board of the radical critical Eurocentric platform—so erroneously overshadow by class in left Eurocentric terms (Teltumbde, 2018).

The Marxist based misconception base superstructure "left the caste victims, the 'untouchables' on their own" (Teltumbde, 2018, p. 20). Such absence in the suite of subjects to be addressed by the radical critical progressive platform is quite structural in the sociology of absences, as Santos (2018) would put it. Thus, the sociology of absences (Santos, 2018) or of the silences and invisibilities is not just related with the impulses of the Eurocentric dominant bloc. The same could be said, for example, about nationalism and spirituality. While in the case of the former, one finds a great deal of confusion—in the way most radical criticals, especially in the United States, stand in relation to certain nationalisms on the European continent, such as the Galician, Basque and Catalan cases, among many others—in the latter, such silence is embarrassing.

The complex field of spirituality, given its essence, is always the present absence and a noisy silence in our field. It is nevertheless extremely curious that the metaphysical dimension, even when raised by intellectuals from the Global North and within the framework of Western Eurocentric tools and matrixes, is always relegated to the cloud of the anodyne, peripheral and subjected to one of the most repugnant strategies of the academic tribes-silence. The examples of Paul Tillich, Dwayne Huebner, and James Macdonald leaves no room for doubt as to how our field has not been and is still not receptive to incursions that attempt to understand the curriculum beyond what is thought to be seen. While Tillich (2014, p. 7) advocates transcendence and spirituality "as an ethical reality, but it is rooted in the whole breadth of human existence and ultimately in the structure of being itself", Macdonald (1986) placed transcendentalism as crucial stage in human development, a crucial asset to explain how can we lived together. In Macdonald's (1975, p. 12) terms, curriculum as a "study of how to have a world" involved an act of faith, or, as Tillich (2014) would put it, 'a courage to be.' Macdonald's (1995) vision of a humane school require an "epistemology that would come to grips with the so-called hard-knowledge of our culture" (p. 85). Again, Huebner (1966) continues to be very present—a quite *avant la lettre* intelectual as I keep reminding in my work—, when he voiced the need for a new language over the way we think and debate education. In this particular, the silence and non-existence praxis about spirituality does not happen because it is a condition of the Global South, a condition of the 'Other.' However, a counterhegemonic field that is not prepared to deal with the dynamics of spirituality, with the metaphysical, which is not minimally prepared to understood curriculum theory and praxis as a prayerful act, is clearly not in a position to admit anything possible beyond what thinks that it sees and feels towards the 'Other.' The inability to perceive the limitations of the Western Eurocentric epistemological modern matrix was the clock bomb thrown at radical critical progressive theory.

It is thus impossible to understand 'the Other' only from and within a radical critical progressive Eurocentric theoretical filigree—however radical and sophisticated it might be—that it omits, 'ignores,' the existence of certain categories instrumental in the construction of the sub-humanity of the 'Other', a sub-humanity that has been standardized. The 'Other' is not monolithic, the mirror of a specific dichotomy excavated by Western Eurocentric epistemological modernity. It never was, and it never will be. There are endless 'Others' and 'Otherness' within the 'Other' and 'Other otherness' and within the 'spaces/times of the 'Other', eugenically constructed by 'non-Others and Others inclusively'. There are infinite 'infinital' 'Others' that multiply as the neo-liberal project of capital rises and re-escalates. The sense and sensibility of the oppressed sees, feels, and exists 'in a totally different thing,' since "they are trained in a different cultural grammar" (Santos, 2018, p. 175). Oppression and *otherization*—that is, the metamorphoses that constitute the 'Other' and make it 'Other' in comparison with the 'non-other' —leads to *thingification* that can not only be described and spread on the level of a cruel matrix that precisely caused such metamorphoses. The 'Other' cannot be rationalized through a reason that created it, and, unfortunately, that has been the case.

If there is a field of studies in the social sciences within the framework of the Western European Eurocentric matrix, which has shown an unwavering commitment to the struggle against the dynamics of oppression and systems of domination, such as field is undoubtedly that of the curriculum, through the excellent work carried out by a very dispersed group of radical critical progressive and post-critical progressive educators who constitute, as I have the opportunity to examine in another space (Paraskeva, 2016, 2014), the critical radical curriculum river. I have defined this river as the 'Generation of Utopia' (Paraskeva, 2020). In such radical critical progressive generation—which is part of a historic tradition of struggles for a more just and relevant education that has its beginnings at the dawn of the twentieth century—we must recognize, not only their fearlessness commitment with the struggles for a just society, education, curriculum and pedagogy, but also their achievements, defeats and frustrations. To this generation of utopia, we owe so quite much. We owe them, for example, the possibility to be able to be in the educational and curriculum debate at the point where we are now. It is not possible to have a serious debate on the epistemicide (Santos, 2014) and reversive epistemicide (Paraskeva, 2018) without realizing and interpreting—I repeat—the advances, conquests, defeats, and frustrations of this generation of utopia that collectively built a radical critical and progressive curriculum river. The debate about epistemicide and reversive epistemicide does not arise in a vacuum.

Critical theories are thus compromised before the curriculum epistemicide (Paraskeva, 2011, Santos, 2014) since they too—like dominant theories—produced their visibility and existence based on the invisibility and non-existence of what they concomitantly produced (Santos, 2014). It is in this context that Žižek's opening excerpt gains 'force of law'—or 'outlaw'—within a theoretical field, which produces visibilities and existences based on invisibilities and non-existences. It does so from its dominant epistemological matrix and, therefore, silences what it is incapable of recognizing. The truth is that the other side of the abyssal line, the side of eugenically constructed absences, can never emerge in all its truth by grossly vilifying its epistemological identity, thus defining the 'Other,' it's pain, its oppression, its slavery, in terms of an epistemological matrix, itself responsible for the sub-humanized construction of the 'Other' with its pain, its oppression, and its slavery. That is, critical modern theories have never been able to produce a sociology of emergencies even when they have tried to react against the sociology of absences, as Santos (2018) would have put it.

Modern Western Eurocentric epistemological matrix is the straight-jacket of radical critical progressive theory. The inability to think of itself beyond the reason that it only allows it to be what it is, has pushed critical theory into a problematic position, regardless of its innumerable achievements that it is important not to ignore or minimize. The modern Western Eurocentric epistemological reason, in its hegemonic and counter-hegemonic lines, is the—curriculum—reason to be criticized, a criticism that must be built above and beyond critical theory itself. The logic of such reason is exhausted. It cannot in itself offer alternatives to the great challenges one faces, since it is also, in itself, the reason for the challenges we are going through. Criticism never succeeded, Hinkelammert (quoted in Santos, 2014) argues, to break with the logic of "the West that has recurred in the illusion of trying to save humanity through the destruction of part of it" (p. 118) and, in this sense, did not avoid the mourning that crushed their own utopias.

Needless to say, that I am not saying that critical theory has come to an end, that it is *passé*. I am not saying that the work of such generation within a critical progressive curriculum river is over. What I do claim, is that a new 'post-abyssal' logic (Santos, 2018) or, rather, non-abyssal (Paraskeva, 2016) approach would be needed. One that will allow a non-derivative critical critic (Santos, 2018) to face and resolve its own contradictions and frustrations, emanating from an epistemic matrix, which alone is always part of the problem and never part of the solution—not overshadowing or diminishing the achievements of the great historical struggle against the mechanisms of domination and oppression.

🍂 A Putrid—Silence: The Schizophrenic Frenzy of the Identical

The times in which the other existed disappeared, that is the negativity of the other gives place to the positivity of the identical

(Han, 2016, p. 9)

Within the remarkable struggle against the epistemicides (Santos, 2014), radical critical progressive approaches were unable to avoid the magnitude of magma spewed from the neoliberal volcano—eruptions somehow predictable, such as the rise of viral Ur-fascism (Eco, 2017) and its concomitant nullification of the 'Other' through the violence of the identical (Han, 2019). The 'Other'—eugenically produced as well as passionately opposed—was always, in Han's (2019) view, a "bulimic visualization" (p. 10). The way dominant and counterdominant groups have approached the saga of the 'Other' has legitimized the 'non-existence of the Other' as in fact it is and exists and concomitantly the 'existence of the other' as in fact it is not and does not exist.

The fact that there can only be 'Other' in a Eurocentrically narcissistic way—be it dominant or counterdominant—is one of the structuring factors of both the dominant epistemicide (Santos, 2014) and of reversive epistemicide (Paraskeva, 2014, 2011) perpetrated by Western Eurocentric modernity; it would smear the social terrain to germinate the fallacy of the "terror of the identical" (Han, 2016, p. 9). The production of the 'Other' as non-existent (Santos, 2014) was a cleansing approach, an eugenic way to fertilize an unimaginable 'identical.' That is, if Western modern thought is an abyssal thought (Santos, 2014), which consists of two well-demarcated lines between this side of the line—that which exists and therefore legitimate—and the other side of it—that which does not exist and therefore illegitimate—then fatally this side of the line has become the only side. Due to the fact that the other side, the side of the 'Other' does not exist. Thus, this side of the line does not even need to be hegemonic, for it is totalitarian, the one and the same for all, one side that rests on the creation of the 'Other' not in the 'sameness' but in the identical (Han, 2016).

The violence of the identical, a racialized ideology (Leonardo, 2013, is the result of the dominant epistemicide (Santos, 2014) and the reversive epistemicide (Paraskeva, 2014; 2011) that opened the floodgates to a spurt of impulses in which "the times in which the other existed disappeared, that is the negativity of the other gives place to the positivity of the identical" (Han, 2016, p. 9).

The terrain of the identical—all of it amorphous and deprived of dialectical tension—means that "even when one travels one cannot get any experience, we know everything without knowing anything" (Han, 2016, p. 11). The identical "mirrors an ontic need" (Han, 2016, p. 13) in which "everything remains identical seen from close up and identical seen from afar" (Han, 2016, p. 15). To be within the identical is to "go through hell" (Han, 2016, p. 17), the hell of the *apotic*, not of the *panoptic*. If the latter serves to discipline, the former "constructs an exclusive optic which identifies and excludes as such person's hostile to the system or unfit on its terms" (Han, 2016, p. 21). The identical is the ace of neoliberal globalization that arises "in a spoiled, perverse and corrupted diversity that opposes alterity" (Han, 2016, p. 22). There is an abysmal difference between diversity, and alterity" (p. 30). Furthermore,

> What prevails today is not a uniformity of all others identical to that of all others that characterizes the 'self impersonal'. This uniformity gives way to the diversity of opinions and options. Diversity only allows differences that conform to the system. It represents an alterity that has become consumable. At the same time it makes the identical continue with more efficiency than uniformity, since thanks to an apparent and superficial plurality, we fail to realize the violence of the systemic of the identical. Plurality and choice simulate an alterity that does not

exist (Han, 2016, p. 38).

The negativity of the "complete other surrenders to the positivity of the identical of the other that is identical" (Han, 2016, p. 31), which doesn't exist because its side does not exist. The identical demands. One of the demands lies in the narcissistic devotion of "a subject who is bitter and self-suffocating" (Han, 2016, p. 9). This side of the line—the only side that becomes a single terrain because there is no other side, everything is identical—plunged into a militant and atrocious narcissism in which "the narcissistic subject does not perceive the world unless in the form of hues and oneself. The consequence is that, in this way, the other disappears fatally" (Han, 2016, 31). The cult of the identical—so commonsensically trivialized—is onto-epistemologically invertebrate, a supreme weapon*ology* that sulfates epistemic dissent.

The fierceness of the 'identical' is so quite responsible for the colossal invisibilities—which are not innocent—of epistemological perspectives way before and beyond Modern Western Eurocentric matrix, such as the case with Chong Yag-yong philosophical perspectives. Chong Yag-yong, whose pen name was Tasan (茶山, Tea Mountain), emphasize logical reasoning and debate as key categories in the learning process, a process that in his own terms should privilege the practice. His emphasis on critical thinking, Moon (2015, p. 47) not only "rebuts grand narratives that Confucian teaching emphasizes recitation and memorization", but also clearly places him as a forerunner of what would be tolled centuries later in the West by educators like Dewey. (Moon, 2015).

The identical is everything and does everything, and because it produces the other as non-existent (Santos, 2014), not only never feels itself (Han, 2016, 34), but also promotes the cult of the contemporary (Gil, 2018). In producing in a space of time distorted, the dictatorship of the identical 'I-self' is a zone of well-being ruled by the instability of the fatal and fallacious non-existence of an 'Other.' The 'I-self'-identical dictatorship dances jokingly with the present, but elevates it to its ultimate exponent by diluting past and future. Past and future are disparaging. The 'I-self'-identical stands in the "present of ubiquity, the present of contemporaneity" (Gil, 2018, 399). The 'I-self'-identical imposes the contemporary as the "time of everyone in which we are all contemporaries of everything, for everything has become contemporary" (Gil, 2018, p. 404).

The fearlessness and theoretical boldness to construct and identify the 'other,' as 'non-existent' and out of the non-Eurocentric matrix is one of the symptoms of the true malaise that infected the terrain of radical critical progressive theory, a clear insufficiency to go beyond rationality and the reason it is criticizing. That is, critical theory was never able to criticize its own reason, its inability to act and to perceive itself beyond the modern Western Eurocentric matrix. Such critical approach of autophagic impulses proved to be fatal and pushed the racial critical platform to a picture of misrepresented truncated and inaccurate representations of reality—notwithstanding its undeniable advances and achievements, as I have been examining in previous work (Paraskeva, 2017, 2016, 2014, 2011). Such representations have been challenged daily before the 'chaos and rhythm' (Gil, 2018) that frames contemporaneity, which is defined by a "great historical regression" (Geilselberger, 2017, p. 10) or "anthropogenic regression"—as Adorno would have put it (Honneth, 1991, p. 37).

We live an era that is defined by the consolidation of the multiplication of social wounds that reach alarming rates. While on the one hand a society has never reached technological and developmental levels as high as ours, on the other hand, poverty, hunger, inequalities, segregation of class, race, ethnicity, gender, caste and sexual orientation have never reached the thresholds we see today. Technological advances—or as Macdonald would put it 'today's technologies, yesterday's magic'—and the notion of development tied to Eurocentric Western Modernity implied an inverse movement towards equality, the elimination of poverty and hunger. The record of such advances, which have enabled humanity to reach unprecedented levels of development, is reflected in alarming levels of sub-humanity defined by misery, hunger, genocide, and segregation. Humanity conceived in the epistemological stretcher of Eurocentric modernity is only possible (through and) in subhumanity (Santos, 2018).

Curriculum Epistemicides is is now available in Korea denounces the real epistemological colors of Modern Western Eurocentric reasoning, and the leading role of our field in the curriculum epistemicide. It unpacks how eugenically curriculum theory and development have been produced within Modern Western Eurocentric settings, as well as how curriculum projects such as internationalization need to be challenged. It brings to the fore the need to pay attention to epistemological perspectives way beyond the Modern Western Eurocentric matrix as a matter of social and cognitive justice. It also advocates and puts forward an alternative way of doing an alternative theory, Itinerant Curriculum Theory (ICT), a cuting edge approach, an itinerantology, as the best way to address both Global North and Global South epistemes, against epistemological fascism. ICT is a rowdy, vagabond posture, an insolent commitment. ICT is the death of theory as we know it. It is the theory after such theory. It is the best *Huebnerian* stage, so far, that places one within an endless pluriverse.

This book is not meant to be just another book on critical theory; it is an attempt to do critical theory, as Kellner (1989) would say. *Curriculum Epistemicides* exposes it, stripping it, confronting it with reasons that although many of them probably cannot explain, cannot silence them, because it can probably be explained by not being able to explain. In a world, Baudrillard (2001a), argues, that "is hardly compatible with the concept of the real we impose upon it, the function of theory is certainly not to reconcile, but on the contrary, to seduce, to wrest thing from their condition, to force them into an over-existence which is incompatibe with the real, that is theory pays dearly for this in a prophetic autodestruction" (p. 129). As the real itself "is doubtless only a challenge to theory, the status of theory cannot be anything but a challenge to the real" (Baudrillard, 2001a,

p. 129).

We owe such to the all committed to the struggle for social and cogni-tive justice.

❦ Bibliography

Ambedkar, B. R. (2018) *The Annihilation of Caste*. Triplicane, Chennai: MJ Publishers/ Moven Books.

Autio, T. (2006) *Subjectivity, Curriculum and Society. Beyond and Between German Didatkik and Anglo-American Curriculum*. New York: Routledge.

Barata-Moura, J. (2013) Da Utopia dos Mundos Sonhados a Transformacao Pratica das Realidades. In *Karl Marx. Legado, Intervencao, Luta. Transformar o Mundo. Conferencia do PCP*. Lisboa: Edicoes Avante, pp. 227-241

Baudrillard, J. (2001) Why Theory? In Chris Kraus and Sylverre Lotinger (Eds) *Hatred of Capialism. A Semiotext(e) Reader*. Los Angeles: Semiotext(e), pp. 129-131.

Connell, R. (2007) *Southern Theory. The Global Dynamics of Knowledge in Social Science*. Cambridge: Polity.

Darder, A. (2019). *Decolonizing Interpretative Research*. New York: Routledge.

Eco, U. (2017) *Como reconhecer o Fascismo. Da Diferenca Entre Migracoes e Emigracoes*. Lisboa: Antropos.

Geilselberger, G. (2017) *O Grande Retrocesso. Um Debate International sobre as Grandes Questoes do Nosso Tempo*. Lisboa: Objectiva.

Gil, J. (2018) *Caos e Ritmo*. Lisboa: Relógio D'Água

Honneth, A. (1991) Critical Theory. A. Giddens and J. Turner (Eds) *Social Theory Today*. Stanford: Stanford University Press, pp. 347-382.

Han, B-C. (2019) *Topologia da Violência*. Lisboa. Relogio D'Agua.

Hontondji, P. (1983) *African Philosophy*. Bloomington. Indiana University Press.

Huebner, D. (1966) "Curricular Language and Classroom Meanings," in J. Macdonald & R, Leeper (eds) *Language and Meaning*. Washington: ASCD.

Kellner, D. (1989) *Critical Theory, Marxism and Modernity*. Baltimore: The John Hopkins University Press.

Macdonald, J. (1975) Curriculum Theory. In W. Pinar (ed) *Curriculum Theorizing. The Reconceptualists*. Berkely: McCutchan, pp. 5-13.

Macdonald. J. (1986) The Domain of Curriculum. *Journal of Curriculum and Supervision*. *1* (3), pp. 205-214.

Macdonald. J. (1995) A Transcendental Developmental Ideology. In Bradley Macdonald (ed) *Theory and a Prayerful Act. The Collected Essays of James B. Macdonald*. New York: Peter Lang, pp. 69-98.

Mbembe, A. (2014) *Crítica da Razão Negra*. Lisboa: Antigona.

Moon, S. (2015) *Tasanhak*, Korean Neo-Confucianism, and Curriculum Studies: Complicating Conversations in Human Nature, Knowledge, and Justice. In J. Paraskeva (ed) *Curriculum: Whose Internationalization?* New York: Peter Lang, pp. 129-136.

Paraskeva, J. M. (2011) *Conflicts in Curriculum Theory*. Challenging Hegemonic Epistemologies. New York: Palgrave.

Paraskeva, J. M. (2014) *Conflicts Curriculum Theory*. Challenging Hegemonic Epistemologies. New York: Palgrave (upgrade paperback edition).

Paraskeva, J. M. (2016) *Curriculum Epistemicides*. New York: Routledge.

Paraskeva, J. M. (2017) *Towards a Just Curriculum Theory. The Epistemicide*. New York: Routledge.

Paraskeva, J. M.(2020) *Generation of Utopia*. New York: Routledge.

Pinar, W. (1974) *Autobiography*. New York: Peter Lang.

Santos, B. (1999) Porque é tão difícil construir uma teoria crítica? *Revista Crítica de Ciencias Sociais*, N 54, Junho, pp. 197-215.

Santos, B. (2005) *Democratizing Democracy. Beyond the Liberal Democratic Cannon*. London: Verso.

Santos, B. (2014) *Epistemologies of the South: Justice against epistemicide*. Boulder: Paradigm.

Santos, B. (2018) *The End of the Cognitive Empire*. Durham: Duke University Press.

Shohat, E. and Stam, R. (2014) *Unthinking Eurocentrism*. New York: Routledge.

Smith, L. (1999) *Decolonizing Methodologies: Research and Indigenous Peoples*.London: Zed Books.

Teltumbde, A. (2011) *The Persistence of Caste: The Khairlanji Murders & India s Hidden Apartheid*. New Delhi: Navayana.

Teltumbde, A. (2018). *The Republic of Caste*. New Delhi: Navayana.

Tillich, P. (2014) *The Courage to be*. New Haven, CT: Yale University Press.

Walsh, C. and Mignolo, W. (2018) *On Decoloniality. Concepts, Analytics, Praxis*. Durham: Duke University Press.

West, C. (1999) *The Cornel West Reader*. Boston: Basic Books.

Wolfe, X. (2007) *The End of America: Letter of Warning to a Young Patriot*. White River: Chelsea Green Publishing Company.

Žižek, S. (2012) *The Year of Dreaming Dangerously*. New York: Verso.

Žižek, S. (2019) Why There Are No Viable Political Alternatives to Unbridled Capitalism. *Big Think*.

❦ Acknowledgements

My sincere gratitude needs to be paid to my colleagues Jung Hoon Jung, Young Chun, and Dr. King from the Academic Press. Without their ferocious resilience and commitment, *Curriculum Epistemicides* would never be translated and published in Korea. I owe them more than I can ever say. Also, a word to Michael Gibbons from Taylor & Francis for understanding the importance of having the volume translated and published in Korea and for his support helping in the process to wave the copy rights. Like any political project this volume is the outcome of collective struggle as well. I owe great deal to many colleagues and peers, as well as to my doctoral students. In so many different ways they have allow me to refine some of the arguments raised here. Also, I cannot forget—to quote Santos (2018, p. xi)—that "most of those to whom I owe this book will not be able to read it".

차례

탈식민주의와 교육과정 연구

순회하는 교육과정 이론
현존하는 모든 인식론에 대한
냉철한 비판을 위하여

João M. Paraskeva

Aquino de Braganca[1]: 미래의 창조주, 이단의 주인, 남부 인식론의 선구자

—Sousa Santos(2012)

『만약 신이 인권 운동가였다면: 인권 그리고 정치 시학의 도전(*If God Were a Human Rights Activist: Human Rights and the Challenge of Political Theologies*)』에서 Sousa Santos(2009a)는 더욱 정의로운 사회를 지향하고 인식론적 학살에 저항하기 위한 중요한 문제를 제기하였다. 종교와 인권 정치학 사이의 지속되는 논쟁이 그것이다. 그는 정치신학과 인권정치학을 서로 빗대어 둘의 관계에 대한 지속되는 논쟁 속에 존재하는 모순을 드러내었을 뿐만 아니라 인권 정치학의 대항 헤게모니적(counter-hegemonic) 형태를 제안하였다. 이는 교육분야 그리고 교육과정 분야의 중심에 놓여야 한다.

이 논쟁은 서구 유럽 중심의 현대적인 플랫폼 헤게모니의 돌이킬 수 없는 결말에 관한 논의에 고차원적인 복잡성이 존재한다는 것을 전제한다

(Dussel, 2000; Galeano, 1997; Mignolo, 2013). 다시 말해, 기이하고 비윤리적인 신자유주의 소비사회에 존재하는 개인의 자율성에 대한 격렬한 비판은 공동선(common good)의 실천에 대한 의문을 제기하였다(Bauman, 1998). Žižek(2012)이 논의한 바와 같이, 소비자의 실존성은 기쁨(pleasure)과 쾌락(enjoyment)으로 사회를 분열시켰다. 기쁨은 정제되고 적절한 조치에 의해 조정되는 반면, 쾌락은 기쁨의 원칙을 넘어서 치명적으로 과도한 것이다. 그러한 쾌락은 우리 삶에서 추상적인 실체(entity)가 아니다. 다시 말해 쾌락은 사회적 진공 상태에 존재하는 것이 아니라 역사적으로 많은 예들을 통해 알 수 있듯이 특정한 힘에 의해서 만들어질 수 있다. Žižek(2012)이 정의하였듯이 쾌락의 형태와 내용은 우리의 학교, 교육과정 그리고 가르침의 모든 상황들을 가로지른다. 뿐만 아니라 쾌락은 실천에 대한 현재의 세계적 철학적 정의를 거스르며 인지적인 지형을 식민화한다.

최근 자본주의가 내포하는 다른 많은 충동과 마찬가지로 쾌락은 현재의 되돌릴 수 없는 위기에 결정적인 역할을 하고 있다. 그 위기는 주관화의 과정으로 묘사된 신자유주의 경제에 의해서 만들어졌다(Lazzarato, 2011). 이에 대해 Lazzarato(2011, p. 37)는 신자유주의 경제는 채권자-채무자 사이의 다툼에 기초한 '주관적 경제'라고 이야기한다. 물론 그 다툼은 생산의 조건과 종류와 관련한 사회적 관계에 기초한다. 그 관계, 즉 채권자와 채무자의 비합리적 관계의 전체주의에 의해서 점령당한 자본의 매트릭스 속에서 '모든 사람들은 채무자'(Lazzarato, 2011, p. 37)로 간주된다. 이에 대해 Lazzarato(2011)는 다음과 같이 이야기한다.

부채를 사회적 관계의 전형으로 바라보는 것은 두 가지 측면을 의미한다. 첫 번째, 부채는 사회와 경제의 물질 교환이 평등에 기초한 것이 아니라 힘의 불균형에 기초한다는 것이다. 두 번째, 부채는 경제를 개인적인 것으로 만든다. 왜냐하면 부채는 경제적인 관계로서 노동을 노동 그 자체로만 간주하여 개인 주체의 형성을 통제한다. (p. 33)

두말할 필요도 없이 채권자-채무자 논쟁은 권력관계에 대한 논쟁이다.

Žižek(2012)이 그 관계는 '치명적 과잉'에 의한 권력관계에 의해 가속된다고 지적한 것처럼, 채권자-채무자 관계는 그 자체로서 권력의 관계를 의미하며, 이는 근대 사회의 자본주의에서 가장 보편적이고 중요한 측면이다(Lazzarato, 2011, p. 30). 이는 사회의 모든 영역에서 지배와 착취의 불평등한 메커니즘을 강화한다(Lazzarato, 2011, p. 7). 이러한 의미에서 신자유주의 경제는 금융 경제가 아니라 부채 경제이다. 좀 더 정확하게 말하면, 복잡한 신자유주의 세계적 미노타우로스[2](Varoufakis, 2011) 내에서 "우리가 말하는 금융은 채권자-채무자 관계의 증가하는 힘을 나타내는 것"이다(Lazzarato, 2011, p. 22).

그러한 부채의 주체화는 일상적으로 신자유주의 이데올로기에 의해 배양되며, 기본적으로 이 부채 밖에 존재하는 것은 가능하지 않다. 따라서 이 상태는 권력의 식민화뿐만 아니라 노동, 지식, 존재의 식민화, 그리고 인권정치학이나 신학적 정당성과 관련한 논의 자체에 내포되어 있다고 보아야 한다(Quijano, 2000a, 2000b). 이러한 식민화는 권력과 통제의 식민적 메커니즘을 형성한 서구 유럽의 지배권의 확장과 함께 헤게모니적으로 등장하였다.

현대 자본주의에 의한 착취와 지배 메커니즘 또는 거대 메커니즘이 신자유주의 정책과 결합하였다는 것을 고려할 때 교육적 그리고 교육과정적 도구들 또한 이러한 식민적 권력과 분리될 수 없다(Quijano, 2000a). 더욱이 신자유주의 교육과 교육과정 정책은 식민 통치의 맥락에서 이해될 필요가 있다. 그 메커니즘은 가능하고 불가능한 존재를 규정하고 우생학적으로 '실재하지 않는것'(Sousa Santos, 2014)으로 간주된 것들을 정의하는 만용의 식민적 망을 형성하였다.

내가 이 책에서 자세히 논의한 것처럼, 권력의 식민화는 우생학적 지배와 통제의 헤게모니를 생산하고 재생산한다. 헤게모니 숭배가 반드시 서구 근대 유럽 중심의 인식론적 관점에만 국한된 것은 아니다. 놀랍게도 유럽 중심의 인식론적 관점이 유일하다는 우생학적 주장은 인지적 파시즘 속에 깊이 스며들어 있다. 그 인지적 파시즘이 곧 주관화를 양산한다. Lazzarato(2011)가 '주관적 경제'라고 일컫는 구조를 그러한 인식론적 파시즘이 구성하고 있다. Sousa Santos(2009a)가 주장한 것처럼 인권 운동이나 정치적 신학의 대항 헤게모니 형태 추구를 위한 투쟁은 무엇이 정당하고 옳은지를 규정짓는 '주체성' 내에서 그리고 그것에 대항하는 방향으로 나아가야 한다. 학교나 교육자들 또한 이 작업에 관여해야 한다.

이 특정한 '주관성'은 인간의 행위(agency)를 위에서 이야기한 주관성에 국한시키는 신자유주의 경제가 유일하게 가능한 형태라는 것을 정당화하는 인식론적 프레임과 완전히 연결되어 있다. 뿐만 아니라 이는 무엇이 공식적이고 합리적인지를 제도화하는 인식론적 프레임과도 연결되어 있다. 그러한 주관적 경제가 서구 유럽 중심의 근대성과는 아무런 관련이 없다는 주장은 지금까지 성공적으로 인식론의 정화, 합리적/비합리적 삶 그리고 신학적 삶을 규정해 왔다. 교육과 교육과정이 순진하게 이를 묵인한다면 방조 또는 묵인으로 간주해야 할 것이다. 그러한 순진함이나 묵인은 결코 결백한 것이 아니다.

하지만 오늘날 우리가 직면하고 있는 서구 유럽의 근대성이 오로지 경제적인 측면에만 국한되지 않는다는 것이 우리의 주장이다. 물론 경제적 측면이 핵심적 동력으로 작동한다. 하지만 신자유주의의 영향을 정확하게 이해하기 위해서 헤게모니가 문화나 정치와 같은 이데올로기적 측면과 얽혀서 작동하고 있다는 것을 간과한다면 우리는 경제적 환원주의에 빠질 수 있다(Darder, 2012a, 2012b). 그러한 위기는 몇 세기 동안 시장의 '보이지 않는 손'에 의해 작동한다는 경제 기능주의를 훨씬 뛰어넘는다. 다시 말해, 이는 인식론적 위기다. 그리고 이 위기는 현재 거의 되돌릴 수 없는 상태에 이르렀다. 이 권력의 식민화 그리고 존재의 식민화는 1500년대에 네 개의 주요 영역에서 등장하였다. Tlostanova와 Mignolo(2012)에 따르면 그 영역들은 다음과 같다.

1) 세계 시장을 위한 상품을 생산하기 위한 경제 통제를 위한 통제, 2) 권위의 통제를 위한 투쟁, 3) 젠더와 성 취향의 통제―기독교 또는 부르주아의 규범적 성의 강화와 고정된 성역할의 강화, 4) 교육을 통한 지식과 주체의 통제, 5) 지배를 가능하게 하는 핵심적인 기본 통제 영

역인 지식의 식민지화. (Tlostanova & Mignolo, 2012, pp. 44-45)

식민화에 의해서 생산된 기이하게 '정당한' 존재의 방식은 DeCerteau(1998)
가 절묘하게 표현하였듯이 사회 시스템에 틈새를 만들었다. 서구 유럽 중심
의 지배적 힘에 의해 주로 만들어진 그 '틈'을 통해 서구 유럽 중심의 인식론
과 식민성은 거만하게도 인권과 관련하여 무엇이 핵심이고 그렇지 않은지
에 대한 '중립적 측면'을 성공적으로 주입하였다. '중립적'이라는 환상 아래
에서 인권의 실천에 대한 강력한 정치철학이 주도적 위치를 점령하였으며
점점 대다수의 소외되고 억눌린 집단의 사람들을 배제하거나 어떤 경우에
는 종말에 이르게 하였다. 이러한 예는 오늘날에도 쉽게 찾아볼 수 있는데,
그 예로 르완다의 학살, 사우디아라비아의 여성 차별 법, 그리고 우크라이
나의 분쟁 등을 들 수 있다.

이후의 장에서 깊이 논의하겠지만, 서구 유럽 중심 플랫폼은 많은 다른
많은 문제를 차치하고라도 그 '치명적인 과잉'(Žižek, 2012)이나 그 시스템 자
체의 문제들을 해결할 수 없어 이미 한계에 다다랐다. 신자유주의에 기초한
정치가 지향하는 근대적 정책의 영속은 서구 유럽 중심의 식민 매트릭스가
가지는 모순을 드러낼 뿐이다(Comaroff, 2005). 서구 유럽 인식론의 전체주의
적 동력은 세계의 사상을 제거할 수 있다는 과거의 신화적 망상을 소생시켰
다. 오늘날 우리가 직면한 서구 유럽의 위기는 그 경계와 유연성을 전혀 가
지지 않은 '자본주의의 고통'을 잘 보여 준다(Berardi, 2012, p. 51). 신자유주
의의 주관적 경제는 단지 주관성의 공간이 없음을 의미하지 않는다. 그것은
구체적인 실제로부터 경제적 권력을 분리시켰다. Berardi(2012, p. 51)는 '자
본주의의 허무주의'로 이를 설명한다.

자본주의적 허무주의는 세계 금융 자본주의에 내재된 탈영토화의 영
향에서 기인하였다. 경제 권력은 더 이상 실제적 물건의 소유에 기반
하지 않기 때문에 자본과 사회의 관계는 탈영토화된다. 부르주아 계
급은 더 이상 존재하지 않으며, 새로운 금융 계급은 파편적으로 분산
되어 특정한 개인에 국한되지 않는 상태로 가상적으로 존재한다. 한때

근대 유럽의 경제를 장악했던 부르주아 계급은 물질적 자산의 소유에 기초한 특정한 계급 영역이었다. 그들은 지역과 지역사회와의 관계 없이는 존재할 수 없었다. (p. 51)

그러나 한편으로는 '영속적인 경제적 비상사태'(Žižek, 2010, p. 85)에 직면한 자본주의적 허무주의는 사회를 세계적 위기로 내몰았을 뿐만 아니라 세계적인 집단 저항 운동을 불러일으켰다. 미국의 '점유 운동(occupy movement)' 그 생생한 예를 보여 준다. 다른 한편으로는 자본주의적 허무주의는 대부분의 서구 근대 유럽 중심 반헤게모니 관점의 허술함 또한 드러내었다. Žižek(2012)은 '월가 시위(Occupy Wall Street)'가 어떻게 새로운 시작과 관련하여 맹렬한 침묵을 드러내었는지를 논의하였다. 월가 시위와 내핍의 정치학이 좌파와 진보 진영이 자본주의 자체를 문제로 인식하게 하였지만, 그 핵심에서 계층, 성, 인종과 같은 요소들은 간과되었다. 이러한 점에서 우리는 우리가 살고 있는 신자유주의 사회 시스템에 대해서 면밀하게 다시 따져 보아야 한다. 다시 말해, "금기는 깨어졌고, 우리는 가능한 최상의 세계에 살고 있지 않으며, 우리는 새로운 대안에 대해서 생각할 수 있으며 적극적으로 고민해 보아야 한다(Žižek, 2012, p. 77). 이러한 노력을 거절하는 것은 1968년 파리 혁명 기간에 등장한 라캉의 주장에 힘을 실어 주는 것이다. 1968년 파리 혁명과 관련하여 Žižek(2012)은 Lacan의 말을 빌어 강조하였다. "Lacan이 이야기했듯이 당신이 열망하는 혁명은 새로운 주인이다. 당신은 새로운 주인을 직면하게 될 것이다"(p. 79).

Cabral이 이야기하듯이, 용기가 아니라 지적 정직은 몇몇 서구 유럽 중심의 대항 헤게모니 플랫폼이 가지고 있는 모순에 관심을 가지는 것을 필요로 한다. 이 책에서 논의하듯이 이들 중 몇몇은 기능주의자들이다. 이러한 맥락에서 Sousa Santos(1999)의 통찰력 있는 주장에 주의를 기울일 필요가 있다.

비판 이론을 정립하는 것이 왜 그렇게 어려운가? 그러한 어려움은 비판 이론 영역 위에 또는 너머에만 있는 것이 아니다. 대신에 최고의 어려움 중 일부는 바로 비판적 플랫폼의 중심에 존재한다. Sousa Santos(1999, p. 197)

는 "비판하는 것이 너무도 많은 세계에서 비판적 이론을 세우는 것이 왜 그렇게 어려워졌는가?"라고 질문한다. 사실, 그는 "분노, 불편함, 분개를 조장할 수 있는 수많은 쟁점들이 있다"고 이야기한다. 즉, 현실은 우리 사회의 도덕성과 삶의 질에 대해 비판적으로 질문하고 우리가 급박하게 직면한 사가에 관한 해답에 기초한 이론적 대안을 모색하도록 하는 수많은 예들이 있다(Sousa Santos, 1999, p. 199). 서구 유럽 중심의 근대성의 주류 그리고 특정한 반주류적 형태는 두말할 나위도 없이 세계적이고 지역적인 변화를 필요를 다루는 데 별 도움이 되지 못한다(Grosfoguel, 2011; Maldonado-Torres, 2003; Mignolo, 2008; Paraskeva, 2014; Walsh, 2012).

신자유주의 매트릭스 권력에 의해 진행된 지금의 식민 단계에서, 전통적인 인권 회복의 실패는 Sousa Santos(2009a)가 이야기한 '우리 시대에 제기된 강한 의문'과 관련 있다는 것은 의심할 여지가 없다. 우리는 모순된 시대에 살고 있다. 이 모순된 시대에 "가장 소름 끼치는 사회적 불의 그리고 인간의 부당한 고통은 더 이상 도덕적 분노와 정치적 의지로 더욱 사회를 개선할 수 없다"(Sousa Santos, 2009a, p. 27). 우리는 근대적 해결책이 없는 근대적 시대에 살고 있다(Sousa Santos, 1999). 나아가 Santos는 다음과 같이 이야기한다.

우리 시대가 해답이 아니라는 것이 점점 더 분명해지고 있다. 이는 오히려 강력한 질문과 힘없는 대답의 시대다. 이러한 불일치는 어디에나 있는 것처럼 보인다. 강력한 질문은 개인과 집단 생활에 대한 우리의 구체적인 선택 사항뿐만 아니라 우리가 선택할 수 있는 가능성의 현재 지평을 형성해 온 사회 및 인식론적 패러다임을 다룬다. 약한 대답은 가능성의 지평, 즉 여전히 지배적인 패러다임에 도전하지 않는 대답이다. 하지만 모든 힘없는 대답이 같은 것은 아니다. 다시 말해, 약하면서 강한 해답이 있으며, 약하면서 약한 해답들 또한 있다. 약하면서 약한 해답은 현재의 패러다임이나 가능성의 지평을 당연한 것으로 간주하고 그것의 역사적 · 정치적 · 문화적 목적을 인정하기를 거부한다.

(Sousa Santos, 2009a, p. 3)

말할 나위도 없이, 규범적 그물 내부의 '강함-약함-강함-약함-약함-약함' 논쟁을 고려할 때, '종교와 관련한 인권정치학'은 종교가 대중의 삶을 구성하는 요소로 작동하는 현재의 세계적 양상과 관련한 헤게모니, 대항 헤게모니, 그리고 반헤게모니(nonhegemonic) 투쟁의 맥락 속에서 이해되어야 한다 (Sousa Santos, 2009a, p. 6). 유럽의 식민지 확장에서의 가톨릭교 그리고 페르시아 정복에서의 이슬람의 역할과 같이 종교적 충돌은 인류 역사에서 언제나 중요한 역할을 했다. 중요한 사실은 종교적 문제에 대한 근대 서구의 해결책은 세계적 지역주의다. 즉, 경제적·정치적·문화적 권력을 전 세계적으로 확장시키는 것이었다(Sousa Santos, 2009, p. 6).

이러한 맥락에서 볼 때, "누구의 인권을 누가 이야기하는가?"라는 질문을 던져야 한다. 즉, "인간과 인간성 같은 개념은 15세기와 16세기의 유럽 인본주의자들이 만들었으며, 그 개념들은 그 창조자들을 여러 방면에서 이롭게 하는 방향으로 작동하였다는 사실을 주지해야 한다. 그러한 사회적 측면을 존재론적 논쟁에 위치시키며, 서구의 근대성은 계급, 인종, 그리고 성의 문제가 핵심이 되는 중요한 논쟁을 말살시켰다. 좀 더 정확하게 말하면, "남자와 인간과 같은 개념은 남자와 인간으로 개념화된 실체에 존재론적으로 포함된 사고의 범주가 아니다. 두 개념은 모두 관계에 기초한 것이며 그 관계에 관한 문제는 다름 아니라 인종적 위계에 기초한 것이다."(Tlostanova & Mignolo, 2012, p. 156). 계급이나 성의 개념 또한 이러한 점에서 예외적이지 않다. 이러한 점에서, 그러한 '존재의 방식'(Baker, 2014, 현상학적 의미)을 세계화하는 것은 실제를 왜곡하는 것이다. 왜냐하면 남자(Man) 그리고 인간(Human)과 같은 단어들은 특정한 발음 그리고 그것이 만들어지고 사용된 지역성을 포함하고 있다. 만일 그렇지 않다면 현실은 공허한 기표로만 존재하는 것이다(Laclau, 2011). 보편화하려는 경향성은 "관계적 존재론을 숨기려는 제국주의의 발명품이다"(Tlostanova & Mignolo, 2012, p. 156).

달라진 인권 투쟁은 그러한 '지역화된 표준'을 무시할 수 없다. 이른바 글로벌 노스 또는 선진국이라 부르는 나라들이 높은 수준의 인권을 가지고 있다는 생각은 지속되지 않는다(Tlostanova & Mignolo, 2012, p. 166). 인간성은 지금 탈식민적 순간을 직면하고 있다. 다시 말해, "인간의 권리를 보장하기 위해 어떤 종류의 사회적 · 법적 · 경제적 구조가 필요한가?"(Tlostanova & Mignolo, 2012, p. 171)와 같은 비판적 질문들에 대한 해답을 찾아야만 한다. 말할 필요도 없이, 이러한 실제적인 인식은 해방적 철학과 인식론들이 자유로이 성장할 수 있는 조건을 비옥하게 만든다(Dussel, 2013). 그러한 예로서 스페인의 'PODEMOS', 그리스의 Syriza, 포르투갈의 LIVRE와 같은 핵심 사례에서 강력하게 일어나고 있다.

"만일 신이 인권 운동가였다면"이라는 질문과 해답이 은유적이기 때문에 은유적으로 논의될 수 있을 것이다. 하지만 Sousa Santos(2009a)는 정치 신학의 유형론(다원론자와 계시론자, 전통주의자, 진보주의자)을 해부한 후에 다음과 같이 주장하였다. "또 다른 신이 가능할 뿐만 아니라, 이는 실재한다. 더 나은 틀이 있으며 그것은 현실이다." 그의 논의는 너무나 강력하여 다소 길지만 다음과 같이 인용하려 한다.

> 만약 하나님이 인권 운동가였다면, 이 말은 은유적으로만 대답할 수 있는 논제다. 하지만 이 논고의 논리에서 이야기하면, 만일 신이 인권 운동가라면, 그 또는 그녀는 분명히 인권에 대한 대항 헤게모니 개념과 그것에 합치하는 실천을 추구할 것이다. 이를 통해, 신은 조만간 압제자들이 이야기하는 신에 대항하고 다른 신과는 조우하지 않을 것이다. 달리 이야기하면, 그 또는 그녀는 서발턴(Subalterns)의 신은 서발턴 신일 수는 없다는 결론에 도달하게 될 것이다. 진보적 사회 변화를 위한 사회적 · 정치적 투쟁에서 신의 부름이 비뚤어진 결과를 위한 것이 아니라면, 이러한 논리적 결론의 결과는 인간의 관점에서 보면 다소 비논리적이다. 그렇다면 그 서발턴 신에 대한 생각은 오직 다신론만이 "당신이 어느 편에 속해 있는가?"와 같은 중요한 질문에 명백한 해답을 제시할 수 있다는 것이다. 나는 일신교의 신이 다신론적인 다신교에 찬성하고 그 또는 그녀가 인류를 위해 희생하기를 바란다는 것이 얼마나 기괴한 생각인지 잘 알고 있다. 그러나 나는 대부분의 신학의 역할이 우리가 이 부조리에 맞서고 결론을 이끌어 내는 것을 막지는 않았을까 하고 생각한다. 마치 신의 로고스가 인간이 복수의 신을 이야기

하는 것을 금기시해 온 것처럼 말이다. (Sousa Santos, 2009a, p. 29)

정치신학과 인권정치학에 대한 Sousa Santos(2009a)의 논의는 두 가지 핵심적인 쟁점을 다룬다. 먼저 그는 비판 이론의 비논리성에 대한 자신의 입장을 드러내었다. "사회 변혁의 원리는 하나만 존재하는 것이 아니다. 산업화는 필요 불가결한 진보의 동력이 아니며 발전을 의미하는 것도 아니다. 실제로 근대성이 지향한 가능성의 실패는 해결책이 없는 심각한 문제가 되었다"(Sousa Santos, 1999, pp. 202-204 참조). 다음으로 그는 이성을 넘어서는 서구의 인식론적 플랫폼에 도전하는 완고한 입장을 견지한다. Sousa Santos(2009a) 접근법은 19세기 중반 마르크스(Karl Marx)가 제기한 쟁점들은 핵심적으로 겨냥한다. Marx(1843)는 진정으로 사유하고 독립적인 마음을 한데 모을 수 있는 지점이 필요하다고 주장하였다. 우리가 자본주의의 세 번째 헤게모니 단계(Arrighi, 2005)에서 직면하고 있는 이상한 상황 그리고 "외부의 장애보다 내부의 장애가 훨씬 거대해 보이는 이 상황(Marx, 1843, p. 13)"에서, Sousa Santos(2009a)의 접근에 의존하는 '생태적인 관점'을 구축하고 유지해야 한다. Sousa Santos의 접근에 기초한 '생태학적 지점'은 만들어져야만 하고 유지되어야 한다. Galeano(1997)가 주장하듯이, 그러한 '지점' 또는 그것을 달성하기 위한 헌신은 독단적이지 않으나 이상주의적이다. Sousa Santos(2009a)뿐만 아니라 많은 탈식민 지식인들 그리고 Marx(1843)는 이 문제에 대해 입장을 같이한다. 그들은 새로운 미래를 건설하는 것 그리고 모든 시대를 아우르는 해결책을 선포하는 것은 모든 존재하는 것에 대한 가차 없는 비판적 입장을 견지하는 새로운 철학적·인식론적 의식을 분명히 가지는 것을 의미한다고 주장한다. 이러한 비판은 자신의 결론을 두려워하지 말아야 하며, 존재하는 권력과 충돌하는 것을 두려워하지 말아야 한다. 이 과업은 '진정한 인간 본질의 실제'(p. 13)에 완전한 관심을 기울이는 것을 필요로 한다. 이는 '인간의 이론적 존재성(종교, 과학, 우리의 비판 이슈들)'(p. 13)에 완전한 관심을 가지는 것이다. 근대 비판 이론과는 달리, "포스트모던 비판 이론은 비판 이론이 지식 자체에 대한 비판에서 시작된다는 점을 인정한다"(Sousa Santos, 1999, p. 205). 즉, 포스트모던 비판 이론들은 주변화되고 인정받지 못한 근대적 인식론에서 등장하였다. '지식의 통제'가 아니라 '지식의 해방' 그리고 인식론적 플랫폼에서 무지는 곧 식민주의다. 그리고 식민주의는 타자를 대상으로 간주하고 결과적으로 타자를 주체로 인정하지 않는다(Sousa Santos, 1999, p. 205).

"이성은 언제나 존재했다. 하지만 이성이 항상 합리적인 형태로만 존재하는 것은 아니다."(Marx, 1843, p. 14)라는 것을 이해하는 것은 쉬운 일이 아니다. Nkrumah(1964)가 이야기한 것처럼, 새로운 인식론적 생태학적 지점을 만들기 위한 투쟁은 대안적인 철학적 의식을 필요로 한다. Sousa Santos (2009a)가 주장하는 것처럼 세계는 새로운 원리에 직면해야 한다. 이와 관련하여 마르크스는 다음과 같이 주장하였다.

하나의 원리는 그 안에서 또 다른 원리를 만들게 될 것이다. 우리는 사람들에게 당신의 투쟁은 의미가 없다고 말하지 않는다. 대신에 우리는 당신에게 진정한 투쟁의 쟁점을 외친다. 우리는 다만 우리가 무엇을 위해 투쟁을 하는지 이야기하며 의식은 그러한 투쟁을 위해 당신이 원하든 원하지 않든 우리가 갖추어야 하는 것이다. 의식의 개혁은 의식을 통한 개혁이 지향하는 바를 이루기 위한 의식이 무엇인지 명료화한다. (Marx, 1843, pp. 12-13)

나는 여기서 우리가 직면한 것이 과거 마르크스주의자 플랫폼의 재포장이라고 주장하는 것이 아니다. 사실 그 반대다. 이 책에서 논의하듯이 마르크스주의 자체는 탈식민화되어야 한다. 이와 관련하여 wa Thiong'o(2012)는 "마르크스의 주장과 이론은 대체적으로 옳지만 모든 시대나 상황에 비추어 볼 때 완벽하지 않다."(p. 22)고 주장한다. 현대적 견해에 대한 숭배가 팽배한 지금(Pinar, 2004), 의식 개혁은 매우 힘든 도전이다. 하지만 의식 개혁은 Sousa Santos의 접근 방식의 핵심에 의존하며, 인식론의 학살에 대항하는 투쟁의 축을 구성하는 중요한 요소다. 그러한 의식 개혁은 Sousa Santos를 비롯한 지식인들이 만들어 내는 인식론적 지진의 핵심적 요소다. 그러한 지진은 점점 소비주의와 소비 욕구에 무릎 꿇는 서구 학계의 지배 집단 그리고 일부 반지배적 집단에 대항하는 진지하며 되돌릴 수 없는 위협이다 (Giroux, 2011).

이 책은 비서구 인식론의 좀 더 적절하고 사회적으로 정의로운 교육과 교육과정을 위한 투쟁의 역사적 중요성에 많은 영향을 받았다. 이는 인권의 문제다. 이 책은 교육과 교육과정 분야에서 인식론의 학살을 자행하며 식민화한 주류적·반주류적 서구 유럽 중심 관점에 도전한다. 또한 이 책은 교육자, 사회 운동가 그리고 사회 구성원들에게 존재하는 모든 인식론을 철저하게 비판하고 하나의 인식론적 플랫폼을 하나의 헤게모니 입장이 아니라 전체주의와 다르지 않다고 비판해야 한다고 주장한다. 이 책은 지배적·반지배적 서구 유럽 중심 관점의 기능주의를 인식하는 순회하는 교육과정 이론(Itinerant Curriculum Theory, ICT)을 새로운 교육과정 여정으로 주창한다. 뿐만 아니라 순회하는 교육과정 이론은 풍부하고 다양한 비서구 인식론의 플랫폼을 인식하는 것이며, 특정한 서구 유럽의 지배의 전통에 의해서 날조된 역사의 허구를 인식하는 것이다. 나아가 순회하는 교육과정 이론은 서구 유럽 중심 인식론 자체가 가지는 제한점과 오류로 인해서 그리고 서구 유럽 중심의 인식론에 도전하는 비서구 인식론의 힘에 의해 심각하게 실패한 서구 유럽 중심 인식론의 식민화의 파시즘을 인식하는 것이다. 순회하는 교육과정 이론은 교육과정 인식론 학살을 극복하기 위한 강력한 방법이다. 순회하는 교육과정 이론은 우리로 하여금 처음부터 다시 시작할 수 있는 길을 열어 준다.

주류적 그리고 일부 반주류적 관점은 순회하는 교육과정 이론의 도전을 직면해야 한다. 이러한 도전의 가장 힘겨운 부분은 대항 헤게모니 지형 내부의 핵심에 있다. 물론 이는 힘든 도전이지만, 우리는 처음부터 다시 시작할 수 있는 완벽한 상황과 직면하고 있다(Žižek, 2009). 다시 말해, Ginsberg (2011)가 제기한 레닌의 결정적인 질문, 즉 "무엇을 해야만 하는가?"라는 질문은 또 다른 답을 요구한다. 우리는 진정으로 다시 시작해야 한다. 이 과업과 관련한 Žižek의 논의를 주목할 필요가 있다.

Žižek(2009)에 따르면, "볼세비키가 전쟁에서 승리한 후 모든 경제 상황에서 시장 경제와 사유 재산에 대해 훨씬 더 넓은 범위를 허용하는 신경제 정

책으로 퇴각해야 했을 때", 레닌(Vladimir Ilyich Lenin)은 "혁명 과정에서 퇴각이 무엇을 의미하는지 그리고 그것이 기회주의적으로 배신하지 않고 어떻게 수행될 수 있는지를 설명하기 위해 새로운 산봉우리에 오르기 위해 반드시 출발점으로 되돌아와야 하는 등반가에 대한 비유를 사용하였다"(p. 43).

> 등반가는 되돌아와 강하한다. 이를 통해 등반가는 또 다른 더 높은 정상에 도달할 수 있다. 이전에 어느 누구도 도달하지 못했던 정상에서 다시 내려오는 것은 어쩌면 오르는 것보다 더 위험하고 어려운 여정일 수 있다. 더 자주 미끄러지고, 발 디딜 곳을 찾기는 더 어렵다. 정당에 도달하기를 기대하는 즐거운 흥분 또한 없을 것이다. 등반가는 자신의 몸에 밧줄을 감아야 할 것이며, 발 디딜 곳을 마련하고 밧줄을 연결하기 위해 장시간 매달려 있어야 할 것이다. 목표 지점에서 내려오는 등반가는 마치 달팽이처럼 천천히 이동해야 할 것이다. 등반가는 이 하강의 여정이 얼마나 오래 걸릴지 그리고 얼마나 위험할지 확실히 알지 못하며, 더 빨리 정상에 오를 수 있는 우회로가 있는지도 알지 못한다.
> (Žižek, 2009, p. 43)

레닌의 '처음으로부터의 시작'을 논하며 Žižek(2009)은 레닌을 다음과 같이 이해한다. "이미 달성된 것을 늦추거나 강화하는 것에 대해서만 이야기하는 것이 아니라 다시 출발점으로 내려가야 함을 누구나 이해할 수 있다. 출발점에서 다시 시작해야만 하는데, 그 출발점은 이전의 목적을 이룬 지점이 아니다."(p. 44). 게다가, Žižek(2009)은 "레닌의 주장은 사뮈엘 베케트의 작품 『최악을 향하여(Worstward Ho)』(비관적인 부조리극)에 등장하는 대사인 '다시 시도하고 또 실패하라. 더 낮게 실패하라'(p. 44)를 의미한다"고 주장한다.

레닌의 이러한 주장과 '정치 프로젝트에서 비참하게 실패하고 자본의 금융화와 자본주의로 인한 학교와 같은 공공 기관의 현재 상태'의 유사성은 어느 누구도 부인할 수 없을 것이다(Foster, 2008). 이러한 '처음으로부터의 시작'의 사고 방식은 "공익을 위한 대항 헤게모니적 대학의 세계화"를 요구한다(Sousa Santos, 2008). 대학의 이러한 대항 헤게모니적 세계화는 오늘날의 대학, 특히 금융 위기에 대응하는 대학의 반응적이고 방어적인 접근에 도전할 것이다. '처음으로부터의 시작'은 "새로운 것을 새로이 직면하고, 위기를 정의하기 위해 투쟁하고, 대학이 무엇인지에 대해 논쟁하고, 나아가 정당한 것이 무엇인지를 다시 설정하는 것"을 의미한다(Sousa Santos, 2008). 새로운 시작은 국제적 자본주의 확산에 대한 주요 장애로서의 국가 프로젝트에 대한 아이디어에 대한 비판을 소멸시키려는 신자유주의 세계화에 도전할 것이다. 순회하는 교육과정 이론(ICT)은 이 문제를 다루기 위한 가장 효과적인 하나의 접근이 될 수 있다.

또한, ICT는 어느 토착적 문화나 지식 그리고 원주민들의 문화적 요소도 낭만화하지 말아야 한다고 경고한다. ICT는 서구-비서구를 나누는 이분법적 틀을 거부한다. 사실 ICT는 그러한 기능주의적 형태에 도전한다. ICT의 순회적 역동성은 이론가들을 다양한 방향으로 나아가기를 촉구한다.

ICT는 사회적 · 인지적 정의를 위한 복잡한 투쟁 속에 적극적으로 관여함으로써 교육과정 인식론적 학살에 도전하기를 추구한다. 이것은 세대를 뛰어넘는 정의의 문제이다. 또한 ICT는 Freire(1980)의 '비판적 의식화'와 같은 탈식민적 접근 또한 강조한다. 이 접근은 지배적인 전통적 인권에 대한 접근은 구조적으로 이 접근에 대한 강력한 질문들의 생동성을 간과하였다는 것을 인식하는 것이다. 또한 대항 헤게모니적 인권정치학과 진보 정치 이데올로기 사이의 상호 풍요로운 교류를 위한 새로운 가능성을 열 수 있다고 인식하는 것이다.

이 책에서 살펴본 바와 같이, 이것은 지식의 생태학(Sousa Santos, 2009a, 2014)과 번역 이론(Sousa Santos, 1999 참조)에 대한 명확한 노력을 필요로 한다. 즉, "문화 간 번역 그리고 지정학적 해석학의 실천을 필요로 한다. 이러한 실천을 통해 인간의 존엄성에 대한 대안적 개념의 상호 한계가 확인될 수 있으므로 이들의 새로운 관계와 대화의 가능성이 열리게 된다"(Sousa Santos, 2009a, p. 18, 1999, 2014). 비판 이론의 포스트모던 시대에서 번역 이론은 매우 구조적이다. Sousa Santos(1999)가 논의하였듯이 "지식과 해방은 대단한 이론을 목표로 하지 않는다. 지식과 해방은 해방적 실천을 위한 인식론적 지원과 같은 번역의 이론을 추구한다. 이를 위한 어떤 작업이나 이론도 완벽하거나 완전하지 않다. 그렇기 때문에 이들은 지속 가능해야 하고 그들은 상호 연결되어 있어야 한다. 지식의 정치학과 이론을 논하면서 wa Thiong'o(2012)는 '지구의 형상에서 착안한' 지구적 변증법(globalectics)(p. 8)이라는 개념을 제시한다. 이 개념은 "지구의 중심은 없으며 모든 지점은 동일하게 중심적"이라고 간주한다. globalectics는 global(지구)와 dialectical(변증법적)을 합성한 단어다. 이 단어는 서로 영향을 미치는 대화, 전체성을 아우르는 의사소통, 상호 연결성, 부분적 잠재성들의 평등, 긴장, 그리고 움직임을 의미한다. wa Thiong'o(2012)는 지구적 변증법이라는 개념은 "하나의 사고방식이며 세계관계주의와 세계화 시대에 세계와 연결시켜 주는 방식"(p. 8)이라고 주장한다.

이러한 점에서 ICT는 명백히 '결코 하나의 지점이나 인식에 머무르지 않는 인식론적 지점'의 새로운 연합을 지향한다. 이미 이야기한 바와 같이 이는 인식론적 학살에 대항하는 투쟁으로서 인권의 문제다. 하지만 이 과업은 과거의 무기 또는 도구로서 획득할 수 없다(Latour, 2005). 나는 이 책이 교육자들이 학교에서 일상적으로 일어나는 인식론적 학살을 드러내는 데 기여할 수 있기를 바란다. 또한 나는 이 책이 교육과 교육과정 정책과 실천에서 비서구적 지식을 비가시화하는 영속적인 위험을 밝히는 데 도움이 되기를 희망한다. 우리는 먼저 이 과업이 결코 쉬운 것이 아니라는 점을 인정해야 한다. 당연하게도 대항 헤게모니 관점의 중심에서 매우 많은 저항이 제기되었다. 하지만 그것은 가능한 일이다. Sousa Santos(2012)가 연구한 Aquino de Braganca는 대안적 인식론과 존재가 실재한다는 것을 보여 준다. Sousa Santos(2012)는 Braganca의 장엄한 실천철학을 서구의 현대적인 유럽 중심의 지배적 플랫폼과 반지배적 플랫폼에 소개한다. 지배적 플랫폼은 두려움으로 반응하겠지만 나는 반지배적 플랫폼이 그러한 실천철학을 수용하지 않는지는 상상할 수 없다. 그러나 그들이 수용하지 않는다 해도 나는 놀라지 않을 것이다. 자신의 글(『Aquino de Braganca: 미래의 창조자, 이교도의 주인, 남부 인식론의 선구자』)에서 Sousa Santos(2012)는 Aquino de Braganca가 대항 헤게모니 움직임의 보편적 모순, 연약함, 그리고 강인함을 잘 이해하고 있으며 그의 실천철학이 반파시즘과 반식민주의의 논쟁에서 매우 정교하고 설득적이라는 점에서 그를 완벽한 정치인이자 무조건적인 인본주의자라 지칭한다. 이 글은 포르투갈과 유럽에서 민주주의를 위해 싸운 사람들과 포르투갈과 서구 식민주의에 대항하여 식민지에서 싸운 사람들 사이의 유사점과 공통점뿐만 아니라 모잠비크에서와 같이 자유 사회 과학을 건설하려는 과업도 찾을 수 있다. Aquino de Braganca는 오로지 지식인들에게 의존한 진리의 개념을 거부하였다(Sousa Santos, 2012). Aquino de Braganca는 마르크스주의와 같은 반식민을 위한 사회 이론은 아프리카의 현실에서 출발해야만 하고 그렇지 않으면 무용지물이라고 주장하였다. 500년 동안 식민에 저항한 전쟁에서 승리한 국가에서, Aquino de Braganca는 마푸토(Maputo)에서 연구자가 없는 아프리카 연구 센터를 만들었다. 외국인 연구원을 고용하지 않고 Aquino de Braganca는 연구 경험이 없는 사람들을 고용하여 연구를 수행토록 하였다. 정부 관료, 군인, 학생, 및 지역 사회 모두가 자신들의 가족과 역사를 연구하기 시작하였다. 그들의 모든 에너지는 새로운 독립 모잠비크에서 발생한 새로운 사회과학 연구의 엔진이 되었다. 이런 맥락에서 이 센터는 남아프리카공화국 금광에서 일하는 모잠비크 광부에 관한 연구를 수행하였다.

Sousa Santos(2012)는 Aquino de Braganca를 인식론적 지진의 분출구로 간주한다.

지속적으로 대화와 연결을 추구하며, 매듭을 엮고 보완성을 추구하는 Aquino de Braganca의 정치적 · 이론적 · 인식론적 입장은 정치적 · 이론적 독단을 거부한다. 이를 통해 그는 새로운 아이디어로 새로움을 이해하고자 노력하였다. 그는 사회적 경험의 다양성에 대한 공정함을 추구하고 그 공정함의 기반을 약화시키지 않기 위해 노력하였다. 이러한 노력은 역사적으로 서구 유럽의 이론과 마르크스주의과 같은 반제국주의 이론에 의해서 평가절하되고 왜곡된 반제국주의 아프리카 국가들의 실제를 드러내고자 하는 그의 관심에서 기인한 것이다. 이러한 노력은 내가 지금까지 남부의 인식론으로 지칭한 인식론적 자세를 보여 준다. (p. 40)

인식론적 학살과 교육과정 인식론적 학살에 대항은 힘겨운 투쟁이다. 하지만 이는 성취되어야만 하는 것이다. 이것이 불가능하다고 한다면 이는 조작된 오류다. Braganca가 주장한 '걷기와 존재하기'는 교육과정 인식론적 학살에 대한 저항을 목표로 하는 우리 모두에게 환기를 불러일으킨다. 그의 주장을 통해 우리는 ICT를 자본주의 시스템을 극복하고 넘어서는, 그리고 세계 체제 이론에 대항하는 정치적 공간으로 이해할 수 있다. ICT는 또한 이분법적인 태도, 윤리, 그리고 혼돈에 대항하는 인권의 문제다. 특히 ICT는 '필요한' 혼돈의 윤리를 추구한다. ICT는 일관적으로 불일치를 추구하며 단순하고 순진하게 존재함을 넘어서는 대담한 실천의 철학을 일으키고자 한다. ICT는 이러한 존재함을 찬양한다. 이는 또한 생각하는 것이 단지 이론적이지만 않음을 아는 사랑을 위한 끝없는 노력이다. ICT는 자본주의 시스템의 생산을 가능하게 하는 조건과 환경과 연결되어 있으며 그것에 대항하는 일어나는 사건들, 힘, 동요와 흐름의 끝없는 매트릭스 안에서 작동한다.

제1장은 비판적 교육과정 접근 내부에 존재하는 비판적 쟁점들에 대해 논의한다. 이 장은 대항 헤게모니 비판적 접근의 한계와 모순에 대해 분석한다. 이를 통해 나는 이 장에서 반주류적인 비판 이론이 자신들이 비판하는 기능주의와 같이 기능주의적임을 논의한다. 또한 이 장은 재생산 모델의 낡은 메커니즘을 비판함으로써 어떻게 특정한 비판적 교육이 자신들의 한계를 지향하게 되었는지도 분석한다. 이를 통해 이 장은 급진적 비판적 지식인들이 작동하고 있는 전체주의적 플랫폼에 도전하고 탈식민화해야 함을 주장한다.

제2장은 권력과 존재의 식민성 그리고 사회적·인지적 정의를 위한 투쟁을 투구하는 교육과정 분야에서 이들이 얼마나 중요한 이슈인지 논의한다. 이 장은 세계 시스템에 존재하는 식민적이고 인종 차별적인 요소들을 분석하며, 근대적 그리고 식민적 세계 시스템의 충돌하는 역동성에 대해 논의한다. 이를 통해 식민화가 어떻게 인식론적 특권과 인종 차별주의를 강화하였는지 논의할 것이다. 이 과정에서 나는 식민적 다름 그리고 트랜스모더니티와 같은 개념의 중요성을 강조할 것이다. 탈식민화의 과정은 서구의 세속적인 인식론적 학살에 저항하고 권력과 존재의 우생학적 식민성을 천년

동안 생산하고 재생산한 권력의 지정학을 무너뜨려야 한다.

제3장「아프리카의 사상 또는 사상으로서의 아프리카」는 유럽 중심주의와 아프리카 인식론 프레임워크 사이의 긴장을 드러낸다. 나는 서구 유럽인들이 아프리카 인식론을 어떻게 오만하게 바라보고 소외시켰는지 뿐만 아니라 우생학적 식민지 지식이 식민지 이전의 지식에 의존하고 어떻게 심리적 우위의 과정을 침전시키는 것을 돕는지를 논의한다. 나는 아프리카 지식인들을 모두 자유주의자나 독립 투사로 간주하는 환원주의적인 견해를 비판적으로 논의한다. 이 장에서 나는 독자들에게 아프리카의 관점으로 아프리카를 다시 읽도록 권유한다. 그렇게 함으로써 아프리카의 서사는 단지 유럽의 서사를 이어받은 것일 뿐만 아니라 아프리카의 인식론적 지형에서 서구에 의해 배제될 수 없는 중요한 인식론적 충돌이 있다는 점을 논의할 것이다. 이와 더불어 나는 아프리카의 서사와 인식론이 서구 식민 권력에 의해 주술적이며 미개한 것으로 간주되었으며 그들에 의해 황폐화되고, 소외되었으며 탈취되었음을 논의할 것이다.

제4장「이슬람의 수수께끼」는 아시아-아랍 문화와 경제 발전의 중대한 영향을 밝혀내고자 시도한다. 이 논의에서 나는 동양의 문명이 어떻게 세계의 발전뿐만 아니라 서구의 발전에도 중대한 기여를 했다는 것을 보여 줄 것이다. 나는 현시대 사회에서 구체적인 사회적으로 중요한 쟁점들이 식민화의 지배와 피지배의 충돌보다 훨씬 이전에 이미 동양의 초기 문명화에서 사회적 신조였다는 것을 보여 줄 것이다. 나는 또한 서구가 어떻게 그러한 거대한 유산을 약화시키고 나아가 침묵시켰는지를 드러낼 것이다. 이를 통해 나는 교육과정 인식론적 학살에 대항하는 투쟁은 자신의 역사에서 사라질 만용을 가진 세계화된 사회에 대한 거만한 추종을 강화하는 전략으로 사용되고 있는 **공식적인** 서구 지식 생산에 도전해야 함을 주장한다.

제5장「오, 오, 그 사람은 유럽인입니까? 정말 특별한 일이군요」에서 나는 역사의 좀도둑질로 이야기되는 것을 논의한다. 나는 대부분의 전통적 사회 이론이 기반을 두고 있는 서구 중심 역사 기록학과 인식론의 역사를 비판적으로 논의한다(Frank, 1998, p. 3). 이 장에서 나는 적어도 19세기 말까지 '서양-동양'은 평행하였음을 보여 줄 것이다. 또한 나는 서구 주류 집단이 어떻

게 대단한 아시아-아프리카-아랍 문명 발달의 파도를 억압하고 납치하였으며 나아가 오로지 서구에 유리한 방향으로 자신들의 지배적 위치를 강조하였는지 보여 줄 것이다. 나는 또한 그러한 공식적인 역사, 비서구의 입장에서 보면 좀도둑질 당한 역사가 학교 시스템에 의해서 어떻게 만들어지고 재생산되고 정당화되는지 논의할 것이다. Chomsky(1992)는 이러한 문제를 역사 공학(historical engineering)이라 불렀으며, 나는 이를 교육과정이라 부른다.

제6장 「탈영역화」는 내가 『교육과정 이론 논쟁: 헤게모니적 인식론적 학살(Conflicts in Curriculum Theory: Challenging Hegemonic Epistemicides)』(2011)에서 개념화한 ICT에 대한 재검토를 제안한다. 이 제안은 이데올로기에 대한 나의 탐구에서 비롯되었다. 또한 이는 밴쿠버에서의 미국교육과정학회 그리고 샌프란시스코에서의 미국교육학회에서 보여 준 ICT에 대한 청중의 긍정적이고 지각 있는 반응으로부터 기인한 것이다. 그들의 반응은 교육과정 인식론적 학살에 대항하는 탈식민적 투쟁에 대한 우리의 노력을 더욱 강화해야 한다는 나의 신념을 더욱 두텁게 하였다. 많은 이들이 동의할 것으로 생각하는데, 나는 ICT가 인식론적 학살에 대항하는 투쟁을 소개하고 이끌었다고 생각한다.

마지막으로 제7장 「대안을 위한 대안적 사유를 향하여」에서 나는 세계적 사회적 문제를 다루는 거만한 주장을 하는 헤게모니 모델인 서구 데카르트 근대적 모델이 빈사 상태에 놓여 있는 것이 아니라 이미 죽었다는 점을 논의한다. 우리는 근대성의 마지막은 전체주의에 대한 근대적 숭배, 모든 다른 인식론적 징후들을 말살하려는 문화적 · 경제적 폭탄과 같은 근대성 자체에 의해서 쓰였다고 주장한다. 역설적으로 이러한 근대성은 근대성 내에서 일어난 적대적인 충돌로부터 구조적으로 강화되었다. 만약 식민주의가 인간성에 대한 범죄라면, 그리고 식민주의와 제국주의가 근대성 밖에 존재하지 않는다면, 근대성은 인간성에 반하는 범죄에서 자유롭지 못하다. 나는 교육과 교육과정이 Sousa Santos가 '심연의 사고(abyssal thinking)'라고 비판한 태도를 조장하는 범죄에 책임이 있다고 주장한다. 우리는 교육과 교육과정이 인식론적 학살에 대항하고 '심연의 사고'를 극복하는 길로 나아가기 위해 지배적 그리고 반지배적 입장 모두에 도전하기를 촉구한다. 우리는 마르크스주의와 같은 서구 근대 유럽 중심 대항 헤게모니의 접근을 탈식민적 관점에서 직면하여 비판하는 ICT에 참여하기를 주장한다. ICT는 인식론적 학살에 대한 투쟁을 위한 최선의 도구이기 때문이다. 이는 더욱 정의로운 사회를 추구하는 사람이라면 어느 누구도 간과할 수 없으며 양도할 수 없는 인권의 문제다. 실천을 위한 정의로운 철학 없이 어찌 이 작업이 가능하겠는가? Giroux(2011, p. 26)가 주장하듯이 교육뿐만 아니라 민주주의 자체를 희생자로 만드는 집단적인 자살의 제도화에 도전하자.

🍎 감사의 말

이 책은 수많은 개인, 기관 및 지역 사회 단체와 수없이 많은 상호작용을 한 결과다. 따라서 그들 모두에게 심심한 감사를 표한다. 나와 나의 작업에 대해 끊임없는 지지와 연대, 그리고 애정을 보여 준 Antonia Darder에게 특별한 감사를 표한다. 또한 Noam Chomsky에게도 깊은 감사를 표한다. 그와 보낸 1시간은 이전에 경험하지 못한 지적 혁명을 경험할 수 있는 기회였다. 그와의 만남에서 나는 이데올로기적 생산과 교육 사이의 역동성과 복잡성에 관해 많은 것을 깨달을 수 있었다. 나는 또한 Henry Giorux, Ramon Grosfoguel, Paget Henry, Donaldo Macedo, Richard Quantz, Boaventura Sousa Santos, Jurjo Torres Santome에게도 깊은 감사를 드린다. 나의 작업에 끼친 그들 학문의 영향은 형언할 수 없을 만큼 중요하다. 또한 Massachusetts 대학교의 교육 리더십 및 정책에서 공부하고 있는 나의 박사 과정 학생들에게도 감사의 말을 전한다. 우리가 함께 만든 비판적 지적 환경은 나에게 지적으로 지속적으로 성장할 수 있는 기회가 되었다. 또한 끊임없는 지지와 배려를 보여 준 나의 아내와 딸에게도 감사를 표한다. 그들은 솔직히 내가 정답을 가지고 있지 않은 비판적 질문들을 해 주었다. 마지막으로, 지금과 같은 순간에 나는 나의 부모님을 언급하지 않을 수 없다. 불행히도, 나의 어머니는 이 책에서의 나의 논의를 읽으실 수 있을 만큼 오래 사시지 못하였다.

📇 참고문헌

Arrighi, G. (2005) *The Long Twentieth Century. Money, Power and the Origins of Our Times*. London: Verso.

Baker, B. (2014) *Braining the Mind or 'Purely Spiritual Causation'? A Historico-Philosophical Analysis of Child Mind as a Scientific Object*. Keynote Address, Educational Leadership and Policy Studies Doctoral Program, Department of Educational Leadership, University of Massachusetts, Dartmouth.

Bauman, Z. (1998) *Globalization. The Human Consequences*. London: Blackwell Publishers.

Berardi, F. B. (2012) *The Uprising. On Poetry and Finance*. London: Semitotext(e).

Chomsky, N. (1992) *Chronicles of Dissent: Interviews with David Barsamian*, Monroe, ME: Common Courage Press.

Comaroff, J. (2005) The End of History, Again? Pursuing the Past in the Postcoloniality. In A. Loomba, S. Kaul, M. Bunzl, A. Burton, & J. Esty (eds) *Postcolonial Studies and Beyond*. Durham: Duke University Press, pp. 125–44.

Darder, A. (2012a) *Culture and Power in the Classrooms. Educational Foundations for the Schooling of Bicultural Studies*. Boulder: Paradigm Publishers.

Darder, A. (2012b) Dissident Voice for Democratic Schooling: Writer Gabriela Roman interviews Radical Educator Antonia Darder. *Truthout*, September 25.

DeCerteau, M. (1998) *The Practice of Everyday Life*. Berkeley: University of California Press.

Dussel, E. (2000) *Europe, Modernity and Eurocentrism, Nepantla: Views from South*, 1 (3), pp. 465–78.

Dussel, E. (2013) *Ethics of Liberation. In the Age of Globalization and Exclusion*. Durham: Duke University Press.

Foster, J. B. (2008). The Financialization of capital and the crisis. *Monthly Review*, 59 (11).

Frank, A. G. (1998) *Reorient. Global Economy in the Asian Age*. Berkely: University of California Press.

Freire, P. (1980) *Conscientização*. São Paulo: Moraes.

Galeano, E. (1997) *Open Veins of Latin America. Five Centuries of Pillage of a Continent*. New York: Monthly Review Press.

Ginsberg, B. (2011) *The Fall of the Faculty. The Rise of the All Administrative University and Why It Matters*. Cambridge: Oxford University Press.

Giroux, H. (2011) *Zombie Politics in the Age of Casino Capitalism*. New York: Peter Lang.

Gros, F. (2014) *A Philosophy of Walking*. London: Verso.

Grosfoguel, R. (2011) Decolonizing Post–Colonial Studies and Paradigms of Political Economy: Transmodernity, Decolonial Thinking, and Global Coloniality. *Transmodernity. Journal of Peripheral Cultural Production of the Luso-Hispanic World*, 1 (1), pp. 1–38.

Grosfoguel, R. (2003) *Colonial Subjects. Puerto Ricans in a Global Perspective*. Berkely: University of California Press.

Laclau, E. (2011) *Emancipação e diferença*. Rio de Janeiro. UERJ.

Latour, B. (2005) *O Poder da Critica. Discursos*. Lisboa. Edicoes Pedago.

Lazzarato, M. (2011) The *Making of the Indebt Man*. Amsterdam: Semitoext.

Maldonado-Torres, N. (2003) *Imperio y Colonialidad del Ser*. Paper presented at the Annual Meeting of the Latin American Studies Association in Dallas, Texas, March 29, pp. 1-24.

Marx, K. (1978 [1843]) For a Ruthless Critique of Everything Existing. In R. Tucker (ed) *The Marx Engels Reader*. New York: W.W. Norton, pp. 12-15.

Mignolo, W. (2008) The Geopolitcs of Knowledge and Colonial Difference. In M. Morana, E. Dussel, and C. Jauregui (eds) *Coloniality at Large. Latin America and the Postcolonial Debate*. San Antonio: Duke University Press, pp. 225-58.

Mignolo, W. (2013) Introduction. Coloniality of Power and Decolonial Thinking. In W. Mignolo and A. Escobar (eds) *Globalization and the Decolonial Turn*. New York: Routledge, pp. 1-21.

Nkrumah, K. (1964) *Consciencism*. New York: Monthly Review Press.

Paraskeva, J. (2014) *Conflicts in Curriculum Theory. Challenging Hegemonic Epistemologies*. New York: Palgrave. (Updated Paper Back Edition).

Pinar, W. (2004) *What Is Curriculum Theory?* Mahwah, NJ: Erlbaum.

Quijano, A. (2000a) Coloniality of Power, Eurocentrism and Latin America. *Neplanta, Views from the South*, 1 (3), pp. 533-80.

Quijano, A. (2000b) Colonialidad del poder y classificacion Social. *Journal of World Systems Research*, 6 (2), pp. 342-86.

Quijano, A. (2008) Coloniality of Power, Eurocentrism, and Latin America. In M. Morana, E. Dussel, and C. Jauregui (eds) *Colonialiy at Large. Latin America and the Postcolonial Debate*. San Antonio: Duke University Press, pp. 181-224.

Sousa Santos, B. (1999) Porque é que é Tão Difícil Construir uma Teoria Crítica. *Revista Crítica de Ciências Sociais*, 54, pp. 197-215.

Sousa Santos, B. (2008) Globalizations. *Theory, Culture and Society*, 23, pp. 393-9.

Sousa Santos, B. (2009) If God Were a Human Rights Activist: Human Rights and the Challenge of Political Theologies. Is Humanity Enough? The Secular Theology of Human Rights, *Law, Social Justice and Global Development*, 1. Accessed from www.go.warwick.ac.uk/elj/lgd/2009_l/santos

Sousa Santos, B. (2012) Aquino de Braganca: Criador de Futuros, Mestre de Heterodoxias, Pioneiro das Epistemologias do Sul. In T. Silva, J. Coelho and A. Souto (Orgs) *Como Fazer Ciencias Sociais e Humanas em Africa. Questoes Epsitemologicas, Metodologicas, Teoricas e Politicas*. Dakar: CODESRIA/CLACSO, pp. 13-62.

Sousa Santos, B. (2014) *Epistemologies of the South: Justice against Epistemicide*. Boulder: Paradigm.

Tlostanova, M. and Mignolo, W. (2012) *Learning to Unlearn. Decolonial Reflections from Euroasia and the Americas*. Ohio: Ohio State University.

Varoufakis, Y. (2011) *The Global Minotaur*. London: Zed Books.

Walsh, C. (2012) 'Other' Knowledges, 'Other' Critiques Reflections on the Politics and Practices of Philosophy and Decoloniality in the Other America. *Transmodernity*.

Journal of Peripheral Cultural Production of the Luso-Hispanic World, 1 (3), pp. 11-27.

wa, Thiong'o, N. (2012) *Globalectics. Theory and the Politics of Knowing*. New York: Columbia University Press.

Žižek, S. (2009) How to Begin from the Beginning. *New Left Review*, 57, pp. 43-55.

Žižek, S. (2010) A Permanent Economic Emergency. *New Left Review*, 64 (July /Aug). Accessed from: http://newleftreview.org/II/64/slavoj-zizek-a-permanent-economic-emergency

Žižek, S. (2012) *The Year of Dreaming Dangerously*. London: Verso.

🍎 역자 후주

[1] Aquino de Braganca는 모잠비크공화국의 탈식민화 과정에서 지적/정치적 지도자 역할을 한 인도 출신의 외교관이자 사회과학자다.

[2] 미노타우로스는 인간의 몸에 거대한 소의 머리를 지니고 인간을 잡아먹는 괴물로서, 그리스 신화에 등장한다. 신자유주의를 이 괴물에 비유한 것은 그 시스템이 인간 개인들을 '잡아먹는' 기능을 하고 있음을 강조한 것이다.

탈식민주의와 교육과정 연구

제1장

비판적인 접근에 대한
비판적 담론의 급성장

내가 『교육과정 이론의 갈등: 인식론의 헤게모니에 대한 도전(*Conflicts in Curriculum Theory: Challenging Hegemonic Epistemologies*)』에서 논의한 것처럼 1970-1980년대를 거치며 교육과정 분야는 수많은 인식론적 관점으로 무장한 다양한 학자들의 등장으로 말미암아 커다란 변혁을 경험하였다. 그러한 다양한 인식론은 주로 유럽과 라틴 아메리카 국가의 학자들에 의해서 이끌어졌다는 점에서 근본적으로 서구적인 것이었다. 사실 교육과정 재개념화라고 불리는 이 변혁의 시기는 비판적이고 진보적인 교육자들과 교육과정 학자들에게는 그야말로 황금기였다. 이 시기 미국과 영국 모두에서 교육과정 분야는 매우 변혁적인 이론가들이 교육과정 분야에 등장하였으며 그 변혁의 시기를 선도하였다. Apple(1990)[1], Aronowitz(1989), Bernstein (1977)[2], Giroux(1980, 1981a, 1983)[3], Mann(1968), Pinar(1980)[4], Pinar와 Grumet(1976), Wexler(1976), Whitty(1985), Willis(1977)[5], Young(1971)[6]뿐만 아니라 많은 학자들이 이 변혁의 움직임에 기여하였다.

이 학문적 변혁은 교육학과 교육과정 분야에 대한 정형화되지 않은 비판적 담론의 거대한 함대의 등장이었다. 그들 중 몇몇은 Williams와 Gramsci의 영향을 받은 신마르크스주의 접근을 취하였다. 이들은 교육학에서의 이데올로기, 권력, 헤게모니, 정체성, 담론 등의 주제들을 더욱 엄밀하게 탐구하였다. 일부 다른 학자들은 신마르크스주의의 관심과 담론을 넘어서고자 노력하였으며, 다른 몇몇 학자들은 신마르크스주의 관점과 담론이 위험한 이데올로기와 문화적 타협에 갇혀 있으며 인간만을 위한 경제적 이익 추구에 사로잡혀 있다고 주장하면서 신마르크스주의에 대항하는 방향으로 나아갔다. 이러한 혼란과 얽힘을 논의하기 위해서 우리는 19세기 초 이 학문 분야에 등장한 일반적이고 근본적인 논쟁으로 시선을 돌릴 필요가 있다(Kliebard, 1995; Paraskeva, 2007a, 2011a, 2011b; Pinar, Reynolds, Slattery, & Taubman 1995; Schubert, 1980). 한 가지 명료한 것은, 교육과정 분야는 더 이상 그 이전과는 다른 것이라는 것이다.

어느 누구도 이론적인 쇠퇴의 중요성과 학교에서 가르치는 지식에 대한 정치적·이데올로기적·문화적 논의의 중심이 되는 이질적인 특정 비판적 지식인 집단들의 영향을 간과할 수 없을 것이다. 그들의 다방면적인 지식의 근원은 20세기를 거치며 오늘날까지 영향을 미치고 있다. 이러한 다양한 비판적 지식인들의 작업을 더욱 잘 이해하기 위해 나는 *Conflicts in Curriculum Theory*(2011a)에서 그들의 이론적 기여에 대한 지평을 비판적 교육과정의 강물(critical curriculum river)로 개념화하였다. Vincent Harding의 소설 *There Is a River*에서 차용한 이 비유적 표현은 다양한 강줄기와도 같이 교육과정 분야의 발전에 기여한 여러 교육과정 이론가들의 학술적 기여를 드러내기 위한 방법론적 수단이다. 이 비판적인 이론들이 다양한 다른 지적 전통에 기반을 두고 있는데도 불구하고, 이 '강'의 비유는 각각의 다른 강줄기들이 개별적으로 그리고 공통적으로 교육과정 분야의 발전에 기여했는지를 드러내는 데 효과적이다. 이들의 학문이 한 번도 교육과정 분야의 주류로 자리 잡지 못했지만, 그들의 학문이 더욱 올바른 교육과정을 위한 노력에 의미 있는 기여를 했다는 것은 부인할 수 없는 사실이다. 사실, 그들의 비판적 교육과정 담론은 교육과정의 주류적 담론과 비주류적 담론 모두에 도전했을 뿐만 아니라 이 분야에서 정치적으로 얽힌 수많은 분석들을 교화하는 데 상당히 기여하였다.

'비판적 교육과정의 강물'의 흐름을 이끈 가장 강력한 동기 중 하나는 평등, 민주주의, 그리고 사회 정의를 기를 수 있는 좀 더 적절하고 정의로운 교육과정을 추구하는 것이다. 이 투쟁의 중심에는 Addams, Apple, Aronowitz, Bode, Counts, Davies, Dewey, Du Bois, Giroux, Greene[7], hooks, Huebner[8], Macdonald, McLaren[9], Rugg, Washington, 그리고 Wexler 같은 학자들이 있었다. 또한, 시민권 운동을 위한 King Jr., Robeson, Parks, Horton, 그리고 Highlander Folk School의 역할과 기여, 그리고 Kozol의 작품과 이른바 낭만적 비평가로 불리는 이들 또한 지대한 영향을 미쳤다. 이러한 학자들과 운동들은 다양한 인식론적 배경을 가지고 있으면서 반체제적인 시각으로부터 신랄한 비판을 받았지만, 구시대적이고 실증적이며 기능주의적인 학교 시스템에 대한 통렬한 비판의 관점을 강력히 드러내었다. 비판적 교육과정 강물에 속한 학자들은 또 다른 형태의 교육과정과 학교 시스템이 가능하다는 것을 모두에게 과감히 보여 주었다. 사실 이들 개개인은 이데올로기적 생산의 역동성 내에서 학교와 교육과정을 이해할 필요가 있다고 주장하는 데 꽤 성공적이었다.

이 학자들은 본질적으로 서구의 관점에 입각해서 정확하게 특정 개념을 소개하지는 않았더라도 이 분야에 새로운 이해를 가져옴으로써 교육과 교육과정의 논쟁을 새로운 지평으로 나아가는 데 의미 있는 기여를 하였다. 이러한 진보적인 관점들은 Huebner, Macdonald, Greene, Williams, Gramsci, Freire, 그리고 Foucault를 비롯한 여러 철학자들로부터 영향을 받았다. 이러한 과정을 거쳐 교육과 교육과정 분야는 헤게모니, 이데올로기, 재생산, 저항, 변혁적 교육학, 잠재적 교육과정, 갈등과 합의, 정체성, 권력 및 담론과 같은 개념에 대해 이해와 논쟁이 필요하다는 사실에 직면하였다. 이러한 비판적 접근의 후기 단계에는 비판적 이론가들은 새롭고 정치적으로 코드화된 용어, 인종, 성별, 성생활이 계급과 정체성과 함께 복잡하게 얽히게 상황을 맹렬히 비판했다. 미국에서 그러한 개념들은 Apple, Giroux, Wexler, Aronowitz, McLaren 등과 같은 학자들에 의해서 주도되었다. 그들의 논의는 반드시 정치적 관점의 독점을 꾀하기보다는 교육과정과 학교를 이해하기 위한 어떤 중요하고 효과적인 '기둥'으로서 정치적 관점과 용어를 사용하였다. 우리가 학교와 교육과정에 대한 정치적 접근을 구체화하는 진보적 전통에서의 비획일적인 비판적 교육과정 강물(curriculum river)에 압도당해 있다는 주장은 부정확하고 환원적일 뿐만 아니라 다른 진보적 관점에서도 확인할 수 있는 중요한 정치적 관점과 접근을 간과할 수 있다. 우리가 학교와 교육과정에 대한 정치적 접근을 구체화하는 진보적인 전통에 압도당해 있다고 이해하지 말아야 한다. 왜냐하면 그러한 이해는 부정확하고 환원적일 뿐만 아니라 다른 진보적 관점에서 식별될 수 있는 중요한 정치적 관점과 접근을 간과할 수 있기 때문이다. 어떤 교육과정 학자(curriculist/curriculogus)도 Greene, Pinar 등이 취한 정치적이고 진보적인 접근법을 거부할 수 없을 것이다. 특히 Pinar의 최근 글들은 그의 초기 글들에 비해 더욱 '정치적'이다. 그러나 Apple, Giroux, Wexler, Aronowitz, McLaren의 접근은 헤게모니, 이데올로기, 상식, 문화, 유기적 지식인의 역할과 같은 우리의 주장에도 신빙성을 주는 그람시안(Gramscian)의 개념을 만들어 냈다(Gramsci, 1957, 1971; Sassoon, 1982).

🍎 네오그람시안[10]의 전성기

새로운 의미를 담은 언어로 무장한 함대가 만들어지면서 Apple과 Giroux와 같은 네오그람시안 학자들은 비판적 교육과정 분야를 새로운 방향으로 이끌었다. 이들의 관점에는 몇 가지 핵심적인 요소가 있는데, 그 첫 번째는 개인 간의 관계를 기계적이라기보다 유기적인 것으로 이해한다는 것이다. 두 번째는 문화에 대한 관점인데, 이들은 문화를 새로운 형태의 노동, 생산 그리고 분배의 토대로 간주한다. 특히 이 관점은 노동자 계층이 자신의 의도로 결정하고 행동하는 작인(agency)으로서의 능력을 가져야 한다고 본다. 이러한 점에서 이 관점의 목표는 노동자 계층이 정치적 · 경제적 힘을 얻는 것뿐만 아니라 지적인 힘을 얻는 것 또한 중요하게 간주한다. 왜냐하면 그들이 판단과 행동은 경제적 · 정치적 · 문화적 문제의 복잡한 모자이크에 기반을 두고 있기 때문이다.

　　세 번째 요소는 헤게모니와 상식과 같은 개념 그리고 그러한 개념들이 어떻게 사회에서 작동하는지를 이해할 필요가 있다는 점이다. 헤게모니는 강압과 동의 사이의 균형으로 인식되었고, 그것은 국가의 틀 안에서 중요한 위치를 차지하는 복잡한 일련의 타협들이라고 여겨졌다. 마지막 네 번째 요소는 **호모사피엔스**(예지인, *homo sapiens*)에서 **호모파베르**(공작인, *homo faber*)를 분리할 수 없다고 보는 입장이다. 이는 이른바 '비판적 진보적 교육과정의 강물' 내외의 학자들이 모두 표명하는 주요 관심사 중 하나이다. 하지만 비판적 진보적 교육과정 강물 내외의 학자들이 가진 견해의 차이는 Pinar의 여러 시도에도 불구하고 불행히도 교육과정 분야 내에서 돌이키기 힘든 거리가 만들어졌다. Pinar는 마르크스주의자들이 재개념화의 과정에 참여할 것을 권유했지만 그러한 시도는 그들로부터 환영받지 못하였다. 어쩌면 비판적 학자들은 Pinar의 권유에 다른 방식으로 응대할 수도 있었을 것이다. 나는 이 문제에 관해 나의 이전 책에서 상세히 논의하였다(Paraskeva, 2011a).

헤게모니가 어떻게 작용하는지에 대한 관점을 확장하고 복잡하게 함으로써, 네오그람시안들은 각 개인의 문화적 · 정치적 · 종교적 · 경제적 신념이 특정한 헤게모니의 출발과 도착의 포인트라는 비전을 보여 줄 뿐만 아니라 새로운 상식을 찾기 위한 훌륭한 방법이 될 수 있다는 점을 제시하였다(Eagleton, 1994, p. 199). 게다가, 이러한 정치적 관점은 Gramsci가 이론적으로 원시적 유아주의라고 본 그 기초 구조 모델의 축소되고 퇴화된 마르크스주의 교리와 돌이킬 수 없이 충돌하였다(Gramsci, 1971, p. 43). 그람시안과 네오그람시안 학자들에게, 교육은 억압받는 계층들이 단순히 더 많은 문화적 도구를 얻도록 돕는 것이 아니라, 더 강력한 정치적 · 사회적 의식을 세우는 중요한 길이었다.

내가 "Apple의 삼부작(Triology)"에서 논의한 바와 같이(Paraskeva, 2004), 누구도 *Ideology and Curriculum* 그리고 *Ideology, Culture and the Process of Schooling* 등의 글에서 드러난 Apple의 비판적 해석학이 헤게모니와 같은 개념만을 강조한 것으로 단편적으로 이해하면 안 된다. *Ideology and Curriculum*의 한 장(chapter)인 "On Analyzing Hegemony"를 자세히 살펴보면, Apple은 McLure와 Fisher(1969)의 연구에서 논의된 문제들을 넘어 더 큰 진전을 보이고 있을 뿐만 아니라, 실제 사회와 교육 문제 해결을 위한 새로운 열쇠를 제시하고 있다는 것을 쉽사리 알 수 있다. 그렇게 함으로써,

Apple은 연구자들과 학자들에게 사회적 문제를 탐구할 수 있는 새로운 시각을 제시하였다. Giroux는 자신의 초기 작품들에서 이러한 헤게모니와 세속적 현실과의 연관성을 탐구하였다. 그는 "헤게모니는 주류적인 관심과 그러한 인식이 어떻게 일상을 구성하는지에 대한 실천을 정당화하는 의미와 상징 모두에 근원을 두고 있다"고 주장하였다(Giroux, 1981a). 나아가 Giroux는 학교 시스템에서 헤게모니가 어떻게 작동하는지 이해하기 위해 다음과 같은 양상에 주목해야 한다고 주장한다.

(1) 사회적으로 정당한 것으로 간주되는 선택된 문화
(2) 특정 문화적 내용 및 형식을 우월하고 열등한 것으로 분류하는 데 사용되는 범주
(3) 학교와 교실 관계의 선택과 정당화
(4) 다양한 유형의 문화와 지식에 접근성과 분포(Giroux, 1981a, p. 94)

이러한 "주류 이데올로기로서 헤게모니가 사회 담론의 내용과 양상뿐만 아니라 상식의 한계와 의미를 어떻게 규정하는지"를 이해하는 것은 매우 중요하다(Giroux, 1981a, p. 94). 현실에서 주류 이데올로기는 현재 자본주의 속에서의 이데올로기 재생산의 역학으로서 매우 구조적으로 작동하고 있다. 이에 빈곤, 불평등, 계급, 인종, 민족성과 성(gender)의 분리와 차별은 부의 분배와 권력의 불평등과 관련한 인간 사회 구조의 결과라기보다는 학교교육과 교육과정이 중요한 역할을 하는 재생산의 조건과 양상과 밀접하게 관련되어 있는 거시적 구조 속에 내재하며 변하지 않는 것이라는 생각을 상식적인 것으로 만들었다(Darder, 2012a). Darder(2011)는 문화, 교육 그리고 권력에 대한 논의를 통해 비판 이론과 교육의 다방면의 프로젝트 내에서 헤게모니의 중요성을 프락시스(praxis)로서 강조하였다. 헤게모니의 프락시스에 대해 그녀는 다음과 같이 주장한다.

주류 문화를 지탱하는 비대칭적 권력관계와 사회 구조를 명료하게 이해하기 위해서 헤게모니는 정치, 문화, 이데올로기, 그리고 교육학 사

이의 강력한 연관성에 주목해야 한다. 그러한 점에서 교사들은 자신의 교실 수업과 소외 집단에 대한 억압을 영속시키는 헤게모니의 실제와 어떻게 관련되어 있으며 이들을 어떻게 변혁시킬 수 있는지 비판해야 하는 자신들의 역할을 인식해야 한다. (Darder, 2011, p. 208)

Darder(2012a)는 **그람시안의 방식**으로 매우 익숙한 문화적 영역 속에 숨어 있는 정치적이고 경제적인 연결을 해체하였다. 물론 교육과 교육과정 또한 예외가 되지 않는다. 이를 통해 그녀는 근대 과학과 기술이 등장함에 따라 사회적 통제가 물리적인 제재의 형태로는 줄어들었지만 규준이나 구조적 형태를 확산시키는 방식이 증가하고 있다고 이야기한다(Darder, 2012a, p. 32).

McLaren(1986)의 글 *Schooling as a Ritual Performance*에서 헤게모니는 중요한 역할을 한다. McLaren은 학교교육에서의 문화와 문화적 행위에 대한 논의에서 특정 계급이 다른 계급에 대한 정치적·경제적 지배를 재생산하고 강화하는지 이해하기 위해 헤게모니를 사용하였다. 이러한 논의에서는 현존하는 헤게모니 구조 속에서 어떤 계급이 가장 큰 이득을 보며 어떤 계급이 차별받는지 탐구하였다(McLaren, 1986, p. 86). Wright(1994)가 주장한 바와 마찬가지로, Apple, Giroux, Aronowitz, Wexler, McLaren 등은 현존하는 교육과정 형태를 완전히 변화시킬 필요가 있다는 사실에 기초하여 학교교육과 교육과정에 대한 이해를 개혁해야 한다고 주장하였다. 뿐만 아니라 그들은 교육과정 이론화 분야를 민주적인 사회 안에서 더욱 적합한 학교교육을 만들어 갈 수 있는 방향으로 새롭게 변혁시켜야 한다고 주장하였다. 이러한 급진적 목적을 달성하기 위해 우리는 학교와 사회에서의 이데올로기의 역할을 더욱 명료하게 이해해야만 한다. Watkins(2001, 2010)는 이데올로기가 교육 및 산업 질서와 구조에서 핵심적인 역할을 한다고 강조한다. 물론 반대 견해를 가진 사람들은 이러한 질서를 '자연적 질서'의 일부분이라고 할 수 있는데도 불구하고, 이데올로기는 문화를 지배하는 핵심적인 통화로서 복잡하고 견고하게 스며들어 있다고 주장한다. 주류 이데올로기는 주류적 권력의 산물이다. 하지만 이러한 관점이나 변화가 모든 학자들에 의해서 수용된 것은 아니었다.

Pinar 등(1995)은 지난 "1970년대에 Wexler는 Apple이나 Giroux보다 훨씬 진보적인 입장에서 가장 정교한 비판가로 등장하였다. 심지어 Wexler는 당시의 좌익 입장에서 가장 정교하고 세련된 이론가였다."라고 비평하였다. 렇다 하더라도 Apple과 Giroux의 주도적 영향력은 간과할 수 없다. 이에 대해 Pinar 등(1995)은 다음과 같이 이야기한다.

> 특히 교육과정을 정치적 텍스트로 이해하려는 노력은 '현재의 상황에 대한 재생산'에만 오로지 집중하는 입장에서 저항과 재생산을 변증법적 과정으로 바라보는 것에서, 다시 한 번 1980년대를 지나오면서 일상적인 교육적 실천, 인종, 계급, 그리고 성과 관련된 정치적이고 교육적인 이슈들에 집중하는 것으로 변화해 왔다. 이 노력의 주역들은 Apple과 Giroux였다. Apple은 자신의 많은 연구와 제자들의 글을 통해서, 그리고 Giroux는 그의 방대한 학문적 글쓰기를 통해 지속적이고 강력한 영향을 미쳤다. (p. 265)

Apple과 Giroux로부터 옹호되는 격변의 비판적 강물은 교육 및 교육과정 담론에서 '비판적인 언어적 전환(a critical linguistic turn)'을 일으키며 네오그람시안의 전성기를 맞이하였다. 그러나 그러한 절정은 지속되지 않았으며, 특히 내부로부터 도전과 비판을 받게 되었다.

🍎 반기능주의[11] 기능주의자들의 비판적 흐름

그러한 탁월한 선구적 노력은 전통적인 입장으로부터뿐만 아니라 진보적 전통의 중심으로부터 가혹한 비판을 받게 되었다. 예를 들어, Liston과 Zeichner[12](1987)는 비판적 교육의 연단(platform) 내에서 신속하게 진보적이고 비판적인 교육학의 의미를 더욱 명료하게 인식해야 할 필요가 있다고 주장하였다. Wexler(1987) 또한 정치적 접근과 관련해서가 아니라 비판적 교육학이 걸어온 과정에 대한 자신의 실망감을 주저 없이 드러내었다. Wexler는 "역사적으로 퇴보적이고 이념적으로 반동적인 교육의 새로운 사회학"(p. 127)을 만든 저항과 재생산에 대한 강조를 무자비하게 비판하면서, 학교와 교육과정에 대한 이해를 더욱 풍부하게 만들어 줄 수 있는 포스트모던적 그리고 후기 구조주의적 관점의 차용이 절실히 필요하다고 주장하였다. 이러한 입장을 비판 이론가인 Giroux나 McLaren 또한 간과하지 않았다. Wexler의 이러한 주장은 우회적인 역할이라기보다는 학교교육과 교육과정에 대한 정치적 논쟁과 담론에 대한 진보로 이해해야 한다. 지식의 중립성에 대한 의문과 도전이 보수적인 지식인들에게도 지지를 받고 있다고 경고하지만, Wexler는 지식 자체를 정치적인 문제로 평가 절하하지 않는다. 실제로 Wexler(1976)는 1960년대에는 군사적 목적과 지식과의 유착 관계 때문에 과학의 순수성이 제한을 받았다고 이야기하며 지식의 정치적 측면에 대한 자신의 입장을 명확히 하였다. 당연히, "서양의 과학은 그 의미를 잃기 시작하였지만 공정하고 타당한 지식 습득의 다양한 방식을 인정하는 하나의 지식의 기준으로서 과학으로의 전환하는 방향으로 나아갔다."(Wexler, 1976, p. 8).

요약하자면, Wexler(1976)는 비판 이론 프레임의 혼란스러운 한계를 드러내 보이는 데 주저하지 않았다. 그는 학교교육의 사회적 영향에 너무 많은 중점을 두었고 학교 지식의 본질에 대한 연구의 강조는 충분하지 않다고 주장하였다. Wexler는 사회학자들에게 학교교육의 내용이나 지식에 대한 연구는 다소 위험한 것으로 보았다. 많은 사회학자들이 학교 지식을 연구해 왔음에도 불구하고, Wexler에 따르면, 그들의 접근법은 사회적 이미지와 구식의 패러다임 안에 머물러 있었다. 학교에서 가르쳐야 할 것에 대한 의견의 불일치는 교육과정 내용에 대한 진지한 논의의 필요성을 강조한다.

Liston(1988) 또한 비판적이고 진보적인 교육과정의 강물에서의 혼란과 받아들이기 힘든 침묵에 대해 명료한 입장을 취하고 있다. 그는 이 강물 내부에 존재하는 특정한 급진 마르크스주의 전통은 기능주의적 접근을 취하며 경험적 연구의 중요성을 간과했다고 주장하였다(Liston, 1988, p. 15). 이러한 비판의 중요성은 부인할 수 없으며 실제로 받았던 관심보다 더 많은 관심을 받을 필요가 있다. 이상하게도, 급진적이고 비판적인 특정 마르크스주의자들의 접근법이 기능주의자들의 지배와 반체제적 전통을 비판한다는 Liston의 주장은 명확히 기능주의적 접근에 기초한 것이다.

기능주의자 접근방식과 관련된 정치적 반작용적인 충돌은 Ellsworth[13] (1989)의 비평에도 내포되어 있다. Ellsworth의 근거는 반드시 맥락화되어야 한다. 1987-1988년 위스콘신 매디슨 대학교를 포함한 지역사회와 대학에서의 인종 차별적 폭력에 대한 전국적인 저항이 있기 전에, Ellsworth는 교육과정과 수업 강의에서 이러한 종류의 혼란에 대해 논의할 기회를 가졌다. Ellsworth에 따르면, 권한(empowerment), 학생의 목소리, 대화 그리고 심지어 '비판적인' 용어와 같은 비판교육학의 개념은 지배의 관계를 영속화하는 대표적인 신화이다. 알 수 없는(the unknowable) 교육학을 위한 투쟁의 필요성을 주장하면서, Ellsworth(1989)는 포스트모던과 후기 구조주의적 접근법 중요성을 인정하고 있었다. Ellsworth(1989)는 자신의 교육과정과 수업 강의에서 교육의 목표와 교육적 실천과 관련하여 권한, 학생들의 목소리, 그리고 심지어 비판적 개념들은 현존하는 지배 관계를 영속시키는 중요한 가정으로 작용한다고 주장하였다. 나아가 그녀는 다음과 같이 주장하였다.

> 비판교육학 담론을 실천으로 옮기려는 우리의 노력은 억압적인 방법으로 '우리를 통해 작용되는' 교실에서 우리가 지배 관계를 재생산하게 한다. 이러한 측면과 우리 자신들을 얼마나 분리시키는지에 따라, 그리고 또 다른 방향으로 나아가는 정도에 따라 우리는 우리가 누구이어야 하며 무엇을 해야만 하는지에 대한 신화적이고 추상적인 언어로부터 멀어질 수 있으며, 사회적 정체성과 상황에 대해 더욱 적절하게 대응해 왔다. (Ellsworth, 1989, p. 298)

나아가 Ellsworth(1989)는 다음과 같이 덧붙였다. "비판적 교육학 개념에 관심이 있는 교육 연구자들은 지속적으로 교실에서의 논의를 역사적 맥락과 정치적 대립에 대한 교실 안에서의 실제적인 담화를 제거하고자 한다. 그러한 결과로 권한, 학생들의 목소리, 그리고 비판적과 같은 개념들의 정의는 매우 추상적인 수준에서만 작동하고 있었다"(p. 300). 비판적인 교육학의 결점에 대한 그녀의 호전적인 비평에서 Ellsworth(1989)는 비판적 교육학의 옹호자들에게 대하여 다음과 같이 말한다.

> 정치적 의제(agenda)에 대한 명확한 진술을 제공하지 못하며, 그러한 노력은 사실을 숨기는 것이라고 주장한다. 그 사실은 그들이 자신들이 믿는 공공의 이익을 위해 그리고 다양한 '진보적인' 정치적 의제를 발전시키기 위해 자신들의 의제가 교실, 학교교육 활동에 대한 지원, 교사나 교수 보수, 학위 등과 같은 공적 자원을 받을 가치가 있다고 주장하였다. (p. 301)

Ellsworth(1989)에게 있어서 "해방 교육학이라는 이름으로 우리가 침묵하도록 요구하는 다양성은 무엇인가?"(p. 299)라는 질문을 던진 것이 핵심이었다.

급진적인 교육 이론과 이론가들은 학교교육과 정치·경제 사이의 관계에 대한 명백한 정통적인 우려에서 벗어날 수 없다는 것과 문화적 학문의 발전과 관련된 다양한 형태와 복잡성을 보여 주는 복잡하고 변화하는 전통에 관여하는 것을 거부한다는 점을 인정하지만(Giroux, 1992, p. 201), Aronowitz와 Giroux(1991)는 비판적인 교육학의 정치 프로젝트를 단일한 형태로 그리고 일상의 가혹한 현실로부터 분리하여 이해하는 것의 위험에 대해 경고한다. 그들은 교육자들에게 문화 연구의 중요성에 대해 다음과 같이 주장한다.

> (1) 문화 연구는 언어를 지식/권력 관계의 일부로서 의미를 생성하는 상황을 만들어 새로운 형태의 지식과 이해에 도달하기 위한 기초를 제공한다. (2) 문화 연구는 문화를 경쟁적인 공간으로 간주한다. 문화 연구는 일상적 삶을 공상적으로 표현하거나 문화를 단순히 지배의 논리로서만 이해하는 문화 분석을 뛰어넘을 수 있는 변혁과 투쟁의 장이다. 더욱 비판적인 문화 연구는 인종, 계급, 성별과 관련하여 주류와 비주류 주체와 객체 분리에 대한 의문을 제기한다. (3) 문화 연구는 문

화가 주체와 사회 집단과의 관계망 속에서 만들어지는 것이므로 차이와 다름에 대한 문제들과 관련된 주제들 사이의 관계를 숙고해 볼 수 있는 기회를 제공해 준다. 이는 개인과 사회 기관의 발전 가능성을 없애지 않기 위해 주관성에 대한 질문들이 어떻게 이해되는지를 더욱 명료하게 이해하는 것을 필요로 한다. (4) 문화 연구는 교육을 기술이나 정보 또는 특정한 가치의 단순한 전달보다는 문화 생산의 한 형태로 이해하기 위한 기반을 제공한다. (pp. 201-202)

Giroux(1992)는 급진적 교육자들에게 공개적으로 "이론적인 부족으로부터 배우고 차이, 목소리, 정치학들 사이의 관계를 재고하라"고 권고한다. 왜냐하면 그에게 이러한 도전은 우리에게 언어, 차이, 그리고 정체성과 관련한 문화정치학을 깊이 이해하도록 요구한다는 점에서 '경계교육학(Border Pedagogy)'에서의 해방 이론의 기둥을 더욱 견고하게 만들어 줄 수 있기 때문이다(p. 209).

또한 Giroux(1992, p. 203)는, 언어는 사회 역사의 힘과 분쟁으로부터 분리될 수 없지만, 지배적인 형태와 종속적인 형태의 언어 사이의 관계에 대한 역사성은 어느 시대의 지배적 언어도 특정한 역사적 투쟁과 분쟁의 결과가 아니라 자연적 과정의 결과라는 가정에 의문을 제기해야 한다고 주장한다. 정체성의 정치학에 의존하는 차이에 대한 저항은 정치적·문화적 언어를 종속된 집단에 제공하여 그들이 자신의 역사와 자신들의 개별적이고 집단적 정체성에 목소리를 재건하도록 해 준다는 점에서 유럽 문화가 다른 문화나 전통에 비해 우월하다는 헤게모니에 강력한 의문을 제기한다(Giroux, 1992, p. 208).

이러한 주장과 반론은 심층적이고 상세한 분석을 필요로 한다. 일부 사람들이 주장하는 것처럼, 아마도 비판적이고 후기 구조주의적인 관점을 통합한 복합적인 접근법 또는 탈영역적 접근이 가능할 것이다. 이러한 작업은 가까운 미래에 속히 이루어질 필요가 있다. 이 학자들은 교육학과 교육과정 분야가 격렬한 투쟁과 격돌의 시대를 거치며 어떻게 전통을 유지하는지 보여 줄 뿐만 아니라, 비판적 교육과정의 강물 내에서의 긴장, 충돌, 불화 등을 잘 드러낸다. 이 교육과정의 강물에 속한 학자들의 논의는 19세기 초의 상황을 통한 맥락적 이해를 필요로 한다.

🍎 반기능주의의 기능주의 내부로서의 탐구

많은 비판 이론가들과 비판 이론이 내부적으로 심각한 비난에 직면했음에도 불구하고, 사회 변혁을 분석하는 방법으로서 비판 이론의 접근이 가지는 가능성과 한계로 인해 많은 비판적 학자들이 이 분야의 발달 초기에 겪은 수고는 부인할 수 없다. 예를 들어, 이는 Giroux와 Apple의 유기체적 지성주의(Organic Intellectualism)에 잘 나타난다. 그러나 현대의 교육적 헤게모니 연합에 도전하는 강력한 비판적 접근의 구성은 자신들의 접근이 가진 한계에 대해 인식하기 위한 토대를 제공했다. 즉, 지배적인 교육 이론의 기능주의를 비판할 때, 그들은 이전에 Liston(1988)의 비판에서 언급했던 것처럼 기능주의자의 반기능주의적 접근에 의해 만들어진 기능주의적 함정에 빠지게 된다.

내가 다른 연구에서 주장한 바와 같이(Paraskeva, 2004) Apple(1990)은 자신의 초기 작품들에서 비판적 접근의 한계와 가능성 두 가지 면에서 모두 어려움을 겪었다. 비록 Apple의 *Ideology and Curriculum*이 계급 분석과 재생산 접근에 대한 깊은 지적 관심을 보여 주었지만, Apple의 논의는 '재생산'만으로는 복잡 미묘한 학교교육의 역학을 설명할 수 없다는 사실을 인지하고 있었다는 사실을 간과할 수 없다. 사실 *Ideology and Curriculum*은 그의 책 *Education and Power*(Apple, 1995) 그리고 *Teachers and Texts*(Apple, 1986)뿐만 아니라 이후의 글에 새로운 지평을 열어 주었다. 그래서 Apple에게 '전통적인' 비판 이론의 도구들은 사회적 형성과 그에 따른 변화를 기민하게 해석하기에는 불충분했다. 나중에, Apple은 Weis와 McCarthy와 함께 재생산의 지평을 넘어 다음 단계로 나아가야 한다고 주장한다. Apple과 Weis(1983)는 학교 이데올로기 형성의 구조를 인식할 필요가 있으며 문화의 영역은 통제될 수 없는 상대적으로 자율적인 영역이라 주장하였지만, McCarthy와 Apple(1988)은 교육에서의 인종, 계급 그리고 성을 더욱 잘 이해하기 위해 비동시적인 평행주의자들의 입장을 소개하였다. 이어 Apple과 Weis(1983)는 이데올로기와 교육지식 및 실천 사이에 강한 관계가 있다고 주장하였다. 이데올로기는 학교교육이 무엇을 포함하고 무엇을 배제하는지를 보면 알 수 있듯이 매우 강력한 힘을 가지고 있다. 이데올로기는 지배와 착취의 광범위한 관계 안에 사람들을 위치시킨다. 하지만 이데올로기는 그 자체로 종종 '좋은' 관념뿐만 아니라 '나쁜' 관념의 요소들을 포함하고 있다"(p. 23). Apple과 Weis(1983)는 이데올로기 생산의 역학 관계를 연구하면서 다음과 같이 주장한다.

> (1) 경제적인 형태가 가장 결정적이라는 일차원적 이론이 아니라, 사회는 세 가지 상호 관련 영역, 즉 경제, 문화/이데올로기, 정치적 영역으로 이루어져 있다. (2) 우리는 그것을 가정할 때 이데올로기가 유일한 개념이라고 간주하는 데 있어서 매우 신중할 필요가 있다. 또한 이데올로기는 단선형적으로 구성되는 것도 아니며, 모든 이데올로기가 반드시 같은 방향으로 작용하거나 서로를 보강하는 단순한 과정 또한 아니다. 반면에, 이러한 과정은 때때로 겹치고, 완성되기도 하고, 침식당하며, 서로 충돌한다. (pp. 23-27)

이러한 점에서 "이데올로기적 형태는 계급으로 환원될 수 없으며"(Apple & Weis, 1983, p. 24) 성별, 인종, 나이, 그리고 민족성과 같은 범주 또한 이데올로기의 영역으로 들어간다. 이데올로기는 개인의 일상적 삶 속에서 계급, 인종, 성별 등의 관계망 속에서 충돌하고 대치되고 더욱 명료하게 드러난다(Apple & Weis, 1983, pp. 24-25). 이들 각각의 범주는 다른 범주들과 다른 각기 다른 역사성을 담고 있다. 따라서 자본이 가부장적 사회적 관계를 어떻게 이용하였는지를 살펴보지 않고 자본주의와 계급의 관계를 완전히 이해하는 것을 불가능하다(Apple & Weis, 1983, p. 25). McCarthy의 느리지만 강력한 입장은 비판적 지형과 포스트(post) 지형 사이에서 물이 소용돌이치는 데 도움이 되었다. McCarthy(1988a)는 "나는 아프리카계 카리브의 작가로서, 어쩌면 영원히 제3세계 사람들을 소외시키는 인간/사회 조건에 대한 인종적 사회과학적 해석과 타협하지 않을 것이다. 왜냐하면 그러한 소외는 지금 우리 연구 분야의 새로운 힘으로 작동하는 후기 구조주의와 포스트모더니즘과 관련된 시대구분의 전략적 흐름의 구조에서 우리의 위치를 찾을 수 없기 때문이다."(p. 8)라고 이야기한다.

McCarthy(1988b)는 인종주의가 자본주의 이전과 후기 자본주의 사회의 고질적인 실제라는 것을 간과하는 네오마르크스주의자들의 비판적 관점이 지닌 위험에 대해 격렬하게 반응했다. 그는 나아가 인종과 민족성을 단순히 추가해야만 하는 범주로 이해하는 환원적 태도에 대해 의문을 제기한다. 만약 누군가 자본주의 이전과 후기 자본주의 사회, 특히 교육과 같은 이데올로기 생산의 역학을 이해하기를 원한다면, 계급과 성별의 역학은 인종을 종속화(subalternize)시킬 수도 없으며 그 반대도 마찬가지다(McCarthy, 1988b).

이후 Apple과 Carlson(1998)은 후기 포디스트(post-Fordist) 문화 지평을 재구조화함에 있어서 경제와 기술의 영향력과 이데올로기적 투쟁의 역할을 강조한 그람시안 담론을 추가하며 다소 복합적인 비판적-후기 구조주의적 담론의 필요성을 강조하였다. Foucault의 논의는 주체와 시민을 '정상화 또는 표준화'하는 과정에서 정부와 전문적 지식의 역할이 중요하다는 것을 일깨운다. 이후, Hypolito(2001)는 교육의 계층, 인종, 성 문제를 더 잘 이해하기 위해 나선형적이고 비병렬적이며 비동기적인 입장을 주장하며 McCarty와 Apple(1998)의 접근법을 복잡하게 만들었다.

Giroux 또한 비판 이론의 침묵과 가능성에 대해 논의하였다. *Ideology, Culture, and the Process of Schooling*에서 Giroux(1981a)는 급진적 교육 이론의 과업은 억압적인 잠재적 교육과정을 발견하고 극복하는 것이라고 주장하였다. 사실 Giroux는 비판적 접근 속에 존재하는 이론과 실제 사이의 깊은 간극을 지적한 것이다. 그는 그러한 간극으로 인해 학교와 교실에서의 삶이 내포하고 있는 복잡 미묘한 현상들이 추상적인 비판 이론의 틀 속에 함몰되어 버린다고 주장하였다. Giroux는 "많은 급진적 이론가들은 '잠재적 교육과정'을 '진술되진 않았지만 학교교육을 통해서 학생들이 습득하는 규범, 가치, 그리고 태도로' 범주화하였다. 하지만 이 중요한 현상을 단순한 분석을 넘어 논의한 연구자는 거의 없다."(Giroux, 1981a)라고 이야기한다. 하지만 잠재적 교육과정을 이해할 때 Giroux는 다음과 같은 입장을 견지한다.

> 학교는 사회 전체를 유지하기 위해 필요한 규범, 가치, 그리고 사회적 관계 등의 지배적 구조를 생산하고 재생산하기 위해 만들어졌다는 전제 아래 연구되어야 한다. 이는 학교가 지배 계급의 관심이나 의도를 단순히 반영한다고 이해해서는 안 된다. 뿐만 아니라 우리는 학교가 학생들의 행위나 의식을 조장하고 선택된 지배적 문화를 전달한다는 점을 알아야 한다. 그러한 정당화의 과정은 대부분의 급진적인 교육자들이 이해하는 것보다 더욱 복잡하게 이루어진다. (Giroux, 1981a, p. 72)

모든 교육학의 근본적 핵심은 교리적인 진실에 대한 강조가 아니라 그러한 진실과 관련하여 어떻게 행동할 것인지를 탐색할 수 있는 이론적이고 구조적인 환경을 제공하는 것이다(Giroux, 1981a). 게다가, Giroux는 헤게모니에 대한 인식은 계급 규칙을 재정의하며 이데올로기와 권력의 관계를 명확하게 드러낸다고 이야기하였다. 이데올로기와 권력의 관계는 단순히 부과되고 추가되는 것이 아니라 Foucault가 주장한 것처럼 관계망의 지속적인 긴장 속에 있다. 다시 말해 이데올로기와 권력은 어느 누구에 의해 소유되는 것이 아니라 힘의 관계망 속에서 지속적으로 움직이는 역동적인 것이다. 이후에 Giroux는 비판 이론이 다시 활기를 찾기 위해서는 포스트모더니즘과 후기 구조주의에 대한 통찰의 필요하다고 주장하였다. 예를 들어, *Towards a Postmodern Pedagogy*(Giroux, 1996)에서 Giroux는 비판적 인식론의 핵심을 주도하는 특정한 방향성을 극복해야 할 필요성에 대해 다음과 같이 주장하였다. 다소 긴 내용이지만 직접 인용할 가치가 있기 때문에 다음과 같이 소개하고자 한다.

> 비판 이론에서는 경쟁적인 연대와 권력, 사회적 정의, 투쟁, 그리고 중대한 연구 대상으로서 우발적이고 역사적이며 일상을 억압하는 하나의 거대한 서사로 논의되는 불평등에 대한 주제를 감소시키지 않는 정

치적 단어들을 허용하는 것이 필요하다. 비판적 교육은 학문 간의 경계를 허물어 지식이 만들어질 수 있는 새로운 공간을 창조하는 새로운 형태의 언어가 필요하다. 이는 인식론적인 문제가 아니라 권력, 윤리, 그리고 정치적인 주제이다. 이성의 계몽적 접근은 비판교육학 내에서 재창조되어야 한다. 비판적 교육학은 비판과 가능성의 언어를 결합시킴으로써 새로운 대안에 대한 감각을 되찾아야 한다. 포스트모던 페미니즘은 가부장적인 구조에 대해 비판할 뿐만 아니라 정체성과 사회적 관계의 새로운 형태를 만들어 낸다는 점에서 좋은 예시가 될 수 있다. 비판적 교육학은 교사의 과업을 교사 전문성이라는 협소한 언어로 이해해서는 안 되며, 자신들이 살고 있는 정치적·사회적 현상과 관계를 변화시킬 수 있는 변혁적 지성인으로서의 교사 이론을 개발하고 발전시켜야 한다. 비판적 교육학의 핵심은 다름에 대한 포스트모던적 이해와 페미니즘에서 강조하는 정치성의 중요성을 결합하는 정치적 목소리이다. (Giroux, 1996, pp. 691-695)

Giroux(1981a)는 정치적인 접근을 거부하기 위해서가 아니라 비판 이론의 정치적 입장을 강화하고 비판성을 발전시키는 방향으로 통찰력 있게 후기 구조주의적 접근을 취한다. Giroux(1981a)는 미국의 좌파 교육자들은 급진적 교육 이론과 실천이 무엇을 포함해야 하는지에 대한 문제에 압도당해 있다고 단호하게 주장한다. 현재의 학교를 넘어 대안적 학교를 제안하는 수많은 교육적 접근의 기저에는 교육적 이론과 사회/정치적 이론을 통합하는 종합적인 비판적 교육 이론의 가치를 희석시키는 경향이 있다(p. 63). 이러한 점에서 미국의 좌파 교육은 교육의 내용에 집중하는 부류와 급진적 교육방법에 집중하는 두 집단으로 나뉘게 되었다. 문제는 정치적 교육 현상에 대한 이 둘 사이의 입장에는 큰 차이가 있다는 점이다. 후자는 학생들을 유순하고 순종적인 사회 구성원으로 양산하는 주류 사회 질서의 힘을 강조하지만, 이는 학생들이 이와 같은 사회적 상황을 극복하는 데 도움을 주지 못한다(Giroux, 1981a, p. 66). 이와는 대조적으로 전자는 지식이 단순히 학생들에게 전달되어야 한다는 고정관념에서 벗어나지 못한다(Giroux, 1981a, p. 68).

Freire(1990)가 주장하였듯이 교육은 체제 전복적인 성격을 가지고 있다. 이는 교사를 의사로, 학생을 환자로 간주하는 시각에 기초한 전통적 교육적 틀이 있음에도 불구하고 비판 이론가와 비판 교육자들은 위에 논의한 두 관점 어느 것도 포기하지 않는 교육에 대한 결정론적인 시각을 넘어설 수 있는 가능성을 보여 주어야 한다. Freire가 이야기한 '은행 저축식 교육'은 교육과정 수준에서뿐만 아니라, 오늘날에는 더욱더 심화되어, 교사교육에까지 깊이 침투해 있다. 은행 저축식 교육은 학생들을 컨테이너로 간주하고 교사가 제공하는 내용을 무비판적으로 수용하는 존재로 간주함으로써 지식은 개인이 살고 있는 사회 속에서, 그 사회와 함께 그리고 다른 사람들과의 관계 속에서 만들어지고 개선된다는 사실을 간과하고 있다(Freire, 1990, p. 72). 이와 관련하여 Giroux(1981a)는 다음과 같이 주장한다.

> 지식은 창조적이고 정치적인 소통이 일어나는 과정으로 이해되어야 한다. 따라서 지식은 교사와 학생 모두가 주체로서 기능하는 비판적 반성의 기회의 공간을 제공하는 것이다. 이러한 상황에서 지식은 단순히 어떤 문제로만 간주되어서는 안 된다. 지식은 교사와 학생이 함께 그 기저와 의미에 대해서 '논의'할 수 있는 도구가 되어야 한다. 이런 관점에서 지식은 이데올로기적이며 정치적인 선택의 문제에 놓인다. 다시 말해, 지식은 그것이 중재되는 사회적 맥락에서 재구체화된다. (p. 66)

진보적이고 급진적인 이론가들 중 매우 통찰력 있는 학자 중의 한 사람인 Giroux(2001, p. 4)는 일부 급진적 학자들이 빠진 독단의 덫에 대한 경고를 다시 한 번 강조한다. Giroux(2001)는, 몇몇 급진적 지식인과 교육자들은 학교, 권력, 사회를 비판적 분석의 대상으로 만들었지만 그 과정에서 그들은 단편적인 이상주의에 빠지거나, 마찬가지로 단편적인 구조주의에 사로잡혔다고 주장한다(p. 4). 즉, 일부 급진적 교육자들은 인간의 힘과 인간의 의지나 문화적 경험 또는 행복한 사회적 공간으로서의 교실 구성뿐만 아니라 구조와 지배의 관점에만 집착하는 교육에 대한 급진적인 시각을 무너뜨렸다

(Giroux, 2001, p. 4). 최근 미국의 애리조나주에서 멕시코계 미국인을 연구하는 학문(La Raza Studies) 강좌의 폐지와 교사 평가와 관련된 퇴보와 같이 미국 내에서뿐만 아니라 국제적인 실망감을 자아낸 것은 헤게모니와 이데올로기가 학교와 사회의 일상을 어떻게 바꾸려고 하는지를 구체적으로 보여 주는 좋은 예시가 될 수 있다.

　　2010년 애리조나주의 개정된 법(Arizona Revised Statutes §15-112)이 통과되었고, 이는 투손(Tucson) 통합학교 지구(TUSD)에서 멕시코계 미국학(MAS)을 금지하는 정당성의 근거로 사용되었다. 당시 교육감이었던 Tom Horne은 투손 통합학교 지구는 이 법을 위반하였다고 선언하였고, 이 혐의는 그의 전임자인 John Huppenthal도 지지하였다. Horne은 멕시코계 미국학 프로그램이 『억눌린 자의 교육학(Pedagogy of the Oppressed)』을 저술한 브라질 교육학자 Paulo Freire의 철학에 기초한 것이며, Freire는 Marx, Che, Engels, Lenin 등과 같은 공산주의자들의 철학에 영향을 받아 학생들에게 미국이 모든 이들을 위한 기회의 땅임을 가르치기보다 미국은 인종주의 국가이며 백인을 제외한 다른 인종들이 억압받고 있다고 가르친다고 주장하였다. 당시 애리조나주 법무부 장관으로 재직하였던 Horne은 인종학이나 민족학은 매우 혁명적이어서 학생들은 그 수업을 통해 자신들은 오로지 억압받고 있다는 것을 배울 뿐이고 이 모든 것은 납세자들이 낸 세금을 낭비하는 것이라고 주장하였다. 그러나 애석하게도 비극은 여기서 끝나지 않았다.

　　애리조나주는 마치 이러한 제재가 충분하지 않은 것처럼 이를 가르치는 교육자들의 영어 억양을 다음 목표로 삼았다. 영어 억양이 독특한 교사들은 처벌받고 어떤 이는 '모국어 교육'에서 제외될 것이며 심지어는 해고될 수도 있다(Jordan, 2010). 심지어 Horne은 민족학이 "사람들의 인격이 아니라 피부색으로 사람들을 판단하는 것을 반대한 Martin Luther King, Jr.의 이상에 반한다."라고 주장한다. 나아가 Horne은 "우리는 피부색으로 특징이 드러나는 사람들이 아니다"라고 이야기하며, King의 본보기를 따르라고 주장하였다. 더군다나 많은 미국인들은 그의 말이 일리가 있다고 여겼다. 기본적으로 애리조나주와 Horne은 '억압받는 이들을 억압하는 의도'를 계승하는 것을 제한했다. 이러한 공공연한 종족 억압 가운데, 모든 민족학이 금지되는 것은 아니었다. 금지된 것은 특정한 집단의 문화적 자산이나 지식이 아니라, '위험한 지식'이라 여겨지는 학문이 내포하고 있는 비판적 영역과 사회 변혁적 능력으로 인해 구조적으로 주류 교육과정 전통에서 제외된 것이었다. Freire는 이러한 일들이 실제로 일어날 것이라고는 상상도 하지 못했을 것이다. Martin Luther King, Jr. 또한 수백만 명의 사람들을 억압과 인종 차별로부터 해방시키는 데 기여한 자신의 이상이 이토록 터무니없는 주장을 정당화하는 데 인용될 것이라고는 상상도 할 수 없었을 것이다. Horne은 탄생과 더불어 정반대되는 맥락을 지닌 인종 차별적 담론에 자신의 정책을 고정시킴으로써, 그의 주장과 행위는 하나 이상의 개념을 자신의 견해에 맞게 해석하고, 반이데올로기적으로 정당화하는 역사를 쓰며 단순한 혼란을 일으킨 것에 지나지 않는다. 하지만 다행스럽게도 역사는 이를 써 내려가는 한 사람의 것이 아니다.

　　사실 기본적으로 이념화를 위한 반역사화와 대중의 교화를 위한 전 과정은 상식을 통제하기 위한 네오급진주의자들이 사용하는 주된 전략이다. 이 투쟁은 교실에서 일어나는 일과 많은 관련이 있으며, 단지 문화적인 투쟁만이 아니다(Hall, 1998). 이는 문화적인 동시에 경제적인 측면을 포함하고 있다. 안타깝게도, 비판적 이론가들의 대다수는 오랫동안 교육 정책과 교육과정의 맥락에서 자본의 재정화가 갖는 중요성을 경시했다(Foster, 2008). 또한 오늘날 우리가 교육과정 분야에서 경시하는 연구 분야인 '경제 정책과 교육' 분야 연구의 부활을 목격하고 있는 것은 우연의 일치가 아니다(Huebner, 1977). Enguita(2008)는 우리가 '경제'를 이야기할 때 과연 이 단어가 무엇을 의미하는지 재고해야 한다고 환기시킨다. 이는 단순히 그 개념의 미성숙함을 명료하게 밝히는 것이 아니라 이데올로기 생산의 역학 속에서 작동하는 다차원적인 문화적 · 경제적 · 정치적 역할, 그리고 다양한 문화적 역학을 이해해야 한다(Apple & Weis, 1983; McCarthy & Apple, 1988). 특히 교육이 사회적 · 경제적 손실을 다루기 위한 방법으로 '비용 수익'의 잣대에 놓이는 시대에, 교육 정책, 교육과정, 교사교육에서의 경제적 측면은 간과될 수 없다.

　　교사들에 대한 새로운 평가를 보면 우리의 우려가 얼마나 정당한지를 잘 보여 준다. 새로운 교사 평가를 알고 있는 사람이라면 누구나 그 문제에서 이야기하는 교사들이 증명해야 하는 차이에 대한 존중, 문화적 민감성과 같은 진술들이 얼마나 모호한지 이해할 수 있을 것이다. 어떻게 '문화적 민감성'이 기록되고 문서화될 수 있는가? 이러한 양상은 매사추세츠주의「교사 평가 규준과 효과적인 교수 실천력 지표」에서도 볼 수 있다. 그 문서는 "학생들이 배경, 정체성, 언어, 강점 및 도전과 관련된 자신과 타인의 차이를 존중하게 하며 이를 확언하도록 도와주는 전략과 실천을 일관되게 사용한다."라고 진술한다. 어떻게 교사가 그러한 복잡 미묘한 예측할 수 없는 역학을 구체화하고 문서화할 수 있는가? 그러한 역학을 문서철에 교육활동의 증거로 만들 수 있는가? 과연 그러한 문서 파일이 무엇을 증명할 수 있겠는가? 이 질문들에 대해 Giroux(2001)는 그러한 관점과 태도는 역사가 인간의 존재와 상관없이 만들어진다고 믿을 뿐만 아니라 주체적 행위자로서의 인간의 존재는 실제로 사라져 버리기 때문이라고 이야기한다. 이러한 재생산적인 이론적 틀은 미약한 기능주의에 빠져 버린다.

　　Giroux(2001)는 몇몇 급진적 이론적 도구가 가진 취약성에 대해 의도적으로 자기비평을 하였다. 자신의 글 *Reproduction, Resistance and Accommodation in the Schooling Process*를 분석한 글에서 Giroux(2001)뿐만 아니라 몇몇 학자들(Young & Whitty, 1977 참조)은 재생산 이론들은 "종종 비역사적인 이론화를 시도함으로써 사회 문화 재생산에 대한 편협한 시각의 일방향적인 결정론"(Giroux, 2001, p. 1977)을 표방한다고 비판하였다. 또한 그는 급진적인 지식인들 또한 "현재의 재생산 이론들 속에서 잠재적으로 가치 있는 요소를 추출하고 발전시키지 못했다고 비판하였다"(Giroux, 2001, p. 77). Giroux는 위험한 결정론적 입장을 추종하는 재생산의 담화에 대해 다음과 같이 비판하였다.

　　이러한 담화는 인과관계에 대한 과도한 결정론적 입장을 견지하고 있으며, 인간에 대한 수동적인 관점과 그들의 정치적 수동성, 그리고 직업사회와 학교에 존재하는 긴장과 모순적인 요소들을 드러내지 못하고 있다. 이러한 점에서 그들은 직업사회와 학교 그리고 그 둘 사이의 변증법적 역할 관계가 다른 사회적·문화적 재생산 행위 주체자들과의 관계에 대한 질적으로 다른 차원의 분석을 제공하지 못하고 있다.
(1981a, pp. 93-94)

이 글에서 Giroux(1981a)의 특정 비판 이론의 도구의 부적절성에 대한 분석은 매우 명료하다.

이에 더해 Giroux는 저항 이론의 한계점을 다음과 같이 상세하게 논의하였다. 첫째, 저항 이론은 저항과 투쟁의 모순적인 상태를 조장하고 강화시키는 조건의 기원을 적절하게 개념화하지 않았다(Giroux, 2001, p. 102). 둘째, 특히 성 문제와 인종 문제에 대한 저항 이론의 논의는 매우 부적절하다(Giroux, 2001, p. 104). 셋째, 저항 이론은 저항의 관념을 실제적 정치적 행동과 예술에서의 저항 운동과 같은 매우 구체적인 정치적 운동의 맥락에서 이해하는 것의 중요성을 간과하였다(Giroux, 2001, p. 105). 넷째, 저항 이론은 학교가 주체를 억압할 뿐만 아니라 억압적 구조의 재생산에 밀접하게 관계되어 있다는 것을 충분히 이론화하지 못하였다(Giroux, 2001, p. 105). 다섯째, 저항 이론은 지배가 어떻게 개개인의 내면에 스며드는지에 대한 문제에 충분한 관심을 기울이지 않았다(Giroux, 2001, p. 106). 추가로 Giroux(2001)는 개인의 자유와 사회 재건을 위한 정치적 프로젝트로서의 교육을 강조하고, 교육자들이 즉각적으로 취할 수 있는 실현 가능한 실천의 중요성을 강조하였다(p. 77). 간단히 말해 비판 이론은 더욱 총체적인 문화 헤게모니 이론을 필요로 한다. 우리가 급진적인 교육의 실천에 대한 새로운 방향의 필요성에 대한 주장과 관련한 논의에서 Giroux는 급진성의 핵심을 유지하면서 위에서 제기한 문제들을 해결하려는 노력을 기울이는 교육 이론가들이 점차 늘어나고 있음을 인지하고 있다. 그들은 일부 선택된 문화의 구조, 확산 그리고 평가가 학교교육을 통해서 어떻게 재생산되는지에 대한 메커니즘을 경험적이고 이론적으로 이해하고 설명하고자 노력하고 있다. 무엇보다 그들은 지식의 계층화와 사회의 계층화의 관계에 대한 연구를 통해 경제적 권력과 이데올로기 통제와의 정치적 관계를 드러내기 시작하였다(Giroux, 1981a, p. 71). Giroux(1981b, 2001)에게 이는 당연히 이데올로기적 투쟁이다. 하지만 Giroux(2001)는 이러한 과업이 지닌 이데올로기적 프레임이 단순한 분석의 틀로만 격하되는 것의 위험성을 경고하고 있다(p. 142). Giroux는 분명 학교가 지식의 전수와 생산을 위한 문화적 도구이긴 하지만 우리는 이데올로기적 투쟁과 물질적 투쟁에는 차이가 있음을 간과해서는 안 된다고 주장한다(2001, p. 72). 다시 말해, 우리는 의미, 담론 그리고 재현과 같은 이데올로기 수준의 투쟁을 자본을 비롯한 다른 자원의 분배와 통제의 실제적 문제와 관련된 투쟁과 혼돈해서는 안 된다(Giroux, 2001, p. 142). 이에 대해 그는 다음과 같이 주장한다.

> 학교는 상호 모순되는 이데올로기가 공존하는 공간이다. 이와 동시에 학교는 정치적 · 경제적 이슈들이 공존하는 기관이다. 즉, 억압된 사람들에 의해서 통제되고 점유될 필요가 있는 물질적 그리고 역사적 전형들의 대립적 관계가 얽혀 있는 공간이다. (Giroux, 2001, p. 142)

『억눌린 자의 교육학』에서 Freire는 비판교육학의 접근의 중심에 있는 위험하고 혼란스러운 파벌주의에 대한 우려를 드러내었다. Freire(1985, 1990)는 일부 비판적 학자들이 보수적 접근의 밝은 면과 그렇지 않은 면 모두를 이해하는 것의 중요성을 알아차리지 못하는 것은 명백한 무능력이라고 보았다. Ferire가 볼 때 이러한 무능력은 해방 프로젝트의 큰 걸림돌이었다. 즉, 불평등과 사회 정의와 관련한 문제의 해결은, 비판교육학의 단면만을 고수하거나 다른 인식론적 접근을 간과한다면 얻을 수 없는 것이다.

문제의 핵심은 비판 이론이 기능주자들의 환원주의를 극복하고자 할 때 구시대적 입장으로 돌아가는 것이다. 이것을 피하기 위해 기능주의 반기능주의는 문화 헤게모니의 우생론(eugenic theory)을 해체하겠다는 의지를 훼손하지 않고 끈질기게 싸워야 한다. 그러한 싸움은 두 가지 분명한 목적을 가진 이데올로기적 투쟁이다. 그 첫 번째는 대항 헤게모니 교리로 빠져드는 기능주의자들에 대항하는 것이다. 다른 하나는 기능주의의 주류적 이론 자체에 대항하는 것이다. Žižek(2009)이 명료하게 설명하는 것처럼 이는 비판 이론 자체의 심각한 실패보다는 오래된 사회 문제를 새로운 도구를 사용하여 다루는 효율성을 추구하려는 노력이 부족했기 때문이다. 이는 이 책

전체를 통해서 논의될 주제로 전체주의가 시작부터 지금까지 여전히 근대적 데카르트 모델을 마주하고 있다는 것을 보여 준다. 물론 이는 쉽지 않은 도전이다. 나는 이 문제에 대해서 다음 장에서 더욱 자세히 논의할 것이다.

이데롤로기를 이데올로기적으로 탐구하기 위해 직면한 과제는 "이데올로기가 무엇인지와 더불어 무엇이 이데올로기가 아닌지"(Giroux, 2001, p. 142)를 탐구하는 것이다. Apple(1990)은 이데올로기를 이데올로기적으로 접근하는 것의 중요성을 인식하였다. 그는 이데올로기에 대해 다음과 같이 이야기한다.

> 이데올로기는 개인이 사회적 실체에 대한 인식을 왜곡하여 지배 계급의 이익에 기여하는 잘못된 인식의 한 형태다. 이는 특정한 집단의 행위에 과학적 정당성이나 합리성을 부여한다. 그러한 행위에는 정치적 · 사회적 운동들, 종합적인 세계관, 그리고 Berger와 Luckmann이 '상징적 세계'라고 부른 부분들이 있다. (Apple, 1990, p. 20)

내가 이미 이전의 책에서 논의한 바와 같이(Paraskeva, 2004), 무엇이 이데올로기이며 무엇이 아닌지를 논의하면서 Apple(1990)은 이데올로기의 문제를 다루는 세 가지 사회적 특성의 분석과 이해를 위해 세 가지 측면을 살펴보아야 한다고 주장하였다. 첫째는 정당성을 확보하는 것으로서, 집단의 행위가 어떻게 정당화되고 사회적으로 받아들여지는가에 관한 것이다. 둘째는 권력 투쟁과 관련한 것으로서, 이데올로기는 권력을 소유한 집단과 권력을 추구하는 집단 사이의 분쟁과 관련 있다는 것이다. 다음으로 주장의 유형으로서, 특정한 미사여구와 그 효과가 실제로 이데올로기 영역에서 어떻게 작용하는가에 관한 것이다. Apple(1990)이 이야기한 것처럼 정당화, 권력 투쟁, 주장의 유형과 같은 범주는 자유 교육 전통의 주류에 대해서뿐만 아니라 교육 자체가 하나의 헤게모니의 형태라는 것을 보여 준다. 왜냐하면 언어와 과학이 재현되는 방식은 매우 긴밀하게 연결되어 있기 때문이다. 즉, Apple(1990)에 따르면 이데올로기는 사회적 공간에 공허하게 존재하지 않는다. 다시 말해, 슈퍼마켓에서 물건을 사듯이 개인이 선택해서 구매할 수 없는 성격을 가진다.

반대로, Apple은 이데올로기의 범위와 그 기능을 이해할 필요성을 강조한다. 즉, 우리는 이데올로기가 일련의 의미를 지배한다는 것을 알아야 한다. 그리고 이러한 지배는 자원과 권력 문제를 목표로 한 수사학의 지원을 받고 있다. 게다가 Apple(1990)에게 있어 이데올로기를 가장 정확하게 사유하는 방법은 헤게모니 개념에 세심한 주의를 기울이는 것이다. Wexler에 기초해 교육과정 분야에 대한 이 접근방식을 개념화한 Apple(1990)은 헤게모니에 대한 통찰적인 분석은 우리가 '교육과정, 사회-정치, 경제, 그리고 윤리적인 분석'을 가능하게 한다고 주장하였다. 이 분석을 통해 우리는 교육적 행위와 이해관계 사이에 존재하는 긴밀한 연결고리를 명료하게 이해할 수 있으며, 또한 헤게모니가 어떻게 사람들이 자신들은 중립적 도구로서의 학교교육에 대한 중립적 참여자라고 믿게 하는지를 보여 주는 효과적인 전략이라는 점을 알 수 있다(Apple, 1990, p. 22). 어떤 면에서 불평등과 빈곤은 끝없이 증가하는데, 교육과 관련된 주제들과의 관계는 특히 학생들과 교사들에게 더욱 명확해졌다. 예를 들어, 매사추세츠주는 새로운 교사 평가 시스템을 도입하였다. 교장은 최신 기능이 탑재된 아이패드를 통해 교사의 교육활동을 모니터링하고 평가하지만, 실제로 그들은 표지가 없거나 때로는 일부분이 찢겨져 나간 교과서로 학생들을 가르치기도 한다. 결과적으로, 이러한 평가와 실제의 연결은 생각처럼 미묘하지 않다. 또는, 매사추세츠주에서 졸업 시험이 치러지는 동안 교사들은 학생들에게 깨끗하고 온전한 사전을 제공할 수조차 없다. 만약 어떤 학생이 특정한 단어를 찾아봐야 한다면, 선생님은 개인 소유의 사전을 통해 찾아 주어야 한다. 문제는 그 사전 또한 모든 단어를 포함하고 있지 않다는 것이다. 이러한 애처로운 상황은 현재 Common Core(미국의 교육과정 표준화 정책과 내용)와 함께 더욱 심각해지고 있는데, 이것은 중립을 기반으로 한 보편적이고 평등한 교육과정의 모순을 보여 주는 구체적인 예시라고 볼 수 있다.

*Critical Pedagogical Reader*의 서문에서 Darder, Baltodano와 Torres(2002)가 강조하였듯이 "Giroux의 학문은 '신좌파 이론'의 교육 논쟁의 위치를 재생산 이론과 잠재적 교육과정 너머에 재배치한다." 어떤 면에서 Apple

과 Giroux의 입장은 비판 이론에 쏟아진 일부 비판의 정확성에 대한 신뢰도에 관한 문제를 제기하는 것이다. 그러나 Giroux는 Apple에 비해 더욱 광범위하고 복잡한 포스트모던과 후기 구조주의적인 논의에 참여하고자 하는 의지가 더욱 적극적인 것으로 보인다. 이러한 차이에도 불구하고, Apple과 Giroux는 각각 지적 여정의 불연속성을 보여 준다. 즉, 그들의 지적 여정은 교육의 과정에 대한 재생산 이론에 국한되지 않았다. 대신, 재생산 이론은 그들이 재생산의 관점을 넘어서는 것을 가능하게 하는 시작점 역할을 하였다. 네오마르크스주의자라기보다 네오그람시안 학자로서 이데올로기, 헤게모니, 언어에 대한 그들의 학문적 노력은 비판적 강물 속에서 새로운 흐름을 드러내고 창조하였다.

간단히 말해서, 비판 이론은 비판 이론 내부의 깊은 곳에서부터 중대한 도전에 직면하였다. 쉬운 일은 아니지만, 비판적 이론의 재창조는 특정한 목소리나 관점을 무시하는 측면을 뛰어넘는 능력에 달려 있다는 것에는 의심의 여지가 없다. Andreotti(2013), Au(2012), Baker(2009), Cho(2013), Gore(1993), Lopes(2007), Macedo와 Frangella(2007), Paraskeva(2006a, 2006b, 2007a, 2007b), Pedroni(2002), Quantz(2011), Watkins(1993)를 비롯한 여러 학자들이 새로운 비판적 강물에 등장하였고 지속적으로 학문적 기여를 하고 있다. 이들의 작업은 비판 이론 내부에 존재하는 모호한 부분을 극복하기 위해 비판적이고 후기 구조주의적인 관점들을 포함시키는 포괄적인 접근의 중요성을 강조하고 있다. Pedroni(2002)는 더욱 심층적이고 세부적인 분석을 통해 비판적 이론 안에 존재하는 약간의 혼란스러운 측면들을 다루어야 한다는 필요성을 강조하였을 뿐만 아니라 협력적 접근의 가능성을 드러내었다. 그는 협력적인 틀을 위해서 비판 이론과 후기 구조주의가 가지는 인식론적 공간의 긍정적인 요소에 주의를 기울이는 것의 중요성을 언급하였다. Pedroni(2002)에 따르면 네오마르크스주의는 후기 구조주의적 관점을 통해 재탐구되어야 하며, 후기 구조주의적 교육 연구 또한 네오마르크스주의 접근에 의해 재탐구되어져야 한다(p. 26). 이러한 과제는 어떤 의미에서도 결코 단순하지 않았다. Pedroni(2002)는 Fraser와 Fiske의 의견을 빌려 다음과 같이 주장한다. 즉, 당면한 과제는 비판 이론을 후기 구조주의와 단순히 병치시키는 것이 아니며 Gramsci를 Foucault화하거나 그 반대를 시도하는 것 또한 아니다. 대신에 이 과제는 "우리의 분석을 Gramsci화함과 동시에 Foucault화하는 것이다"(Pedroni, 2002, p. 7). Baker(2007)가 명료하게 주장하였듯이, 이 과제는 새로운 연구의 흐름을 완성함으로써 단단하게 고착화되고 굳어져 버린 침묵을 드러내어야 한다.

『교육학을 위한 투쟁(*The Struggle for Pedagogies*)』에서 Gore(1993)는 '지시적인 안내'를 형성하려는 어떠한 시도도 거부한다. Gore에 따르면 비판 이론과 페미니즘 이론 사이에 존재하는 것과 같은 급진적 교육학 내에서 진행 중인 논쟁을 다루는 가장 좋은 방법은 '급진적 교육학'의 전체 분야를 구체적으로 재단하려는 일련의 시도조차도 피하는 것이다. 왜냐하면 그러한 의도는 실현 가능성이 없는 너무나 비현실적인 것이기 때문이다(Gore, 1993, p. xiii). 대신에, 우리는 "급진적 교육학을 위한 계속되는 투쟁의 위험과 간극을 명료화해야 한다"(p. xiii). 이를 위한 시도는 브라질의 학자들에 의해서 잘 나타난다(Alves, Sgarbi, Passos, & Caputo, 2007; Amorim, 2007; Bellini & Anastácio, 2007; Eyng & Chiquito, 2007; Ferraço, 2007; Garcia & Cinelli, 2007; Lopes, 2007; Macedo & Frangella, 2007; Pessanha & Silva, 2007; Rosa, 2007; Veiga Neto et al., 2007; Vieira et al., 2007). 이 학자들은 이 과제는 어떤 특정한 비판 이론이나 후기 구조주의적 입장을 고수하거나 단순한 융합을 추구하는 것이 아니라 비판적 관점에서 후기비판주의나 후기 구조주의 관점으로 옮겨 가야 함을 명료하게 주장한다. 새로운 교육과정 연구의 연단 또는 급진적 교육학은 기존의 연단들을 완전히 부인하지 않고, 대신에 선회하면서 서로를 이어 주는 우호적인 교차로를 오가며 지속적으로 유연하게 움직인다. 어떤 면에서 이는 단순한 합성적인 접근을 넘어선다. 이 접근은 정적이지 않다. 이는 헤게모니, 표현, 해방, 정체성, 이미지, (무)공간, (무)시간, 그리고 사회생물학적 다면체로서의 주체 사이의 복잡한 역동성에 존재하는 특이성을 고려하는 것이다. 사실, 핵심은 잡종성(hybridity)이라는 위치보다 더욱 복잡한 어떤 위치, 즉 어떠한 잡종성에 대한 주장으로도 폄하될 수 없는 입장과 위치를 인식하는 것이다. 이는 단순한 혼합적인 위치가 아니다. 이러한 위치성과 관련하여 Bhabha(1995)는 개념의 이해에 많은 도움을 준다.

잡종성(hybridity)은 식민지 지배력의 생산성과 그것의 이동력, 그리고 고정성의 신호이다. 그것은 '순수함' 그리고 원래의 정체성과 권위를 유지시키는 차별적인 정체성 생산과 같은 부정을 통한 지배 과정에 대한 투쟁을 위한 전략의 이름이다. 잡종성은 차별적인 정체성의 효과를 해석함으로써 식민적인 정체성이 가지는 가정을 재평가하는 것이다. 잡종성은 모든 차별과 지배 현장의 변형과 변위를 드러내는 것이다. 이는 식민 지배력에 대한 모방적 또는 자아도취적 요구를 동요시키지만 권력의 눈에 보이는 차별을 타파하려는 전략 속에 있는 동일시를 다시금 시사한다. (Bhabha, 1995, pp. 38-39)

여기서 중요한 것은 각기 다른 인식론의 틀 사이에서 끊임없이 이동하며 학교를 사회적 형성이라고 해석하기 위한 더 나은 도구를 제공하는 입장을 가정하는 것이다. 이처럼 이론적으로 순회하는 입장은 합성적 장치라기보다는 탈경계적인 장치로 명명할 수 있을 것이다. 이와 관련하여 나는 『교육과정 이론에서의 갈등(*Conflicts in Curriculum Theory*)』(Paraskeva, 2011a)에서 순회하는 교육과정 이론(Itinerant Curriculum Theory, ICT) 연구의 필요성을 주장하였다. 교육과정 분야를 이러한 관점에서 재개념화하는 것은 헤게모니, 이념, 사회 해방, 그리고 권력과 같은 개념을 더 완전하게 이해하는 데 도움이 될 수 있다. Pinar(2004)의 표현대로 현재의 악몽에 직면할 때, 이러한 입장이 상당히 가치 있으며 필수적이라고 가정한다.

　　이 입장을 견지하는 것은 과학적인 연구에서 '영어'에 특권을 부여하는 헤게모니에 도전하는 강력한 방법(Alves et al., 2007)일 뿐만 아니라 더욱 중요하게 Gore(1993)가 주장한 미국 중심의 담론 그리고 Autio(2007)가 이야기한 '교육과정 슈퍼 담론(curriculum superdiscourses)'에 도전하고 이를 극복하는 강력한 방법이다. 이는 미국 교육부와 문화부에서 추진하는 International Leaders in Education Program(ILEP)이 취하는 정책에서 잘 드러난다. ILEP는 빌과 멜린다 게이츠 재단을 포함한 스폰서를 가진 시민사회와 미디어 개발(Civil Society and Media Development, IREX)과 제휴하고 있다.

　　Popkewitz(2001, p. 245) 또한 "사회 및 교육과학의 현대적인 경험적 방법은 대체로 무엇이 진실인지를 결정하는 특정한 관점에 입각한 것"이라고 이야기한다. 이와 관련하여 그는 다음과 같이 이야기한다.

> 질적 연구 또한 진실을 담은 중심적인 저장소라는 시각(eye)의 교리를 만든다. 교육학에서의 연구 방법론적 논의를 예로 들면, 인류학은 '자연적인' 연구로 논의된다. 이러한 논의는 '자연적' 현상은 특정한 '눈'으로 관찰할 수 있는 것이며 설문 조사와 같은 간접적인 방법보다 더욱 진실되다고 주장한다. (Popkewitz, 2001, p. 245)

더욱이 Gore(1993, p. 45)는 "미국이 비판적이고 페미니스트적인 교육적 담론의 많은 부분을 보여 준다고 할지라도 그것이 다른 나라와 사회에 존재하는 중요한 교육적 노력과 현상을 간과하거나 미국의 민족주의나 미국 중심주의를 반영하고 있지 않은지 의문을 품어야 한다."라고 주장한다.

이러한 맥락에서 최근 Au(2012)는 자신이 "교육과정 탐구의 비판적 선회"(p. 98)라고 명명한 이데올로기적 접근에 대한 비판적 논의를 강화하였다. Au(2012, p. 9)는 전통적인 대항 헤게모니 형태의 단점을 인식하며 이데올로기적 탁월함이 없는 실천을 주장한 Wraga와 Hlebowitsh(2003)의 견해를 비판하였다. Au(2012)는 비판 이론과 후기 구조주의 이론의 혼란스러운 담론에 대한 강력한 의구심을 표현하며 교육과정 분야를 재활성화하는 것이 물질세계의 복잡한 사회적 · 정치적 · 문화적 관계의 맥락에 존재하는 교육적 실천, 즉 이데올로기 생산의 역학으로 퇴보하게 하지 않는다고 주장한다(p. 9).

또한 William Watkins는 비판 이론 내에 존재하는 지속적으로 곤란한 상황에 의문을 제기함으로써 비판적 담론 지형의 단점에 대한 논의에 중대한 기여를 한 학자이다. Walkins(1993)는 자본주의 교육과정을 이해하는 실질적인 주제로서 인종과 관련한 문제를 제기하였다. 이는 자본의 문화화와 자본화의 사회적 변이에 관한 매우 중대한 요소다. 뿐만 아니라 그는 흑인 교육과정(Black Curriculum)에 존재하는 비일관적인 특이성을 드러내었다. 그는 흑인 교육과정에 존재하는 여섯 가지 접근을 다음과 같이 제시하였다.

- 기능주의(functionalism): 기본적으로 흑인 문학이나 이야기 자체에 대한 강조(p. 324)
- 적응주의(accommodationism): 인종적으로 분리된 산업 국가를 위한 정치적인 교육과정(p. 324)
- 자유주의(liberalism): 학생들의 분석적·비판적 능력 신장을 위한 교육과정 그리고 세계적으로 관대하고 의미 있는 사회 구성원으로 참여할 수 있는 능력 신장을 위한 교육과정(p. 328)
- 재건주의(reconstructionalism): 집권주의자, 평등주의자, 개혁주의자로서의 책무에 대한 직면(p. 333)
- 흑인 중심주의(afrocentrism): 유럽 중심적 전체주의적 인식에 대한 도전
- 흑인 민족주의/분리주의(black nationalism/separatism): 흑인들의 기원에 대한 자원으로 회귀할 필요성과 변화를 일으키는 문화적 혁명을 지지하는 자유주의적 입장의 단점에 문제를 제기하는 급진적 입장

교육과정에 대한 쿠레레(currere)적 입장을 견지한 Taliaferro Baszile(2010)은 '비판적 인종적 쿠레레'를 주창하였는데, 그는 쿠레레와 같은 자서전적 탐구가 대항 역사(counter-history) 또는 역사적으로 적절한 탐구적 접근이라는 점을 강조하였다. 이는 McCarthy(1998a), Ladson, Billings와 Tate(2005)를 비롯한 여러 학자들의 입장과 유사한 것으로서, 교육과정 분야 내에서의 인종적 담론에 대한 도전을 제기한 것이다.

서양에서 교육의 역사 그리고 교육과정 이론과 개발은 그 출현에서부터 자본주의 체제의 발달과 함께 이루어졌다. 특히 미국에서는 이러한 경향이 두드러졌는데, 이는 자본주의 체제의 역사의 중심에서 우생학적으로 발달하였다. 특히 Arrighi(2005)가 이야기한 자본주의 발달은 세 가지의 헤게모니 발달 단계와 함께하였다. Arrighi가 이야기한 세 번째 단계는 현재 우리가 보고 있는 신자본주의의 흐름이다. 이러한 점에서 인종과 민족과 관련된 이슈는 학교교육에 대한 학문적 탐구 영역으로서나 실제적인 현상으로서 결코 간과될 수 없다.

Quantz(2011)는 유명한 McLaren의 저서 *Schooling as a Ritual Perfor-*

*mance*를 통해 이른바 '의식적 비평(ritual critique)'을 발전시켰다. 이를 통해 Quantz(2011, p. 16)는 문화기술지 방법론에 스며들어 있는 과학적 가정으로부터 분리될 것을 주장한다. 그는 이 글을 통해 인문학과 사회과학에서 '의식(ritual)'을 묘사하고 탐구하는 것은 경험된 문화의 패턴을 밝혀내는 것과 같이 텍스트를 읽는 것이라고 이야기한다. Quantz는 이러한 의식 비판은 물질적 권력이 어떻게 제도화되어 비합리적인 학교교육에 실제로 스며들었는지 보여 준다. 이러한 이해를 통해 우리는 그러한 비합리적 실제를 민주주의와 사회 정의를 위한 방향으로 재구성할 수 있다고 강조한다. 이러한 점에서 의식 비평은 "상식을 구성하고 왜곡하는 숨겨진 과정을 밝혀낼 수 있는 정치적 작업이다"(Quantz, 2011, p. 19). 나아가 Quantz(2011)는 이행 의식, 정체성 의식, 연대성 의식, 존경 의식과 같은 의식들이 복잡하게 얽혀 있으며 종종 학교에서의 이데올로기 생산의 역학을 방해하고 있다고 주장한다. 이와 관련하여 Quantz(2011)는 다음과 같이 이야기한다.

> 의식 결과의 중요성을 인식하는 데 가장 큰 장애는 학교교육에 대한 대전제와 같은 큰 문제에서 기인한다. 여기서 학교교육의 가장 중요한 부분은 교육과정과 교육에 녹아들어 있는 합리적 의도 속에 있다는 가정이다. 이러한 가정은 명료한 성취, 정확한 수치, 그리고 연구에 기초한 수업을 강조하는 '아동 낙오 방지법(No Child Left Behind, NCLB)'에서 그 정점에 달하고 있다. 사실 인간이 합리적으로 행동한다는 가정은 많은 교육정책이 가지는 가장 오래된 근본적인 오류다. (Quantz, 2011, p. 5)

이러한 오류는 새로운 교육정책인 '최고를 향한 경쟁(Race to the Top, RTTT)'에서도 적용되어 있지만, 사실 '최고를 향한 경쟁'이 '아동 낙오 방지법'에 조미료를 더 첨가한 새로운 버전이라는 것을 쉽게 알 수 있다. Quantz의 논리를 논의하기 전에, 의식의 문화정치학적 관점에서 새로운 교사 평가를 이야기하고자 한다. 새로운 교사 평가 제도에서 교사들은 교실에서 실제로 일어난 교육활동들을 증명할 수 있는 문서와 사진을 제시해야 한다. 이러한 제도에서는 매우 어이없는 일들이 벌어진다. 예를 들어, 교사들은 수업에서 자신의 수행 능력 평가의 증거로 활용될 수 있도록 학생들이 국기에 대한 맹세를 이야기하는 사진을 남겨야 한다. 이러한 문제와 관련하여 Quantz는 "누가 합리성을 어떻게 정의할 것인가?"와 같은 (비)합리성에 대한 날카로운 질문들을 제기하였다. 구체적으로 2년 동안 영어를 배운 학생이 16년 동안 영어를 사용하며 살아온 학생과 같은 수준의 영어 능력을 사용하기를 기대하는 것은 합리적인가? 또는 일상적으로 굶주리며 방과 후에 집에 돌아가면 아버지가 자신을 구타할지 걱정하고 있는 학생이 안전하고 화목한 가정에 매일 돌아갈 수 있는 학생과 같은 성취 수준을 보이기를 기대하는 것이 합리적인가? 이러한 점들은 오늘날 미국 학교에서 정당화되고 보편화되어 있는 실제들이다. 다시 말해 비합리성은 합리성의 망토에 가려져 있다. 현재 주류적인 교육 헤게모니는 협소하고 인색하며 측정 가능한 교육적 환경만을 추구한다. 이는 본질적으로 혼란스러우며, 때로는 즉흥적이고, 비예측적이며, 기계적이지 않은 우리 삶의 측면들을 완전히 간과하고 있다.

Quantz와 O'Connor(2011)는 이러한 주류 전통에 도전하고 비판 이론의 문제에 대한 대안적 접근을 탐구하는 접근에 대해 논의하였다. 특히 그들은 후기 구조주의의 단점을 보완하고 장점을 취할 방안에 초점을 두었다. 그들은 Mikhail Bakhtin(1973)의 개념적 전통과 이른바 Bahktin Circle이라 부르는 이론들에 근거하여 지배적인 전통과 특정한 반지배적 전통이 학교와 교육과정이 재현되는 이데올로기 생산의 역학(Apple, 1979; Giroux, 1981a, 1992), 그리고 학교와 같은 사회적 기관의 다면적인 문화적 삶을 이해하기 위해 의식(ritual)을 탐구하는 것의 중요성을 잘못 제시하고 있다는 점을 지적하였다. Quantz와 O'Connor(2011)는 이종어(heteroglossia), 대화(dialogue), 다성성(multivoicedness) 그리고 카니발(carnival)과 같은 Hakhtin의 개념들에 대한 탐구와 활용의 중요성을 강조한다. 마이애미 대학교 문화 연구자들의 주장을 따른 Bakhtin의 이종어(heteroglossia) 개념은 문화, 사회, 그리고 개인들은 다양한 차원의 목소리에 의해서 구성된다는 점을 인정하고 시사한다. 다시 말해, 이종성 개념은 "다양한 차원의 문화적 형태는 각기 다른 의견들을 정당화하고, 사람들은 자신들의 문화적 패턴을 만들어가는 과정에서 개인들의 다른 목소리의 역할을 중요하게 간주한다."라고 정의된다(Quantz & O'Corner, 2011, p. 46). 이러한 관점에서 우리는 Bahktin의 언어-발언(language-utterance) 논쟁은 언어가 "개별적이고 분리된 대상이 아니라 사회적 과정"(Quantz & O'Corner, 2011, p. 49)이라는 것을 의미한다는 것을 이해해야 한다. 나아가 Quantz와 O'Connor(2011, p. 49)는 "의미는 오로지 구체적인 발언 상황에 따라 구성되는 것이기 때문에 언어는 사회적 개념이다."(p. 49)라고 주장한다. 그러한 인간의 발언은 역사적 제약 속에서 구성될 뿐만 아니라 이와 동시에 사회적으로 그리고 이데올로기적으로 구체적이고 물질적이며 상징적인 영역에 위치해 있는 대화의 의식을 나타낸다(Quantz & O'Corner, 2011, p. 49). 이들은 대화(dialogue)의 개념은 정당화된 목소리들과 그렇지 않은 목소리들의 내부 그리고 사이의 충돌을 이해하는 데 도움을 주는 반면, 다성성(multivoicednes)은 소수 집단 사람들의 삶을 특징짓고 통일된 개인과 사회적 합의를 저해하는 모순과 복잡성에 대한 더욱 정확한 이해를 가능하게 한다고 주장한다(2011, p. 51). 사실 Bakhtin(1973, p. 58)이 이야기한 것처럼 인간은 언제나 의식과 담론의 자율적 행위를 발현할 수 있는 '그 무엇(something)'을 가지고 있다. Bakhtin(1973, p. 58)이 이야기한 '그 무엇'은 외부의 다른 이차적인 정의로서 드러나거나 가려질 수 없는 것이다.

이와 관련하여 Quantz와 O'Connor(2011)는 상대적으로 불명확한 억압받는 사람들을 강조하는 언어적 역학을 이해하기 위해 카니발(carnival) 개념의 활용을 강조한다. 이에 대해 그들은 다음과 같이 이야기한다.

> 중세 카니발에 대한 연구는 정당화되지 않은 목소리가 공동의 표현, 정당화, 집단 행동을 위한 가능성을 확립할 수 있는 하나의 예를 제공한다. 또한 이 연구는 이 시대의 카니발성을 위한 가능성을 제안한다. 카니발은 축제, 웃음, 음탕함, 지나침 그리고 기괴함으로 드러나는 대중적 행사다. (pp. 52-53)

실제로 Quantz와 O'Connor(2011)는 "카니발은 사회적 긴장을 해소하고 금지된 목소리의 사회적 정당성을 위한 계급적 의식 창조를 위해 반드시 필요한 환경을 담고 있는 대항 헤게모니의 초기 형성을 가능케 한다."(p. 53)라고 주장한다. 이러한 점에서 Quantz와 O'Connor(2011)는 카니발을 "기괴한 유머와 이를 강조하는 연회, 배변, 할복, 성교 등과 같은 다른 신체적 행위들을 통한"(p. 53) 사회 변혁적이고 혁명적인 실천 그리고 두려움을 극복하는 웃음의 승리로 간주한다. 이러한 카니발은 민주적이고, 즉시적이며, 창의적이고 재현되지 않는 행위들이다. Quantz와 O'Connor(2011, p. 63)는 이러한 다양한 개념들과 실천들이 매우 중요하다고 주장한다. 이러한 점에서 그들은 대화를 이데올로기적으로 이해하고 정보 제공자들의 의식을 특징짓는 다성성의 증거들은 면밀하게 살피는 '다양한 목소리의 민족지학자(polyphonic ethnographer)'의 필요성을 이야기한다. 이에 대해 그들은 다음과 같이 이야기한다.

> 권력을 빼앗긴 이들의 이야기를 들을 때 연구자는 그들이 이야기하는 다양한 목소리에 주의를 기울여야 한다. 이는 특히 지배적 문화가 어떻게 소외된 계층의 사람들의 의식 속에 침투하고, 그들 스스로가 자신들을 억압하는 실제에 관여하는 목소리를 어떻게 만들어 내게 되는지를 이해하고자 하는 민족지학자들에게는 더욱 중요하다. (Quantz & O'Conner, 2011, p. 63)

카니발과 관련하여 Quantz와 O'Connor(2011)는 다양한 목소리의 민족지학자들은 개인들이 "자신들이 살고 있는 이데올로기적 지역사회"에서 어떻게 동시에 모순되어 보이는 입장을 견지하는지 이해해야 한다고 주장한다. 또한 Quantz와 O'Connor(2011, p. 65)는 다양한 목소리의 민족지학자들은 내부와 외부로 향하는 발언들이 내포하고 있는 모순들을 인식하며 어떻게 학급에서 가장 두드러진 기괴한 아이들이 우스꽝스러운 행위나 음담패설로 교사를 웃음거리로 만드는지 연구해야 하며, 학교에서 가장 축제적 분위기를 자아내는 학교 급식실의 카니발적 순간들을 드러내어야 한다고 주장한다. 또한 그들은 민족지학자들은 중세 카니발이 교육과 교육과정학이 어디에 위치해 있는지, 그리고 카니발의 비공식적인 의식이 교육 경영이나 정책의 어디에 존재하는지 드러낼 필요가 있다.

비판교육학에 대한 구조적 분석을 통해 Cho(2013)는 비판교육과 관련한 몇몇 문제점에 대해 논의하였다. 그녀의 논점은 첫째, 정치화되지 않은 관점들이 존재하기 때문에 비판교육학이 무엇인지 명료화해야 한다. 둘째, 사회 변화, 사회 변혁, 해방, 자유, 민주주의, 평등, 다양성과 사회 정의와 같은 아이디어는 진정으로 이러한 아이디어를 추구한다고 볼 수 없는 우익과 상업화된 시장 경제 입장에 의해 매우 더럽혀져 왔다. 셋째, 교육의 핵심 주제는 도덕적/윤리적 문제들로 이해되고 정의되어 있다. 비판교육학은 본질적으로 도덕성 자체보다는 구체적으로 개인들을 윤리화하려는 목적을 고수해 왔다. 넷째, 비판교육학의 실제적 문제는 문화나 포스트모더니즘 그 자체가 아니라 그것이 잘못 이해되고 잘못 사용되고 있다는 점에 있다. 다섯째, 미시적 접근은 사회 변화를 위한 비판교육의 본질적인 과정을 추구하지 못하게 한다. 여섯째, 비판교육은 종종 국지적이고 지엽적인 문제를 강조하는 지식인들의 정치에 의해서 강화되는 경향이 있다. 마지막으로, 비판교육학이 구체적인 실제적/실천적 프로젝트를 간과하고 추상적이고 이상주의적인 것에 집중하거나 심지어 사변적인 것으로 변질될 우려가 있다. 따라서 이러한 이상주의적 경향은 심각한 문제를 내포한다.

내가 7장에서 논의하였듯이 마르크스주의와 네오마르크스주의 관점에서의 비판적 사고와 비판교육은 여전히 지배적 헤게모니 전통에 의해 상당한 도전에 직면하고 있다. 하지만 이러한 상황은 자연스러운 시대적 흐름이며, 이것이 탈식민이 필요한 이유이다.

❦ 새로운 출발점으로부터의 시작: 탈식민적 전환

앞서 언급하였듯이, "새로운 시작"(Darder, 2011, p. 188)을 위한 선포가 비판적 이론과 교육학이 크게 실패하였기 때문에 등장한 것은 아니다(Žižek, 2009). 물론 어떤 분야에서는 그러했지만. 대신에 이 주장은 오래된 사회적 문제에 대한 새로운 질문을 새로운 도구로서 만들어 내야 하는 급박한 필요성 때문에 제기되었다. Freire와 유사하게 Darder(2011)는 급진적 지식인들이 의식적으로 끊임없이 자신을 재창조할 수 있는 영원하고 혁신적이며 혁명적인 주제의 위치에 있기 위한 전제 조건으로 다시 시작할 필요성을 느낀다. 이 과제는 처음부터 시작하는 것이 아니라 완전히 새로운 출발선에서 시작하는 것이다.

『교육에서의 실천적인 탈식민 이론(*Actionable Postcolonial Theory in Education*)』으로 2012년 미국교육연구협회(AERA) Division B 우수 학술 도서상을 수상한 Andreotti는 마르크스주의와 후기 구조주의라는 두 가지 탈식민적 이론적 영역 내부와 그 너머를 탐구함으로써 앞서 논의한 연구들을 수행해야 한다고 이야기한다. Young(2001)과 Spivak(1990)[14]의 영향을 받은 Andreotti의 탈식민 접근은 다음 두 부류 사이의 차이점을 드러낸다.

> 한 부류는 문화적 우월성에 대한 가정으로 구조화된 착취의 물질적인 상황 변화와 억압받는 사람들의 해방의 투쟁에 집중적인 관심을 가지고 마르크스 역사주의 그리고 진보와 해방에 관한 거대 담론에 치중한다. 또 다른 부류는 후기 구조주의적 입장에서 논변적 지향을 취하는데, 식민 지배와 피지배자 간의 관계의 복잡성과 논쟁에 집중하며 억압, 정복 그리고 만연한 폭력을 넘어서는 관계를 상상하는 가능성에 대해 관심을 기울인다. (p. 17)

당연히 Andreotti는 후기 구조주의를 이분법적으로 읽는 것을 주장하는 것이 아니다. 그녀의 주장은 탈식민의 갈래는 마르크스주의, 포스트모더니즘 그리고 정체성 투쟁 사이에 반대되는 입장들 간의 갈등의 공간에 위치해 있는 후기 구조주의에 의해서 더욱 명료하게 탐구될 수 있다는 것이다. 하지만 후기 구조주의 포스트모더니즘 그리고 마르크스주의 이론들이 혼재해 있는 상황에서 Andreotti는 Chakrabarty(2000)가 통찰적인 논의를 한 것처럼 마르크스주의와 후기 구조주의에 존재하는 '버릴 수 없으나 부적절한' 특징들을 강조한다. 물론 이러한 갈래들이 공존한다는 것은 거부할 수 없는 사실이다. 또한 다른 입장들 내부 그리고 사이에 존재한 모순과 긴장은 서구의 인간 중심 헤게모니 속에 내재되어 있다(Paraskeva, 2011a, 2011b).

내가 『교육과정 이론에서의 갈등(*Conflicts in Curriculum Theory*)』(2011a)에서 주장하고 이 책에서도 많은 지면을 할애하여 논의한 것처럼, 비판적 진보적 교육과정 강물은 그러한 충돌, 진공, 고요한 외침, 그리고 비판적 후기 구조주의적 연단(platform) 내부의 그리고 사이의 불협화음과 같은 논쟁에 반응해야 하며 그러한 담론을 넘어서야 한다. 이러한 과제는 인지적 다양성과 정의를 위한 투쟁이다. 교육과정 지식은 Apple이나 Giroux뿐만 아니라 Bernstein(1977), Bourdieu(1971), Carnoy(1972), Dale, Esland와 MacDonald(1982), Whitty(1985), Young(1971), Young과 Whitty(1977)에게도 정치적인 프로젝트였으며 지금도 그러하다는 점은 거부할 수 없는 사실이다. 이와 동시에 거부할 수 없는 사실은 교육과정 지식은 Wexler(1976)가 이야기한 "인지적 다원성"(p. 50)처럼 "이 세계의 인지적 다양성은 잠재적으로 무한하다"(Sousa Santos, 2005, p. xix)는 점에 관심을 두지는 않았다는 점이다. 결과적으로 우리는 매우 무겁고 중대한 과업에 직면해 있다. Pinar(2004)는 "우리가 무엇을 가르치는지는 최소한 우리가 어떻게 가르치는 것만큼 중요하다."(p. 175)라고 주장하였다. 이와 관련하여 나는 우리가 "어떤 지식 또는 누구의 지식이 가장 가치가 있는가?"라는 질문을 넘어서야 한다고 생각한다. 이 질문에 대한 '정확한' 해답을 아직 찾지 못했음에도 불구하고 중요한 것은 서구의 인식론적 지평 밖에 존재하는 또 다른 지식을 위해 투쟁해야 한다는 것이다. 그러므로 우리는 '교육과정의 인식론적 학살(curriculum epistemicides)'에 대항하는 투쟁에 참여해야 한다.

먼저 우리는 다른 지식(other knowledge)을 인정하고 나아가 다른 형태의 지식에 주목해야 하며 서구 공간 내부와 외부의 토착적 지식을 존중하면서 서구의 인식론적 연단을 지나 더욱 확장해 나가야 한다. 말할 필요도 없이, 이러한 투쟁은 복잡한 진보적 전통 속에서 Apple과 Giroux를 비롯한 교육과정의 비판적 진보적 강물 내부와 외부의 많은 학자들에 의해서 등장하고, 발달되고, 축적되고 또는 좌절된 특정한 비판적 접근 때문에 가능하게 되었다. 사실, 다른 지식을 위한 투쟁은 교육과정 적절성의 맥락에서 추구되어야 한다. 이는 또 다른 커다란 과업으로써 실제적으로 사회적 · 인지적 정의를 위한 투쟁이다. 교육과정 적절성은 종적 경계가 없고 짧은 횡적 역학을 가진 사회과학 분야들 중 하나가 되었다는 점을 강조하는 것은 매우 중요하다. 적절한 교육과정을 위한 투쟁, 즉 사회적 · 인지적 정의를 위한 노력은 Common Core나 개혁 운동들이 추구하는 '대학 진로 준비'를 위한 싸움이 아니다. 인간 사회는 이처럼 노골적으로 (비)합리성을 지속시키는 수욕주의를 추구할 수는 없다. 이러한 투쟁은 현재의 분리된 사회를 해체하고 모든 사람들을 위한 공통의 선에 바탕을 둔 새로운 사회를 재건하기 위한 책무이다. 이는 비판적이고 변혁적이다.

Gore(1993)와 같이 우리는 "교육 분야에 대한 교육학적 담론의 독점을 주장하거나 암시하는 것을 원하지 않는다. 여성학, 문학 및 교육 연구 분야에서는 교육적 아이디어에 대한 '타가 수정', 즉 혼합을 위한 시도들이 있었다"(Gore, 1993, p. xiii-xiv). 사실, 교육에 대한 인식론적 독점의 시대는 끝나야 한다. 차차 명료해지겠지만, 어떤 처방도 제시하지 않고는 비판적 교육학의 미래는 이러한 가정에 의존한다. 어떤 성공적인 전략이든 이 교육과정 분야에 스며들어 이 분야를 '두 번째 빈사 상태'로 몰아넣은 자들에 의해 형성된 문제를 해결하기 위한 해결책으로 볼 필요가 있다.

최근 Pinar(2012)의 저서에서는 미국 학계의 주요 분야인 권력, 정체성, 담론 등 이른바 파괴된 이론적 변형의 소용돌이를 통찰력 있게 경고한다. 그는 미국 학계에서 권력, 정체성, 담론은 더 이상 개념적 혁신이나 도발이 아니라고 주장하였다. 이는 다름이 아니라 그것들이 너무나 당연히 여겨지기 때문이다(Pinar, 2012, p. 7). Pinar(2012)는 개념 소진의 과정 그리고 가끔은 새롭지만 대체적으로 반복되는 문제들, 지속되지만 간혹 매혹적인 미스테리들 그리고 예기치 않은 반직관적 사실들에 대한 대응으로 등장하는 새로운 개념들을 인정한다. 나는 이 세 가지 것들 사이의 흐릿한 경계뿐만 아니라 다른 원천들과 개념들의 도발을 인정한다. 따라서 탈식민화는 필수적인 것이다. Darder(2011)가 주장한 것처럼 "사회과학 연구자들은 전통적인 사회과학 언어와 방법론은 종종 엘리트주의, 전체주의, 분열주의 그리고 결과적으로 빈곤에 처한 이들의 권력을 빼앗는 식민화의 영향을 알고 인정해야만 한다"(p. 273).

지금까지, 나는 비판적 진보적 교육과정 강물이라고 부르는 담론에 관여한 지식인 집단에 의한 중대한 논의들 중 몇 가지에 대해 소개하였다 (Paraskeva, 2011a, 2011b). 나는 이 비판적인 강물의 분야에서 이 지식인들이 기능론적이고 결정론적이며 환원적인 지배적 교육과정 전통에 도전하기 위해 헤게모니, 이데올로기, 상식, 재생산, 저항, 잠재적 교육과정 그리고 합의와 분쟁과 같은 중요한 개념들을 이 분야에 소개하였는지에 주목하였다. 하지만 나는 이 비판적인 강물 내부에 존재하는 긴장은 복잡한 교육적 · 사회적 현상을 종합적이고 비판적으로 분석해 내지 못하는 이론적 논쟁 속에 존재하는 환원주의 때문이라고 주장하였다. 나는 지금까지 주류적 힘의 환원적 기능주의에 대항하는 투쟁 속에서 비판적 진보적 교육과정의 강물이라고 부를 수 있는 움직임이 복잡한 기능주의와 뒤얽혀 범람하였다고 논의하였다. 이런 과정에서 비판적 진보적 교육과정의 강물은 노골적인 기능주의와 결정론적 관점의 문제 해결에 실패하였으며 반기능주의를 주창하는 기능주의가 되었다. 하지만 비판적 강물 내부의 일부 지식인들이 (유럽 중심의 플랫폼 내부에서) 어떻게 전통적인 비판적 모델의 비효율성을 명료하고 의식 있게 지적하였으며, 정치적 분석을 강화하는 새로운 접근을 추구하였는지를 지적하였다.

반기능주의를 추구하는 기능주의자들이었지만 우리는 비판적 교육과정 강물의 지식인들이 더욱 정의롭고 민주적인 사회로의 변화를 위한 교육과정의 적절성을 향한 투쟁에서 매우 중요하고 거대한 기여를 한 것은 부인할 수 없는 사실이다. 하지만 교육과정 적절성과 사회 정의를 위한 투쟁은 지금까지와는 다른 수준으로 나아가야 한다는 것 또한 반박할 수 없을 것이다. 이러한 투쟁은 비서구 인식론을 포함한 사회적 · 인지적 정의를 위한 방향으로 나아갈 필요가 있다. 즉, 이는 탈식민을 위한 노력이어야 한다. 비판적 진보적 교육과정의 강물이 추구하는 핵심 목표인 교육과정 의미와 적절성을 위한 투쟁은 반유럽 중심주의에 대한 유럽 중심주의의 비판에 직면하게 된다. 이는 서구 유럽 중심, 기독교 중심, 백인 중심, 푸른 눈 중심, 이성 중심, 남성 중심 문화의 관점 너머의 거대한 인식론에 관심을 기울이지 못하였을 뿐만 아니라 다른 인식론들이 마치 존재하지 않는 것처럼 간주하게 되었다(Sousa Santos, 2014 참조). 이러한 현실은 비판적 진보적 강물의 핵심에서 활동해 온 주요 지식인들에 의해 드러나게 되었다. 특히 이와 관련된 Ellsworth(1989)의 논의는 주목할 만하다.

> 참여자들이 '권한', '학생들의 목소리', 그리고 '대화'와 관련된 교수학습 자료들에서 제시한 실천적 처방을 교실에 적용하려고 시도할 때 우리는 종종 전혀 도움이 되지 않는 결과를 만들어 냈을 뿐만 아니라 우리가 해결하려고 하는 상황, 즉 유럽 중심주의, 인종주의, 성차별, 계층차별, 그리고 은행 저축식 교육 등을 도리어 악화시키는 결과를 만들어 냈다. (p. 298)

무엇보다 비판 이론이나 이론가들이 교육 실천과 구조에서 학생들 목소리의 부재를 분석하지만 연구자들은 단순히 자신들의 '관찰'을 통해 학생들을 위해서 이야기하는 것이 아니라 자신들의 연구에서 학생들의 목소리의 사용과 가치를 더욱 강조할 필요가 있다. Ellsworth(1989)는 "문학 비평, 문화연구, 후기 구조주의, 여성학, 그리고 미디어 연구와 같은 특정 서구의 인식론적 영역들은 이상적인 합리적 인간을 위한 노력을 지속해 왔는데, 그 인간은 백인, 남성, 중산층, 기독교인, 건강한 사람, 날씬한 사람, 그리고 이성애자들, 즉 비서구인들에게 '억압적'이었던 사람들이었다."(p. 304)라고 밝혔다.

　이러한 고질적인 유럽 중심의 상태는 유럽 중심의 획일적인 지식이 우생학적 현실을 강요하며 과거를 설명할 수 있고 미래를 적절히 예측할 수 있다는 거짓된 믿음을 미화한다. 또한 이는 다른 형태의 지식을 도살하며 잔혹한 인식의 학살을 조장한다. 알려지지 않았지만 놀랍게도 이것이 유럽의 인식론적 여정을 지탱해 온 기둥들이다. 교육과정 이론의 현재와 미래는 Darder(2012a, 2012b)가 주장하고 기대하는 것처럼 탈식민적 움직임을 피할 수 없다. 다문화주의에 대한 직접적인 공격적 논의에서 Darder (2012a, 2012b)는 "이중 문화주의와 문화적 민주주의를 위한 탈식민 이론"은 비도적적인 식민화 과정 속에서 권리를 박탈당한 유색 인종 학생들과 그들이 속한 사회의 목소리를 담론의 중심에 위치시킴으로써 직접적으로 공격해야 한다고 주장하였다(p. 2). 또한 최근 Yiamouyiannis와 Darder는 현재 수많은 사람들에게 가해진 경제적인 재난과 그것의 치명적인 영향을 고려할 때 '탈식민'은 사회적·인지적 정의를 위한 투쟁의 열쇠가 된다고 주장한다(Darder & Yiamouyiannis, 2011).

이후의 장에서 나는 아프리카와 아랍의 인식론이 서구의 인식론적 재앙에 끼치는 영향과 충격에 대해 논의할 것이다. 또한 서구에서 조장된 역사의 특정한 해석이 어떻게 서구를 우수한 문화로 간주할 뿐만 아니라 유일한 것으로 미화하는지 분석할 것이다. 말할 필요도 없이 학교와 교육과정 또한 이러한 인식론적 학살과 관련한 문제에서 자유롭지 못하다. 이와 관련하여 Ellsworth(1989, p. 301)는 Walkerdine을 인용하며 다음과 같이 주장한다. "학교는 합리적 논쟁에 참여할 수 있는 학생들의 능력을 배양함으로써 '스스로 조절하는' 개인들을 만들어 내기 위한 과정에 관여해 왔다. 합리적 논쟁은 그 입장의 반대편에 있는 사람, 즉 역사적으로 여성과 이국적인 타자들은 비합리적인 타자로 간주하는 함정에 빠뜨렸다."(p. 301) 본질주의의 국제화와 세계화에 병든 시대에 Baker(2009)는 교육과정 역사와 연구가 상식적으로 국가적인 과업이라는 조작된 프레임을 넘어서야 한다는 예리한 경고의 메시지를 던진다. 또한 Munslow(1997, p. 29)는 역사는 의심해야 하는 것이며, 역사는 타협될 수 없다는 경고의 메시지를 던진다. Baker(2009, p. xiii)는 Coronil의 개념 '이중 초점성(bifocality)'을 강조하였다. 이 개념은 우리로 하여금 역사의 중요성과 역사에 대한 애착이 현대인들이 암묵적으로 연루된 거대한 사기극인지를 자문하게 한다. 이러한 물음은 특정한 주체성 또는 소유는 정당하게 구축되고 다른 것들은 제한되고 사라졌는지 드러나게 한다.

다음 장에서는 서구 인식론적 유산이 어떻게 몇몇 학자들이 권력과 존재의 식민성이라 부르는 것과 밀접하게 연관되어 있는지 논의할 것이다. 이는 우리가 교육과정의 인식론적 학살이라 부르는 것을 이해하기 위해 필수적인 과정이다. 이 책을 통해 탈식민을 위한 논의에 참여하게 된 것을 환영한다.

🍎 참고문헌

Alves, N. Sgarbi, Passos, M. e Caputo, S. (2007) Nos e Nossas Historias em Imagens e Sons Uma Historia em Imagens. Associação Nacional de Pós-Graduação e Pesquisa em Educação. Grupo de Trabalho Curriculo. Trabalho Encomendado. Caxambu: Brasil.

Amorim, A. C. (2007) *Escritas curriculo, Representacao e Diferenças*. Associação Nacional de Pós-Graduação e Pesquisa em Educação. Grupo de Trabalho Curriculo. Trabalho Encomendado. Caxambu: Brasil.

Andreotti, V. (2011). *Actionable Postcolonial Theory in Education*. New York: Palgrave.

Andreotti, V. (2013) Renegotiating Epistemic Privilege and Enchantments with Modernity: The Gain in the Loss of the Entitlement to Control and Define Everything. *Social Policy, Education and Curriculum Research Unit*. North Dartmouth: Centre for Policy Analyses/UMass Dartmouth, pp. b–s.

Apple, M. (1979) *Ideology and Curriculum*. New York: Routledge & Kegan Paul.

Apple, M. (1986) *Teachers and Texts. A Political Economy of Class and Gender Relations in Education*. New York: Routledge.

Apple, M. (1990) *Ideology and Curriculum*. New York: Routledge.

Apple, M. (1995) *Education and Power*. New York: Routledge.

Apple, M. (2000) *Official Knowledge*. New York: Routledge.

Apple, M. and Carlson, D. (1998) Introduction. Critical Educational Theory in Unsettling Times. In D. Carlson & M. Apple (eds) *Power, Knowledge, Pedagogy. The Meaning of Democratic education in Unsetling Times*. Boulder; Westview Press, pp. 1–40.

Apple, M. and Weis, L. (1983) (eds) *Ideology and the Practice of Schooling*. Philadelphia: Temple University Press.

Aronowitz, S. (1989) Working–Class Identity and Celluloid Fantasy. In H. Giroux and R. Simon (eds) *Popular Culture. Schooling and Everyday Life*. Granby, MA: Bergin & Garvey, pp. 197–218.

Aronowitz, S. & Giroux, H. (1991) *Postmodern Education Politics, Culture and Social Criticism*. Minneapolis, MN: University of Minnesota Press.

Arrighi, G. (2005) *The Long Twentieth Century. Money, Power and the Origins of Our Times*. London: Verso.

Au, W. (2012) *Critical Curriculum Studies. Education, Consciousness the Politics of Knowing*. New York: Routledge.

Autio, T. (2007) Towards European Curriculum Studies: Reconsidering Some Basic Tenets of Building and Didaktik, *Journal of the American Association for the Advancement of Curriculum Studies*, Volume 3, February.

Baker, B. (2007) Animal Magnetism and Curriculum History. *Curriculum Inquiry*, 37 (2), pp. 123–58.

Baker, B. (2009) Borders, Belonging, Beyond: New Curriculum History. In Bernadette Baker (ed) *New Curriculum History*. Rotterdam: Sense, pp. ix–xxxv.

Bakhtin, M. (1973) *Problems of Dostoevsky's Poetics*. Ann Arbor, MI: Ardis.

Bellini, M. & Anastácio, M. (2007) *Em tempos Pos-Modernos*. Associação Nacional de Pós-Graduação e Pesquisa em Educação. Grupo de Trabalho Curriculo. Trabalho Encomendado. Caxambu: Brasil.

Bernstein, B. (1977) *Class, Codes and Control, vol. 3*. London: Routledge and Kegan Paul.

Bhabha, H. (1995) Signs Taken for Wonders. In B. Ashcroft, G. Griffi ths, and H. Tiffin (eds) *The Post Colonial Reader*. London: Routledge, pp. 38-43.

Bourdieu, P. (1971) Systems of Education and Systems of Thought. In M. F. D. Young (ed) *Knowledge and Control: New Directions for the Sociology of Knowledge*. London: Collier Macmillan, pp. 189-208.

Carnoy, M. (1974) *Education as Cultural Imperialism*. New York: McKay.

Chakrabarty, D. (2000) *Provincializing Europe. Postcolonial Thought and Historical Difference*. Princeton: Princeton University Press.

Cho, S. (2013) *Critical Pedagogy and Social Change. Critical Analysis on the Language of Possibility*. New York: Routledge.

Dale, R., Esland, G. and MacDonald, M. (1982) *Schooling and Capitalism*. London: Routledge and Kegan Paul.

Darder, A. (2011) *A Dissident Voice. Essays on Culture, Pedagogy and Power*. New York: Peter Lang.

Darder, A. (2012a) *Culture and Power in the Classrooms. Educational Foundations for the Schooling of Bicultural Studies*. Boulder: Paradigm Publishers.

Darder, A. (2012b) Dissident Voice for Democratic Schooling: Writer Gabriela Roman interviews Radical Educator Antonia Darder. *Truthout*, September 25.

Darder, A., Baltodano, M. and Torres, R. (2002) Introduction. In A. Darder, R. Torres and M. Baltodano (eds) *The Critical Pedagogy Reader*. New York: Routledge, pp. 24-26.

Darder, A. and Yiamouyiannis, Z. (2011) Political Grace and the Struggle to Decolonize Community Practice. In A. Darder (eds) *A Dissident Voice. Essays on Culture, Pedagogy and Power*. New York: Peter Lang pp. 421-40.

Eagleton, T. (1994) "Ideology and its Vicissitudes in Western Marxism," in S. Zizek (ed.) *Mapping Ideology*. London: Verso, pp. 179-226.

Ellsworth. E. (1989) Why Doesn't This Feel Empowering? Working Through the Repressive Myths of Critical Pedagogy. *Harvard Educational Review*, *59* (3), pp. 297-324.

Enguita, M. (2008) *Marxism and Education. Public Education Debate*. Braga: University of Minho.

Eyng, A. and Chiquito, R. (2007) *Politicas Curriculares: As Respresentacoes dos Profissionais da Educacao a Luz da Teorizacao Pos-Critica do Currículo*. Associação Nacional de Pós-Graduação e Pesquisa em Educação. Grupo de Trabalho Curriculo. Trabalho Encomendado. Caxambu: Brasil.

Ferraço, C. (2007) *Currículo e Pesquisa com o Cotidiano: Sobre Usos, Traducoes, Negociacoes e Hibridismos da Cultura como Enunciacao*. Associação Nacional de Pós-Graduação e Pesquisa em Educação. Grupo de Trabalho Curriculo. Trabalho Encomendado. Caxambu: Brasil.

Foster (2008) The Financialization of Capital and the Crisis. *Monthly Review*, *59*, 11. Accessed from: http://monthlyreview.org/2008/04/01/the-financialization-of-capital-and-the-crisis/

Freire, P. (1985) *The Politics of Education Culture, Power and Liberation*. Westport: Bergin and Garvey.

Freire, P. (1990) *Pedagogy of the Oppressed*. New York: Continuum.

Garcia, A. & Cinelli, M. (2007) Os estudos do cotidiano ajudam a desinvisibilizar as práticas educativas emancipatórias? Associação Nacional de Pós-Graduação e Pesquisa em Educação. Grupo de Trabalho Curriculo. Trabalho Encomendado. Caxambu: Brasil.

Giroux, H. (1980) Beyond the Correspondence Theory: Notes on the Dynamics of Educational Reproduction and Transformation. *Curriculum Inquiry*, 10 (3), pp. 225-47.

Giroux, H. (1981a) *Ideology, Culture & the Process of Schooling*. Philadelphia: Temple University Press.

Giroux, H. (1981b) "Toward a New Sociology of Curriculum," in H. Giroux, A. Penna and W. Pinar (eds) *Curriculum and Instruction*. Berkeley: Cutchan Publishing Corporation, pp. 98-108.

Giroux, H. (1983) *Theory and Resistance in Education. Towards a Pedagogy for the Opposition*. New York: Bergin and Garvey.

Giroux, H. (1992) Resisting Difference: Cultural Studies and the Discourse of Critical Pedagogy. In L. Grossberg, G. Nelson and P. Treichler (eds) *Cultural Studies*. New York: Routledge, pp. 199-212.

Giroux, H. (1996) Towards a Postmodern Pedagogy. In L. Cahoone (ed) *From Modernism to Postmodernism. An Anthology*. Oxford: Blackwell Publishers, pp. 687-97.

Giroux, H. (2001) *Theory and Resistance in Education. Towards a Pedagogy for the Opposition*. Wsetport: Bergin & Garvey.

Gore, J. (1993) *The Struggle for Pedagogies. Critical and Feminist Discourses as Regimes of Truth*. New York: Routledge.

Gramsci, A. (1957) *The Open Marxism of Antonio Gramsci*. Translated and Annotated by Manzani, C. New York: Cameron Associates, INC.

Gramsci, A. (1971) *Antonio Gramsci: Selections from the Prison Notebooks*. Edited by Q. Hoare and G. Smith. New York: International Publishers.

Hall, S. (1998) Introduction. Who Needs Identity? In S. Hall & P. DuGay (eds) *Cultural Identity*. London: SAGE, pp. 1-17.

Horne, T. (2010) Arizona Bill Targeting Ethnic Studies Signed into Law. *Los Angeles Times*, May 20, http://articles.latimes.com/2010/may/12/nation/la-na-ethnicstudies-20100512.

Huebner, D. (1977) *Dialectical Materialism as a Method of Doing Education*. Mimeographed.

Hypolito, A. (2001) *Class, Race and Gender in Education. Towards a Spiral Non-Parallelist Non-Synchronous Position*. Paper presented at the Friday Seminar, University of Wisconsin, Madison.

Jordan, M. (2010) Arizona Grades Teachers on Fluency. *The Wall Street Journal*, April 30.

Kliebard, H. (1995) *The Struggle for the American Curriculum: 1893-1958*. New York: Routledge.

KVOA. (2010, May 2). *Bill Passed That Would Ban Ethnic Studies for TUSD*. Accessed from: http://www.kvoa.com/.

Ladson Billings, G. and Tate, W. (2005) Toward a Theory of Critical Race Theory in Education. *Teachers College Record*, 97, pp. 47-68.

Liston, D. (1988) *Capitalist Schools. Explanation and Ethics in Radical Studies of Schooling*. New York: Routledge.

Liston, D. and Zeichner, K. (1987) "Critical Pedagogy and Teacher Education," *Journal of Education*, *169*, pp. 117-37.

Lopes, A. (2007) *Currículo no debate modernidade, pós-modernidade*. Associação Nacional de Pós-Graduação e Pesquisa em Educação. Grupo de Trabalho Curriculo. Trabalho Encomendado. Caxambu. Brasil.

Macedo, E. and Frangella, R. (2007) *Currículo e Cultura: deslizamentos e hibridizações*. Associação Nacional de Pós-Graduação e Pesquisa em Educação. Grupo de Trabalho Curriculo. Trabalho Encomendado. Caxambu: Brasil.

Mann, J. (1968) *Toward a Discipline of Curriculum Theory*. Baltimore: The John Hopkins University, The Center for the Study of Social Organization of Schools. (Mimeographed).

McCarthy, C. (1988a) Slowly, Slowly, Slowly, the Dumb Speaks. Third World Popular Culture and the Sociology for the Third World. *Journal of Curriculum Theorizing*, 8 (2), pp. 7-21.

McCarthy, C. (1988b) Rethinking Liberal and Racial Perspectives on Racial Inequality in Schooling: Making the Case for non-synchrony. *Harvard Educational Review*, 58 (3), pp. 265-79.

McCarthy, C. (1998) *The Uses of Culture. Education and the Limits of Ethnic Affiliation*. New York: Routledge.

McCarthy, C. and Apple, M. (1988). Race, Class, and Gender in American Education. Towards a Nonsynchronous Parallelist Position. In L. Weis (ed) *Class, Race, and Gender in American Education*. Albany: State University of New York Press, pp. 3-39.

McLaren, P. (1986) *Schooling as a Ritual Performance*. New York: Routledge.

McLure, H. & Fisher, G. (1969) *Ideology and Opinion Making, General Problems of Analysis:* Bureau of Applied Social Research, Columbia University (poligraphed).

Munslow, A. (1997) *Deconstructing History*. New York: Routledge.

Paraskeva, J. (2004) *Here I Stand. A Long (R)evolution. Michael Apple and Critical Progressive Tradition*. Minho. University of Braga.

Paraskeva, J. (2005) *Dwayne Huebner. Mitografi as da Abordagem Curricular*. Lisboa: Editora Platano.

Paraskeva, J. (2006a) Desterritorializar a Teoria Curricular. *Papeles de Trabajo sobre Cultura, Educación y Desarrollo Humano*, 2 (1). Accessed from: http://www.doaj.org/doaj.

Paraskeva, J. (2006b) Desterritorializar a Teoria Curricular. In J. Paraskeva (org) *Currículo e Multiculturalismo*. Lisboa: Edicoes Pedago, pp. 169–204.

Paraskeva, J. (2007a) *Ideologia, Cultura e Curriculo*. Lisboa: Didatica Editora.

Paraskeva, J. (2007b) *Continuidades e Descontinuidades e Silêncios. Por uma Desterritorialização da Teoria Curricular*. Associação Nacional de Pós-Graduação e Pesquisa em Educação, (ANPEd), Caxambu, Brasil.

Paraskeva, J. (2011a) *Conflicts in Curriculum Theory. Challenging Hegemonic Epistemologies*. New York: Palgrave.

Paraskeva, J. (2011b) *Nova Teoria Curricular*. Lisboa: Edicoes Pedago.

Pedroni, T. (2002) *Can Post Structuralism and Neo-Marxist Approaches be Joined? Building Compositive Approaches in Critical Educational Theory and Research*. Unpublished Paper, pp. 2 and 6.

Pessanha, E. e Silva, F. (2007) *Observatório da Cultura Escolar: Ênfases e Tratamentos Metodológicos de Pesquisa sobre Currículo*. Associação Nacional de Pós-Graduação e Pesquisa em Educação. Grupo de Trabalho Curriculo. Trabalho Encomendado. Caxambu: Brasil.

Pinar, W. (1979) What Is Reconceptualization? *Journal of Curriculum Theorizing*, 1 (1), pp. 93-104.

Pinar, W. (1980) Life History and Education Experience. *JCT*, 2 (2), pp. 159-212.

Pinar, W. (1979) What Is the Reconceptualization? *Journal of Curriculum Theorizing*, 1 (1), pp. 93-104.

Pinar, W. (1980) Life History and Educational Experience. *Journal of Curriculum Theorizing*, 2 (2), pp. 159-212.

Pinar, W. (2004). *What Is Curriculum Theory?* Mahwah, NJ: Erlbaum.

Pinar, W. (2012) *Curriculum Studies in the United States*. New York: Palgrave.

Pinar, W. and Grummet, M. (1976) *Toward a Poor Curriculum*. Dubuque: Kendall/Hunt.

Pinar, W., Reynolds, W., Slattery, P. and Taubman, P. (1995) *Understanding Curriculum*. New York: Peter Lang.

Popkewitz, Th. (2001) A Changing Terrain of Knowledge and Power: A Social Epistemology of Educational Research. In R. G. McInnis (ed) *Discourse Synthesis. Studies in Historical and Contemporary Social Epistemology*. WestPort: Praeger, pp. 241-66.

Quantz, R. (2011) *Rituals and Students Identity in Education: Ritual Critique for a New Pedagogy*. New York: Palgrave.

Quantz, R. and O'Connor, T. (2011) From Ethnography to Ritual Critique. The Eloution of a Method. In R. Quantz (ed) *Rituals and Student Identity in Education*. New York: Palgrave, pp. 45-71.

Rosa, M. et al. (2007) *Narrar Currículos: Inventando Tessituras Metodológicas*. Associação Nacional de Pós-Graduação e Pesquisa em Educação. Grupo de Trabalho Curriculo. Trabalho Encomendado. Caxambu: Brasil.

Sassoon, A. (1982) *Approaches to Gramsci*. London: Writers and Readers.

Schubert, W. (1980) *Curriculum Books; The First Eighty Years*. Landham: University Press of America.

Sousa Santos, B. (2005) *Democratizing Democracy. Beyond the Liberal Democratic Cannon*. London: Verso.

Sousa Santos, B. (2014) *Epistemologies of the South: Justice against Epistemicide*. Boulder: Paradigm.

Spivak, G. (1990) Question of Multiculturalism. In S. Harasayam (ed.) *The Post-Colonial Critic: Interviews, Strategies, Dialogues*. New York: Routledge, pp. 59–60.

Taliaferro–Baszile, D. (2010) In Ellison Eyes, What Is Curriculum Theory? In E. Malewsky (ed) *Curriculum Studies Handbook*. New York: Routledge, pp. 483–95.

Veiga Neto, A. et al. (2007) *Grupo de Estudos e Pesquisas em Curriculo e Pos-Modernidade*. Universidade Luterana do Brasil (ULBRA) e à Universidade Federal do Rio Grande do Sul (UFRGS). Associação Nacional de Pós-Graduação e Pesquisa em Educação. Grupo de Trabalho Curriculo. Trabalho Encomendado. Caxambu: Brasil.

Vieira, J., Hypolito, A., Klein, M. and Garcia, M. (2007) *Percurso Teorico Metodologico das Pesquisas sobre Currículo*. Associação Nacional de Pós-Graduação e Pesquisa em Educação. Grupo de Trabalho Curriculo. Trabalho Encomendado. Caxambu: Brasil.

Watkins, W. (1993) Black Curriculum Orientations. *Harvard Educational Review*, 63 (3), pp. 321–38.

Watkins, W. (2001) *The White Architects of Black Education*. New York: Teachers College Press.

Watkins, W. (2010) Response to Ann G. Winfield. The Visceral and the Intellectual in Curriculum Past and Present. In E. Malewski (ed) *Curriculum Studies Handbook. The Next Momentum*. New York: Routledge, pp. 158–67.

Wexler, Ph. (1976) *The Sociology of Education: Beyond Inequality*. Indianapolis: The Bobbs-Merrill.

Wexler, Ph. (1987) *Social Analysis of Culture. After the New Sociology*. Boston: Routledge & Kegan and Paul.

Whitty, G. (1985) *Sociology and School Knowledge*. London: Methuen.

Willis, P. (1977) *Learning to Labour*. Farnborough: Saxon House.

Wraga, W. and Hlebowitsh, P. (2003) Toward a Renaissance in Curriculum Theory and Development in the USA. *Journal of Curriculum Studies*, 35 (4), pp. 425–38.

Wright, E. (1994) *Interrogating Inequality. Essays on Class Analysis, Socialism, and Marxism*. London: Verso.

Young, M. F. (1971) (ed) *Knowledge and Control. New Directions for the Sociology of Education*. London: Collier-MacMillan.

Young, M. F. and Whitty, G. (1977) *Society, State and Schooling*. London: The Falmer Press.

Young, R. (2001) *Postcolonialism. A Historic Introduction*. Oxford: Blackwell.

Žižek, S. (2009) How to Begin from the Beginning. *New Left Review*, 57, pp. 43–55.

🍎 역자 후주

[1] Michael Apple은 교육학 분야에서 비판 이론의 선도한 대가로서, University of Wisconsin-Medison의 사범대학 교수로 오래 재직하였다. 교육과 권력, 문화정치학, 교육과정 이론, 비판 이론 등의 분야에서 역사적인 업적을 이룬 Apple은 20세기 최고의 영향을 미친 교육학자 50명에 선정되었다. 특히 그의 책 *Ideology and Curriculum*(1979)와 *Official Knowledge*(1993)는 20세기 가장 중요한 영향을 미친 책으로 선정되기도 하였다. 마르크스주의와 Freire에 영향을 받은 Apple은 1970년 교육과정 재개념화의 변혁적 흐름에 가장 적극적으로 참여하고 기여한 학자들 중 한 명이다. 재생산 이론을 통해 Apple은 교육과정 속에는 특정한 권력, 이데올로기, 헤게모니가 존재하는데 학교교육은 사회에 존재하는 그러한 힘의 불평등을 재생산한다고 비판하였다. 또한 Apple은 자본주의와 신자본주의가 사회와 교육에 미친 영향을 분석함으로써 학교 교육과정과 학교교육의 상품화를 가속화한다고 보았다. 특히, Apple은 이는 어떤 교육과정이라 할지라도 특정한 이데올로기나 입장을 내포하고 있기 때문에 "교육과정에서 중립이란 말은 신화일 뿐이다"라고 주장하였다. 그의 대표적인 저서로 다음이 있다. *Can Education Change Society?*(2013), *Education and Power*(2011), *The Routledge International Handbook of Critical Education*(2009), *Official Knowledge: Democratic Knowledge in a Conservative Age*(2000), *Cultural Politics and Education*(1996), *Ideology and Practice in Schooling*(1983), *Ideology and Curriculum*(1979).

[2] Basin Bernstein은 언어교육과 관련한 교육과정 이론에 영향을 끼친 영국의 사회학자이자 언어학자다. 사회화와 언어 습득의 관계에 관심을 가진 Bernstein은 언어 유형과 사회화의 과정이 서로 영향을 미친다고 보았다. 즉, 특정한 사회 구조 속에서 사람들이 언어를 배우고 사용하는 방법은 그 사회 구조와 관련 있으며, 특정한 사회 구조는 사람들이 사용하는 언어 구조에 영향을 받는다고 보았다. 그는 사회에서 사용되는 용어에는 두 가지 변이형이 있다고 보았다. 정밀어(elaborated code, formal code)는 문법적 규칙을 엄밀하게 따르는 것이고, 한정어(restricted code, public code)는 문법적으로 짧고 종종 문법적으로 완전하지 못한 형태를 가진다. Bernstein은 하위 노동 계층의 자녀들이 정밀어를 배울 기회가 상위 계층의 자녀들보다 적기 때문에 정밀어를 주로 사용하는 학교에서 학업성적이 상대적으로 부진하다고 주장하였다. 실제로 그는 면담 연구를 통해 자신의 이론과 가설을 증명하였다. Bernstein의 결손 가설(deficit hypothesis)은 정밀어를 우월하고 바람직하며 한정어를 열등한 것으로 간주한다는 비판을 받기도 하였다. 그의 대표적인 저서로 *Pedagogy, Symbolic Control and Identity*(1996), *Class, Codes and Control: Volume 1-Theoretical Studies Towards a Sociology of Language*(1971), *Class, Codes and Control: Volume 2-Applied Studies Towards a Sociology of Language*(1973), *Class, Codes and Control: Volume 3-Towards a Theory of Educational Transmissions*(1975), *Class, Codes and Control: Volume 4-The Structuring of Pedagogic Discourse*(1990) 등이 있다.

[3] Henry Giroux는 교육과정, 비판 이론, 문화 비평, 정치 비평 분야의 대가로서 비판적 교육과정 분야를 선도하고 있는 대표적 비판 이론가다. 특히 비판적 교육학(Critical Pedagogy) 분야에 끼친 그의 영향은 매우 지대하다. 이러한 영향으로 가장 우수한 교육학자 50명에 선정되었다. '비판적 지식인으로서의 교사', 그리고 '변혁적 지식인으로서의 교사' 등의 개념을 통해 Giroux는 정치적/윤리적 판단력과 실천력을 가진 지성인으로서의 교사의 역할과 책무를 강조하였다. 이러한 개념들은 교사를 단순히 교육과정의 전달자가 아니라 학생들에게 비판과 변혁을 위한 의식을 가르치고 성숙한 민주 사회로 변화시킬 수 있는 시민으로 길러 내는 사람이어야 한다고 주장하였다. 많은 글을 쓰기로 유명한 Giroux는 교육학, 교육과정, 문화 연구 분야에서 68권의 책, 200편이 넘는 챕터, 그리고 400편이 넘는 논문을 출간하였다. 그의 초기 연구는 교육과 교육과정에 대한 이데올로기적 분석에 집중하였지만 최근의 저작들은 정치, 경제, 문화적 거시분석에 치중하고 있다. 최근의 저서들에서 Giroux는 미국이 어떻게 구조적으로 '폭력적이며', '억압적이고', '차별적인지'를 강렬하게 비판하였다. 그의 대표적 저서는 다음과 같다. *Ideology, Culture and the Process of Schooling*(1981), *Theory and Resistance in Education*(1983), *Teachers as Intellectuals: Toward a Critical Pedagogy of Learning*(1988), *Critical Pedagogy, The State and the Struggle for Culture*(1989), *Border Crossings: Cultural Workers and the Politics of Education*(1993), *Pedagogy and the Politics of Hope: Theory, Culture, and Schooling, a Critical Reader*(1997), *Youth in a Suspect Society: Democracy or Disposability*(2009). *The Terror of the Unforeseen* (2019).

[4] William F. Pinar는 '교육과정 연구'를 공고한 학문 분야로 발전시키는 데 중요한 역할을 하고 있는 교육과정 이론가이다. Pinar는 교육과정의 재개념이자 교육과정의 자서전적 탐구방법인 쿠레레(currere)를 고안함으로써 1970년대 교육과정 재개념화를 이끌었으며, 교육과정 분야의 발전을 위해 *Journal of Curriculum Theorizing*와 같은 학술지를 창간하였으며, Bergamo Conference, American Association for the Advancement of Curriculum Studies, International Association for the Advancement of Curriculum Studies와 같은 학술단체의 등장과 발전에 주도적 역할을 하였다. 이러한 학문적 기여로 인해 그는 학자들의 평생의 학문적 업적을 기리는 Routledge의 World Library of Educationalists Series에 초청받았고, 2015년 그의 대표적 교육과정 이론과 개념을 정리한 *Educational Experience as Lived: Knowledge, History, Alterity: The Selected Works of William F. Pinar*(2015)가 출간되었다. 특히, 쿠레레를 이용하거나 이에 영감을 받은 연구물들은 교육학은 물론 철학, 간호학, 사회학, 인류학 등에서 지속적으로 등장하고 있다(Doerr, 2004: Ng-A-Fook, 2005; Wang, 2010: 박라미, 정은정, 2007; 정성아, 김대현, 2007; 정호진, 박성실, 2010). 또한 미국교육학회 학술대회나 교육과정 관련 학술대회에서 쿠레레에 영감을 받은 논문들이 지속적으로 발표되고 있다. 최근 Miami University의 Tom Poetter는 The Currere Exchange 학회를 매년 개최하고 있으며 그 학술지인 *Currere Exchange Journal*을 발간하고 있다.

Pinar는 교육과정 이론화 분야에 일곱 가지 중요한 업적을 남기고 있다. 첫째, Pinar는 1970년대 자신이 지도하던 박사과정 학생인 Madeleine Grumet와 동사로서의 교육과정 개념인 쿠레레를 고안하였다(Pinar, & Grumet, 2015[1976]). Pinar는 '교육경험의 복잡한 대화'로서의 교육과정 개념인 쿠레레를 통해 정적인 실체로 인식되었던 교육과정의 개념을 현상학적이고 실존적인 관점에서 새로이 조명하였다. 이와 더불어 그는 교육적 경험 탐구를 위한 연구방법으로서의 쿠레레를 체계화하였다(Pinar, 1994). 연구방법으로서의 쿠레레는 이후 '자서전적 탐구', '자기 연구', '내러티브 탐구', '자문화기술지' 등의 확산과 발전에 기여하였다(Wang, 2010; Pinar, 2015). 둘째, 쿠레레는 1970년대 교육과정의 재개념화의 중요한 동력이 되어 '교육과정 개발'의 담론에 갇혀 있던 교육과정학의 담론을 '교육과정 이해'의 담론으로까지 확장시키는 데 지대한 기여를 하였다(Pinar, 2014[1976]). 셋째, Pinar는 퀴어 이론을 통해 미국의 교육과정을 '젠더 텍스트'로 이론화하였다(Pinar, 1981a, 1981b). 그는 역사적으로 미국의 교육과정이 교육정책가나 정치가들에 의해서 주도된 것은 전통적으로 교사가 여성들의 직업이었으며 남성들에 의해서 통제되어 왔기 때문이라고 비판하였다.

20년 후 Pinar는 반인종 차별교육을 '관용' 또는 '소외된 텍스트의 포함'의 피상적인 수준에서 학문적 배움을 통한 '주체적 재건'으로 이론화하였다(Pinar, 2006a, 2006b). 다섯째, 또한 Pinar는 교육과정 개발이 관료적인 프로젝트가 아니라 '지적인 작업'으로 재개념화하였다(2006b). Kinchelow와 함께 Pinar는 또한 교육과정 탐구와 '장소(place)'와의 관계의 중요성을 이론화하였다(Kinchelow & Pinar, 1991). Pinar의 여섯 번째 학문적 기여다. 그는 '장소'가 특정한 문화와 역사가 복잡하게 얽혀 공존하는 공간으로 그 장소만의 독특성을 내포하고 있으며, 그 장소에서의 교육과정을 이해하기 위해서는 그 장소에 대한 탐구와 교육과정에 대한 영향을 이해해야 한다고 주장한다. 교육과정 탐구에서의 장소의 중요성에 대한 그의 연구는 2000년대 들어 교육과정의 국제화를 위한 노력으로 이어지고 있다 (Pinar, 2013, 2014a, 2014b). 그는 브라질, 멕시코, 중국, 인도, 남아프리카공화국 그리고 캐나다의 교육과정학을 탐구함과 동시에 국제교육과정학회를 설립하여 각 나라의 교육과정 현상과 탐구가 국제적으로 공유될 수 있는 학술적 공간을 넓히는 데 기여하였다.

Pinar의 대표적인 저서는 다음과 같다. *The Worldliness of a Cosmopolitan Education: Passionate Lives in Public Service*(2009), *Intellectual Advancement through Disciplinarity: Verticality and Horizontality in Curriculum Studies*(2007), *The Synoptic Text Today and Other Essays: Curriculum Development after the Reconceptualization*(2006), *Race, Religion, and a Curriculum of Reparation: Teacher Education for a Multicultural Society*(2006), *What Is Curriculum Theory?*(2004), *The Internationalization of Curriculum Studies*(2003), *Handbook of International Research in Curriculum*(2003), *Queer Theory in Education*(1998), *Understanding Curriculum*(1995), *Autobiography, Politics and Sexuality: Essays in Curriculum Theory 1972-1992*(1994), *Understanding Curriculum as Phenomenological and Deconstructed Text*(1992), *Curriculum and Instruction: Alternatives in Education*(1981), *Toward a Poor Curriculum*(1976), *Curriculum Theorizing: The Reconceptualists*(1975), *Heightened*

Consciousness, Cultural Revolution, and Curriculum Theory(1974) 등이 있다.

[5] Paul Willis는 사회학과 문화 연구로 잘 알려진 영국의 학자다. 그는 Cambridge 대학교에서 문학비평을 공부하였으며, Birmingham 대학교 현대문화 연구센터에서 박사학위를 받았다. 1980년대에는 영국 미들랜드의 Wolverhampton 대학교에서 청소년 정책 고문으로 있으면서 해당 지역의 청소년 정책의 기초를 형성하고 민주적으로 선출된 청소년위원회의 근거가 된 『유스 리뷰(*The Youth Review*)』를 출판했다. 1990년대에는 Wolverhampton 대학교 미디어, 커뮤니케이션, 문화 연구학과의 학과장을 역임하였다. 2000년에는 「인류학(*Ethnography*)」을 창간하였다. Willis의 저서들은 거시적 관점에서 고도로 구조화된 것에서부터 약하게 구조화된 것까지 생생한 다양한 문화적 형성과 형태들을 연구하는 것에 초점을 맞추어 다양한 문화적 세계가 어떻게 만들어지고 구성되는지에 주목한다. 그의 유명한 연구로는 *Learning to Labour, Profane Culture and the Ethnographic Imagination* 등이 있다. 특히 *Learning to Labour*는 그를 세계적 학자로서 만든 저작이다.

우리나라에는 「학교와 계급 재생산」으로 소개된 이 연구는 영국 미들랜드의 산업도시 해머타운의 문제아 12명의 고등학교에서의 마지막 2년과 직장생활 초기를 문화인류학적 관점에서 분석하였다. Willis는 참여자들의 생생한 말과 행동 묘사를 통해 계급의 재생산은 학교의 구조적 모순 때문이 아니라 그 '싸나이(lads)'들의 자발적인 선택과 결정의 결과라고 분석하였다. 그 '싸나이'들은 선생님 몰래 수업을 빠지는 것은 '모험심'이고, 아이들끼리 주먹다짐은 '진정한 용기'이며, 여자를 유혹하는 것은 '남성성의 발현'으로 인식하고 있었다. 그 '싸나이'들이 노동 계층으로 들어가는 것은 자신들이 즐겁게 생활하며 노는 장소를 노동현장으로 옮기는 것이라 주장하였다. 나아가 Willis는 기존 체제와 지배 계급에 대한 저항의 과정에서 형성된 '싸나이'들의 문화가 어떻게 다시 원래 체제의 효과적인 작동에 도움을 주는지 분석하였다. Willis의 대표적인 저서로는 다음이 있다. *Learning to Labour in New Times*(2004), *The Ethnographic Imagination*(2000), *Moving Culture*(1990), *Common Culture*(1994), *Learning to Labour: How Working Class Kids Get Working Class Jobs*(1977), *Profane Culture*(1978) 등이 있다.

[6] Michael Dunlop Young은 능력주의(meritocracy)를 처음으로 개념화한 영국의 사회학자이자 교육과정 이론가다. Young은 지식에 대한 사회학적 접근(사회적 현상으로서 지식이 무엇이며, 어떻게 만들어지고, 지식은 어떻게 다루어져야 하는가)에 집중하여 교육과정 이론화에 기여한 학자다. 그의 초기 저작들은 '사회적 구성주의(social constructivism)'에 초점을 두었지만 후기 저작들은 '사회적 실제론(social realism)'으로 전환되었다. 사회적 구성주의는 지식은 주어진 것이 아니라 사회적 실재로 바라보는 관점이다. Young의 사회적 실제론이 이 책에서 논의하는 비판 이론과 교차점을 가지는 부분이다. Young은 '힘 있는 지식(powerful knowledge)'과 '힘 있는 자들의 지식(knowledge of the powerful)'을 대비시켰다. 전자는 신뢰할 수 있는 설명의 원천이 되는 지식이다. 하지만 '힘 있는 자들의 지식'은 "누구의 지식인가?", "지식이 이롭게 하는 자들은 누구인가?"와 같은 질문과 관련 있다. Young의 지식과

교육과정에 대한 이론은 비판적 교육과정에 매우 중요한 함의를 가진다. 첫째는 지식의 경계에 관한 것이다. 특히 학교 안의 지식과 학교 밖의 지식과 같은 지식 유형 사이의 경계에 관한 것이다. Young은 이러한 경계는 임의적으로 만들어지지 않으며 교육의 분배에도 영향을 미친다고 주장하였다. 이에 대한 이론가들의 책무는 그러한 경계의 생성과 영향을 명료하게 분석하는 일이다. 두 번째로는 사회적으로 구분되어 있다는 것이다. 이 구분을 통해 경험과 지식 사이의 경계가 생기고 이론적 지식과 일상적 지식 사이의 차이가 생기게 된다. 이러한 구분에 따른 분석은 교육과정이 무엇을 포함하고 배제할 것인지를 판단하는 데 결정적 의미는 갖는다. 이러한 Young의 사회적 실제론의 개념들은 교육과정 내용이 어떻게, 얼마나 특정한 사람들을 이롭게 하는 방식으로 구성되는지를 이해하는 데 핵심적인 기여를 하였다. Young의 대표적 저서로는 *Knowledge and Control*(1971), *The Curriculum of the Future*(1998), *Bringing Knowledge Back In*(2007), *The Knowledge Economy and Life-long Learning: A Critical Reader*(2012), *Knowledge and the Future School: Curriculum and Social Justice*(2014) 등이 있다.

[7] Maxine Greene은 미국의 교육철학자이자 사회운동가였다. Columbia 대학교 Teachers College에서 오랜 기간 연구하고 학생들 가르친 Greene은 예술을 통한 심미적 교육을 철학적으로 교육과정 이론적으로 탐구하였다. Greene은 예술, 심미적 교육(aesthetic education), 사회적 상상력(social imagination), 그리고 널리 깨어 있음(wide-awakeness)과 같은 개념을 통해 예술적 교육과정 내용과 실천이 개인과 사회에 가져다주는 가능성을 철학적으로 탐구하였다. 미술, 춤, 음악, 문학 등을 통한 심미적 교육은 학생들이 새로운 관점으로 자신들의 경험과 세상을 바라보고 이해하고 나아가 관계 맺을 수 있게 한다고 주장하였다. 또한 Greene은 사회적 상상력 또한 습관적인 이해와 시각에서 벗어나 더욱 윤리적이고 정의롭고 공정하고 민주적인 실제를 그려 낼 수 있는 능력을 강조한다. 사회적 상상력을 통해 개인은 사회가 새로운 모습으로 변해 갈 수 있는 가능성에 대한 희망을 버리지 않으며 나아가 사회적 변혁을 위한 행동까지 실천에 옮기는 것이다. Maxine Greene의 철학과 사유를 잘 보여 주는 저서로 *The Public School and the Private Vision: the Search for America in Education and Literature*(1965), *Existential Encounters for Teachers*(1967), *Teacher as Stranger: Educational Philosophy for the Modern Age*(1973), *Landscapes of Learning*(1978), *The Dialectic of Freedom*(1988), *Variations on a Blue Guitar: The Lincoln Center Institute Lectures on Aesthetic Education*(2001), *Releasing the Imagination: Essays on Education, the Arts, and Social Change*(2004)를 소개한다.

[8] Dwayne Huebner는 교육과정 분야에 현상학, 실존주의, 그리고 신학적(초월적) 관점을 접목시키고자 노력한 학자다. 1970년대 교육과정 재개념화 시기에 이미 자신의 학문적 입지를 다지고 있던 그는 얼마 지나지 않아 신학 분야로 옮겨 갔다. 그럼에도 불구하고 교육과정 이론에서 그의 영향은 역사적인 중요성을 가진다. Huebner는 인간을 일시성과 초월성을 지닌 존재로 보았다. 그의 철학은 변화, 존재, 초월성, 시간성, 상호작용 등을 핵심적

인 개념으로 간주한다. 그의 교육적/교육과정적 사유는 세계의 변화 과정의 중심적인 부분으로서의 인간에 대한 기본적 개념을 충족시키기 위해 필요하다고 여겨지는 교육활동 제공과 환경의 조성에 맞추어져 있다. 그는 좀 더 적절한 환경 속에서 학생들과 교사가 교육활동을 할 수 있도록 하기 위해 적절한 교육과정과 환경 제공을 강조한다. 이때, 결과보다 과정 자체에 궁극적인 의미를 두었다. 그는 '교육과정의 가장 의미 있는 부분은 교육활동 자체'라고 간주하고 이는 인간 스스로가 만드는 변화(초월성)를 위해 구성되어야 한다고 보았다.

특히 언어에 대한 Huebner의 분석에 주목할 필요가 있다. Huebner는 초월성과 관련한 언어의 중요한 수단으로 두 가지 유형에 관심을 가졌다. 첫째, 그는 '과학적 언어'와 '시적 언어'를 통한 새로운 언어 유형을 만듦으로써 인간은 자신과 다른 사람을 발전시키는데 공헌한다고 보았다. 과학자는 세계의 특징을 표현하고 기존 이론과 세계의 현상을 설명하기 위한 새로운 방법을 찾아야 한다고 보았다. 시인도 그가 이미 알고 있거나 가치 있다고 느낀 표현들에 만족하지 않고 새로운 언어 형태를 추구한다. 이를 통해 언어는 세상에의 자기 참여를 활성화하는 역할을 한다. 기존의 언어와 그 형태에 머무르지 않고 보다 나아질, 아름다워질, 그리고 인간 정신과 보다 조화를 이룰 내일로 이끄는 언어의 힘을 '초월성'의 개념으로 강조하였다. 다음으로 Huebner는 사회적 만남을 가능하게 하는 언어의 역할에 주목하였다. 인간과 인간 사이의 대면을 언어를 통해 이루어지며 이를 통해 다름을 발견하고 추구할 수 있다고 보았다. 그의 대표적인 연구물로는 "The Capacity for Wonder and Education"(1959), "Politics and the Curriculum"(1962), "Curriculum as Concern for Man's Temporality"(1967), "The Lure of the Transcendent"(1967), "Toward a Remaking of Curricular Language"(1974), "The Moribund Curriculum Field: its Wake and our Work"(1976), "Teaching as Moral Activity"(1996) 등이 있다.

[9] Peter McLaren은 Henry Giroux 그리고 Michael Apple 등과 함께 비판교육학을 선도하고 뛰어난 업적을 남긴 학자들 중 한명이다. 브라질 교육학자 Freire의 영향을 받아 억눌리고 소외된 사람들을 위한 교육학의 이론화와 실천에 주력하였다. 특히 *Schooling as a Ritual Performance*에 드러난 McLaren의 퍼포먼스 연구(performance studies)는 비판교육학 관점에서 일상적으로 이루어지는 행위나 의식들을 다양한 관점과 주제로 분석하였다는 점에서 그의 대표적인 업적으로 간주된다. 많은 비판교육학자들과 마찬가지로 McLaren은 개인으로서 그리고 집단으로서 사회적 삶을 변혁시키기 위한 저항과 실천을 이론화하였으며, 실제로 그 또한 실천에 옮기는 사회운동가이다. 그의 사유에서 프락시스(praxis)는 가장 중심에 위치하는데, 이는 McLaren이 사회, 정치, 경제 모든 측면에서 변화를 기대하기 위해 프락시스는 필요 불가결한 요소라 간주하였기 때문이다. 대표적인 저서로는 *Revolutionizing Pedagogy: Educating for Social Justice Within and Beyond Global Neo-liberalism*(2010), *Academic Repression: Reflections from the Academic Industrial Complex*(2010), *Havoc of Capitalism, Educating for Social and Environmental Justice*(2010), *Revolutionary Multicul-*

turalism: Pedagogies of Dissent for the New Millennium(1997), *Counter narratives*(1997), *Critical Pedagoy and Predatory Culture*(1995) 등이 있다.

[10] 네오그림시주의(Neo-Gramscianism)는 Antonio Gramsci의 이론에 영향을 받은 비판적 학문의 흐름이다. 이 흐름에 속하는 지식인들은 국가 간의 관계, 국제 정치 경제 등을 비판 이론을 이용하여 분석한다. 이를 통해 이들은 어떤 비판 이론과 접근들이 어떻게 형성, 발전되는지 드러내고 그들의 주장과 비판 이론을 비판한다.

[11] 기능주의(functionalism)는 사회는 내부적 결속과 안정성을 증진시키기 위한 복합적인 체계로서, 사회의 구성과 변화를 마치 '유기체'가 진화하는 것처럼 자연스러운 과정으로 간주한다. 대표적인 학자로서 '사회진화론'을 주장한 Herbert Spencer를 들 수 있다. 기능주의의 문제점을 지적하는 신기능주의는 기능주의가 가지는 단점을 극복하고자 정치적·제도적 협력과 개선을 중시한다.

[12] 미국의 교육학자 교육과정 이론가인 Kenneth Zeichner는 교사교육과 교직사회화 분야에서 위대한 업적을 남긴 학자다. 그는 미국뿐만 아니라 세계 여러 나라의 다양한 교사교육을 여러 관점에서 연구하였다. 그는 교사교육 발전/변화 역사 연구를 통해 각 교사교육 속에 들어 있는 가정은 무엇인지, 어떤 요소들을 포함하고 있는지 연구하였을 뿐만 아니라 다른 교사교육의 결과나 영향에 대해서도 연구하였다. Zeichner는 교사교육에 대한 접근을 네 가지로 구분하였다. 구체적이고 가시적인 기능의 습득을 강조하는 행동주의적 접근, 예비교사의 심리적 성숙을 강조하는 개인적 접근, 교사교육을 도제식 훈련 과정으로 보는 기예적 접근, 그리고 가르치는 일과 관련된 상황에 대한 이해와 탐구력을 강조하는 탐구 지향적 접근으로 구분하였다. 특히 Zeichner는 반성적 가르침(reflective teaching)의 개념을 통해 가르치는 과정에 대한 교사 자신의 분석과 반성 그리고 이해를 통한 주체적인 실천력 개선과 발전을 강조하였다. 현재 University of Washington의 명예교수로 재직하고 있다. 그의 대표적인 저서로는 *Reflective teaching: an introduction*(1996), *Studies of Excellence in Teacher Education: Preparation in the Undergraduate years*(2000), *Preparing Teachers for the 21st Century*(2014), *Teacher Education and the Struggle for Social Justice* (2009) 등이 있다.

[13] Elizabeth Ellsworth는 미국 비판교육학자로서 20세기 후반 Henry Giroux, Peter McLaren 등과 함께 비판교육학 발전과 관련하여 간과할 수 없는 중요한 학자다. 특히 그녀는 비판교육학과 미디어와의 관계, 미디어 비평, 미디어를 통한 비판교육에 관심을 가지고 연구하였다. 그녀의 글 "Why doesn't This Feel Empowering? Working through the Repressive Myths of Critical Pedagogy"(1989)는 4,000회가 넘게 인용될 정도로 다양한 분야의 많은 연구자들에게 강한 영향을 남겼다. 이 글에서 그녀는 비판교육학이 종종 추상적이고 이상적인 관념적 사유에 그치는 경향이 있음을 비판하였다. 그녀는 구체적인 비판교육학의 한계로서 비판교육의 가정과 목적, 미묘한 힘/권력 다이나믹, 그리고 누가 정당

한 지식을 생산하는지 등에 대한 논의는 이론화되지도 않고 논의되지도 않았다고 지적하였다. 이러한 점에서 비판교육학자들은 자신들의 강의실에서 지배관계를 영속시키게 될 것이라고 지적하였다. Ellsworth의 저서로는 *Places of Learning: Media, Architecture, and Pedagogy*(2005), *Teaching Positions: Difference, Pedagogy, and the Power of Address*(1997), *The Ideology of Images in Educational Media: Hidden Curriculums in the Classroom*(1990), *Becoming Feminine: The Politics of Popular Culture*(1988), *Frederick Wiseman: A Guide to References and Resources*(1979) 등이 있다.

[14] Gayatri C. Spivak은 탈식민주의 페미니즘 연구로서 비판 이론의 새로운 지평을 개척한 인도출신의 학자다. 그녀는 마르크스주의, 해체주의, 메미니즘, 심리분석, 식민주의 비판 등 광범위한 학술적 관심을 아우르기 때문에 그녀의 글은 유난히 읽기 난해한 것으로 유명하다. Ellsworth와 마찬가지로 Spivak 또한 자신만의 방식과 주제로 기존의 비판 이론의 문제점을 신랄하게 지적하며 비판 이론의 새로운 담론을 열었다. Spivak이 비판 이론을 비판한 근본적인 이유는 제국주의와 서구의 진보적 이론들이 제3세계에 대한 억압을 극복하기보다는 강화하는 결과를 초래한다고 보았기 때문이다. 기존의 비판 이론에 대한 Spivak의 비판은 크게 두 관점에서 이해된다. 첫째는 제1세계 지식인들(서구 유럽 남성 지식인들이나 서구의 페미니즘 이론가들)이 하위 주체들의 주체성을 자신들의 관점에서 규명하고 자신들을 정치적으로 투명한 존재로 재현하는 제국주의와 석의 급진성 진보 이론의 공모성을 비판하였다. 다음으로 Spivak은 제3세계 엘리트 집단 역사 새로운 오리엔탈리즘(Orientalism)에 공모하고 있지는 않은지 지속적으로 경계해야 한다고 보고, 제3세계 탈식민 학자들 또한 윤리적 학문적 책임을 깨달아야 한다고 주장하였다. 너무나 잘 알려진 그녀의 글 "Can the Subaltern Speak?"(1985)에서 Spivak은 서구의 페미니즘 이론이 제3세계 여성들에게 얼마나 인종 차별주의적인지 비판하였다. 대표적인 저서로는 *Myself must I Remake: The Life and Poetry of W. B. Yeats*(1974), *In Other Worlds: Essays in Cultural Politics*(1987), *Selected Subaltern Studies*(1988), *Outside in the Teaching Machine*(1993), *The Spivak Reader*(1995), *A Critique of Postcolonial Reason: Toward a History of the Vanishing Present*(1999), *Death of a Discipline*(2003), *Other Asias*(2008), *An Aesthetic Education in the Era of Globalization*(2012), *Readings*(2014) 등이 있다.

탈식민주의와 교육과정 연구

제 2 장

인식론적 학살과 근대성의 멍에
지식과 존재의 식민성

이 장은 사회적 정의와 인지적 정의를 획득하기 위한 투쟁의 측면에서 교육과정 분야에서의 권력과 존재의 식민성과 그 중요성에 대해 검토해 보고자한다. 나는 근대적인 식민적 세계 구조의 격렬한 역동성에 대해 검토하고, 이를 통해 그러한 것들이 Grosfoguel(2003)과 Quijano(2000a)가 세계 구조 속의식민적/인종적 허상이라 명명한 것들의 내적 측면에서 지식과 권력의 지정학을 이해하는 데 얼마나 중요한지를 분석하였다. 또한, 나는 그러한 식민성들(colonialities)이 인식론적 특권과 인종주의를 강화하는 데 어떻게 일조하고 있는지 검토하였다. 나는 식민지적 차이점(colonial difference), 트랜스모더니티(transmodernity)[1] 등과 같은 개념들의 중요성을 강조하였다. 나는 다른 형태의 지식이 가능함을 논의하고 사회과학에 있어서 탈식민화의 필요성을 강조하였다. 우리가 주장하는 탈식민화 과정은 단순히 "현존하는 철학이나 학문적 문화"(Mignolo, 2008, p. 232)에서 올 수도 없고 오지도 않는다. 그것은 서구의 세속적인(secular) 인식론적 학살에 대한 도전을 필요로 하며, 이러한 도전은 세속적으로 권력과 존재의 우생학적 식민지성을 생산하고 재생산 해온, 1,000년간 이어진, 그리고 "반역사적인 어떤 것으로서의 인식론"(Mignolo, 2008, p. 234)으로 묘사된 권력의 지정학을 붕괴시키는 것이다. 이러한 도전은 우리 분야에서 국제화(internationalization)와 세계화(globalization)의 필요성에 대해 목청을 높일 때, 이러한 도전은 이전 어느 때보다 필수적인 것이 된다.

🍎 우생학적 식민성의 유산

Enrique Dussel(2000)은 『유럽, 근대성 그리고 유럽 중심주의(*Europe, Meder-nity and Eurocentrism*)』를 통해 자신이 "유럽 개념의 의미적 변화, 일반적으로 간과된 의미적 후퇴"(p. 465)로 일컬은 것에 대해 경고한 바 있다. 그는 다음과 같이 설명하고 있다.

> 첫째, 신화에 나오는 에우로페(Europe)[2]는 페니키아 왕의 딸이었다. 따라서 셈족의 성격을 가진다. (⋯) 근대 유럽의 전신은 그리스의 지평을 넘어서는 것이었으며, 따라서 어떠한 측면에서도 그리스 본래의 것에 부합하지 않는다. (⋯) 18세기 후반의 독일 낭만주의로 거슬러 올라갈 수 있는 관념적 구조인 단계 혈통의 통시적인 그리스-로마-유럽이 있다. (⋯) [사실상] 그리스-로마-유럽으로의 단일 연계적 발전은 유럽 중심 모델의 개념적 부산물이다. 둘째, 서양은 라틴어를 사용하는 로마 제국의 각 지역들로 구성되며 이러한 지역들은 북아프리카 지역을 포함한다. 서양은 동양, 즉 그리스어를 사용하는 그리스 제국의 대립적인 의미였다. 그 시기에는 이후에 유럽으로 간주될 만한 적절한 개념이 존재하지 않았다. 셋째, 17세기 초반 콘스탄티노플(동로마 제국)은 서서히 성장하고 있던 아랍 이슬람 세계와 대립하고 있었다. 여기서 우리가 잊지 말아야 할 것은 전통적으로 아리스토텔레스와 연관된 고대 그리스에서부터 콘스탄티노플은 세계 비잔틴의 기독교만큼 아랍 이슬람의 성격을 가지고 있었다는 점이다. 넷째, 중세 라틴 유럽 세계는 튀르크(turkish) 이슬람 세력과 대치하고 있었다. 다시 한 번 말하지만, 아리스토텔레스는 기독교 세계보다 아랍 세계권에 더 가까운 철학자로 간주된다. (⋯) 형이상학과 논리에 대한 아리스토텔레스의 연구는 바그다드에서 활발히 연구되었고, 이후에 이슬람 치하의 스페인에

서 라틴어로 번역되었다. 이후, 12세기 후반에 이르러서야 그러한 연구들이 스페인의 Toledo 지방으로부터 파리까지 전파되었다. 따라서 이슬람의 '보편성(universality)'은 대서양에서 태평양으로 전파된 것이다. 라틴 유럽은 파생적인 것이자 주변적 문화적인 것으로서 이 시점에 이르기까지 역사적 '중심' 역할을 하지 못했다. 이러한 점은 서구 최대 영토를 차지했던 로마 제국에도 역시 적용된다. 로마 제국 역시 역사적으로 유럽-아프리카-아시아 대륙의 중심의 지위를 획득한 적이 없다. (…) 다섯째, 이탈리아의 르네상스 기간 동안, 이전의 독립적이었던 문화적 과정들을 통합하는 칙령이 공표되었다. 이로써 서구 라틴 세계는 동양의 그리스 세계에 포함되었고 이후 튀르크 세계와 대립하였다. 이어서, 튀르크족은 이슬람 세계의 그리스-비잔틴적 기원을 망각하고 '서양적=그리스적+로마적+기독교적'의 잘못된 등식을 받아들이게 되었다. (Dussel, 2000, pp. 465-467)

유럽은 문화적 생산의 서구적 순환(circuits)이 조직하고 보급한 신화에 나오는 Europe와 아무런 관련이 없다. 기본적으로 유럽이 '조직된 것'이라는 것에 대해 "변명할 여지가 없다"(Cesaire. 2000, p. 32). 이러한 시각은 이른바 인도의 '교육과정화된' '발견'으로 이어졌으며, Maldonado-Torres(2012)는 이러한 시각이 "기존의 시간, 공간, 법칙, 지식 그리고 사회조직에 도전하며 권력, 지식 그리고 존재로 다가가는 새로운 길을 열어 주는 '새로운 세계'의 실제적인 출현을 구성했으며, 이러한 구성은 유럽에서뿐만 아니라 점차적으로 인류 전체에 걸쳐 이루어졌다."라고 주장했다(p. 1).

이러한 맥락에서, Dussel(2000)은 "독일 낭만주의에서 유럽 중심 사상"이 출현했다는 점을 강조했다(p. 466). 5장에서 검토한 바 있는 이러한 선형적이고 단순화된 위계적인 오류는 1,000년에 걸쳐 이어져 온 서양의 공식적 내러티브이다. 즉, 어떤 사람들은 그러한 내러티브를 "이데올로기적 발명이며 이러한 발명은 서양과 유럽에 배타적이었던 그리스 문화를 최초로 유괴하여 그리스와 로마의 문화를 세계 역사의 중심"(Dussel, 2000, p. 468)에 놓았다고 간주하였다.

Dussel(2000)은 두 가지 개념을 정교화했는데, 그중 하나는 매우 유럽 중심적인 것으로 "지역적이고 국지적인" 것이었다(p. 469). 이러한 관점에서 근대성은 "해방이자 이성을 통해 미성숙으로부터 벗어나는 것이었으며 새로운 발전의 가능성에 인간성을 부여하는 것으로 이해되었다"(p. 469). 그러나 Dussel(2000)에 따르면 이러한 첫 번째 관점은 유럽 중심적인 것이다. 왜냐하면 그러한 관점은 "유럽 내의 현상을 근대성의 시작 지점으로 주장하고 있으며, 또한 유럽 외부의 어떤 것에 대해서도 그 기원을 고려하지 않은 상태로 이후의 근대성의 발전을 설명하고 있기 때문이다"(p. 469). 다른 하나의 개념은 근대성을 다른 수준으로 바라본다. 근대성은 세계적 관점이자 그 자체이자 역할로서 "근대적 세계의 본질적 특징으로 세계 역사의 중심에 위치하는 것이며, 이러한 구심점으로서의 역할은 계급, 군사, 경제 그리고 철학과 같이 다양한 관점으로부터 획득되는 것"(Dussel, 2000, p. 469)으로 간주된다.

Dussel(2000)의 추론에 따르면, 1492년 이전에도 경험적 의미에 속하는 세계 역사가 존재했고, 이러한 일반적이지만 모순적이며 완전히 통합된 시대 내에 존재하는 각각의 단계와 변화를 검토하는 것은 매우 중요하다. 예를 들어, 그러한 변화들은 초기에는 스페인과 포르투갈이 주도했으나 후에 영국과 프랑스로 변화되었고, 비이성적인 폭력의 실천(praxis)을 정당화하기 위해 일상생활과 역사적·종교적·과학적 이해와 관련된 "새로운 패러다임"을 기술하고자 했다(Dussel, 2000, p. 472). 이러한 폭력적인 내러티브를 극복하기 위해 "우리는 책임성의 윤리 차원에서 근대성의 신화를 인정해야 할 필요가 있다"(p. 473). 그는 다음과 같이 언급하고 있다.

먼저 부정되고 희생되었던 근대성의 다른 측면이 '결백함'을 밝혀야 한다. 그것은 '결백한 피해자'이고 결백성에 대한 자기실현 속에서 근대성이 희생적이며 정복적인 폭력의 역할을 하게 만들었다. 그것은 제도적이고 태생적이며 본질적인 폭력이다. 근대성의 결백에 대한 부정과 그 외의 것들의 변화(이전에는 주정되었던)에 대한 주장을 통해 감추어져 왔던 근대성의 '다른 측면'에 대한 '발견'이 처음으로 가능해졌다. 그것은 주변부의 식민 세계, 희생당한 원주민, 노예화된 흑인, 억압받는 여성, 아동의 소외, 소외된 대중문화 같은 근대성의 피해자들이다. 이 모든 비이성적 행위의 피해자들은 합리적인 근대성 사상에 의문을 제기한다. (Dessel, 2000, p. 473)

후에 검토할 것이지만, 이러한 책무성의 윤리에 대해 Walker(2011)가 올바른 윤리와 불명확한 윤리의 논쟁이라 분류한 영역에서 문제 제기를 할 필요가 있다. 이러한 해방적 과업으로서 인식론이자 인식론적인 전쟁은 윤리적 질문을 보전한 상태에서 이루어져야 한다(Walker, 2011).

　　Walter Mignolo(2008)는 그의 저작인 『지식의 지정학과 식민지적 차이점(*Geopolitics of Knowledge and Colonial Difference*)』을 통해 근대 식민 세계 구조의 논쟁에 대해 세심하게 다루고 있다. 여기서 Mignolo(2008)는 근대성이 완전히 유럽적인 것은 아니지만 어느 정도 영향을 받은 현상이며, 근대성이 '야만성의 배제'에 어느 정도 기여한 바가 있지만 이러한 기여가 인정받지 못하고 있다는 점을 증명하였다(pp. 225-226). Mignolo(2008)는 근대성과 세계 시스템의 차별성을 드러내며 다음과 같이 기술하고 있다.

첫째로, 근대성은 문학, 철학, 사상의 역사 등과 관련되어 있는 반면, 근대 세계 구조는 사회과학적 언어와 관련되어 있다. 둘째로, 1970년 대 이후로 이 두 개념이 공공의 담론뿐만 아니라 학술적인 측면에서 정의된 영역을 확보하고 있다는 것을 고려하면 이러한 첫 번째 특징은 중요하게 받아들여야 한다. 셋째로, 근대성(그리고 탈근대성도 분명히)은 고대 그리스에서 18세기 유럽으로 이어져 오는 단일한 발전으로서의 서양 문명의 이미지를 지탱하고 있으며, 이를 통해 근대성의 기반이 그럴듯하게 구성된다. 반대로, 근대 세계 시스템의 개념화는 그리스에 그 기원을 두지 않는다. 그것은 사건들의 선형적 연쇄보다 오히려 권력의 특별한 명료화에 기반을 둔다. (p. 228)

Dussel(2013, p. 32)이 논의하는 바와 같이, 근대성은 '제1세계 중심의 지배의 열매'이다. 내가 4장과 5장에서 서술했듯이, 태초의 문명으로서 고대 그리스 사상은 문제점이 있다. Mignolo(2008)의 논의로 돌아가 보면, 16세기 대서양 무역권의 등장은 특별한 권력의 명료화를 가져왔다. 이러한 명료화는 페루 출신의 지식인인 Anibal Quijano(1991)가 언급한 '권력의 식민성'이었다. Grofoguel(2003)은 이러한 권력의 식민성이 근대 세계 구조를 '식민지/인종' 기반으로 재편하는 데 일조했다는 것에 대해 반박했다. 국제적 식민성과 이데올로기의 측면에서 권력 관계를 분석하기 위해서는 식민주의와 구별되는 식민성에 대해 이해해야만 한다. 이에 대해 Grofoguel(2003)은 다음과 같이 설명하고 있다.

> 식민성은 근대/식민지적/자본적의적 세계 구조에서의 국제적 분업, 국제적인 인종적/민족적 위계, 헤게모니적인 유럽 중심 인식론 사이에서의 복잡하고, 이질적이며 상호 구조적인 관계에 책임이 있다. 비유럽 국가의 사람들에 대한 분명한 헤게모니인 미합중국과 더불어 세계적 규모의 식민성은 자본주의적 세계 경제의 국제화의 특징을 나타낸다. 과거의 서구/비서구의 식민적 위계는 여전히 남아 있으며, 이는 이른바 분업(division of labor)이라고 하는 새로운 형태와 관련된다. 이 지점에서 식민주의와 식민성이 구분되어야 하는 타당성이 존재한다. 식민성이라 함은 식민지 통치 이후에도 이루어지는 지배적인 식민지적 형태의 지속을 일컬으며 이러한 지속은 근대/식민지적/자본주의적 세계 구조 속의 식민적 문화와 구조를 통해 생산된다. (p. 4)

식민주의와 식민성은 진정 인식론적 학살이라는 동전의 양면과 같다. 식민성에 대한 논쟁은 식민지적 논쟁을 무효화하거나 끝내지 않는다. 그것은 식민주의와 탈식민주의를 둘러싼 논쟁을 소멸시키지도 않는다. 오히려 반대로, 그것은 이러한 분석들을 더욱 강력하고 완벽하게 만든다. 식민성의 존재는 이전의 지식, 권력, 언어의 직물을 신자유주의 제국이라는 양탄자로 완성시킨다. 반면, 식민주의는 여전히 새로운 조각을 붙이거나 오래된 부분들을 잘라 내면서 개정과 재창조를 지속한다(Janson, 2014).

Castro-Gómez(2008)는 "식민주의는 단순히 경제적이거나 정치적인 현상이 아니며, 인식론적인 측면을 가지고 있으면서도, 그러한 인식론적 측면은 인간 과학의 출현과 관련되어 있고 이러한 현상은 주변뿐만 아니라 중심부에서도 마찬가지"(p. 264)라며 통렬히 비난하였다. 이에 대해 Maldonado-Torres(2007)는 다음과 같이 주장한다.

> 식민주의는 정치적 그리고 경제적 관련성을 나타내며, 이러한 관련성 속에서 국가나 국민의 통치권은 다른 나라의 권력에 달려 있다. 그리고 이러한 관련성은 그러한 국가를 제국으로 만든다. 하지만 식민성은 그러한 식민주의의 결과로서 출현한, 오랜 기간 동안 지속되어 온 패턴을 일컫는다. 하지만 그것은 식민지 관리의 엄밀한 한계를 넘어 문화, 노동, 간주관적인 관계 그리고 지식 생산을 잘 정의하고 있다. 따라서 식민성은 식민주의보다 오래 살아남는다. 그것은 서적과 학술적 수행의 기준, 문화의 패턴, 상식, 국민의 자아 이미지, 자아의 동경 등과 같은 우리 근대 경험의 모든 측면을 통해 존재를 유지한다. (p. 243)

식민성은 기억이며 식민주의의 유산이다. 그리고 여전히 강력한 인식론적 결합을 유지하고 있는 식민주의적 권력의 침투인 신자유주의를 통해 지속적으로 재탄생하고 있다. 우리가 그러한 권력을 인식하지 못할 만큼, 우리는 우리 자신의 위치를 그러한 것들과 관련 없는 어떤 것으로 봄으로써, 우리가 세계에 대해 얼마나 이해하지 못하고 있는지를 깨닫지 못하게 된다. 왜냐하면 우리는 그것을 깨달을 수 있는 언어와 지식이 결핍되어 있기 때문이다(Janson, 2014).

❦ 식민성, 인종의 구조, 위계 그리고 권력

Grosfoguel(2003)은 새롭게 등장한 중심-주변 관계의 분업 구조망에 대한 분석을 진행하였다. 이러한 분석에 따르면, "유럽 식민지 확장 기간에 형성된 서구와 비서구 사람들이라는 세계적인 인종적/민족적 위계는 식민주의의 종말과 단일 민족 국가의 형성을 통해서도 크게 변화되지 않았다. 국제적 식민주의에서 국제적 식민성으로의 이동은 지배의 국제적 형태를 변화시켰다"(p. 6).

더불어, Quijano(2008)는 식민적/근대 유럽 중심 자본주의가 직면하고 있는 그러한 새로운 국제 권력의 주요한 특징 중의 하나는 "인종적 관념을 따른 전 세계 인구의 사회적 구분이며, 이러한 인종 사상은 식민지적 지배의 기본적인 경험을 표현하는 정신 구조이고, 국제적 권력의 더 중요한 측면들로 침투하며, 이는 유럽 중심주의라는 특별한 합리성을 포함한다."고 논의하였다(p. 181). Quijano(2008)에 따르면, 인종 사상은 미국의 식민화 이전에는 역사적으로 존재하지 않았다. 이는 젠더 연구 분야에서도 많은 관심을 불러일으키는 지점이다. Quijano(2008)는 "인종적 범주에 기반으로 둔 사회적 관계는 미국에서 인디언, 흑인 그리고 혼혈과 같은 새로운 역사적 타자 정체성을 형성하였고 타자를 재정의하였음"을 강조하였다. 스페인인, 포르투갈인 그리고 후에는 유럽인까지, 이전에는 단지 지정학적 기원을 지칭하기 위해 사용하였던 이러한 용어들은 이 시점 이후부터 새로운 정체성을 지칭하기 위한 인종적 함축의 의미를 획득하였다(p. 182). 더불어, "생겨나고 있던 그러한 사회적 관계가 지배 관계인 이상, 그러한 정체성은 위계적이고 지정학적이며 사회적 역할을 동반한 구성체로 간주되었다. 더불어 결과적으로 강요된 식민적 지배구조의 모델로 간주되었다. 즉, 인종과 인종적 정체성은 기본 사회 구조의 도구로서 정립되었다"(Quijano, 2008, p. 182). 이러한 사회적 관계가 특별한 서양적 지식관을 생산 및 재생산하고 또한 견고히 하였다는 점은 더 이상의 설명이 필요 없다. 그는 분석을 지속하며 다음과 같이 설명하였다.

미국의 식민화와 유럽 식민주의가 세계 곳곳으로 확장된 이후, 새로운 정체성으로서 유럽 구성체는 유럽 중심의 지식관을 구성할 필요가 있었다. 유럽과 비유럽 사이의 식민적 관계에의 순응으로서 인종 사상에 대한 이론적 관점이 그것이다. 역사적으로 이는 새로운 길이며 이는 이미 존재하는 지배와 피지배 사이의 우성과 열성의 관계에 대한 오랜 사상과 실제를 정당화하는 것이었다. (Quijano, 2008, p. 183)

Quijano(2008)가 강조하기를, 사실상 "젠더 또는 이성 간의 지배와 같은 더 오래된 원리들이 열성-우성의 인종적 분류로 인해 쇠퇴하는 반면, 이러한 인종적인 원리는 보편적 사회 지배의 가장 효과적이면서도 오랫동안 지속되어 온 도구라는 것이 증명되었다"(p. 183). "동일한 사회적 분류 기준이 모든 세계 인구에게 부여되었고, 그 결과로 새로운 역사적 · 사회적 정체성이 생성되었으며 이로 인해 황인(yellow)과 중동인(olives), 백인, 인디언, 흑인 그리고 혼혈이 추가되었다. 그리고 이러한 현상은 동일한 지배 인종에 대해 이루어진 식민지 지배의 세계적 확장이라는 맥락"에서 이루어졌다(p. 185). 이러한 지배 인종의 서열화는 인종 차별적인 사회관계와 새로운 분업 구조를 형성하였을 뿐만 아니라 점차적으로 생산, 재생산 그리고 지식의 정당화라는 구조에 악영향을 미쳤다. 이러한 사회적 정체성의 발명은 Grosfoguel(2010)이 명명한 '인식론적 특권'의 증거이다.

서양의 인식론적 특권은 15세기 후반 이후 안달루시아의 스페인 가톨릭 왕조의 몰락과 유럽의 식민지적 양식을 통해 선언되고 표준화되었다. 그들의 유럽 중심적인 지역주의 안에서, 세계를 기독교적 세계(유럽, 아프리카, 아시아 그리고 후기 미국)로 재명명하고 비기독교적 지식을 이교도나 악마로부터 비롯된 사상으로 특징화함으로써 서양의 인식론적 특권, 유럽 중심, 남성의 '정체성 정치'[3] 등이 헤게모니적 '정체성 정치'로서 보이지 않는 영역까지 일반화되어 갔다. 이러한 그리스-로마의 전통은 르네상스, 계몽주의, 서구 과학을 거쳐 발전된 것이었으며 '진실성'과 '보편성'을 규정하는 것이었다. 그러한 것들은 보편적인 일반화된 지식이 되었다. 이러한 과정으로 모든 '다른' 지적 전통들은 열등한 것으로 간주되었다(16세기에는 '야만적인 것'으로, 19세기에는 '원시적인 것'으로, 20세기에는 '개발도상적인 것'으로, 그리고 21세기에는 '반민주적'인 것으로 특징지어졌다.). (p. 30)

인식론적 특권은 비서구의 지리학 및 역사에 대한 왜곡된 이미지를 돕는 인식론적 학살의 형태, 동질화된 현실을 제공하는 위조된 교육과정, 근래의 공통 기준 운동(Common Core movement)[4] 내의 지나치게 이념적인 계략을 명백하게 의미한다.

인종을 사회관계들의 용접을 위한 도구로 사용함으로써, 현대 식민성의 세계 구조는 유전적 우성 형질을 포함시키면서, 마치 존재했던 유일한 지식인 것처럼 작동하는 공식적 지식 내에서 인종적인 인식론적 사전을 만들어 냈다. 그러한 인식론적 우생학주의는 그 자신을 동일한 인식론적 지평에서 가장 우수한 것이라고조차 여기지 않는다. 동일한 인식론적 지평 따위는 없다. 그것은 존재하는 유일한 것이며 서구/유럽 구심점적인 힘으로부터 기적적으로 생겨난 것이다. 교육과정이 개념화되고 실행되고 또한 평가되는 방식은 이러한 논쟁에 신뢰성을 부여한다. 문화적 그리고 이데올로기적 생산물의 형식으로서 서양 근대 교육과정(그리고 이는 새로운 공통 기준의 직면함)은 우생학적 전체주의적 관점의 유포와 정당화를 내포하고 있는 것이다.

이러한 인종적인 세계 권력 모델은 "그들을 세계 구조와 특별한 권력 모델에 통합시키며 식민적 지배력을 전 세계의 모든 지역과 인구에 부여할 수 있었다"(Quijano, 2008, p. 188). 이를 통해 이 모델의 중심점으로서 서구 유럽은 무례하게 "그러한 다양하고 이질적인 문화적 역사들을 유럽에 의해 지배되는 단일한 세계"로 편입시키고 병합시켰다(Quijano, 2008, p. 188). Quijano(2008)가 "지성적 간주관적 구성"(p. 188)이라 일컬은 이러한 편입의 과정은 "모든 경험, 역사, 자원 그리고 문화적 생산물들이 유럽 서구 헤게모니를 순환하는 단일한 세계적 문화 질서에 속하게"(p. 189) 만들었다. Quijano (2008)의 트랜스모던 탈식민지적 근거에 덧붙여, "국제적 권력의 새로운 모델에 대한 유럽의 헤게모니는 주관성, 문화, 그리고 특히 지식과 지식의 산출물 등에 대한 모든 통제 형태를 그것의 헤게모니 아래 두는 데 초점을 맞추었다"(p. 189).

이러한 유럽과 유럽 외부 사이의 패권적인 간주관적 상호작용이 이루어진 새로운 공간과 시간은 복합적 전략의 피라미드를 보여 준다. Quijano (2008)는 다음과 같이 기술하였다.

첫째로, 그들은 유럽 중심의 이익을 위해 자본주의를 개발하는 데 가장 적합한 식민지화된 사람들의 문화적 발견을 수용했다. 둘째로, 그들은 최대한 식민지화된 지식 산출 형식이나 의미와 상징적 세계의 생산 모델, 그리고 표현, 객관화, 주관성 등의 모델들을 억압했다. 셋째로, 유럽인들은 상황에 따라 다양한 방법으로 식민지화된 사람들이 지배를 재생산할 수 있는 문화를 학습하게 만들었다. 그것은 기술적이고 물질적인 활동이나 특히 유대-기독교적 신앙심과 같은 주관성 등과 같은 영역에서 이루어졌다. (p. 189)

동시에 유럽이 단일한 정체성으로 보여지지 못했다는 점이 강조되어야 한다. 마찬가지로 서양과 그 지식 속에서의 타자는 억압되고 부정되었으며 지금도 부정되고 있다.

Quijano(2008) 역시 이와 관련된 통찰을 보여 주었지만, 말할 필요도 없이, 지식에 대한 억압은 "자신들의 객관화된 지적 유산을 빼앗기고 문맹의 소작농적인 하위문화로 비난당한 이베로아메리카(IberoAmerica) 인디언에게 가장 폭력적이었고 심각했으며 오랫동안 지속되었다"(p. 189). 그와 같은 일이 아프리카를 비롯한 많은 다른 지역에서 일어났다. 서구 유럽(인들)은 잘 조직된 "인식론적 억압"을 구성할 수 있었다(Quijano, 2008, p. 189). 그리고 유럽인들은 이것을 위해 '대량 학살'을 포함한 사용 가능한 모든 수단을 사용하였다. 이러한 억압의 간주관적 상호작용의 새로운 세계는 인종화되고 부호화되었으며 근본적으로 문화적인 것이었다. Quijano(2008)와 다른 이들이 비난한 바와 같이, 그것은 "문화의 식민지화"(p. 189)였다. 하지만 간과하지 말아야 할 점은 "인종"은 권력의 식민성을 심화시키는 데 있어 "기본적인 범주였다는 점"(p. 190)이다.

권력의 식민성은 존재(들)의 식민성에 의지한다. Maldonado-Torress (2008b)가 기술하였듯이, 존재(들)의 식민성은 "상식과 전통이 권력의 역학에 의해 특징지어지는 과정을 일컬으며, 이러한 권력의 역학은 특성상 차별적이다. 그리고 이것들은 사람들과 표적이 되는 공동체를 구별해 낸다. 이러한 폭력의 차별적 특징은 인종주의와 자본주의적 침탈, 젠더의 통제 그리고 지식의 독점 등과 연결된 권력의 식민성에 의해 기술될 수 있으며, 이러한 것들을 근대 식민지적 역사에 관련 짓는다."는 점이다(p. 220). 권력의 식민성의 생산과 재생산에 포함된 측면에 대해 우리가 검토했듯이, 어떻게 이러한 식민성을 체계적으로 생산하고 재생산하며 지속되는지 서구/유럽의 인식론적 구조를 뛰어넘는 지식의 다른 형태에 대한 지속적인 제거와 근절 또는 서구 자본주의의 발달 과정과 일치하지 않는 목소리, 전망, 의견들의 억압에 근거하여 검토하는 것은 중요하다. 그러한 역사적 구조는 학살적인 실행의 참여에 망설임이 없었지만, 서구 유럽 문명의 전원적인 버전을 창조하는 데 깊게 관여했다. 이러한 실행은 서구 학교 교육과정과 교과서의 대부분에서 서구 문명의 자연스러운 승리로 치장되고 은폐된다. 그럼 여기서 잠시 멈춰서 서구 학교 교육과정이 어떻게 권력 관계를 유지하고 변형시키기 위해 역사의 과정에 대한 절충안을 만들어 내는지 검토해 보자.

Zinn(1999, 2001), Chomsky(1992, 2002), Todorov(1984)의 논의들과 hooks(1994)의 학교에서 콜럼버스(Columbus)를 다루고 있는 방식에 대한 비판적 분석은 이것을 시작하는 좋은 출발점이 될 것이다. 또한 나는 이러한 논쟁에 Frey Bartolomé de Las Casas(1536-1537, 1552/2008)를 초대하여 콜럼버스가 자신의 '황금시대'에 이미 많은 비판에 직면하고 있었음을 보여 주고자 한다. 더불어, 나는 James Loewen(1995), Jean Anyon(1983), 그리고 Patrick Brindle과 Madelaine Arnot(1999)의 분석을 살펴보고, Bruno Latour (1999)의 접근에 대한 Apple의 통찰을 비교하며 마무리하고자 한다. 이를 통해, 나는 포르투갈 역사 교과서의 예와 같은, 자본주의적 식민지화의 역사가 기술되는 방식의 명백한 유사성에 대해 추적하고 규명할 수 있을 것이다.

지난 세기 동안, 콜럼버스는 신대륙의 발견자이자 서구 문명의 진정한 영웅으로 그려졌고, 이것은 미국 교과서에 만연해 있다. 그러나 Haward Zinn, Noam Chomsky, Tzvetan Todorov, 그리고 bell hooks가 강조하듯이, 이러한 풍토는 잘못되었다. Noam Chomsky(2002)는 『역사에서의 정당화(Legitimacy in History)』에서 당시 미국 대륙은 진정으로 대량 학살의 단계에 있었다며 영웅화된 콜럼버스에 대해 비판하였다. Massachusetts Institute of Technology-based radical intellectual(2002)은 "이곳 미국에서, 우리는 밀 그대로 대량 학살을 저질렀다. 장기간에 걸친 잔인한 대량 학살이었다. 지금 예상으로는 콜럼버스가 도착하고 나서 북부 Rio Grande에서만 1200만~1500만 명의 아메리카 원주민들이 학살당한 것으로 나타난다. 그러나 그 시기 유럽인들이 미국 대륙 경계에 도착했을 때, 그곳에서는 약 20만 명 정도의 대량 학살이 있었다고만 논의되어 왔다"(p. 135)고 주장한다.

Chomsky(2002)가 밝힌 이러한 충격적인 사실은 콜럼버스 자신이 대량 학살의 장본인이라는 사실에도 불구하고 "미국 역사를 통해 이러한 대량 학살이 정당화되었다는 점이다." 우리가 Zinn과 hooks의 관점에서 알 수 있는 것은 바로 이러한 역사적 정당화에 대한 명백한 비판으로서의 도전이다. Chomsky(1992)에게 이것은 역사적 공학의 과정을 구성하고 있는 것이고, Zinn(1999)과 hooks(1994, p. 197)는 우리 자신이 이러한 역사적 사실의 생략의 과정과 "백인 우월의 자본주의적 가부장제"를 영속시키는 과정에 개입하고 있다고 보았다. Zinn(1999)은 미국의 과거를 상당 부분이 부유한 백인 남성에 의해 이루어진, 젠더화된 역사로 보았다. 그가 주장하듯이, 미국의 역사는 "'그것'을 배제하는 어떤 것"으로서의 과정이었으며, 학교들 또한 책임을 면할 수 없는 기만적인 제거의 과정에 참여했다(Zinn, 1999, pp. 47-75). Zinn(1999)이 강조하였듯이 이러한 생략의 과정은 교과서가 어떻게 베트남 전쟁을 기술하고 있는지에 대해서도 확인할 수 있다. Zinn(1999)은 다음과 같이 이야기했다. "베트남 전쟁은 미국에서의 우리 세대들에게 중요한 사건이었다. 왜냐하면 우리가 3500만 명의 사람들에게 단지 700만 톤의 폭탄을 쏟아부었기 때문이고"(p. 3) 또한 베트남 전쟁에 대해 단지 두 단락의 단순한 기록만을 교과서에 수록했기 때문이다. 콜럼버스의 유산이 넓은 범위의 사회에서뿐만 아니라 학교 내에서도 재생산되는 과정 속에서 Zinn이 규명한 생략의 과정이 바로 이것이다.

Zinn(2001)이 강조하였듯이, 콜럼버스의 역사는 "강인한 정복"(p. 102)의 역사이다. 원주민들이 콜럼버스와 그의 함대를 친근하게 환영한 사실에도 불구하고(우리는 콜럼버스의 기록을 통해 이를 확인할 수 있다. 기록에는 "그들은 세상에서 가장 좋은 사람들이다. 모두가 예의 바르고, 악을 규정하는 지식이 없고 살인을 하거나 물건을 훔치지 않는다. 그들은 자신들의 이웃을 자기 자신처럼 사랑하고 세상에서 가장 달콤한 대화를 나눈다. 항상 웃는다. 그들은 단순하고 정직하며 자신이 가진 것에 대해 절대로 인색하지 않다. 그들은 요청을 받았을 때 그들이 가진 것을 내놓아야 하는 상황에서도 거절하지 않는다."라고 적혀 있다(Zinn, 2001, p. 99에서 인용). 그들이 원주민들을 대한 태도는 아주 잘못되었다. 왜냐하면 콜럼버스는 그 원주민들을 "인심 좋은 주인으로 보지 않고 그들이 지배할 수 있는 노예로 보았기 때문이다. 그리고 그들에게 원하는 모든 것을 강요했다"(Zinn, 2011, p. 99). 이에 더해, 그러한 아메리카 원주민은 대량 학살, 살인, 여성 강간 등의 참혹한 과정에서 도망칠 수 없었고 아이들은 "개들에게 던져져 잡아먹혔다"(Las Casas가 Zinn, 2001, p. 101에서 인용). Zinn(2001)의 언급에서 알 수 있듯이, 콜럼버스에 대한 영웅화는 터무니없는 것이다. 왜냐하면 콜럼버스의 유산은 원주민에 대한 정복과 지배의 산실이기 때문이다. 사실상, 정복과 지배의 사상은 원주민인 아메리칸 인디언을 열등하다고 보는 가정을 내포한다.

그러나 이른바 발견의 시대(discovery epoch)라 불리던 그 시기에도 콜럼버스는 거대한 저항과 비판에 직면하고 있었다는 사실을 여기서 강조하는 것은 매우 중요하다. 사실상, 콜럼버스의 유혈 식민지 정부는 '그들의 위대했던 시대' 동안에도 많은 사람들로부터 비난받았다. 이러한 깊고 강력한 비판의 최전선에는 Bartolomé de Las Casas가 있었다. Las Casas는 인디언들의 거대한 보호 장벽이자 위대한 수호자 중의 한 명이었다. 1484년 Sevilla에서 태어난 Frey de Las Casas는 콜럼버스의 함대 이전에 발생한 인디언들에 대한 학살에 격렬하게 반대했다. Las Casas는 인디언들의 기독교로서의 개종이 필요하며 또 그것이 중요하다는 것을 알고 있었지만, 사실상 그는 콜럼버스와 그의 군대가 저지른 대량 학살 자체에는 완전히 반대했다. Las Casas는 인디언들을 해방시키는 평화로운 접근을 위해 싸웠다. 그가 과테말라에서 1536년에서 1537년 동안 저술한 중요한 논문 중의 하나인 「모든 사람을 진실된 종교로 이끄는 단하나의 길(De unico vocationis modo omnium gentium ad veram religionem)」에서 Las Casas는 인디언들에 대한 비폭력적인 접근의 필요성을 주장하였고, 이러한 접근은 그들의 자유를 존중하는 깃이라 논의하였다. Las Casas는 변화를 위한 가장 좋은 방법은 '설득'에 의한 것이지 총이나 폭력과 같은 강제적인 것이 아니라고 믿었다. 사실상, Las Casas에게 공포, 속임수, 그리고 폭력에 기반한 전략으로 누군가를 개종시킨다는 것은 불가능한 것이었다. Las Casas는 아메리카 대륙(Americas)이라 불리던 곳에서 이루어진 콜럼버스의 잔혹한 정책으로 인해 괴로워했으며, 이로 인해 또 다른 논문인「원주민 말살에 대한 간략한 보고서(Brevísima relación de la destrucción de las Indias)」를 저술할 필요성을 느끼고 이를 1552년에 출간하였다. Las Casas(1552/2008)에 따르면, '아메리카 대륙 발견의 놀라운 역사'가 묘사되는 방식은 순수하며 스스로를 방어할 수 없었던 사람들에 대한 지역 그리고 종교에 대한 무차별적인 살육을 감추고 침묵하는 것이었다. 콜럼버스의 군대가 자행한 일상에 대한 Las Casas의 서술은 비참했다. 그에 따르면, 완전무장한 기독교인들은 원주민을 살해하고 도륙했다. 그들은 원주민 마을을 침략하고 부녀자와 그들의 어린 자식들, 임산부 그리고 노인들을 살해했다. 더불어, 그들은 원주민들의 내장을 '한번에' 뽑아 내는 내기 따위를 저질렀다. 그들은 원주민들에게 기름을 바르고 불을 질렀다. 그들은 굶주리고 사나운 개들을 풀어 원주민들을 돼지처럼 잡아먹게 했다. Las Casas(1536-1537)가 제기한 의문처럼, 이 잔혹한 사람들은 수백만 명을 학살하여 어떤 즐거움을 얻었을까? 원주민 여성들을 강간하고 그들의 아들들을 죽인 이유가 무엇일까? Las Casas(1535-1537)에 따르면 이러한 상황의 이면에는 이러한 대량 학살의 필요성을 설득하고 정복을 위해 식민지 군대를 파견했던 어느 누구보다도 신사적이었던 사람들이 있었다. 이러한 비열하고 부끄러운 사건을 통해, 콜럼버스를 영웅으로 칭송하는 것뿐만 아니라 이러한 '사건'들을 학교교육내용에서 제외했다는 것이 진정한 모욕이었다는 것을 심도 있게 생각해 볼 수 있다. 논란의 여지 없이 콜럼버스의 학살과 식민지 경영 정책에 대한 Las Casas의 확고한 입장은 발견의 시대와 그러한 시대에 양분이 되었던 정책적 플랫폼이 견고하지 않았다는 것을 우리가 확인하고 이해할 수 있게 해 준다. Las Casas(2008, p. 42)는 "스페인 국왕의 이름으로 행해진 폭력은 그 시대를 울부짖음으로 가득 차게 했으며, 그것이 완성되었을 때 이 기간은 도륙, 상처, 학살 그리고 비인간적인 황폐함으로 가득 찰 것이고, 미래의 세대들에게 전염적으로 퍼지는 공포이자 가증스러운 것"이라 논의하였다. Las Casas의 글은 군국주의적이고 자본주의적인 전략에 대한 비판적 증거이다. 그럼에도 불구하고 학교의 교과서와 교육과정은 이러한 복잡하고 강력한 갈등을 여전히 숨기고 있다. 콜럼버스의 역사는 큰 규모의 대량 학살을 저질렀던 인종주의와 젠더화된 합리성에 기반하고 있다. 게다가, Todorov의 분석에 따르면, 콜럼버스는 원주민들과 대면함에 있어 우생학적 우월성을 표출하였다. Tzvetan Todorov(1984, p. 35)는 콜럼버스의 편지에 대한 Bernaldez의 연구에 대한 분석을 수행한 바 있는데, 여기서 콜럼버스는 원주민을 "비록 벌거벗었지만 그들은 동물보다는 인간에 더 가깝다"라고 묘사했는데, 여기서 '비록'이란 말의 관념적 의미를 간과하지 말아야 한다. 이상하게도 콜럼버스는 원주민들이 사용하는 새롭고 다양한 언어들을 인지하지 못했고, 그것을 진짜 언어(라틴어나 스페인어 또는 포르투갈어와 완전히 다른)로 받아들이지 못했다. 따라서 그들은 "언어도 없고 [콜럼버스에 따르면, 그들은 역시] 문화적 자산도 없고, 의복, 의식, 종교도 없었다"(Bernaldez가 Todorov, 1984, pp. 34-35에서 인용). 이러한 콜럼버스의 유산에 대한 특별한 인종-젠더 관점은 bell hooks(1994)의 접근에서 역시 분명하게 드러난다.

hooks(1994)에 따르면, "제도화된 백인 우월주의를 인정하지 않으려는 국가의 집단적 거부는 콜럼버스의 신화를 애국의 상징으로 바꾸려는 현대의 열광 속에서 깊고 심오하게 표현되고 있다"(p. 198). 그녀가 직설적으로 말했듯이, "시민들이 콜럼버스의 신대륙 '발견'을 열광하였다는 국가의 주장에 내재되어 있는 것은 보이지 않는 도전이며, 우리에게 애국심을 불러일으켜 제국주의와 백인 우월주의를 국가적 역할을 재확인하려는 것이었다"(p. 198). hooks(1994)에 따르면 이러한 거짓된 메시지는 교실 속에서 재생산된다. hooks(1994)의 사상에 드러나는 이러한 진보적이고 비판적인 통찰은 다소 길지만 인용할 만한 가치가 있다.

내가 초등학교에서 콜럼버스에 대해 배울 때를 돌이켜 보면, 눈에 띄는 점은 우리가 교육받는 방식이었다. 그리고 그 방식은 우리로 하여금 우리가 우리 자신과 다른 사람들을 복종시키고 지배하려는 의지는 당연한 것이고, 문화적으로 특별하지 않다고 믿게 만드는 것이었다. 우리는 원주민들이 가능하다면 백인 탐험가들을 지배하고 복종시켰을 것이지만 단지 그들이 백인들만큼 충분히 강하거나 현명하지 못했기 때문에 그렇게 하지 못했다고 배웠다. 이러한 모든 교육 속에서 내재되어 있는 가정이 탐험가들에게 강력한 힘을 부여한 것은 '새로운 세계'에 대한 이들 탐험가들의 순수함이라는 것이다. '순수함'이라는 단어는 결코 사용되지 않았다. 순수함과 동의어로 사용된 핵심적은 용어는 '문명화'였다. 따라서 어렸을 때의 우리들은 이 나라의 원주민들에게 어떠한 잔인한 일이 행해졌든지, '원주민들'은 문명화라는 큰 선물을 받기 위해 어쩔 수 없는 것이라 수긍했다. 어린 나의 마음에 분명해진 것은 지배는 문명화 과정의 핵심적이라는 것이다. 그리고 많은 비용에도 불구하고 문명화가 좋고 필수적인 것이라면, 지배 역시 똑같이 좋은 것을 의미한다는 것이다. (p. 199)

hooks(1994)가 논의하였듯, 콜럼버스의 역사는 살인, 인간의 잔혹성 그리고 원주민 여성에 대한 강간의 역사이다. 그리고 우리는 이러한 공포를 잊어서는 안 되며, "비판적으로 그러한 과거에 질문을 던지며 환기시켜야 하며, 콜럼버스의 의미에 대해 다시 생각해 보아야 한다"(p. 202). hooks(1994)는 "우리 역사의 문화적 재생에 있어서, 우리는 콜럼버스의 유산을 일상적인 가부장제와 여성에 대한 남성 지배를 지지하는 성차별적인 남자다움의 문화와 연관지어야 하며, [말하자면] 콜럼버스의 유산에 대한 문화적인 낭만화는 강간의 낭만화를 포함하고 있다."고 논의를 지속하였다. 그녀는 사실상 "그 당시 원주민 여성을 강간하고 신체적으로 학대한 백인들이 바로 이러한 행위들을 남성다운 승리의 행위로 기록하고, 유색 여성들을 역사의 주체가 아닌 객체로 만들어 버린 이들"(p. 203)이라 주장하였다. 이러한 맥락에서 hooks(1994)는 "부분적인 분석에 기반한 어떠한 의문 제기도 원주민 여성에 대한 강간과 비인간적 대우를 합리화하는 백인 우월주의적 가부장제 사고방식에 변화를 가져올 수 없는데, 그러한 이유는 그러한 부분적 분석이

원주민 여성에 대한 강간과 비안간적인 대우를 군사 지배의 구조, 즉 전쟁의 오점으로 치부해 버림으로써 이를 통합시켜 버리기 때문"이라는 사실을 우리에게 일깨워 준다(p. 203). 그것이 '역사적 공학'이든, '생략의 과정'이든, 또는 '백인 우월주의적 자본주의 가부장제'든, 분명한 점은 Noam Chomsky, Howard Zinn, 그리고 bell hooks 등이 이렇게 합법화되는 지식의 유형에 명백하게 의문을 제기하고 있다는 점이다. Noam Chomsky(2002)가 논의하듯, 사실상 "이 이상의 불법화가 있을 수 없다. [말하자면] 이 나라의 모든 역사가 불법이다"(p. 136). 이러한 점에서 Chomsky(2002)의 생각을 여기서 다시 한 번 살펴볼 가치가 있다.

> 몇 년 전, 나는 친구들 그리고 가족들과 함께 National Park을 걷고 있었다. 우리는 길을 따라 놓여 있는 묘비들을 가로지르고 있었다. 그것에는 "원주민 여성 Wampanoag가 여기에 잠들다. 그녀의 가족과 부족은 이 위대한 나라가 생겨나고 성장할 수 있게 헌신하고 그들의 땅을 아낌없이 내주었다."라 기록되어 있었다. '헌신하고 그들의 땅을 내주었다'라는 말은 사실상 살해당하고, 이주당하고, 분리당했음을 의미한다. 우리는 그들의 땅을 훔쳤고, 우리가 자리 잡고 있는 곳이 바로 그 땅이다. 우리의 조상들은 멕시코의 3분의 1을 훔쳤다. 그것에 대해 우리는 Maxico가 우리를 먼저 공격했다고 말한다. 하지만 돌이켜 생각해 본다면, 그 '공격'은 멕시코 국경 안에서 일어난 것이었다. 그리고 그러한 것은 계속되었다. 그렇다면 당신은 무엇이 합법화될 수 있다고 생각하는가? (p. 136)

Noam Chomsky, Howard Zinn, Tzvetan Todorov 그리고 bell hooks는 콜럼버스를 영웅으로 보는 이러한 잘못된 묘사에 기반한 의도적 궤변이 존재한다고 주장한다. 이러한 주장을 통해 그들은 기본적으로 미국 사회는 이러한 세속적 거짓말에 기반하고 있으며, 이러한 거짓말은 학교 교육과정, 교과서 등을 통해 재생산되고 있다고 논의하고 있다. 그것은 James Loewen(1995)의 『내 선생님이 나에게 한 거짓말: 고등학교 교과서 속의 모든 것은 들렸다(*Lies My Teacher Told Me: Everything Your High School History Textbook Got Wrong*)』에서도 확인할 수 있다. 사회학자인 Loewen은 Smithsonian Institute에서 2년간 12종의 주요 미국 교과서에 대한 연구를 수행하였다. Loewen 역시 교과서에 등장하는 콜럼버스에 대한 설명에 대해 도전하고 있다. 그가 말했듯이(1995), 1642년의 사건은 12종의 역사 교과서에 기록되어 있다. 하지만 그가 주장하는 것은 "그것들이 콜럼버스와 미 대륙에 대한 유럽인들의 탐험과 관련하여 핵심적으로 알아야 할 중요한 사실들을 누락시켰다."라는 점이다(p. 29). Loewen(1995)은 콜럼버스의 유산이 매우 폭넓고 중요하기 때문에 주류 학자들은 이를 시대를 나누는 기준으로 사용하고, 이를 통해 1642년 이전의 아메리카 대륙의 시대를 '콜럼버스의 아메리카 대륙 발견 이전 시대(pre-Colunbian)'로 규정하고 강조했다. 콜럼버스의 교활한 목적에도 불구하고, 사실상 "교과서는 아메리카 대륙으로 향했던 목적인 부의 추구를 경시했다"(Loewen. 1995, p. 30). Noam Chomsky, Howard Zinn 그리고 bell hooks와 동일한 사고의 흐름을 보이며, Loewen(1995)은 "미국의 역사 교과서가 콜럼버스를 다루는 방식은 그 지배의 과정을 고려하지 않고, 콜럼버스가 아메리카 해안에 상륙하는 전통적인 장면을 그의 지배가 바로 시작된 것으로 보는 경향을 강화한다."라고 주장했다(p. 35). Loewen(1995)이 강조했듯, 사실상 "콜럼버스는 자신이 배에서 본 모든 것의 소유권을 주장했다"(p. 35). 하지만 "교과서가 이러한 과정을 칭송할 때, 그것은 땅을 빼앗는 것과 원주민을 지배하는 것이 자연스러운 것이 아니라면 적어도 피할 수 없다는 사실을 함축하고 있다"(Loewen, 1995, p. 35). 사실상 "콜럼버스는 혁명적인 인종 관계들과 변화된 근대 세계라는 두 가지 현상을 불러일으켰고, 이는 원주민들에게 토지, 부 그리고 노동력을 탈취하고, 원주민을 거의 멸종시키고, 인종적 하층 계급을 탄생시킨 대서양에 걸친 노예무역 등을 통해 이루어졌다"(Loewen, 1995, p. 50). 유럽 지배자들의 잔인함에 대한 Dussel(1995b, p. 9)의 설명을 살펴보자.

아메리카 원주민들을 학살하고 [그리고 만약] 살아남은 이들이 있다면, 그들은 남은 이들을 노예로 전락시켜 그들의 가치를 강등시킨다.

그들은 원주민 여성들을 첩으로 삼기 위해 살려 두고(성적 지배) 아이들에게 유럽식 문화를 교육시킨다(교육적 지배). 그리고 그렇게 새로운 신(금, 은, 돈, 파운드화나 달러화)의 이름으로 초기 중상주의의 신, 경제적 제국주의의 신, 다국적 기업의 현대적 제국주의에, 아즈텍족의 전쟁신 우이칠로포크틀리신에게 제물로 바쳐진 아즈텍인들보다 100만 명 이상 더 많은 사람들이 제물로 바쳐졌다.

아메리카 대륙에 새겨진 콜럼버스의 표식은 본질적으로 살인, 약탈 그리고 강간이었으며 한마디로 대량 학살이었다. 모순적이게도 서구 유럽의 정복자들은 새로운 신을 '조직'했을 뿐만 아니라 그렇게 함으로써 유럽 종말의 시작을 불러왔다. 왜냐하면 "그것은 자신을 신격화"했기 때문이다(Dussel, 1995b, p. 8). 하지만 그것은 또한 '자유주의 철학'이 출현할 수 있는 조건을 형성했다(Dussel, 1995b, p. 9). 이 생명력은 Cabral(1973, p. 63)이 삶의 방식으로 보았던 억압받는 자들의 '원천으로 돌아가는' 능력에 근거한다.

Torres Santomé(1996)가 우리에게 상기시켰듯이, 일반 교육과정을 통해 유지되어 온 서구 국가들의 다수의 주류 문화 속 공식적 문화는 남성 중심 세계에 의해 묘사된 특별한 지식을 정당화해 왔다. Torres Santomé(1996)가 강조한 것처럼, 교과서를 한번 훑어보기만 해도 노동계급에 대한 누락, 침묵 그리고 은폐를 확인할 수 있다. bell hooks와 마찬가지로 Jurjo Torres Santomé도 교과서가 백인 중산층, 이성애자, 금발 남성에 우선권을 부여하는 사회의 편협한 시선을 보급해 왔다고 주장했다. 이러한 맥락에서 Jean Anyon(1983)의 『노동자, 노동, 경제사 그리고 교과서의 내용(*Workers, Labor and Economic History, and Textbook Content*)』과 Patrick Brindle과 Madeleine Arnot(1999)의 『영국은 모든 남성이 자신의 의무를 다하기를 원한다: 시민성 교과서의 젠더화(*England Expects Every Man to Do His Duty: The Gendering of the Citizenship Textbook, 1940-1996*)』의 두 책에서 그 타당성을 확인할 수 있다. 잘 알려진 12종의 중학교 검인정 미국 역사 교과서에 대한 실증적 연구를 통해, Anyon(1983)은 "교과서에 표현된 내용이 그 객관성에 대한 의문에도 불구하고 다른 집단에 비해 사회 내 특정 집단의 이익에 부합하고 있다."고 주징했다(p. 37). Anyon(1983)이 강조한 것처럼 미국 교과서에서 주목해야 할 점은 원주민, 흑인 그리고 여성과 관련한 "생략, 고정관념 그리고 왜곡"이고, 이러한 것들은 "이러한 집단이 상대적으로 힘이 없는 집단임을 반영한다"(p. 49). 따라서 Jean Anyon(1983)의 논의처럼, "학교 교육과정은 특정한 태도를 구성하는 데 기여하고, 이러한 태도는 학교교육에 의해 정당화된 지식을 보유한 권력 집단이 사회를 경영하고 지배하는 것을 수월하게 만든다"(p. 49). 즉 "교과서는 지배 집단의 이데올로기를 표현할 뿐만 아니라, 그들의 사회적 위치를 옹호하는 태도를 형성하는 데 기여한다"(Anyon, 1983, p. 49). 비록 젠더 이슈에 초점이 맞추어져 있긴 하지만 Patrick Brindle과 Madeleine Arnot(1999)의 논의도 이러한 분석과 같은 선상에 있다. 그들은 세 가지의 교과서 구조를 규명하였는데, 이러한 구조에는 "배제적·포함적·비판적 개입"이 포함된다(p. 108). Brindle과 Arnot(1999)은 배제가 가장 일반적인 접근이며, "교과서의 정치적 영역의 구성에서 사적 영역과 여성을 배제한다고 주장하였다"(p. 108). 이러한 교과서 구성에는 "분명히 여성의 위치에 대한 보편적인 태만과 무관심이 존재하며 [사실상] 여성이 전혀 주목받지 못하는 것은 전혀 이상하지 않다"(Brindle & Arnot, 1999, p. 110). 오직 매우 적은 수의 교과서만이 "여성과 사적 영역을 다양한 방법으로 포함"시키려 한다(Brindle & Arnot, 1999, p. 108). 즉, 매우 소수의 교과서만이 여성이라는 표상을 시민의 범주에 포함하고 있었다. 하지만 (단 하나를 제외하고) 그러한 교과서 중 어떤 것도 여성을 '정치적 참여자'로 묘사하고 있지 않았다(Brindle & Arnot, 1999, p. 112). 이러한 종류의 교과서에서 여성은 '부가적인' 것으로 표현된다. 그리고 마지막으로 비판적 개입적 접근을 하는 교과서가 있는데, 이러한 교과서에서는 여성이 사적/공적 영역 모두에서 다루어진다.

이러한 역사적 퍼즐은 매우 중요하다. 교육과 교육과정 분야에서 국제화의 깃발을 들어 올릴 때, 다른 이슈들과 더불어 우리는 "그 깃발의 색은 무엇인가?", "누구의 피부색인가?", 또는 더 나아가 "그 색의 이데올로기는 무엇인가?", "그러한 역사적 균형을 어떻게 이룩할 것인가?"와 같은 질문을 던져야 한다. 나는 이러한 이슈에 대해 이번 장의 후반부에 다시 살펴볼 것이다. 명백히 권력의 식민성은 인식론적인 특권과 억압 속에 내재되어 있고,

이러한 특권과 억압은 학교에서 구성되는 교육과정을 통해 신성한 인식론적 학살의 형식을 가진다.

이후에 나는 어떻게 지식의 식민성이 인식론적인 인종주의에 기반한 헤게모니적 지식 관점으로서 유럽 중심주의의 성장을 돕는지 다시금 강조할 것이다. 나는 인지적 탈식민화의 필요성을 호소하며 지지한다. 왜냐하면 유럽 중심주의적인 유럽 중심의 비판 모델은 유럽 중심적 경향을 포기하지 않을 것일 뿐만 아니라 서구(Occidental)의 구조를 넘어서서 현실에 대해 묘사하는 데에도 충분하지 않기 때문이다. 그리고 나는 또 다른 지식이 가능하다고 주장하는 것으로 마무리하고자 한다.

🍎 인식론적 인종주의와 여성 차별주의 헤게모니적 물결

Grosfoguel(2010)과 Maldonado-Torres(2008b)에 따르면, 인식론적 인종주의와 인식론적 여성 차별주의는 "우리가 살고 있는 세계 구조, 즉 '서구화되고, 기독교화된 근대적, 식민지적 자본주의적이며 가부장적인 세계 구조 안에서 가장 은밀한 형태의 인종주의와 여성 차별주의'이다. 오늘날의 사회적·정치적·경제적 인종주의와 여성 차별주의는 인식론적 인종주의와 여성 차별주의보다 훨씬 더 잘 보여지며 인식된다"(Grosfoguel, 2010, p. 29).

인식론적 인종주의는 근본적인 형식이자 오래된 형식의 인종주의이다. 이러한 인식론적 인종주의 안에서 하위 인간(비인간 또는 인간 이하)으로서 '비서구인들'의 열등성이 동물성에 대한 근접성으로 정의되고, 후자는 그들의 열등한 인지 능력과 합리성의 결핍으로 정의된다. 인식론적 인종주의는 '서구' 남성 엘리트들의 본질주의적('정체성') 정책에 특권을 부여하는 것을 통해 작동하며, 이러한 본질주의적 정책은 바로 서양 철학과 사회 이론의 헤게모니적 전통 사상이라 할 수 있다. 또한 이러한 사상에는 '서구' 여성들이 포함되지 않으며, 또한 '비서구'의 철학자/철학 그리고 사회학자도 포함되지 않는다. 이러한 전통에서 그

'서구'는 지식을 생산할 수 있는 유일한 합리적 전통으로 여겨지며, 또한 '보편성', '합리성' 그리고 '진실'에 다가설 수 있는 유일한 것으로 여겨진다. 인식론적 인종주의는 '비서구적' 지식을 '서구적' 지식에 비해 열등한 것으로 간주한다. 인식론적 인종주의가 인식론적 여성 차별주의와 결합될 때, 서구 중심의 사회과학은 인식론적 인종주의/여성 차별주의의 형태가 되고, 이는 오늘의 세계 속에서 '서구' 남성의 지식에 우월적 지식이라는 특권을 부여한다. (Grosfoguel, 2010, pp. 29-30)

서구 합리성에 의해 묘사되는 인식론적 인종주의는 Mills(1997, p. 11)가 '인종적 계약'이라 명명한 개념의 가장 핵심적인 요소이다. 즉, "정책적이고 도덕적인 것과 마찬가지로, 인종적 계약 역시 그것의 계약자가 참여하는 인식에 대한 인식론적 규약의 규정이고 모든 백인들은 그러한 계약을 통해 이익을 얻는다. 이 계약에 참여하지 않은 백인이 있다 하더라도 말이다"(Mills, 1997, p. 11). 이러한 인종적 계약은 다음과 같다.

인종적 계약은 그것의 계약자들에게 역전된 인식론, 무시의 인식론, 주변화의 특별한 패턴 그리고 전 세계적인 인지적 역기능(그것은 심리학적으로 그리고 사회학적으로 작용한다.)을 규정하고, 백인이 일반적으로 그들 자신이 만든 세계를 이해하지 못한다는 모순적인 결과를 생산한다. (Mills, 1997, p. 18)

만약 누군가 서구 학문 분야에서 선호되고 강조되는 학자의 규범에 세심한 주의를 기울인다면, "우리는 그들이 모든 유럽 그리고 유럽-북아메리카 남성에 걸쳐 '서구' 남성 사상가와 이론에 예외 없이 특권을 부여하고 있음을 발견할 수 있다"(p. 30). 즉, "이 헤게모니적인 본질주의적 '정체성 정책'은 매우 강력하고 매우 보편화되어 있어 데카르트적 '지식의 자아정치학(ego-politics of knowledge)'의 '객관성'과 '중립성'에 대한 담론에도 불구하고 누가 그것을 말하는지, 그리고 어떠한 권력 지점으로부터 그들이 말하고 있는지를 감추고 있다. 이와 같이 우리가 '정체성 정치'에 대해 사고할 때, 우리는 즉

각적으로 마치 '상식'처럼 우리가 인종화된 소수에 대해 이야기하고 있다고 가정한다"(Grosfoguel, 2010, p. 30). 사실상, "서구화된 학문이 기반하고 있는 신화는 발화자의 '발화의 근원'을 은폐하는 '객관성'과 '중립성'의 과학적 담론이다. 그리고 이러한 발화의 근원은 국제적 수준에서의 현존하는 권력관계에서 누가 이야기하고 있는지 그리고 어떠한 인식론적 지식의 육체정치학(body-politics)으로부터 그리고 어떠한 지식의 지정학으로부터 그들이 이야기하고 있는지와 관련된다"(Grosfoguel, 2010, p. 20). 일반적으로 교육 분야, 특히 교육과정 분야에서 이러한 실증주의에 대한 숭배에 저항하는 투쟁은 또 다른 수준으로 인정받아야 할 필요가 있는 Giroux(1981a)와 같은 대중적 지식인들로부터 지지받아 왔다. 이들은 분명히 이러한 서구 인식론적 연단의 범위에 도전하고 있다.

> '지식의 자아정치학'(실제로 언제나 '서구' 남성의 신체와 유럽 중심의 지식 지형학을 통해 이야기하는)이라는 신화를 통해, 이러한 헤게모니적 인식론적 인종주의와 인식론적 여성 차별주의에 의해 열등한 것으로 그리고 하류의 것으로 치부되는 개인들이나 단체들로부터 나오는 비판적인 목소리는 개별적인 것으로 거부되고 또한 버려진다. 아프리카계 철학자인 Emmanuel Chukwudi Eze가 잘 지적했듯이, 만약 인식론에 피부색이 있다면, 그리고 아프리카계 미국인 사회학자인 Patricia Hills Collins(2000)가 논의했듯, 그것이 젠더와 피부색이 있다면 사회과학을 지배하고 있는 유럽 중심적 인식론은 피부색과 젠더를 모두 가질 것이다. (Grosfoguel, 2010, p. 30)

Mills(1997, p. 93)가 지적하였듯이, 확실히 인종주의와 인종 분리는 "표준에서 벗어난 적이 없다. 그것들은 사실상 통계적 분포 패턴의 의미만이 아니라 공식적으로 체계화되고 그 자체로 선언되는 의미에서 표준이었다." 자연스럽게, 백인은 "그들 자신을 도덕적 행위자로 인식하는 인종적인 방식들 안에 존재하고 있으며, 그것은 그들이 특정한 행위 패턴을 인식하는 데 있어 순수한 인식적 어려움을 인종주의로 여긴다는 것을 의미한다"(Mills,

1997, p. 93).

그러한 우생학적 인식론은 "보편적이고 일반적인 지식으로 자리 잡았다"(Grosfoguel, 2010, p. 30). 덧붙이자면, 인식론적 인종주의와 여성 차별주의는 서구 과학의 바로 그 시작과 핵심에 위치할 뿐만 아니라, "바로 그 과학이란 것 또한 세계 전체 인구의 12%에도 미치지 못하는 5개의 국가(프랑스, 영국, 독일, 이탈리아, 미국)의 경험에 기반한 것이다. 이러한 보편성에 대해 잘못된 주장을 하는 서구 사회과학 이론의 편협함은 다른 세계 인구의 88%에 해당하는 사람의 경험을 설명하는 것을 선호한다"(Grosfoguel, 2010, p. 31). Grosfoguel(2010)이 논의하듯, "인식론적 인종주의와 여성 차별주의를 내포하고 있는 서구 중심주의는 오늘날 사회과학 분야 내에서 재생산되고 있는 편협함의 한 형태이다"(p. 31). Walsh(2012)는 지식의 지정학과 비판적 사고의 지정학적 위치를 언급하는 것에 대해 다음과 같이 설명하고 있다.

> 그것은 지구상 대부분의 곳에서 우세를 지속하고 있는 것이 유럽 중심의 사고 형태임을 인정하는 것이다. 카리브해 지역과 아프리카에서 일어나고 있는 흑인 투쟁과 미국에서 이루어지고 있는 원주민 투쟁의 사상적 기반에서 발견되는 Frantz Fanon과 Fausto Reinaga[5]를 비롯한 지식인들의 사상들에서 헤게모니, '보편성' 그리고 그러한 사고들의 폭력은 맞서야 할 대상이며, 그들의 사상은 역사와 그러한 사람들의 주관성으로부터 구성되고 위치된 다른 형태의 사상이다. (p. 12)

권력과 존재의 식민성과 유럽 중심주의의 공생을 가능케 하는 의사소통 통로에 대한 이론이 있다. Quijano(2008)에 따르면, 현대 세계 시스템의 중심이 되는 데 있어서 서구 유럽의 성공은 유럽인들 내에서의 특징을 일반적인 것으로 만들어 식민지 지배자, 제국주의자 그리고 민족 중심주의자에게로 확대시켰다(p. 189). 우월성에 대한 서구 유럽의 오류는 국제 권력의 전체 모델에 있어서 "국제 권력에 대한 모든 모델에서 근본적으로 중요한 정신적 작용으로 보여야 할 필요가 있다. 하지만 무엇보다 다른 어떠한 이유보다 헤게모니라는 간주관적 관계에 대한 기대에 기반하고 있는데, 이는 지식의 생산이라는 이유 때문에 그러하다"(Quijano, 2008, p. 190). 이에 대해 Quijano (2008)는 다음과 같이 부연 설명하고 있다.

> 그들 각각의 역사와 문화에 따라 유럽인들은 세속적인 역사적 관점을 생산했고 식민지화된 사람들을 재배치했다. 그리고 이러한 역사적 궤적의 과거에 있어 정점은 유럽이었다. [따라서] 서구 유럽과 나머지 세계들 간의 간주관적이고 문화적인 관계들은 새로운 범주의 강력한 역할 안에서 명문화되었다. 그리고 그러한 범주들은 동양/서양, 원시적/문명화, 마법/신화적 과학, 비합리-합리, 전통적-근대적, 유럽-비유럽이었다. 그렇다 하더라도, 유럽과 서양에게 인정받는 영광을 받은 단하나의 범주는 '단순히' 원시적인 미국 인디언도 아니고 아프리카 흑인도 아닌 '동양(Orient)'이었다. (Quijano, 2008, p. 190)

내가 앞서 언급했듯이, 이러한 상상된 근대성과 합리성 안에서, 인종은 곧 시작된 모든 인식론의 '바로 그' 기둥이었다. 그러한 인식론은 깨끗하고, 순수하고, 무색의, 순백의, 우월한, 자연스러운, 한마디로 독특한 것으로 생산되었다. Quijano(2008)는 이것에 대한 인정 없이 "다른 방법으로는 지식에 대한 헤게모니적 관점으로서 유럽 중심주의의 성장을 설명할 수 없다."라고 강조하였다. 유럽 중심주의는 두 가지 신화를 통해 고착화된다.

> 첫째, 인간 문명의 역사를 자연 상태로부터 벗어나는 궤적으로 보는 시각과 둘째, 유럽과 비유럽의 차이를 권력의 역사적 결과로 보지 않고 자연적인(인종적인) 차이로 바라보는 시각이다. 이 두 신화는 확실하게 진화주의와 이원론의 관점에서 인정될 수 있으며, 유럽 중심주의의 두 가지 핵심 요소이다. (Quijano, 2008, p. 190)

고대 그리스 철학과 문화의 창작된 무결점과 독창성으로부터 유래된 서로 다른 담화들로부터 구성되고 지지받은 이러한 신화는 신념의 유사적 행위와 헌신의 추구로서의 유럽 중심주의로부터 미화되고 포장된다.

나는 이후에 이 주제에 대해 더 길게 논의할 것이지만 여기서 한 가지는 분명히 해 놓는 것이 좋을 것이다. 그것은 Amin(2009)이 기술한 바와 같이 "고대 그리스 문화의 신화가 근대적 이데올로기뿐만 아니라 유럽 중심구조에도 핵심적인 역할을 했다는 점이다"(p. 166). 사실상, 근대 이데올로기는 "관념적인 에테르와 생산에 대한 순수한 자본주의의 형태에서 구성되었던 것이 아니다"(p. 165). Amin(2009)은 그의 분석을 통해 다음과 같이 설명하고 있다.

> 근대적 세계의 자본주의적 본성이라는 의식은 상대적으로 늦게 등장하였다. 그것은 노동과 사회주의 운동 그리고 그들의 19세기 사회 구조에 대한 비판의 결과로 마르크스주의에서 절정을 이루었다. 이러한 의식이 출현한 그 순간, 근대 이데올로기는 이미 그것 이전의 르네상스 시기에서 시작되어 계몽주의로 이어지는 3세기에 걸친 역사를 가지고 있었다. 따라서 그것은 이미 세계적 범위에서 특별히 유럽적이고 합리주의적이고 세속적인 이데올로기로 표현되고 있었다. (p. 165)

덧붙여, Mignolo(2008)는 논리적 흐름을 따라 Braudel, Wallerstein 그리고 Arrighi까지 거슬러 올라가며 "서구 인식론의 역사는 유럽 르네상스 이후 그것이 구성되는 동안 서로가 평행적이면서도 보충적으로 진행되어 왔다."라고 논의하였다(p. 226). 즉, "서구 자본주의의 확장은 서구 인식론의 확장을 내포하며, 이는 그것의 모든 파생물, 자본주의와 산업혁명을 따라 진행되어 온 도구적 이성에서부터 계급 이론, 자본주의와 계급에 대한 비판주의에 이르는 모든 것에서 이루어져 왔다"(Mignolo, 2008, p. 227). 정말로, 르네상스 인식과 인식적 구조는 유사성이 있었고, 이러한 유사성은 이른바 교육과정 인문주의자들과 사회 개선론자들에 의해 20세기 전환기의 미국에서 끈질기게 보호받아 왔다. 나는 이러한 것에 대해 나의 초기 저술인 『교육과정 이론에서의 갈등: 헤게모니적 인식론들에 도전하기(*Conflict in Curriculum Theory: Challenging Hegemonic Epistemologies*)』에서 분석한 바 있다(Paraskeva, 2011a).

🍎 유럽 중심 문화주의(eurocentric culturalism)

지식의 지형학(cartography of knowledge)은 "르네상스 인식론으로부터 비롯되었으며, 또한 중세 3학과(문법, 논리학, 수사학)와 4학과(산술, 음악, 기하, 천문학)의 기반이 되었고, 수사학과 인본주의에 의해 지배되었다"(Mignolo, 2008, p. 227). Mignolo(2008)는, "Bacon은 수사학을 철학으로 대체시켰으며, 르네상스 인본주의자의 모습은 유럽 계몽주의에 헌신하고 또한 그것으로부터 확장되어 간 철학자와 과학자로 대체되어 갔다."(p. 227)라고 덧붙였다. Bacon은 인간 이성의 뛰어난 범주로서 역사, 문예, 철학 중 역사는 기억, 문예는 상상력, 철학은 근거와 관련이 있다고 강조하였다(Mignolo, 2008, p. 227). 내가 『교육과정 이론에서의 갈등들(*Conflicts in Curriculum Theory*)』(Paraskeva, 2011a)에서 분석한 바와 같이, 20세기의 전환기에 교육과정 분야는 공언된 영혼의 다섯 가지 창문이나 영역을 비롯한 정신적 학문을 지배적인 교육학적인 내러티브로 보았다. William Harris(1889, pp. 96~97)가 옹호한 이 창문들은 다시 말해 산수, 지리학, 문법, 역사, 문학으로서, 이 다섯 가지 영역은 시민 주류의 문화를 발전시키고 영속시키는 수단으로 남아 있다(Paraskeva, 2011a, p. 31; Kliebard, 1995).

이전 책에서 내가 역시 검토한 바와 같이 19세기의 전환기에는 광범위하고 단일한 연구 흐름이 촉진되었다. 그러한 흐름 속에서 모든 정신 능력들은 적절히 연마되었다. 왜냐하면, (전체적인) 정신의 완벽함은 그것의 다양한 능력이 얼마나 잘 연마되는가에 달려 있다고 보았기 때문이다(Paraskeva, 2011a, p. 24; Muelder, 1984; Tyack, 1974). 따라서 "근육으로서의 마음(mind-as-muscle)을 강조한 정신 학문"(Beyer & Liston, 1996, p. 3)은, 실제로 수학과 같은 독립적인 학문이나 고전 언어와 같은 독립적인 학문에 의지하기보다 "문학과 과학의 다양한 분과들" 사이의 완벽한 조화에 의지하여 학생들의 인격에 있어 적당한 균형을 형성하였다(Silliman, 1829, p. 301). 사실상 "이들 각자의 성공은 여타 다른 것들의 번성을 위해 필수적인 것이었다"(Silliman, p. 323). 19세기 후반에 가장 유명한 가르침이었던 정신 단련주의(disciplinarism)의 뿌리는(Kliebard, 1995; Paraskeva, 2007a, 2011a, 2011b), "중세의 고전

대학에 대한 존경으로부터 기원하였다"(Beyer & Linston, 1996, p. 3). 이러한 대학들은 중세 자유학예(artesliberales)와 언어 훈련(sermonicales)을 강조하였다(Paraskeva, 2001). 한 예로,「예일 연구 보고서(*Yale Faculty Report*)」는 고전 언어를 정신 단련의 보증인이라 옹호하였고, 그것을 엄격하게 암송하고 암기하게 했다. 19세기 지성의 역사는 "무엇보다 새로운 지식을 생산하고 지식의 생산자를 재생산하기 위한 영속적인 제도적 구조를 통한 [그러한] 단련주의와 [결과적으로] 지식의 전문화로 대표된다"(Wallerstein et al., 1996, p. 7). 게다가, 이러한 지식의 단련주의는 자본주의적인 분리된 사회 안에서의 분업과 연결되어 있을 뿐만 아니라 "경험적(사색적과 반대되는) 발견의 기반 위의 '현실(reality)'에 대한 안전하고 진보된 '객관적인' 지식을 획득하기 위한 시도로 보아야 할 필요가 있다. 그것의 의도는 진실을 발명하거나 직관하는 것이 아닌 '배우는 것'이다"(Wallerstein et al., 1996, p. 13).

서구 교육의 도구를 확산시킨 **자유학예와 언어 훈련**의 르네상스 교리 또는 숭배(Paraskeva, 2001, 2011a, 2011b)는 Amin(2009)이 "유럽 중심 문화주의"라 명명한 것들의 통합체이다(p. 156). 다음으로, 만약 새로운 세계가 자본주의적이고(진정으로 그렇고), 이것의 생산 형식의 특별한 특징에 기반이 된다면, 모든 사회적 장치는 역동적으로 이러한 망에 연결되어 있다. 다시 말해 그것의 존재는 이러한 사회적 장치가 생산과 재생산의 형식을 지지하기 위해 작동할 때만이 가능해지며, 그 자신을 "역사를 초월하는 사명으로서 영원한 진실에 기반하는 시스템"으로 단정한다(Amin, 2009, p. 155). 이러한 맥락에서, 새로운 세계의 지배적 이데올로기는 다음 세 가지의 주요한 작용을 수행한다. (a) 자본주의적 생산 형식의 본질적 성질을 흐리기. (b) 자본주의의 역사적 기원에 대한 통찰을 변형하기. 이러한 변형은 인간 사회 진화의 일반적 법칙을 탐구하는 관점으로부터 이러한 기원을 숙고하는 것을 거부함을 통해 이루어진다. 대신 그것은 탐구를 이중적인 신화적 구조로 대체시킨다. (c) 자본주의 시스템과 분리될 수 없는 중심/주변의 양극화인 실제적으로 존재하는 자본주의의 근본적인 특성을 자본주의의 세계 수준의 재생산 과정과 연결하는 것을 거부하기(Amin, 2009, p. 155). 이후에 살펴보겠지만, 서구를 숭배하고 신격화하는 이러한 내러티브[이 안에서 **훔볼트주**

의(Humboldtianism)는 죄가 없다.]는 고대 그리스를 백인의 **숙련된 여교사**(ars magistra)로 바라보는 것에 대해 의문을 일으킬 수 있는 충분한 증거들을 억제하고, 대량 학살에 대해 침묵하고 그것을 고착화하는 방법을 통해 역사의 특별한 형태를 통합하고 실행한다. 나는 뒷부분에서 역사의 소실에 대해 분석하며 이 주제에 대해 다시 논의할 것이다.

서양 인식론적 범주 속에서 매우 우월한 위치에 있으며 또한 현재 세계적으로 매우 헤게모니적인 이러한 인식론적 구조는 그 자신을 독특하고 세계적인 방법론적 인식으로 여겨 왔으며, 이러한 현상은 그것 이외에 과학적으로 받아들여질 수 있는 다른 인식론적 움직임이 없다는 위험한 과학적 오류 아래에서 이루어져 왔다. 이러한 인식론적 세계의 지형학은 지구상에 기껏해야 20%밖에 차지하지 않는 서구 백인의 공간과 시간으로 축소되었다. Mignolo(2008)의 주장에 따르면, 자본주의가 "지중해로부터 북대서양(네덜란드, 영국)으로 이동할 때, 지식의 조직은 그것의 보편적 범위에서 정립되었다. 지정학적 공간(서구 유럽)에 있어 지식의 개념화에 참여할 수 있는 '다른 이들은 있을 수 없었으며', 심지어 다른 국지적 역사들(중국, 인도, 이슬람 등)로부터 발생한 지식의 개념화와 전파의 가능성조차도 제거했다"(p. 227). 이러한 사실들은 내가 순회하는 교육과정 이론(Itinerant Curriculum Theory, ICT)이라 부르는 교육과정 이론(Paraskeva, 2011a, 2011b)과 내가 6장에서 검토한 주제인 사회적·인지적 정의를 위한 투쟁에서 수행하는 그것의 역할을 이해하는 데 매우 중요하다.

이러한 맥락에서, Mignolo(2008)는 "근대적/식민지적 세계 구조의 역사를 통해 식민지적 다양성의 변화하는 측면을 언급하고, 또한 근대성, 탈근대성 그리고 서구 문명에 집중하는 담론들에 의해 묵살당하는 인간 역사의 세계적 차원들을 전경으로 가져왔다"(p. 229). Grosfoguel(2003)은 "지정학적으로 식민지적 다양성은 하층민(subaltern) 프로젝트에 의해 생산되는 사상과 우주론의 형식 안에 헤게모니적인 세계적 설계에 반대되는 것으로 자리잡는 데 중요한 역할을 한다."라고 주장하였다(p. 10). Mignolo와 다른 학자들의 논의에 따르면, 권력의 식민성과 식민지적 다양성 사이의 밀접한 변화를 부정할 수 없다. 즉, 권력의 식민성과 식민지적 다양성, 이 둘은 서로를 형성하고 정당화하며 이질적인 공간과 시간의 복잡한 체계를 구성한다. 이러한 행위는 억눌린 인식론들과 국지적 역사가 소외되며 무시당하고 존재하지 않는 것으로 생산되는 **지점**(punctus, *Camera Lucida*에 기반한 Barthes의 개념을 사용하자면)이 된다. 이러한 권력의 식민성과 국지적 인식론 사이의 충돌은 공식적인 지식의 지형학을 강조한다.

이것은 무시해서는 안 되는 주제이다. 한편으로 인종적인 기반을 제공하고 백인종의 우월성에 대한 숭배를 조장하며 또 한편으로는 잘못된 기초 위에서 그들 자신을 독특한 지식으로 표현하는 지배적인 지식에 대한 옹호와 조장은 인지적인 태만이라고 할 수 있다. 서구 사회 구조뿐만 아니라 교육적 도구를 아낌없이 지원한다는 것은 거짓이다. 사실상, 내가 다른 책(2007a; 2007b; 2011a; 2011b;2012)에서 반복적으로 논의하고 지속적으로 드러내었듯이, 서구의 학교 기관은 대규모의 세속적인 거짓을 생산하는 공장이자 기관차였다. 이와 같은 거짓은 적어도 500년 이상 지속되었으며, 교실의 모든 책상 위에 놓여 있고, 우생학적 옹호와 지식의 서구적 형식의 지배를 조장하는 것에 기반하고 있다. 따라서 다음의 질문들이 정당화된다. 그것은 얼마나 많은 세대들이 이러한 거짓을 기준으로 평가되어 왔는가? 얼마나 많은 아이들이 '이 거짓' 속의 '그' 사람들과 '그' 무엇을 모른다는 이유로 처벌받아 왔는가? 이러한 '정직한 거짓말들'이 기반하고 있으며 비서구의 물줄기를 침묵시키는 서구의 학교들에 의한 권력과 통제의 원천인 진실이 무엇인지를 구성하는 사회적 조건을 조장하는 능력은 무엇인가? 즉, 지식의 다른 형식을 탄압하는 것은 분명하고 객관적인 사회적 파시즘의 행태이다. 이러한 논의는 중요하다. 특히, 공통 핵심 목표(common core objectives)와 평가에 대한 숭배 구조가 교사들로 하여금 서양의 문헌이 동양에 의해 어떻게 영향을 받아 왔는지에 대해서는 관심을 가지지 않고 서구의 영향이 동양 문헌에서 어떻게 비추어지는지에 대해서만 몰두하게 만들고 있는 오늘날에는 더욱 그러하다. 한 예로, 초월주의의 일부로서 보편적인 영혼에 대해 가르치는 사람들은 절대 초월주의자들이 연구한 동양철학과의 관련성을 인정하거나 추구하면 안 된다.

Maldonaldo-Torres(2012)는 이러한 우생학적 구조와 세계관이 "식민지적 확대, 신체적이고 인간적인 지형학, 재창조, 강화의 식민지적 재개념화, 그리고 다른 사람들로부터 어떤 사람들을 분리하는 존재의 위계적 순응, 그리고 생산과 축적의 요구에 대한 사람들과 자연의 종속"과 같은 근본적인 과제들을 어떻게 표출하고 있는지를 강조하였다(p. 2). 사실상, "이것은 정치적이거나 문화적 조건으로 이해되어야 하는 식민주의일 뿐만 아니라 지식의 매트릭스와 권력과 존재로 받아들여야 하는 식민성이다"(Maldonado-Torres, 2012, p. 2). 이러한 매트릭스는 '근대성/식민성'으로 언급될 수 있다 (Maldonado-Torres, 2012, p. 2).

❦ 근대성과 식민성에 도전하기

이러한 복잡한 매트릭스에 앞서, 우리의 과제는 근대성과 식민성들을 붕괴시키고 단순히 현존하는 인식론을 창조하기 위해 식민화 과정에 체계적으로 접근하는 것이다. Grosfoguel(2011)은 이러한 인식에 대해 다음과 같은 통찰력 있는 도전을 제기하고 있다.

> 우리는 정체성 정치를 넘어 급진적이면서 반체계적인(anti-systemic) 정책을 생산할 수 있는가? 국가주의(nationalism)와 식민주의(colonialisa)를 넘어 비판적 세계주의(cosmopolitanism)를 명료화하는 것이 가능한가? 우리가 제3세계와 유럽 중심의 근본주의들(fundamentalisms)을 넘어 지식을 생산할 수 있는가? 우리는 정체적 경계와 문화적 연구 사이의 전통적 이분법을 극복할 수 있는가? 경제적 환원주의(reductionism)와 문화주의(culturalism)를 넘어설 수 있는가? 우리는 어떻게 제3세계 근본주의자들처럼 근대성의 장점을 버리지 않은 채 유럽 중심의 근대성을 극복할 수 있는가? (p. 1)

Grosfoguel(2011)은 라틴 아메리카 하층민(subaltern) 연구 집단 내의 충돌에 대해 심도 깊게 살펴본 바 있다. 이 충돌은 1998년 남아시아 하층민 연구 모임과 라틴 아메리가 하층민 연구 모임 사이의 '대화'에서 일어났다. Gros-foguel(2011)에 따르면, 이 연구 모임의 참여자들 중 주로 미국 출신의 라틴 아메리카 학자들은 "급진적이고 대안적인 지식을 생산하기 위해 노력하는 데도 불구하고, 미국 내에서 지역 연구(area studies)의 인식론적 셰마(shema)를 재생산하였다. 몇몇의 예외를 제외하고 그들은 하층민의 '관점에서' 그리고 하층민의 '관점으로부터' 연구를 수행하기보다 하층민에 '대해' 연구하고 있었다. 지역 연구의 제국주의적 인식론처럼 연구하는 주제들은 남아메리카에 속해 있었지만 이론은 여전히 북아메리카에 속해 있었다"(p. 3). Gros-foguel(2011)은 식민성 비판을 하는 과정에서 민감하지 못해 나타나는 인식론적 식민성의 재생산에 대한 그의(그리고 분명히 다른 사람들도 마찬가지일 것임) 좌절과 실망을 강조했다. 이러한 라틴 아메리카 학자들이 산출한 지식의 인식론적 결과는 매우 심각했다. 왜냐하면 "그들은 그들의 연구에서 서구 사상가들에게 우월적인 지위를 부여하면서 그 지역의 민족적/인종적 관점들을 간과했기 때문이다"(Grosfoguel, 2011, p. 3). Grosfoguel(2011)은 여기서 Mallon(1994)의 논의를 추가하고 있는데, 이에 따르면 "이러한 비판은 그들이 '파멸(apoclaypse)의 네 마리 말'이라 부르는 사상가들에게 인식론적 특권을 부여한다. 그들은 Foucault, Derrida, Gramsci 그리고 Guha이다. 그들이 특권을 부여하는 네 명의 주요 사상가들 중에 두 명(Derrida와 Foucault)은 서구 교리에 대한 포스트구조주의자/포스트모더니즘주의자이고, 또한 그 중 셋은 유럽 중심주의 사상가들이다. 오직 한 명, Ranajit Guha만이 남아메리카에 기반한 사상가이다"(p. 3). 서구(백인 남성)라는 압도적인 존재로 인해 사상가들은 그 기반으로서 서구적 틀 이외의 것을 생각하는 것이 불가능했다. 심지어 고착된 이성을 넘어서는 목소리들을 반영하는 것조차 힘들었다. 이는 학자들에게 연구 집단의 근본적인 목적에 대한 '배신'일 뿐만 아니라, 논란의 여지가 있는 인식론적 정의를 역전(back set)시키기 위한 투쟁의 후퇴이다. Grosfoguel(2011)은 이러한 역전에 대해 다음과 같이 검토하고 있다.

라틴 아메리카 하층민 연구 집단의 분열 이유 중 하나는 하층성(subal-ternity)을 포스트모더니즘적 비판(유럽 중심주의에 대한 유럽 중심주의적 비판으로 드러나는)으로 받아들이는 사람들과 하층성을 탈식민주의적 비판(하층화되고 침묵당하는 지식으로부터 나오는 유럽 중심주의적 비판으로 드러나는)으로 받아들이는 사람들 사이의 분열이었다.[Mignolo, 2000, pp. 183–186; pp. 213–214] 그러한 라틴 아메리카 하층민 연구 집단과의 대화는 탈식민적 비판 쪽에 있던 우리 중 일부에게 인식론적 초월의 필요성을 분명히 해 주었다. 그러한 초월은 서구 규율과 인식론의 탈식민화이다. (p. 3)

Grosfoguel(2011)의 주장을 심각하게 받아들여야 할 필요가 있다. 비판 이론의 가치는 그것이 가지는 탈식민화의 가능성에 의존한다. 이러한 과정은 내생적이고 외생적인 방랑하는 복잡한 힘이 의식적이고 동시적으로 작용하도록 요구한다.

Grosfoguel(2011)에 따르면, 이러한 긴장들은 "인도에 대한 서구 유럽의 식민지 역사 기록에 비판적인, 그리고 인도 국가주의적이고 유럽 중심적인 인도 역사 기술에 비판적인" 남아시아 하층민 연구 집단에서도 분명하게 드러난다(p. 3). 그러나 "서구 인식론의 사용과 Gramsci와 Foucault에 대한 특권 부여가 유럽 중심주의에 대한 그들의 비판이 가진 급진성을 억제하고 제한한다. 비록 그들은 다른 인식론적 프로젝트를 표방하고 있지만, 남아시아 하층민 학교는 서구 인식론적 규율에 특권을 부여하고 있으며, 이는 포스트모더니즘에 동조하는 라틴 아메리카 하층민 연구 집단에서 나타난 현상과 동일하다"(Grosfoguel, 2011, p. 3). 이러한 긴장과 모순(반유럽 중심주의자가 되지는 않더라도 적어도 유럽 중심주의적 반유럽 중심주의 비판을 생산하는)에도 불구하고 이러한 연구 집단은 해당 분야에 큰 기여를 했다. 그들은 탈식민주의를 비판하는 반대자들을 위한 명료한 이해를 창조했으며, 이러한 이해는 하층민 연구의 탈식민화의 필요성뿐만 아니라 탈식민주의 연구에서의 탈식민화의 필요성에 대한 것이었다. 이 주제에 대한 Grosfoguel(2006a, 2006b)의 연구는 앞부분에서 다룬 바 있다.

이러한 탈식민주의에 대한 요청은 본질주의적인 것이 아니다. 그것은 기능주의적·근본주의적·반유럽적 비판이 아니다. 그것은 하나의 가정이

머, 그러한 가정이란 1장에서 논의하였듯이, 비판, 포스트모더니즘 그리고 탈구조주의 이론은, 강력하고 훌륭하지만, 권력과 존재의 식민성을 무너뜨리기에는 충분하지 않다는 것이다. 왜냐하면 그것들은 기본적으로 유럽 중심주의/서구의 근본주의적 위치에 기반한 반유럽 중심주의/반서구 비판이기 때문이다. Grosfoguel(2011)이 기술하였듯이 이러한 탈식민주의적 헌신은 경계적 사고(border thinking)에 대한 헌신이다.

> 유럽 중심적 그리고 제3세계의 근본주의, 식민주의 그리고 국가주의에 대한 비판은 하나의 관점이다. 경계적 사고는 분명히 헤게모니적이고 경계적인 근본주의 모두에 대한 비판적 응답이다. 모든 근본주의가 공유하고 있는 것(유럽 중심적인 것을 포함하여)은 진실과 보편성을 획득할 수 있는 단 하나의 인식론적 전통에 존재한다는 약속이다. 그러나 여기서 나의 주요한 논점은 다음 세 가지이다. 1) 탈식민주의적 인식론적 관점은 단순히 서구적 규율(서유럽의 규율을 포함해서)보다 경계적 규율을 필요로 한다는 것, 2) 진정한 보편적 탈식민주의적 관점은 추상적인 보편성(하나의 보편적인 세계적 설계로 발전한)에 기반할 수 없고, 보편적 세계와 반대되는 복수의 세계(pluriversal)를 향한 다양한 비판적 인식론적/규범적/정치적 프로젝트 간의 비판적 대화의 결과가 되어야 한다는 것, 3) 지식의 탈식민화는 하층화된 인종적/민족적/성적 공간과 신체로부터 그리고 이것들과 더불어 이루어지는 제3세계 국가들(Global South)의 사고에 기반한 비판적 사상가들의 인식론적 관점/인식론/통찰을 진지하게 받아들여야 한다는 것이다. 인식론적인 프로젝트로서 포스트모더니즘과 탈구조주의는 서구적 규율에 얽매여 있으며, 이러한 서구적 규율은 그것이 가지는 사상과 실천의 우세성 안에서 권력/지식의 식민성의 특별한 형식을 재생산한다. (p. 4)

이러한 맥락에서, 서구/유럽 중심주의적 · 인식론적 · 전체주의적 모델들에 대한 Grosfoguel(2011)과 다른 이들의 비판은 내가 앞의 장에서 제기한 잠재성에 대한 주제뿐만 아니라 교육과정 분야에서의 한계, 도전 그리고 비판적이고 탈구조적 모델의 변화라는 주제와도 겹쳐진다. 즉, '정치경제학과 문화 연구' 뿐만 아니라 비판적이고 탈구조적인 이론의 장점들을 취하는 것과 함께, 그러한 이론적 구조들이 탈식민주의 과정을 향해 어떻게 앞으로 나아갔으며 또한 나아가고 있는지를 깨닫는 것 역시 중요하다. 왜냐하면 이러한 이론적 구조는 비록 반헤게모니적이기는 하나 그 반유럽 중심주의적 비판 내에서 유럽 중심적이 되는 것을 멈추지 않을 것이기 때문이다. 이것이 우리가 교육과정 분야에서 나아가야 할 길이며, 내가 ICT(*Itinerant Curriculum Theory*)라 부르는 것의 핵심이다(Paraskeva, 2011a). 이에 대해서는 6장에서 자세히 검토해 볼 것이다.

🍎 탈식민주의적 사고: 고리 끊기를 위한 노력

통찰력 있는 저술인『인식론적 불복종과 탈식민적 조건: 선언문(*Epistemic Disobedience and the Decolonial Option: A Manifesto*)』에서 Walter Mignolo(2011) 는 두 가지의 중요한 만남들과 그것이 가져온 흥미로운 결과에 대해 설명한 바 있다. 첫 번째 만남은 2004년 4월에 이루어진 Duke 대학교와 North Carolina 대학교 Chapel Hill의 근대성/식민성 프로젝트에 소속된 Arturo Escobar와 그 모임과의 만남이었다. 그들은『비판 이론과 탈식민화(*Critical Theory and Decolonization*)』를 둘러싼 주제에 대한 검토를 위해 만났다. Mignolo(2011)에 따르면 모임은 중요도가 높은 문제들을 중심으로 진행되었는데, 그것들은 다음과 같았다.

> 『대지의 저주를 받은 사람들(*Damnés de la terre*)』[6]로부터 기원한 일반 대중과도 같은 Horkheimer[7]의 프롤레타리안(proletarians, 노동자 계급) 이나 프롤레타리아(proletariat)의 묘사가 존재할 때, '비판 이론'의 목적은 무엇이어야 하는가? '비판 이론'은 어떻게 근대성/식민성 그리고 탈식민화 프로젝트에 포함될 수 있는가? 이러한 포함이 혹여 비판 이론 프로젝트의 20세기 형태들에 대한 포기를 필요로 하고 있는 것이 아닌

가? 혹은 근대성 프로젝트의 고갈을 의미하고 있는가? (p. 43)

두 번째 만남은 **탈식민적 전환 지도 그리기**(Mapping the Decolonial Turn) 회의였다. 이 회의는 Nelson Maldonado-Torrres에 의해 조직되었으며, 2005년 4월 Berkeley에서 열렸다. 그 회의에는 근대성/식민성 프로젝트와 관련된 모임과 Shifting the Geographies of Reason이란 명칭의 Caribbean Philosophical Association 프로젝트에 참여하고 있던 구성원들, 그리고 철학자와 라틴계 문화 비평가 모임들이 함께 모였다. Mignolo(2011)에 따르면, 갈등과 중요성에도 불구하고 이러한 만남들은 "근대성/식민성이 권력의 식민적 매트릭스의 분석적 범주인 반면, 탈식민성의 범주는 프로젝트의 틀과 목표 확장하고 있으며, 근대성을 구성하는 식민성의 동일한 개념화는 이미 진보하고 있는 탈식민적 사고"라는 점을 분명히 하였다(p. 44). Mignolo(2011)는 Anibal Quijano(1991)가 발전시킨 개념인 탈식민적(탈식민성) 사고의 기원의 중요성을 우선순위로 가져왔다. 이러한 개념에 대한 논의는 Anival Quijano의 연구인『식민성 그리고 근대성/합리성(*Colonialidad y Modernidad/racionalidad*)』에서 이루어졌는데, 여기서 그는 유럽 중심적 헤게모니적 플랫폼의 분석적 범위에 대한 구축의 필요성을 논의한 바 있다(p. 44).

Mignolo(2011)은 탈식민적 사고가 타협할 수 없는 자유(desprendimento)와 식민적 연결을 포함하고 있다고 주장했다(p. 3). Mignolo(2011)가 수행한 Quijano에 대한 검토에 따르면, 자유(desprendimento) 또는 해방(desprenderse)은 다음을 함축하고 있다.

인식론적 고리 끊기 또는 다른 말로 인식론적 불복종은 우리를 프로젝트들의 구성원으로서 탈식민적 조건들에 이르게 한다. 이러한 조건들은 일반적으로 전 세계인들에 의해 경험되며, 경제(토지 및 천연자원의 할당), 권위(군주, 연방 또는 교회에 의한 경영), 그리고 경찰 및 군대의 집행(권력의 식민성), 지식(언어, 사고의 범주, 신앙 체계 등) 그리고 존재(주관성) 등을 식민지화하기 위한 세계 설계의 완성으로 받아들여진다. '고리 끊기(delinking)'는 필수적이다. 왜냐하면 서구(그리스와 라틴)의 사고

범주 내에는 그러한 권력의 식민성으로부터 벗어날 수 있는 길이 없기 때문이다. (p. 45)

즉, 우리는 "합리성/근대성과 식민성의 연결고리로부터, 그리고 자유로운 사람들의 자유로운 의사결정으로 이루어지지 않은 모든 권력으로부터 우리 스스로를 확실하게 해방시킬 필요가 있는 것이다"(Mignolo, 2011, p. 45).

따라서 고리 끊기는 "'새로운 것'을 지속적으로 구하는 것이라기보다 인식론적인 불복종을 함축하고 있다. 그리고 이러한 고리 끊기는 우리를 다른 공간, 다른 '시작'(그리스가 아닌, 미국의 '지배와 식민지화' 그리고 대규모 노예무역에 대한 응답으로), 그리고 같은 공간(그리스로부터 로마로, 파리로, 런던으로, 워싱턴 DC로) 안에서의 새로운 시점으로 이끌면서, 투쟁과 건설을 위한 공간적인 장으로 이끈다"(Mignolo, 2011, p. 45). 이러한 측면에서, 탈식민성은 "식민성의 논리적인 작용을 허락하지 않는 힘이며, 또한 근대성의 수사적 동화(fairy tales)를 믿지 않는 힘이다"(Mignolo, 2011, p. 46). 탈식민성은 단순히 근대성의 데카르트적 모델을 중단하라고 요구하는 것이 아니다. 그것은 다른 이야기의, 또한 다른 세계의 해결책을 제시한다. 탈식민적 사고는 단순히 또 다른 인식론의 가능성에 대한 것이 아니다. 그것은 그러한 비서구적 인식론적 흐름의 실제적인 존재에 대한 것이다. Mignolo(2011)는 근대성에 열정적으로, 하지만 환원적으로 도전하는 특정한 비판적 관점들과 맞닥뜨렸다. 즉, Mignolo(2010)의 고리 끊기 개념은 Amin이 자신의 책인『고리 끊기: 다중심적 세계를 향하여(*Delinking: Towards a Polycentric World*)』를 통해 옹호하였듯이, 정치경제적 늪지대에서 보호된 것은 아니다. Mignolo(2011)의 고리 끊기에 대한 탈식민적 요청은 모순적으로 인식론적 공간을 무시하는 (탈)근대적 전체주의 수준들의 사상에 대한 저항적 반응이다. Mignolo(2011)는 사상가들 중 Foucault, Said 그리고 Spivak과 같은 선두적인 탈구조주의자들에게 도전한다. 왜냐하면 그들은 중요한 비서구 지식인들의 이야기와 세계를 외면하면서 서구적 구조를 강화하는 비판을 구성하기 때문이다. Mignolo(2011)의 요청은 탈식민적 고리 끊기, 급진적 고리 끊기에 대한 요구이며, 이 요청은 탈근대성과 신식민성(neocoloniality)의 이성적 주축들을 허물어뜨리고 파괴한다.

Mignolo(2011)의 탈식민지 정부의 관점에서, "탈식민적 사상은 근대성/식민성의 매우 근본적인 지점에서 출현하였다. 이 지점은 대립점이며, 포스트식민주의적 이론(post-colonial theory)이나 포스트식민주의적 연구(post-colonial studies)와 차별화되는 지점이며, 포스트식민주의적 이론과 포스트식민주의적 연구의 계보는 세속적 탈식민적 사상의 치열한 역사에 기원하기보다는 프랑스 탈구조주의에 속하는 것"임을 강조하였다(p. 46). 반자본주의(anticapitalist)와 반식민주의(anticolonialist)로 그것을 받아들이지 않더라도, 반자본주의와 반식민주의 이상으로 탈식민주의의 뿌리는 분명 전자본주의(ante-capitalist)와 전식민주의(ante-colonialist)이다.

Madina Tlostanova와 Walter Mignolo(2012)는 포스트(post)식민주의와 탈(de)식민주의 사상 사이의 차이점과 공통점에 대해 심도 깊게 논의한 바 있다. Tlostanova와 Mignolo(2012)가 포스트식민성에 대해 설명하면서 논의하였듯이, 탈식민적 사상은 포스트식민주의에 반대하지 않는다(p. 31). 오히려 정확하게 그 반대이다. 탈식민적 사상은 "다른 조건들을 제시"한다. 이 때문에 포스트식민성과 탈식민성은 "500년간 지속된 서구의 합병과 제국주의 확장에 대한 서로 다른 응답이며, 서로 다른 역사적 경험, 언어, 기억 그리고 사상의 계보학에 기반하여 구성된 것들이다"(Tlostanova & Mignolo, 2012, p. 32).

Tlostanova와 Mignolo(2012)는 포스트식민주의적 연구가 "주로 미국에서 출현하였고, 제정 영국(또는 때때로 제정 프랑스)을 근대 식민 역사의 [또한 이 둘 모두를 포스트식민주의 연구의] 중심에 위치시킨 역사적 형식에서 비롯된 지식의 육체정치학(body politics)을 고려하고 있으며, 또한 그것에 초점을 맞춘다고 주장하였다. 그리고 포스트식민주의 이론들은 프랑스 구조주의의 흥망과 연관되어 있으며, 이를 통해 영국과 인도에서의 식민지적 경험이 걸러진다고 주장하였다"(pp. 32-33). 그러나 탈식민적 사고에 따르면, 초점 또는 수단은 **완전한 자유**(desprendimento total)이며, 이는 "지식과 인간성의 현존하는 체계를 지탱하는 원리들과 구조들로부터 독립하는 것을 의미한다. 탈식민적 사고는 지식의 규율적인 합법성과 존재하는 규율적인 법칙에 복종하지 않는 지식의 부적격성에 대해 의문을 제기한다"(Tlostanova & Mignolo, 2012, p. 32). 즉, 탈식민적 사고는 "다시 배우기 위해 배우지 않는 법을 배우는 것이다"(Tlostanova & Mignolo, 2012, p. 32). 또한 Linda Smith(1999)의 규율적인 불복종의 개념을 좀 복잡하게 생각하면, 그것은 규율적 분리라고 할 수 있다. 이를 요약하면 다음과 같다.

> 포스트식민성은 포스트근대성을 가정한다. 반면, 탈식민적 사고와 탈식민적 조건은 항상 근대성 그리고 포스트근대성과는 분리되어 있다. 그것은 침묵되었던 다양한 사고의 계보학을 전면으로 가져온다. 탈식민적 조건은 정치적 탈식민화를 위한 투쟁의 결과로서 유럽에서가 아닌 제3세계에서 조직된 것이다. 그리고 그것은 미국의 핵심부에서 '소수들' 사이의 시민 권리 운동 결과로 출현하였고 젠더와 민족 연구를 통해 지식과 존재의 탈식민화에 영향을 미쳤다. (Tlostanova & Mignolo, 2012, p. 33)

내가 앞에서 검토하였듯이, 탈식민적 사고는 명백한 노력이며, 이야기와 세계에 대한 다양한 해석 속에서 형성되어 가는 삶의 방식이다. 그것은 돌이킬 수 없고, 끝없으며, 미뤄진 미래를 위해 만들어진 해결책이 아니다. 그것은 구체적이며, 식민지 지배자들과 식민지 피지배자들 사이의 전쟁 같은 충돌 속에서 새롭게 형성된다. 과거의 유토피아는 현재 속에서 구체화된다.

Mignolo(2011)의 논의에 따르면, 인식론적 불복종은 근대성과 병행하여 작동하지만 단순한 현재적인 주제는 아니다. 그것은 식민성의 제도화와 동시에 등장하였다(p. 45). 즉, "만약 근대성의 복음주의적 수사법이 억압적이고 처벌적인 식민성의 논리(Fanon의 '유배 당한 자'로부터 나온)를 가정하고 있음으로 해서 식민성이 근대성의 구성물이라 본다면, 억압적 논리는 이러한 불만의 에너지, 불신의 에너지, 제국주의적 폭력에 저항하는 사람들에게 배포되는 에너지를 생산한다"(Mignolo, 2011, pp. 45-46). Tlostanova와 Mignolo(2012)에 따르면 탈식민적 사고는 "16세기로부터 줄기를 뻗어 왔으며, 18세기를 가로질러 20세기로 이어져 왔다"(p. 31). Mignolo(2011)는 탈식민적 전환의 최초의 등장에 대해 밝힌 바 있는데, 이러한 전환은 Waman Puma de Ayala와 Ottobbah Cugoano가 1616년과 1787년에 각각 저술한『새로운 연대와 좋은 정부(*New Chronicle and Good Government*)』와『노예제의 악마에 대한 감정들(*Sentiments on the Evil of Slavery*)』에서 묘사된 바 있다. Mignolo(2011)은 이러한 저작들에 대해 다음과 같이 부연하고 있다.

> 지식의 식민성 덕분에 탈식민 정책적 논문들은 Machiavelli, Hobbs, 그리고 Locke와 같은 선상에서 토론을 공유할 수 없었다. 오늘날 이들을 탈식민적 사상의 계보학에 다시 참여시키는 것이 시급한 프로젝트이다. 이러한 계보학 없이는 탈식민적 사상이 그리스와 로마에 기반한 다양한 계보학들 중 하나에 논리적으로 의존하는 사람들의 단순한 몸짓에 불과해질 것이다. 그리고 결국 르네상스 이후의 유럽 제국주의 근대성에 다시 포함될 것이다. 그리고 이미 언급된 여섯 가지의 제국주의적 언어 중의 하나가 될 것이다. 그것은 르네상스 시절에는 이탈리아어, 스페인어, 포르투갈어로, 계몽주의 시절에는 프랑스어, 영어, 독일어로 언급되었다. Waman Puma와 Cugoano는 생각하지 못했던 공간에 대해 생각하고 또한 그 공간을 열었다. 그리고 그것은 그들의 가장 우측의 측면과 가장 좌측의 측면들을 포괄하는 것이었다. (p. 47)

Mignolo(2011)는 "Waman Puma와 Cugoano가 처음에는 타완틴수유(Tawantinsuyu)[8] 제국의 경험과 기억을 통해, 나중에는 대서양의 야만적인 아프리카 노예제의 경험과 기억을 통해 '다른 사고를 향한 문', 즉 경계적 사고를 향한 문을 열었다."고 주장했다(p. 48). 탈식민주의는 고리 끊기와 개방을 위한 노력이다. 그것의 초점은 "진실로 이끄는 문들에 있는 것(열림, aletheia)이 아니고, 다른 공간들, 식민적 기억의 공간, 탈식민적 사고가 형성된 곳에서부터 이어진 식민지적 상처의 발자국들에 초점을 맞춘다. 그것은 진실들의 다른 형태로 이끄는 문들이며, 이 진실의 근본은 존재가 아닌 식민지적 상처인 존재의 식민성이다. 탈식민적 사고는 항상 식민지적 차이를 가정한다"(Mignolo, 2011, p. 48).

탈식민적 사고는 "가정된 서구 인식의 전체성"에 도전한다(Mignolo, 2011, p. 48). Mignolo(2011)는 "탈식민적 전환은 개방이며, 사고로부터의 자유이며, 삶의 방식(누군가에게는 경제, 다른 이들에게는 정치)이며, 존재와 지식의 식민성에 대한 정화이며, 근대성의 수사적 명령과 민주주의의 수사 속에서 명료화된 제국주의적 상상으로부터의 고리 끊기"라 논의하였다(p. 48). Waman Puma de Ayala와 Ottobbach Cugoano의 탈식민적 사고가 어떻게 기독교 신앙에 의지하고 있는지를 살피는 것은 매우 흥미롭다. 하지만 그것은 사파티스타(Zapatistas)[9] 군대의 언론과 출판의 민주주의와 동등한 것으로서의 기독교 신앙을 해석한 것이다. 즉, 민주주의는 서구 사상과 정치적 이론의 사적 소유물이 아니다. 그것은 오히려 공존과 아름다운 삶의 원리들 중 하나이다. 이러한 민주주의의 개념은 공존과 거의 반대되는 형태로 나타나는 미국적 맥락에서의 민주주의의 개념 그리고 형태와 정면으로 충돌한다. 뒤의 장에서 살펴볼 것이지만, "탈식민적 사고의 계보학은 서구 유럽적 사고의 계보학 내에서 잘 알려져 있지 않다"(Mignolo, 2011, p. 59).

이러한 경계적 사고는 내가 검토한 것과 같이, 지난 1,000년간 생산되고 재생산되어 온 유럽 중심적 전체주의를 넘어, 다른 인식론적 형태들을 존중하고 있다. 이러한 경계적 사고는 인식론적 정의와 사회적 · 인식적 정의에 대한 헌신이다.

National Working Group on Education and the Ministry of Indian and Northern Affairs, Ottawa, Canada를 위해 작성된 보고서에 따르면, "토착적 지식이 유럽 중심적 주류에 의해 인식되어 온 것이 사실이든지 아니든지, 그러한 지식은 항상 존재해 왔다"(Battiste, 2002, p. 4). 토착적인 연구의 과제는 다음과 같다.

토착적 지식의 전체적 패러다임을 확언하고 활성화하여 토착적 언어, 세계관, 가르침 그리고 경험을 비롯해 현대 교육적 제도와 유럽 중심적 지식 체계로부터 체계적으로 배제된 모든 것들을 드러낸다. 이러한 지식적인 자기 결정적 행위를 통하여 토착적 학계는 그들 자신과 그들의 공동체 그리고 그들의 사회를 탈식민화하기 위한 새로운 분석과 방

법론을 발전시키고 있다. (p. 4)

다음 장에서 나는 "과거를 강화하고 미래를 숙고하지 않는 지식 체계들이 어떻게 유럽 중심 사상을 인도하여, 그것이 오직 유럽인들만이 진보할 수 있으며, 원주민들은 시간적으로 멈춰 있다고 주장"(Battiste, 2002, p. 4)하게 만드는지를 검토할 것이다. 뒤에서 살펴볼 것이지만, "유럽의 이론적 또는 문화적 성취들이 아니었다면 가질 수 없었던 아이디어나 사상 역시 근대성의 가장 분명한 신조 중의 하나이다. 이러한 논리는 몇 세기 동안 식민지 세계에 적용되어 왔다"(Maldonado-Torres, 2003, p. 5). 이러한 이데올로기적 숭배는 다음과 같은 무수히 많은 전략들 속에 고착되어 왔다.

> 이데올로기적 숭배는 유럽 이외의 지역들은 지식, 인문, 예술, 과학 그리고 기술 등 그 어느 것에도 기여하지 못했다는 신화를 강화하는 데 사용되어 왔다. 이러한 전략은 그리스-로마 문헌에 대한 맹목적인 의지와 인용을 포함한다. 사실상 그리스 알파벳은 넓게 보면 시리아/레반트 지역의 것임에도 불구하고 말이다. 마야 문명, 힌두 문명, 그리고 아라비아 숫자, 0의 개념, 대수학 표기, 비유럽적 지식, 소수의 사용, 복합 방정식의 해법 등과 같은 비유럽적 지식에 대한 역사의 조작과 홀대는 유명한 과학자들의 이름과 그들이 발명한 기구의 이름, 과학적 문헌에 대한 유럽화와 지식의 세계 역사에 대한 동등하고 공정한 평가에 대한 외면(예를 들어, 2500년 전 중국인들에 의한 혜성의 규명이 Haley에게 영향을 주었다.)이다. 그리고 비유럽적 과학과 기술적 혁신 그리고 발명품들을 '예술'로 분류하고 치부하는 것이다. (p. 227)

이렇듯, 나는 유럽 중심주의뿐만 아니라 지식과 존재의 식민성의 연합체에 대해 검토하였다. 이를 통해 나는 어떻게 지식, 권력 그리고 존재의 '매트릭스'로서의 식민성이 전체주의적 자본주의적 사회 모델의 영속화를 목표로 하여 인식론적 인종 우월적 조직을 구성하고 실행하는지 분석할 수 있었다. 일반적으로는 교육 시스템, 그리고 특별히 교육과정의 이 둘은 근본적으로 이러한 인식론적 학살을 내포하고 있다.

우리가 꽤 길고 상세하게 살펴보았듯이(Paraskeva 2010 참고), 학교가 정당하고 동등한 사회를 위해 투쟁하게 하는 가장 좋은 방법, 특히 새롭고 급진적(new-radical) 중도 정책과 전략을 대면할 때 가장 좋은 방법은 Sousa Santos, Nunes와 Meneses(2007)가 인식론적 다양성이라 명명한 것을 위한 투쟁에 참여하는 것이다. 그들은 "인식적 정의 없는 세계적 사회적 정의"(p. ix) 같은 것은 존재하지 않는다고 논의하였다. 사실상, '공식적'인 것으로서 특별한 지식의 형식들을 규명함을 통해 학교교육은 Sousa Santos(1997)가 인식론적 학살이라고 명명한 것에 참여한다. 그리고 이것은 제국주의와 백인 우월주의를 강화하는 치명적인 도구이다(hooks, 1994).

Sousa Santos 등(2007)은 통찰력 있게도 "아메리카 대륙의 원주민과 아프리카 노예들의 지식에 대한 억압은 대량 학살의 또 다른 측면"(p. ix)이라 주장하였다. 그들의 논의는 여기서 좀 더 길게 인용할 만한 가치가 있다.

> 세계의 수많은 비유럽인들(원주민, 토착인 등)은 공동체, 자연, 지식, 역사적 경험, 기억, 시간 그리고 공간을 유럽 중심적 개념들이나 문화들로 환원될 수 없는 삶의 구성 방식으로 인식하였다. (…) 신자유주의 경제 질서, 대의제 민주주의, 개인주의 또는 지위와 법률 간의 동등함 등과 같이 보편적 타당성으로 주장되는 것들의 적용은 계급, 민족, 지역, 인종 또는 성적 차이 그리고 근대 사회 질서의 유럽 중심적 정의와 양립할 수 없다고 여겨지는 종합적 정체성들과 권리 등에 근거한 통치 형태에 그 기반을 두고 있다. (pp. xx-xxi)

따라서 우리는 "선진 국가들이 제3세계 국가들에 강요하고 있는 자본주의와 제국주의 질서의 기반에는 인식론적 토대가 있다는 것"(p. ix)을 부정할 수 없다. Sousa Santos(2004)는 우리에게 필요한 것은 "과학적 지식의 단일 문화에 대항하는 전투에 참여하는 것이고 지식의 생태학에 대항하는 것"(p. xx)이라 논의하였다. 그것은 다음과 같다.

지식들 간의 비상대직인 대화 촉진으로의 초대이며, 더 민주적이고 징
의로운 사회를 건설하는 데 있어서 그들 각각의 기여의 최대화와 지식
과 권력의 탈식민화를 목표로 하는 광범위한 인식론적 논의에 참여하
는 서로 다른 지식에 대한 기회의 평등을 부여하는 것. (p. xx)

따라서 이러한 투쟁은 권력과 지식의 식민성에 저항하는 것이어야 한다. 이
러한 전투의 투쟁에서, 우리는 다문화주의와 관련된 특별한 견해들, 개념들
그리고 실천들에 대한 도전을 마무리하여야 한다. 이러한 다문화주의는 다
음과 같다.

(다문화주의는) 분명히 유럽 중심적인 것이며 선진 국가들의 구조 안에
서 문화적 다양성을 창조하고 기술한다. (…) 다국적 또는 세계적 자본
주의, 적어도 국적이 없는 자본주의와 인종주의의 새로운 형태의 주요
한 표현은 매우 기술적이고 정치 혐오적인 경향이 있다. 따라서 권력
관계, 착취, 불평등 그리고 배제와 관련된 문제들을 억압한다. (pp. xx-
xxi)

실제로 우리에게는 차이의 다층적 배양을 목표로 하는 해방적 내용과 방향
을 적용하는 다문화적 접근이 필요하다. 따라서 우리는 Sousa Santos(2004)
가 부재의 사회학(the sociology of absences)이라 명명한 것의 유익한 조건들
을 받아들일 것이다. 달리 말하면, 우리가 소유한 것은 지식의 민주화에 대
한 요청이며, 이러한 지식의 민주화는 해방적이고 비상대주의적인 세계 보
편적 지식의 생태학에 대한 약속이다. 이는 다음과 같다.

지식과 권력의 식민성을 공고히 하는 다양한 형태의 억압에 대한 대
응으로서 지식, 문화 그리고 국제화의 다양한 형식들 간의 연합체를
위한 장을 마련하고 이들을 함께 모은다. [실질적으로 우리는] 서부 지
역으로부터 교훈을 얻어야 할 필요가 있다. 왜냐하면, 사회적 해방의
재발명이란 목표는 남부 지역에서 생성된 비판 이론과 그것이 속해

있는 사회적 · 정치적 실천을 넘어서기 때문이다. (Sousa Santos et al., 2007, p. xiv)

사실상, 서구 헤게모니적 인식론을 비인간적인 제국주의와 식민주의적 이데올로기의 장으로부터 분리하는 것은 실수일 것이다. Smith(1999)는 이에 대해 다음과 같이 언급하였다.

> 제국주의와 식민주의는 특수한 구성체로서, 서구는 이를 통해 원주민 공동체를 '바라보고', '명명하며', '인식하게' 되었다. 표현의 체계, 분류 체계를 열 수 있는 부호들, 지식의 분절된 인공물들로 채워진 문화적 기록들은 여행자들과 관찰자들이 그들이 본 것이 무엇인지 알게 해 주었고, 서구로 돌아가 그들이 새롭게 발견한 지식을 그들이 표현한 것들에 대한 소유권과 권위를 통해 표현할 수 있게 해 주었다. (p. 60)

종합하자면, 근대성의 조직과 그에 따른 이론적 근거는 "지식의 관점과 식민적/근대적/자본주의적/유럽 중심적 권력의 국제적 모델의 성격에 대한 정밀한 설명을 제공하는 생산 지식의 방식을 제공하였다. 이러한 관점과 생산 지식의 구체적인 방식이 바로 유럽 중심주의이다"(Quijano, 2008, p. 197). 유럽 중심주의는 다음과 같다.

> 체계적인 구조를 가진 지식 관점이라는 명칭은 17세기 중반 이전의 서부 유럽에서 시작되었다. 그중 몇몇의 그 기원은 의심할 여지 없이 훨씬 더 오래되었다. 이후의 몇 세기들을 지나며, 이러한 관점은 유럽 부르주아 계급의 지배 과정과 같은 경로를 따라 국제적 헤게모니로 자리 잡았다. 그것의 구성은 유럽 사상의 특수한 부르주아적 세속화, 그리고 국제적 자본주의(식민적/근대적)와 미국의 식민화 이후 형성된 유럽 중심적 권력 등과 결합되어 있었다. 이것이 특별히 모든 유럽이나 서부 유럽의 역사적 지식을 포함하지는 않는다. 또한 그것은 모든 유럽과 모든 시기의 모든 지식의 형태들을 언급하는 것도 아니다. 그것은

오히려 특수한 합리성 또는 지식의 관점이며 그것은 (유럽에서 그러히였 듯) 유럽 이외의 세계에서도 그 이전의 또는 그와 다른 각각의 구체적인 지식들이 가진 개념적 조직을 식민화하고 극복함으로써 세계적 헤게모니가 되어 갔다. (Quijano, 2000b, p. 549)

Amin(2009)의 기술에 따르면, 유럽 중심주의는 무시와 공포의 조망 그 이상의 것이다. 그리고 그것은 "세계 역사의 이론을 함축하고 있으며 또한 그것으로 분리된 국제적인 정치적 프로젝트이다"(p. 154). 이러한 국제적 이데올로기적·정치적 프로젝트는 "한 몸이 되어 동시에 사회적 체계로서 그리고 그것을 통합하는 세계적 수준의 불평등으로서 자본주의의 존재를 정당화한다"(Amin, 2009, p. 156). 유럽 중심주의는 '기독교적 신화'이며, 오리엔탈리즘의 대조적 인종주의 구조이다.

(1) 유럽 중심주의는 헬레니즘 문화를 근거 없이 유럽에 덧붙이기 위해 그것이 발견하고 발전시킨 동양(orient)이라는 바로 그 환경으로부터 고대 그리스를 제거한다. (2) 유럽 중심주의는 인종주의의 흔적을 유지하며, 이러한 인종주의는 유럽 문화적 단일성이 구성되는 근본적인 기반이 된다. (3) 유럽 중심주의는 종교 현상에 대한 비과학적 조망을 수용하면서 역시 근거 없이 유럽으로 편입된 기독교 신앙을 유럽 문화 단일성을 지탱하는 주요한 측면으로 해석한다. (4) 동시에 유럽 중심주의는 근접한 동양과 더 멀리 있는 동양에 대한 조망을 동일한 인종주의적 기초를 두고 구성한다. 이 또한 종교에 대한 불변의 전망을 차용하면서 이루어진다. (Amin, 2009, p. 166)

유럽 중심주의는 인식론적 학살의 종합적 산물이다. Amin(2009)의 논의에 따르면, 오리엔탈리즘은 "신화적 동양에 대한 이데올로기적 구조이고 이러한 구조에서 그것들의 특징은 서구 세계(occidental world)의 특징에 반대되는 것으로 정의된 불변의 성질로 취급된다. 이러한 반대되는 이미지는 유럽 중심주의의 본질적인 요소이다"(p. 175). Amin(2009)은 사실상 유럽 중심주의는 사회적 이론이 아니라고 주장했다. 그것은 실은 "사회 이론을 왜곡하는 선입견"이다(Amin, 2009, p. 166). 뒷부분에서 나는 근대성이 어떻게 특정한 역사를 구성하였는지 살펴볼 것이다. 이러한 역사는 비서구적 인식론적 형태를 완벽히 침묵시켰을 뿐만 아니라 서구 인식론적 연단의 핵심에서 비서구적 인식론적 발달 가능성을 제거했다. 다음 장은 어떻게 서구 유럽 인식론적 매트릭스가 아프리카 지식인들로부터 격렬하게 도전을 받았는지 살펴볼 것이다. 근대성과 탈근대성이 보여 주는 것에 대한 투쟁, 그리고 사회적 실제를 정확하게 검토하고 재현하는 데 있어서 그것이 가진 환원주의와 결핍에 대한 투쟁 속에서 포스트모더니티의 개념이 등장하였다. 그리고 이것은 "신앙 논리적 관계, 사회 논리적 관계, 규범적 관계, 미적 관계들을 규명하고자 하는 진정한 패러다임 변화"이다(Rodriguez Magda, 2011, p. 1). Rodriguez Magda(2011)는 이에 대해 다음과 같이 덧붙이고 있다.

> 트랜스모더니티는 문화적 · 종교적 차이를 존중하는 진보로의 개념적 화해를 위해 전근대적 · 근대적 위치의 병립을 수용하는 모델을 구성함으로써 이 둘 사이의 통합을 추구한다. 이는 이슬람 국가에서부터 근대성의 서구적 관점에 이르기까지 수용하려 노력한다. (p. 2)

내가 언급하였듯이, 우리 분야를 뒤덮는 최근의 세계화와 국제화의 열정 이전에, 타당하고 정당한 교육과정을 위한 투쟁은 반드시 사회적 · 인지적 정의를 위한 투쟁이 되어야 한다. 이러한 비판적 교육과정의 강물의 다음의 노력 이상으로, 이것은 하나의 전환점이며, 탈식민적 사고에 대한 약속이며, 이러한 탈식민적 사고는 단순히 (탈)근대성의 급진적 비판모델의 부재에 대한 생산적인 자기비판이 아니라, 동시에 인식론적 학살을 심화시키고 강화하는 교육과 교육과정을 통해 식민적 권력 매트릭스에 대한 도전의 중요성에 관심을 기울이는 것이다. 이러한 비판적 강물은 서구 인식론적 플랫폼 이전 그리고 이후의 비획일적인 세계와 언어들에 대해 세심히 귀 기울일 필요가 있다. 다른 연구에서 내가 논의하였고(Paraskeva, 2001a, 2001b), 또한 추후에 살펴볼 것이지만, 이것을 실천하는 강력한 방법은 유동적인 태도를 가지고 내가 ICT라 이름 붙인 물결에 참여하는 것이다. 나중에 이에 대해 더 살펴보겠다.

이후에서는, 나는 특정한 아프리카 인식론적 줄기의 핵심에서 가장 두드러진 갈등들 중 몇몇을 간략하게 탐구해 볼 것이다. 나는 이러한 인식론적 충돌을 축소, 침묵, 무시하는 서구 인식론적 패러다임의 심각한 실수에 대해 논의할 것이다.

🐾 참고문헌

Amin, S. (2009) *Eurocentrism*. New York. Monthly Review Press.

Anyon, J. (1983) Workers, Labor and Economic History, and Textbook Content. In Michael Apple and Lois Weis (eds) *Ideology and Practice in Schooling*. Philadelphia: Temple University Press, pp. 37-60.

Battiste, M. (2002) *Indigenous Knowledge and Pedagogy in the First Nations Education. A Literature Review with Recommendations*. Indian and Northern Affairs. Ottawa. Canada.

Beyer, L. and Liston, D. (1996) *Curriculum in Conflict: Social Visions, Educational Agendas and Progressive School Reform*. New York: Teachers College.

Brindle, P. and Arnot, M. (1999) England Expects Every Man to Do his Duty: The Gendering of the Citizenship Textbook 1940-1996. *Oxford Review of Education*, 25 (1, 2), pp. 103-23.

Cabral, A. (1973) *Return to the Source. Selected Speeches of Amilcar Cabral*. New York: Monthly Review Press.

Castro-Gómez, S. (2008) (Post)colonialities for Dummies: Latin American Perspectives on Modernity, Coloniality and the Geopolitics of Knowledge. In M. Mabel, E. Dussel and C. Jauregui (eds) *Coloniality at Large: Latin America and the Postcolonial Debate*. Durham: Duke University Press, pp. 259-86.

Cesaire, A. (2000) *Discourse on Colonialism*. New York: Monthly Review Press.

Chomsky, N. (1992) *Chronicles of Dissent: Interviews with David Barsamian*. Monroe, ME: Common Courage Press.

Dussel, E. (1995b) *Philosophy of Liberation*. Oregon: Wipf & Stock.

Dussel, E. (2000) *Europe, Modernity and Eurocentrism, Nepantla: Views from South*, 1 (3), pp. 465-78.

Dussel, E. (2013) *Ethics of Liberation. In the Age of Globalization and Exclusion*. Durham: Duke University Press.

Eze, E. (1998) Modern Western Philosophy and African Colonialism. In E. Eze (ed) *African Philosophy. An Anthology*. Oxford: Blackwell Publishers, pp. 213-221.

Giroux, H. (1981a) *Ideology, Culture & the Process of Schooling*. Philadelphia: Temple University Press.

Grosfoguel, R. (2003) *Colonial Subjects. Puerto Ricans in a Global Perspective*. Berkeley: University of California Press.

Grosfoguel, R. (2006a) From Postcolonial Studies to Decolonial Studies: Decolonizing Postcolonial Studies: A Preface. *Review*, 29 (2), pp. 141-43.

Grosfoguel, R. (2006b) World-System Analysis in the Context of Transmodernity, Border Thinking and Global Coloniality. *Review*, 29 (2), pp. 167-88.

Grosfoguel, R. (2010) Epistemic Islamophobia. Colonial Social Sciences. *Human Architecture: Journal of the Sociology of Self-Knowledge*, 8 (2), pp. 29-39.

Grosfoguel, R. (2011) Decolonizing Post-Colonial Studies and Paradigms of Political Economy: Transmodernity, Decolonial Thinking, and Global Coloniality. *Transmodernity. Journal of Peripheral Cultural Production of the Luso-Hispanic World*, 1 (1), pp. 1-38.

Harris, W. (1889) The Intellectual Value of Tool-Work. *Journal of Proceedings and Addresses* (National Education Association), pp. 92-98.

Hill Collins, P. (2000) *Black Feminist Thought. Consciousness and the Politics of Empowerment*. New York: Routledge.

hooks, b. (1994) *Teaching to Transgress. Education as a Practice of Freedom*. New York: Routledge.

Janson, E. (2014) *Where the Sidewalk Ends, the Air Begins: Colonialism and Coloniality in the Age of Liquid Modernity*. Paper Presented at the Educational Leadership and Policy Studies Doctoral Program, University of Massachusetts, Dartmouth.

Kliebard, H. (1995) *The Struggle for the American Curriculum: 1893-1958*. New York: Routledge.

Las Casas, F. B. (2008) *A Brief Account of the Destruction of the Indies*. USA: BN Publishing.

Latour, B. (1999) *Pandora's Hope. Essays on the Reality of Science Studies*. London: Harvard University Press.

Loewen, J. (1995) *Lies My Teacher Told Me: Everything Your High School History Textbook Got Wrong*. New York: New Press.

Maldonado-Torres, N. (2003) *Imperio y Colonialidad del Ser*. Paper presented at the Annual Meeting of the Latin American Studies Association in Dallas, Texas, March 29, pp. 1-24.

Maldonado-Torres, N. (2007) On the Coloniality of Being. Contributions to the Development of a Concept. *Cultural Studies*, 21 (2, 3), pp. 240-70.

Maldonado-Torres, N. (2008a) *Against War. Views from the Underside of Modernity*. Durham: Duke University Press.

Maldonado-Torres, N. (2008b) Religion, Conquete et Race dans les Foundation du Monde Modern/Colonial. In M. Mestri, R. Grosfoguel and E. Y. Soum (eds) *Islamophobie dans le Monde Moderne*. Paris: IIIT France, pp. 205-38.

Maldonado-Torres, N. (2012) Decoloniality at Large: Towards a Trans-Americas and Global Transmodern Paradigm (Introduction to Second Special Issue of "Thinking through the Decolonial Turn"). *Transmodernity. Journal of Peripheral Cultural Production of the Luso-Hispanic World*, 1 (3), pp. 1-10.

Mallon, F. (1994) The Promise and Dilemma of Subaltern Studies: Perspectives from Latin American History. *American Historical Review*, 99, pp. 1491-515.

Mallon, F. (2012) *Decolonizing Native Histories*. Durham: Duke University Press.

Mignolo, W. (2000) *Local Histories/Global Designs: Essays on the Coloniality of Power, Subaltern Knowledges and Border Thinking*. Princeton: Princeton University Press.

Mignolo, W. (2008) The Geopolitics of Knowledge and Colonial Difference. In M. Morana, E. Dussel, and C. Jauregui (eds) *Coloniality at Large. Latin America and the Postcolonial Debate*. San Antonio: Duke University Press, pp. 225-58.

Mignolo, W. (2011) Epistemic Disobedience and the Decolonial Option: A Manifesto. *Transmodernity. Journal of Peripheral Cultural Production of the Luso-Hispanic World*, 1, (2), pp. 44-66.

Mignolo, W. (2012) *Local Histories / Global Designs. Coloniality, Subaltern Knowledges and Border Thinking*. Princeton: Princeton University Press.

Mills, C. (1997) *The Racial Contract*. Ithaca: Cornell University Press.

Muelder, H. (1984) *Missionaries and Muckrakers: the First Hundred Years of Knox College*. Urbana: University of Illinois Press.

Paraskeva, J. (2001) *As Dinamicas dos Conflitos Ideologicos e Culturais na Fundamentacao do Curriculo*. Porto: ASA.

Paraskeva, J. (2007a) *Ideologia, Cultura e Curriculo*. Lisboa: Didatica Editora.

Paraskeva, J. (2007b) Continuidades e Descontinuidades e Silêncios. Por uma Desterritorialização da Teoria Curricular. *Associação Nacional de Pós-Graduação e Pesquisa em Educação*, (ANPEd), Caxambu, Brasil.

Paraskeva, J. (2010) Hijacking Public Schooling: The Epicenter of Neo Radical Centrism. In S. Macrine, P. McLaren and D. Hill (eds) *Revolutionizing Pedagogy: Educating for Social Justice within and Beyond Neo-liberalism*. New York: Palgrave, pp. 167-186.

Paraskeva, J. (2011a) *Conflicts in Curriculum Theory. Challenging Hegemonic Epistemologies*. New York: Palgrave.

Paraskeva, J. (2011b) *Nova Teoria Curricular*. Lisboa: Edicoes Pedago.

Quijano, A. (1991). Colonialidad y Modernidad/Racionalidad. *Perú Indígena*, 29 (1), 11-21.

Quijano, A. (2000a) Coloniality of Power, Eurocentrism and Latin America, *Neplanta, Views from the South*, 1, 3 pp. 533-580.

Quijano, A. (2000b). Colonialidad del poder y classificacion Social. *Journal of World Systems Research*, 6 (2), pp. 342-386.

Quijano, A. (2008) Coloniality of Power, Eurocentrism, and Latin America. In M. Morana, E. Dussel, and C. Jauregui (eds) *Colonialiy at Large. Latin America and the Postcolonial Debate*. San Antonio: Duke University Press, pp. 181-224.

Rodríguez Magda, R. M. (2011) Transmodernidad: un Nuevo Paradigma. *Transmodernity* 1.1, pp. 1-13.

Silliman, B. (1829) Original Papers in Relation to a Course of Liberal Education. *The*

American Journal of Science and Arts, XV, pp. 297–351.

Smith, L. (1999) *Decolonizing Methodologies: Research and Indigenous Peoples*. London: Zed Books.

Sousa Santos, B. (1997) *Um Discurso sobre as Ciencias*. Porto: Afrontamento.

Sousa Santos, B. (2004) *A Gramatica do Tempo*. Porto: Afrontamento.

Sousa Santos, B., Nunes, J. and Meneses, M. (2007) Open Up the Cannon of Knowledge and Recognition of Difference. In B. Sousa Santos (ed) *Another Knowledge Is Possible*. London: Verso, pp. ix–lxii.

Tlostanova, M. and Mignolo, W. (2012) *Learning to Unlearn. Decolonial Reflections from Euroasia and the Americas*. Ohio: Ohio State University.

Todorova, M. (1997) *Imagining the Balkans*. Oxford: Oxford University Press.

Todorov, T. (1984) *The Conquest of America. The Question of the Other*. Norman: University of California Press.

Torres Santomé, J. (1996). The Presence of Different Cultures in Schools: Possibilities of Dialogue and Action. *Curriculum Studies*, 4 (1), pp. 25–41.

Tyack, D. (1974) *The One Best System. A History of American Urban Education*. Cambridge: Harvard University Press.

Walker, C. (2011) How Does It Feel to Be a Problem. (Local) Knowledge, Human Interests and the Ethics of Opacity. *Transmodernity. Journal of Peripheral Cultural Production of the Luso-Hispanic World*, 1 (2), pp. 104–119.

Wallerstein, I. et al. (1996) *Open the Social Sciences. Report of the Gulbenkian Commission on the Restructuring of the Social Sciences*. Mestizo Spaces/Espaces Metisses. Stanford: Stanford University Press.

Walsh, C. (2012) 'Other' Knowledges, 'Other' Critiques Reflections on the Politics and Practices of Philosophy and Decoloniality in the Other America. *Transmodernity. Journal of Peripheral Cultural Production of the Luso-Hispanic World*, 1 (3), pp. 11–27.

Zinn, H. (1999) *The Future of History*. Monroe: Common Courage Press.

Zinn, H. (2001) *On History*. New York: Seven Stories Press.

❦ 역자 후주

[1] 유럽과 미국 중심의 포스트모더니티의 한계를 재구성하고자 출현한 개념으로, 유럽이나 미국 중심의 근대성 해석의 한 개를 넘어 각 나라의 문화와 상황을 존중한다.

[2] (신화) 페니키아 왕 아게노르의 딸. 그녀에게 반한 제우스에 의해 크레타로 이주한 후 크레타 왕과 결혼하였다.

[3] 종교, 인종, 성 정체성 등과 같은 정체성을 기반으로 지지를 규합, 정치 세력화하여 이들의 이익과 관점을 중심으로 이루어지는 정치 형태다.

[4] 미국의 교육과정 개혁 운동을 지칭한다. 주(state)별로 공통 핵심 기준(common core standard)을 설정하여 일선 학교에서 이를 준수하도록 요구한다.

[5] 볼리비아의 작가이자 지식인으로, 볼리비아 원주민주의의 선구자다.

[6] Frantz Fanon의 책으로, 식민지 국가들의 문화와 개인들에 대해 고찰한다.

[7] 독일의 사회학자이자 철학자로, 프랑크푸르트 학파의 지도자로서 비판 이론에 대해 고찰했다.

[8] 잉카 제국으로, 12세기 쿠스코를 수도로 하여 잉카족이 세운 제국이다.

[9] 멕시코의 무정부주의 집단.

탈식민주의와 교육과정 연구

아프리카의 사상 또는 사상으로서의 아프리카

Connell(2007)의 접근은 비서구적인 지식의 가치를 탐구하는 데 좋은 출발점이 될 수 있다. Connell은 서구 사회학을 계급화, 인종화, 그리고 성별화된 새로운 산업 사회의 과학이라고 주장하며(Smith, 1999), 아프리카와 아랍/서아시아권 내에서 개발된 고유 형태의 지식에 세심한 주의를 기울여야 한다고 강조했다. Connell(2007)에 따르면, "사회학은 특정한 사회 계층(대도시 자유주의 부르주아)에서 발달했다. 사회학을 써 내려간 사람들은 기술자, 의사, 학자, 언론인, 성직자들이었으며, 그들은 가족 자본으로 생계를 유지할 수 있었다"(p. 14). Connell은 이렇게 덧붙였다.

Durkheim과 그의 동료들이 자신들의 사회학을 제국의 눈으로 바라보고 있을 때, 또 다른 프랑스 사회학자들은 현대성, 식민주의, 문화에 대한 대화에 이슬람 세계의 지식인들을 참여시켰다. 같은 시기에, Du Bois는 특히 아프리카를 주목하면서, 미국 내의 인종 관계에 대한 논의를 강력한 국제주의적 시각으로 이동시켰다. 20세기 전반에는 Sol Plaatje와 Jomo Kenyatta 같은 흑인 아프리카 지식인들이 사회과학과 정치적 투쟁을 통해 주류 흐름과 대화했다. 사회학의 주류에서는 그러한 만남이 흔하지 않았다. 하지만 이러한 역사 또한 현실이며, 우리는

오늘날 그것을 기반으로 할 필요가 있다. (p. 25)

러시아에서 볼셰비키가 세계를 변화시키는 혁명을 주도하고 있는 동안, 남아프리카에서는 남아프리카공화국 공산당이 반투족(Bantu race)에게 분명한 메시지를 전달하면서 노예 제도에 격렬히 저항하고 있었다는 사실도 강조될 필요가 있다. 이들은 식민주의와 제국주의에 대항하는 전쟁에서 이겨야 한다는 주장하였다.

반투족 노동자여! 왜 그대들은 노예로 삽니까? 왜 그대들은 다른 사람들이 자유로울 때 자유롭지 못합니까? 왜 그대들은 주인의 발에 차이고 무너집니까? 왜 그대들은 어디든지 움직이기 전에 통행증을 휴대해야만 합니까? 그리고 만약 그대들 중 하나라도 없어졌을 때, 왜 그대들이 대신 감옥에 가는 것입니까? 왜 그대들은 열심히 노력하는데도 불구하고 적은 돈만 받습니까? 일을 거절했을 때 왜 감옥에 들어가야 합니까? 왜 그들은 당신을 소처럼 대우합니까? 대체 왜입니까? 왜냐하면 그대들은 이 세상의 일꾼이기 때문입니다. 주인들은 그대들이 자신의 이익을 위해 일하길 원하기 때문입니다. 그대들을 노예로 만들어 자신들을 위해 일하도록 만들기 위해 정부와 경찰에게 돈을 주기 때문입니다. 만약 그대들의 노동으로 번 돈이 없었다면, 그대들은 억압받지 않았을 것입니다. 그러나 보십시오! 그대들은 이 나라의 주역입니다. 그대들은 모든 일을 하고, 그들의 삶의 수단입니다. 이것이 바로 그대들이 노동의 결실을 빼앗기고 자유를 빼앗기는 이유입니다. 반투의 노동자들이여, 당신들을 위한 오직 한 가지 방법이 여기 있습니다. 단결합시다! 그대들을 갈라놓는 것은 잊읍시다. 더 이상 바수토족(Basuto), 줄루족(Zulu), 샹간족(Shangaan)에 대한 이야기는 하지 맙시다. 그대들은 모두 노동자입니다. 노동으로 연결합시다. 일어납시다! 그리고 귀를 열어 봅시다. 해가 뜨고 날이 저물고 있습니다. 부자의 넓은 방앗간에서 헛되이 일하며 땀을 흘리며 그대들은 오랫동안 잠들어 있었습니다. 노동자 회의에 참석하여 그대의 권리를 위해 싸울 것을 강력히 촉구합니다. 어서 와서 좋은 소식을 듣고 자본주의자들의 사슬에서 벗어나십시오. 단결은 곧 힘입니다. 이 싸움은 당신을 핍박하는 많은 법과 저임금, 그리고 존재의 비참함에 대한 강렬한 저항입니다. 모든 땅의 노동자들이 연대하고 있습니다. 그대들이 잃는 것은 오직 쇠사슬일 것입니다. 당신에겐 승리를 거머쥘 세상이 있습니다. (South African Communist Party Documents, 1918, p. 2)

이 장에서, 나는 유럽 중심주의와 아프리카 인식론적 체계 사이의 갈등에 대해 간략히 설명하고자 한다. 그렇게 함으로써, 나는 서유럽인들이 어떻게 오만하게 아프리카의 인식론을 바라보고 소외시켰는지를 드러낼 뿐만 아니라, 식민지 이전 지식의 형태에 의존하고 있는 우생학적인 식민지 지식이 어떻게 정신적인 지배력을 갖게 되었는지도 탐구할 것이다. 더 나아가 나는 아프리카의 인식론적 체계 안에서 살펴볼 수 있는 중요한 시사점들을 조사하려고 한다. 나는 아프리카의 지식인들을 자유주의 투사로 명명함으로써 그들을 지적인 존재로 인정하지 않으려는 환원주의적인 관점에 도전할 것이다. 이렇게 함으로써, 식민주의와 제국주의에 맞서는 투쟁이 반드시 마르크스주의와 같은 특정한 서유럽의 체제와 사회 운동으로만 이루어진 것은 아니라는 주장을 하고자 한다. 요약하자면, 이 장과 이 책은 Wallerstein 등(1996)이 제시한 "아프리카에는 역사가 있는가? 아니면 '역사적인 국가'에만 역사가 있는가?"(p. 40)라는 질문을 적극적으로 극복하려는 시도를 하고자 한다. 그 대답은 우리가 아프리카의 시각으로 아프리카를 다시 읽을 것을 제안한다. 또한 그렇게 함으로써 아프리카의 지식이 반드시 유럽의 소유가 아니라는 것뿐만 아니라 아프리카의 인식론적 지형 속에서 중요한 인식론적 충돌이 일어난다는 것을 주장하고자 한다. 그동안 아프리카의 지식에 관련된 내용들은 서구의 식민 지배에 의해 신비한 마법 구슬이나 미개발이라는 이름으로 무시되어 왔다.

　이제 아프리카를 다시 이해하기 위해서, 그리고 사람들에게 아프리카를 소개하기 위해서, 우리는 서구의 전통적인 방법에서 벗어나 Freire가 말한 바와 같이 신화적인 해석이나 낭만적인 숭배 없이 글로 존재하는 풍부한

언어와 역사를 살펴봐야 한다. (Fanon, 1963 참조)

🦋 지식의 공통적인 원천으로서 구술

Akiwowo(1986)는 자신의 저서 *Contributions to the Sociology of Knowledge from African Oral Poetry*에서 아프리카의 문화-사회 형성에 주요한 역할을 담당하는 지식의 주된 원천으로서 구전 시가(Oral poetry)를 이해할 필요가 있음을 강조했다. "아프리카와 유럽의 사고방식과 사회적 관행을 모두 고려한 개념적 체제, 이론, 그리고 방법론을 도출하기 위해 아프리카 현실을 재조정"하려고 시도한 Akiwowo와 같은 비서구인과 아프리카의 지식인들이 고양시킨 잘 확립된 토착 사회학의 중요성을 서구 인식론자들은 오만하게 무시했다(Connell, 2007, p. 90; Akiwowo, 1980). Akiwowo는 이 지역 사회의 전통적인 구전 시가와 구어 형태의 언어와 관련된 특성을 지식의 주요 원천으로 삼아, 아프리카의 독특한 현실에서 완전히 벗어난 유럽 식민지 사회학이 아니라 아프리카의 개념에 기반을 둔 아프리카의 사회학적 플랫폼을 개발하고 그 개념을 유럽에 알리기 위해 투쟁했다. 게다가, 북대서양의 주류 인식론은 아프리카 인식론의 핵심 안에서 일어난 중요한 투쟁, 토론, 긴장과 충돌을 거의 완전히 무시했다. 사실, 이념적인 과학은 비서구 국가들이 "자율적으로 생산한 과학적인 작업을 인식하는 데 있어 수동적으로 무시하거나 또는 적극적으로 적대하는 모습"을 보여 주었다(Sousa Santos, 2005, p. xxiii). 의심할 여지 없이, 서구과 비서구 지식인들 간의 다툼은 단순히 영역 다툼이 아니라 존재론적 문제로 이해될 수 있다. 예를 들어, Wallerstein과 그의 동료(1996)들은 "두 개의 생태학적 구역이 존재론적으로 동일한가?(pp. 39-40) 상이한가?"에 대한 의문을 제기하고 있다.

Akiwowo는 지식의 형태로서 웅변술과 관련된 아프리카 *Asuwada* 원칙을 사람과 현실을 이해하고 의미를 고양시키는 방법이라고 소개하고 있다. Connell(2007)은 *Asuwada* 원칙을 잘 요약하고 있다.

사회생활의 단위는 개인의 삶, 존재, 또는 성격이다. 기본적으로 형체를 가진 개인은 공동체 없이 삶을 지속할 수 없다. 개인의 사회생활은 공동체의 정신으로 지속되기 때문이다. 순수한 자기표현을 목적으로 하는 자기 소외는 어떤 형태든 도덕적으로 말하면 실수나 죄악이다. 진정한 사회적 존재는 매일 일하고, 다양한 방법으로 자기 발전뿐만 아니라 공동선을 위해 자신의 자유를 기꺼이 희생한다. 하나가 없으면 다른 하나는 성취될 수 없다. (p. 91)

이것에 대해 2007년 Lawwyi와 Taiwo(1990)는 격렬하게 이의를 제기했는데, 이들은 Akiwowo가 아프리카의 사회학을 앵글로 아메리카인 개념에 바탕을 두고자 했으며(Connell, 2007, p. 91에서 인용됨) 중요한 이슈인 요루바족(Yoruba, 나이지리아의 부족)의 언어에서는 어떠한 사회학적 이론도 개발되지 않았다고 주장했다. 만약 우리가 "개념의 수단이 되는 언어는 단지 철학적인 관점을 함축할 뿐만 아니라 철학적인 사고에 영향을 미친다."라는 Gyekye(1987)의 주장(p. 29)을 고려한다면, 사실 모든 언어는 "단지 철학적 관점을 제시할 뿐만 아니라 구체적인 세상에 대한 통찰도 제시할 수 있다"(p. 31).

Caliban's Reason(Henry의 저서)과 관련된 논쟁을 포함하는 주요한 주제를 논의하기 위해 많은 과학적 자료들을 조사하면서, Henry(2000)는 요루바족의 전통에서 어떻게 "속담을 아는 현명한 사람이 어려움을 잘 해결할 수 있는지"(p. 23)를 통찰력 있게 강조한다. 즉, Henry(2000)는 아프리카 철학에서 절대적인 것과 순수한 사상의 위치 사이의 논쟁에서 더 나아가, 전통적인 아프리카 철학이 "임의적이거나 불필요한 것이 아닌 원형 내러티브"의 중요성을 부정하지 않고 어떻게 종교적 배경에 의존하는지 인식해야 한다고 주장한다(Henry, 2000, p. 23). 앞선 이야기와 완전히 반대의 이야기를 하고 있는 것이다.

Syklvi Wynter의 견해로부터 이끌어 내어, Henry(2000)는 "원형 내러티브는 인간 형성의 신화론에서 특히 중요하다"(p. 24)라고 주장한다. 또한 흥미로운 것은 1960년대에 Macdonald가 '교육과정을 이해하고, 실행하고, 되돌리기 위한 기본적인 바탕으로서의 신화론'을 주장했다는 것이다. Wynter, Henry, Macdonald가 구체적으로 서로 상호작용을 했을 가능성은 거의 없지만, 그들 모두가 "자아의 존재적 필요성은 그것의 발달이 언어와는 다르게 신화적인 순서를 필요로 한다"(Henry, 2000, p. 24) 믿음을 공유했다. 즉, 원형 내러티브는 "인간의 본능을 보완하고 인간의 존재질서의 고유한 행동에 대한 문화적 규제를 가능하게 하는 언어/논리적인 인프라의 중요한 부분"(Henry, 2000, p. 23)이다. 따라서 아프리카 원형 내러티브는 "검증되지 않은 영적 세계의 창조적인 주제에 대한 이야기"로 보여질 필요가 있다. 이러한 강력한 측면에도 불구하고, "식민주의의 먹구름이 아프리카 철학을 뒤덮어 왔다"(Henry, 2000, p. 21). 요루바족의 철학은 개성, 공동체, 도덕적 특성, 사회적 질서가 유기적으로 혼합된 것이다(Gbadegesin, 1998). 새로운 존재의 사회화 과정을 설명할 때, Gbadegesin(1998)은 아이가 큰 공동체("공동 부인, 남편의 어머니, 의붓어머니, 그리고 조카나 사촌을 포함한 모든 다른 사람들")의 경험에 어떻게 노출되어 있는지를 밝히고 "새어머니는 모유 수유를 할 때 이외에는 아이를 만지지 않을 것"이라고 설명했다(Gbadegesin, 1998, p. 130). 즉, "나는 우리이기 때문에 존재한다. 나는 공동체가 존재하기 때문에 존재한다."라는 개념은 요루바족의 철학에 기초한다.

🍎 인식론 형태로서의 동질성

Tempels는 아프리카 사람들이 "생명의 필수적인 힘과 동일시되는" 근거가 충분한 철학을 가지고 있다는 사실에 유럽 식민지 개척자들이 결코 주목하지 않았다는 점을 비판했다(Connell, 2007, p. 98; Tempels, 1945). 잘 확립된 아프리카 철학에 대한 생각은 Hountondji(1976)에 의해 명확해졌다.

> 내가 아프리카의 철학에 대해 이야기할 때 그것은 바로 문학을 뜻하는 것이다. 문학이 왜 화면 뒤에 숨으려고 노력했는지, 상상을 초월한 불투명하고 암시적인 '철학'의 생각을 이해하려고 노력한다. 이것은 모든

아프리카인들이 공유하는, 적어도 과거와 현재 그리고 미래의 모든 구
성원들이 지니고 있는 공통된 생각, 즉 무의식적이고 집단적인 사고체
계이다. (p. 55)

그러나 유럽 식민지 개척자들이 아프리카를 분명히 열등하다고 여긴다
는 점을 주목하는 것이 중요하다. '대륙의 탈역사화'와 '식민지 산업을 파
괴하는 선장'이라는 P'Bitek(1972)과 Cesaire(2000)의 개념에 근거하여 Ali
Abdi(2011, p. 131)는 몇몇의 매우 중요한 유럽 지식인들이 아프리카를 하등
한 사상으로 여기고 묘사했음을 주장했다. 헤겔, 칸트, 홉스, 흄, 볼테르, 몽
테스키외와 같은 유럽 역사, 사회, 지식의 가장 중요한 사상가들과 철학자
들 중 일부는 아프리카와 아프리카를 야만적인 장소로 보았다. West(1999,
p. 83)는 '인종과 현대성'에 대한 그의 조사에서 볼테르, 흄, 칸트와 같은 서
양 근대 지식인들이 우생학적 논리를 퍼뜨리는 데 얼마나 많이 기여했는지
를 비난했다. 이 지식인에 따르면, '니그로 인종'은 다를 뿐만 아니라 열등한
인종이었다. 이러한 사람들의 관점에서 보면, "아프리카는 그의 역사적 시
선에서 볼 때 흥미로울 뿐만 아니라 유럽 문명에 통합되는 것을 피하고 영
구적으로 야만적인 상태에 놓여 있었다"(Abdi, 2011, p. 13). 반대로, "더욱 개
방적인 사고를 가진 자유를 추구하는 사람들(예를 들면 유럽인들)에게 있어
아프리카 해안에 있는 사람들의 대부분은 야만인이었다." 그런 우생학적 추
론은 또한 Ngara(2012)에 의해 비판을 받는데, 그는 "아프리카는 '순수한 야
만'으로 여겨졌고, 이는 나중에 『솔로몬왕의 광산(*King Solomon's Mines*)』과 같
은 초기 서양 대중 소설에서 아프리카는 나중에 솔로몬의 초기 대중 소설
에서 풍자된 바와 같이 '숭고한 야만'으로 완화되었다(p. 130). 사실, Ngara
(2012)는 '숭고한 야만'과 같은 용어는 원주민들의 선한 특성을 조롱적으로
묘사한 것이라고 설명했다(p. 130).

윤리-철학적 접근방식을 시도한 Hountondji(1976)는 아프리카 철학의
발상은 관습, 억양, 신화에 근거한다고 주장한다. Gyekye(1987)는 철학이 문
화의 산물이라는 것을 부인할 수 없고 아프리카의 철학적 사고는 구전 문학
과 사람들의 생각과 행동 두 가지 방식으로 표현된다고 주장한다. 같은 종

류의 주장 역시 Hamminga(2005)에 의해 명백하게 제시된다.

> 고전 아프리카 문화에서 지식은 생산되지 않지만, 그것은 전통, 조상, 그리고 유산에 의해 당신에게 주어진다. 그러므로 지식 습득은 순전히 사회적 문제이고, 가르치는 문제이며, 오직 '탑재'(생계, 사망 또는 영적인 힘에 의해서)되는 것이다. 그리스어처럼, 지식은 땀 흘리는 것이나 일하는 것과는 아무 상관이 없다. (p. 76)

Onyewuenyi(1991)가 주장하듯이, "아프리카인을 위한 지식과 지혜는 그가 힘과 그들의 상호작용의 본질을 얼마나 깊이 이해하는가에 달려 있다." 게다가, "아프리카인들은 창조된 존재가 서로, 친밀한 존재론적 관계로 연결되어 있다는 생각을 하고 있다. 존재와 존재의 상호작용, 즉 힘과 힘의 상호작용이 있는 것이다. 토착 아프리카에서 Ngara(2012)는 "사람들은 특정한 정보를 구전, 금기, 통과 의례, 도제 제도 등을 통해 알게 된다."(p. 130)고 주장한다. 즉, Ngara(2012, pp. 139-143)에 따르면 아프리카의 지식 습득 방법(WOK)은 네 가지 주요 복합 현상, 즉 금기를 통한 지식, 집단적 지혜와 경험을 통한 지식, 믿음과 소통을 통한 지식, 그리고 정신적인 지혜를 설명한다. 아프리카와 서구의 인식론적 지형 사이에는 차이점이 있다. 나중에 볼 수 있듯이, 남아프리카와 탄자니아의 *Ubuntu*와 *Ujamaa*, 그리고 아프리카 지식 습득 방법(WOK)과 같은 경우에서 말이다.

> 서구인의 시각에서 볼 수 있듯이, 선형적이고, 조직화되고, 물질적이며, 개인주의적인 것이 아니라 원형적이고, 유기적이며, 집단주의적으로 개념화되는 경향이 있다. 전통적인 아프리카인의 사고방식은 다양한 형태로, 서구의 과학적 기준과 같은 증명, 합리주의, 예측, 그리고 통제에 몰두하기보다는 해석, 표현, 이해, 그리고 사회적 도덕적 조화를 추구하는 것으로 알려져 있다. (Swanson, 2012, p. 37)

사실, 오늘날의 학교는 '공식적인' 과학적 기준에 따르며 아프리카인의 생각이 가질 수 있는 혜택을 무시한다. 이것은 이렇게 순환적이고, 유기적이며, 집단주의적인 교육학의 사회적 이익을 외면하는 서양의 교육적 과정 속에서 극적인 차이를 보여 준다. 따라서 우리가 가져야 할 자세는 세계를 읽는 서구의 고집스러운 방식과 충돌하는 "더욱 공동체적인 철학과 아프리카인의 세계관으로 사는 방식"이다. 아프리카와 해외의 일부 학자들이 지식의 영역을 전진시키지 않고 이미 원주민의 지혜에 알려진 저작물을 출판했다고 주장하는 것은 터무니없는 주장이 아닐지도 모른다(Ngara, 2012, p. 139). 공동체주의는 주목할 만하다.

> 다행인지 불행인지 토착 문화 지식은 집단적으로 소유되며, 특히 어느
> 누구의 소유도 아니다. 과거의 지혜로운 사상가들의 신원이 알려지지
> 않았기 때문에 누구도 그것에 대한 독점권을 주장할 수 없다. 따라서
> 어느 누구도 토착 문화유산에 대한 잘 알려진 생각을 표절했다는 이유
> 로 어느 누구에게도 도전할 수 없다. (Ngara, 2012, p. 139)

Kaphagawani(1998)는 체와족(Chewa)[1] 사람들이 심오한 속담으로 넘쳐나는 지식의 개념을 가지고 있다고 주장한다. *Akuluakulu ndi m'dambo mozimila moto*("노인들은 불이 소멸하는 강과 같다."라는 뜻으로, 이는 지혜가 빛바래고 수동적인 단계로 노인을 정의하는 서구의 문화와는 완전히 반대이다.)라는 속담이 그 예이다. 그러한 메시지는 "노인들은 모든 종류의 문제에 대한 해결책을 가지고 있다. 그들은 골치 아픈 질문에 대한 답을 참조할 수 있는 백과사전이다."(p. 241)라는 문화적 개념에서 유래한다. 그러한 공동체주의는 아프리카 문명을 조사한 Ngara(2012)에서 명백히 나타난다. 짐바브웨의 사회적 조직을 묘사한 Ngara(2012)는 "조부모는 고령으로 인해 죽음을 기다리는 은둔하는 은퇴 가정으로 전락하는 것이 아니라, 가족과 함께 남아 지혜를 전달하고, 영적이며 철학적 사상을 함께했다."(p. 132)고 주장한다. 모잠비크의 지성적 독립의 지도자 Machel(1985)은 의식적으로 중요성을 깎아내리지 않으면서도 그 관점에 대해 우려를 표명한다. 그는 "신세대들이 과거의 악습을 전하고 있는 구세대들과 접촉하며 성장하고 있음을 알아야 한다. 우

리의 실제적인 경험은 우리의 중심에 있는 젊은이들과 아이들이 퇴폐적인 생각, 습관 그리고 기호에 의해 어떻게 오염될 수 있는지를 보여 준다."(p. 28)라고 주장한다. Machel(1985)은 다음과 같이 이야기한다.

> 나의 고향에는 Marx가 쓴 책도 없었고 식민주의에 반대하는 다른 책도 없었다. 우리의 책은 노인들이었다. 식민주의가 무엇인지, 식민주의의 폐해, 그리고 식민주의자들이 여기에 왔을 때 무엇을 했는지 우리에게 가르쳐 준 사람은 바로 그들이다. 그들은 우리의 영감의 원천이었다. (p. x)

Paget Henry의 주목할 만한 책인 *Caliban's Reason*은 서양과 아프리카 사이의 다른 사고방식을 이해하는 데 도움을 준다. Henry(2000)는 전자가 주로 "기술적 이성의 1차원 그리고 그러한 설명적 원칙"에 기초하고 있다고 주장함으로써(p. 178), Habermas(또는 Habermas주의)와 Africana 철학의 차이점을 밝힌다(p. 178). 즉, 이러한 일방적인 치우침은 그들의 경험적 관점을 제거하고 과학과 일상생활을 통합한 결과라는 것이다. 반대로, "아프리카의 전통에서 배제된 일차원적인 내용들은 더욱 사회 실용적인 것으로 설명되었다"(p. 178) Machel과 Henry의 선견지명을 통해 볼 수 있는 것은, 세계를 설명하는 두 가지의 기초가 확립된 철학적 사고방식이 있기 전, 우리는 사실 "아프리카의 생각과 철학을 일관되게 배제"하는 데 전념하고 고정했다는 것이다"(Henry, 2000, p. 179).

Hountondji(1976)의 가설로 돌아가 보면, 그는 아프리카의 철학이 정지 상태에 머문 채 변화와 변혁에 영향을 받지 않으며 사회의 변화를 받아들이지 않는다는 접근에 반대한다. 그는 민족주의 철학은 근본적으로 목장의 운영방식과 같다고 결론 내리기도 했다.

Hountondji는 아프리카 사상에 어떤 동질성을 구축한 것이 큰 과학적 실수였다는 자신의 믿음에 근거를 두고 Tempel과 Mbiti의 주장을 모두 거부했다. 이런 맥락에서, 아프리카 철학의 개념은 모순적이다. 비록 Mbiti(1969)는 저서 *African Religion and Philosophy*에서, Tempel(1945)의 *Bantu Phi-*

*losophy*가 아프리가인의 종교 신앙을 일반화한다고 비판했지만, 사실 그는 같은 개념의 오류에 빠졌다. Hountondji(1976)는 아프리카인의 논리와 인식에서 어떤 종류의 통일성도 주장할 수 없다고 주장한다. Appiah(1992)도 마찬가지로 아프리카의 철학적인 동질성을 주장하려는 시도에 도전한다. Appiah(1992)가 주장하듯이, 사람들의 정체성을 형성하는 데 영향을 끼치는 것은 인종이 아니라 문화인 것이다. 본질적으로 제안된 동질성은 서구 지배에 의해 실현된 문화적 정치의 한 형태로 이해할 필요가 있다. 그것은 과학을 바라보는 서구의 지배적인 과학 관념을 반영한다. 동질성은 인식의 단절에 관한 형태이다.

명확하게, Hountondji(1976), Mudimbe(1988), Gyekye(1987), 그리고 다른 학자에게 아프리카의 철학적 사고는 큰 상처가 난 유기체와 같은 모습을 취하고 있다. 한편으로는 그들의 철학적인 생각을 서구의 경험적인 틀에 굴복시키는 사람이 있는 반면, 다른 한편으로는 아프리카 개념과 방식에 근거한 다중적인 철학적 생각을 교화하려고 애쓰는 사람들도 있다. 현재 상황은 개인과 개인을 구별하는 긴장과 같이 아프리카 지식인들 사이의 다른 뜨거운 논쟁들로 가득 차 있다. Appiah(1992)는 그러한 긴장감을 명료화하기 위해 고군분투하는 아프리카 지식인들 중 하나이다.

> 동일한 50개의 개별 기계들이 50명의 직원들에 의해 운영되는 경우, 관리의 관점에서 둘 다 개별적인 것으로 취급되지 않는다는 관점에서 볼 때, 아프리카에서는 기계를 보통의 표준적인 방법으로 수리하지 않기 때문에 같은 기계임에도 불구하고 수리된 이후에는 개별적인 특징을 지니게 된다. 아프리카에서 기계(자동차, 버스 등)는 보통 이 기계를 계속 수리해 왔던 사람만이 조작할 수 있다. (Hamminga, 2005, p. 79; Appiah, 1992)

Appiah(1992)가 표현하듯이, "모든 것은 개별적인 것이다 vs 모든 힘은 개인적인 것이다"라는 믿음 사이의 갈등은 아프리카인들이 일상생활에서 인식론적인 유대를 연결하는 중요한 문제다.

서구의 시대착오적 패권주의는 영미 대도시권의 세계문화 건설에 큰 역할을 했다. 이는 범아프리카주의와 흑인 지식인의 행보에서 유래한 세속적인 아프리카 인식론의 흐름을 의도적으로 무시하고 있다. 나중에 보게 되겠지만, Mbeki의 아프리카 르네상스는 아프리카의 탈식민, 탈인종 차별 시대 속에서의 아프리카 인식론과 우분투(Ubuntu)를 재조직하고 강화하려는 시도이다(Swanson, 2012, p. 38). 이 특별한 르네상스는 르완다, 콩고, 그리고 최근 짐바브웨에서 일어난 집단 학살로 인해 심각한 피해를 입었다. Kebede(2004)의 주장처럼, "역대 식민주의자들처럼 생각하고 행동하기 시작한 통치자들이 아프리카 엘리트주의의 실체를 이루고 있다"(p. 157).

❦ 아프리카 르네상스의 기저인 민족주의적 이데올로기 철학

그러나 이 아프리카 르네상스는 Connell(2007)이 정중하게 '인식론적 박탈'이라고 불렀던 것에 대한 투쟁과 깊은 관련이 있다(p. 109). 이는 지식 생산의 인종 차별 해소를 위한 출발점이며, '아무것도 아닌 사람들'의 문화적 외침이다(Aidoo, 1997). 비인격화는 아프리카 사람들이 다시 식민주의 시절로 돌아갈 것을 선택하는 지경에 이르렀다(Senghor, 1998, p. 3). Abdi(2012)는 아프리카 철학과 인식론을 소외시키면서, "식민지 이전의 아프리카 학습 시스템 또한 지역 사회의 발전에서 무의미한 것으로 묘사된 것은 우연이 아니다."(p. 12)라고 설명했다. 아프리카의 교육 제도는 식민지 개척자들이 그들의 문화적 · 사회적 식민화를 지속시키기 위해 매우 중요했다. 이러한 문화적 식민지화의 결과는 케냐와 같은 국가들에서 뚜렷이 나타난다. Odiembo(2012)는 케냐에서 불평등은 식민주의와 신식민주의에 의해 남겨진 공개적 상처라고 주장한다. Odiembo(2012)의 주장에 따르면, 모든 사람들을 위한 교육을 위해서는 형평성에 중점을 두어야 한다. 성별과 전쟁 피해자들에게는 더욱 많은 관심이 필요하다. Odiembo(2012)가 완강히 주장하듯이, 케냐인들은 교육에 특별한 가치를 두고 있는데, 교육은 개인과 공동의 성공의 열쇠로 여겨진다. 마을 사람들은 종종 Harambee(서로를 낭겨 주자는 의미)라고 알려진 자기 계발 시스템에 기금을 기부한다.

대부분의 아프리카 교육 프로그램들이 비형식적인 것이었지만, 다른 것들과 마찬가지로 발전했어야 하는 선택적 공식 학습 프로그램도 있었다. 이러한 교육 프로그램은 사회적·과학적 성취의 발전된 상황을 위해 나타났고 사용되었으며, 아프리카가 유럽 강국에 의해 광범위하게 침략되고 나뉘기 몇 년 전에 운영되었다(Abdi, 2012, p. 15). Abdi(2012)는 "식민주의의 주요 프로젝트 중 하나는 기존의 아프리카 교육 시스템과 사회 발전의 패러다임을 역사의 폐기물로 격하시키는 것이었다."(p. 15)고 날카로운 주장을 펼치고 있다. 따라서 다음 장에서 볼 수 있듯이 식민주의는, 아프리카에만 해당되는 것이 아니라, "그들의 정신-문화적 업적을 세우기 위한 심리-사회적·문화적·교육적 그리고 그들의 모든 정치적·경제적인 이념적 투쟁"이다(Abdi, 2012, p. 15).

아프리카 사회학과 철학의 발달을 완전히 인식하기 위해서는 Kenyatta, Nyerere, Senghor, Cesaire뿐만 아니라 Cabral, Andrade, Mondlane에게도 주의를 기울여야 한다. Oruka(1975)와 Hallen(2002)이 주장했듯이, Cabral은 Mondlane, Machel, Kaunda, Nyerere, Sekou Toure, Nkrumah, Senghor, Rodney, Cesaire, Amin과 함께 민족주의-이데올로기 철학이라고 할 수 있는 것의 특징을 나타낸다. 그들 중 일부는 마르크스주의 이데올로기 내에서 활동하는데, Mudimbe(1994)가 주장한 바와 같이, 이는 "식민주의가 자본의 이름으로 선동하고 결정하는 가혹한 무기와 사상인 것처럼 보인다"(p. 42). Braganca와 Wallerstein(1982, p. iii)은 "민족 해방 운동은 일부 영웅의 마음 또는 외부 권력의 선동으로 일어나는 것이 아니다. 이는 민중의 불만으로부터 일어난다."라고 주장한다. 자본주의 세계 경제의 모순은 반체제 운동 네트워크를 성장시켰다(Braganca and Wallerstein, 1982, p. v).

Freire(2009)가 교육 혁명의 본보기로 제시한 Cabral(1980)은 기니비사우(Guinea Bissau)[2]의 선두 지식인으로, 아프리카인들이 "그 나라의 물질과 부는 인간 집단의 일부분이며, 이는 모든 국민의 발전과 행복을 위해 만들어져야 한다고 믿는다"(p. 27)라는 주장을 펼친다. 덧붙여 그는 민족 해방은 문화적 행위라고 주장한다.

> 외국의 지배로부터 자유로워진 사람들은 과거 지배자 및 다른 문화에
> 서 오는 긍정적인 기여를 과소평가하지 않는 동시에, 그들 자신의 문
> 화의 본래 흐름으로 돌아가지 않는다면, 문화적으로 자유로워질 수 없
> 을 것이다. 이들은 환경의 살아 있는 현실에 의해 영양을 공급받고 외
> 국 문화에 종속되는 해로운 자극을 거부한다. 그러므로 우리는 제국주
> 의 지배가 문화적 억압을 실천하기 위한 중대한 필요성을 가지고 있다
> 면, 민족 해방은 반드시 문화의 행위라고 본다. (p. 143)

*The Weapon of Theory*에서 Cabral(1969)은 "역사는 오직 '계급' 현상과 그 결
과인 계급 투쟁의 발전에서 비롯되는가?"라는 질문에 대답한다. 그는 "그
렇다."라고 대답하는 것은 아프리카, 아시아, 라틴 아메리카의 다양한 집단
들이 그들이 제국주의에 지배당했던 시대에는 "역사가 없거나 역사의 밖에
서 살고 있었다."라고 생각하는 것이라고 말한다. 게다가, Cabral의 주장에
따르면, 가장 힘든 싸움은 "우리 자신의 약점을 거스르는 것"(p. 91)이었다.
Cabral(1980)은 실제로 최전방에서 그가 사상과 행동의 독립이라 부른 것을
위해 고군분투하고 있었다.

> 독립은 항상 상대적인 것이지만, 우리는 항상 생각과 행동이 독립하는
> 것에 근거하여 행동한다. 우리는 우리의 문제에 대해 더 깊이 생각할
> 수 있고, 계속해서 더 깊이 생각해야 한다. 그래야 올바르게 행동할 수
> 있고, 더 정확하게 생각할 수 있다. 우리는 다음 두 가지 기본 요소를
> 하나로 묶을 수 있어야 한다. 즉, 생각과 행동, 그리고 행동과 생각이
> 다. 우리 생각에서 이 독립은 상대적인 것이다. 왜냐하면 우리는 다른
> 사람들의 생각에 의해서도 자극을 받기 때문이다. (p. 80)

Freire(2009)는 민주적 실체를 바탕으로 Cabral의 실천(praxis)이라 불리는 것
을 드러낸다(p. 172). Cabral은 "과학적 이해를 위해 싸웠지만 결코 현실의

과학적인 현실을 위해 싸운 적은 없다"(Freire, 2009, p. 184). 그리한 구분은 우리 분야에서 매우 중요한데, 이 분야에서는 지배적인 전통이 과학으로 간주되는 분류학에 기반한 실증주의의 헤게모니가 세속적으로 구축되어 왔다.

Freire(2009)는 Cabral을 통일된 하나의 범주로 분류하지는 않았지만, 그는 Cabral이 아프리카어로 Marx의 저작을 읽게 한 위대한 반체제주의자이자 마르크스주의자라고 말했다. 그는 20세기의 아프리카 마르크스주의자들을 이해하도록 도와주었다(p. 184). Freire(2009)는 Gramsci과 Cabral을 함께 연구해야 한다고 덧붙였다. Freire(2009)는 "나는 Cabral이 Gramsci를 연구했는지는 모르겠다. 그는 Gramsci를 언급한 적이 단 한 번도 없지만 실수를 해서 그런 것은 아니다. 그는 진정으로 Gramsci를 읽지 않았는데도 Gramsci와 함께 문화를 변화시켰다"(p. 185)라고 지적했다.

콩고 독립 지도자인 Lumumba(1963) 또한 같은 정치적 주장을 펼치고 있다. "아프리카 사람들과 우리의 정책은 긍정적인 중립주의이다." 그가 급진적인 아프리카의 변화를 통찰한 것은 상세히 인용할 가치가 있다.

역사는 한 발짝도 물러서지 않는다. 우리는 공산주의자가 아니며, 우리의 독립에 대한 적들이 전국을 휩쓴 파괴와 방해에도 불구하고 결코 그렇게 되지 않을 것이다. 우리는 오직 아프리카인일 뿐이다. 우리는 그 어떤 외부의 영향에도 노출되고 싶지 않다. 우리는 서양, 러시아, 미국에서 온 어떤 교리와도 아무 상관이 없다. 콩고는 콩고일 뿐이다. 우리는 아프리카인이다. 우리는 콩고를 위대한 자유 국가로 만들고 싶다. 우리는 한 독재 정권에서 벗어나 다른 독재 정권에 속하기를 원하지 않는다. 우리는 사람들이 생각하는 그런 것이 아니다. 왜냐하면 우리는 가치 있는 사람들이기 때문이다. 아프리카는 서구, 미국, 소련, 또는 다른 국가에 대해 반대하는 것이 아니며, 오직 한 가지 완전한 해방만을 요구해 왔다. 우리가 완전히 자유롭게 서구와 협력할 수 있도록 말이다. 나는 이 점에서 내 의도에 대해 더 구체적으로 말할 것이다. 왜냐하면 동양과 서양에 대해 많은 논의가 있기 때문이다. 이 두 구역의 문제는 우리 또한 흥미가 없다. 우리가 흥미를 가지는 것은 인간적인 요소이다. 우리는 아프리카인이며, 아프리카인으로 남을 것이다. 우리는 우리의 철학과 윤리 강령을 가지고 있고, 우리는 그것들이 자랑스럽다. 아프리카는 이제 아프리카의 재건, 근원 복귀, 도덕적 가치의 회복, 아프리카 인격을 스스로 표현해야 한다고 서방세계에 알릴 것이다. 그것이 바로 우리의 긍정적 중립 정책이다. 아프리카는 유럽처럼 블록으로 나뉘지 않을 것이며, 반대로 활발한 연대를 만들 것이다. 우리는 정신적으로 탈식민화할 것이다. 왜냐하면 사람들이 80년 동안 잘못된 주입을 받아 왔기 때문이다. 그들은 돈을 벌기 위해서, 그리고 충분한 음식을 먹기 위해서는 유럽인을 위해 일해야 한다고 배워 왔다. 우리는 사람들에게 이것이 사실이 아니라고 말하려고 한다. 행복한 삶을 살기 위해서는 우리의 일을 하고 우리의 땅을 갈아야 한다. 그것이 진짜 세상이다. 우리는 그 사실을 알고 있다. 우리는 스스로 나라를 발전시키고, 우리의 두뇌와 손으로 콩고를 발전시킬 것이다. (pp. 283-325)

식민주의에 대해 저항하는 것은 유토피아적인 합리적 이상주의가 아니라 실천으로서 아프리카의 인식론과 일상생활의 경험에 따른 것이다. 이것이 없다면 식민지 인종 차별, 식민주의 등에 의해 촉발된 심리적 상처를 진정시키는 것이 불가능하다. 그러나 1960년대에는 이것을 부정할 수 없었다. Mudimbe(1994)의 주장처럼 말이다.

식민지를 비판하는 내용은 마르크스주의자에게서 나왔고, 아프리카 독립의 용어뿐만 아니라 다양한 프로그램의 용어도 마르크스주의자들이 제기하였다. 정권, 진보적 운동, 그리고 그들의 지도자들도 마르크스주의자였다. 마찬가지로 아프리카에서 권위를 부여받은 대표자들은 마르크스주의자이거나, 적어도 마르크스주의자의 입장에서 용어를 다루었던 것이다. 아프리카와 서양 모두에게서 존경받고 받아들여진 아프리카의 학자들은 종종 마르크스 동조자였다. 정치경제의 영역을 새로이 개척하거나 위협하는 미래의 기반에 관한 주장도 마르크스

주의자들이 제기했다. (p. 44)

Mudimbe(1994)는 "사람들의 삶의 개선, 모든 사람들의 경제적인 평등에 기초하여 조직된 사회주의와 관련된 이론은 이론적인 측면에서는 완벽한 것이었지만 몇 년 동안 그 이론이 보여 준 것은 편향된 마르크스주의일 뿐이었다."(pp. 42-43)고 주장한다. 명백하게, Mudimbe는 "인종 차별적인 소리에 대항하는 움직임이 실패한 것은 단지 아프리카 지성의 실패만이 아닌 것 같다. 실제로 이러한 실패들을 마르크스주의적 아프리카주의와 그것의 인식론적 모순과 연관시킬 수 있다"(pp. 42-43). 다른 곳에서 자세히 조사할 수 있었기 때문에(Paraskeva, 2004), 그러한 실패는 외적인 상황들, 즉 서방 국가들에 의해 제정된 특정 약탈적 외교 정책에 기인하는 것임을 알 수 있다.

7장에서 볼 수 있듯이, 마르크스주의 기반의 지향으로 일어난 많은 아프리카 반식민지 운동 안에서 반제국주의 투쟁을 줄이기 위해, 유럽 중심의 제국주의 대량 학살은 지적으로 경술하고 지나치게 과장되었다.

인식론적 학살에 대한 투쟁은 사람들로 하여금 아프리카, 아시아, 그리고 라틴 아메리카의 다양한 고대 인식론적 플랫폼에 주의를 기울이도록 할 뿐만 아니라 서구의 인식론 틀에 대한 비서구 지식인들의 도전을 이해하는 것을 가능하게 한다. 두 번째 박사 학위 논문에서 현대 프랑스 철학자 데카르트에 대한 심각한 비판을 제기한 가나 철학자 Amo뿐만 아니라 인간이 모든 것의 기준이라는 서양의 개념에 도전한 Khoza(1994)도 마찬가지이다(Khoza, 1994; Prinsloo, 1994). 그는 그러한 주장의 타당성을 인정하면서, 사회적 사건을 평화로운 것으로 협력적으로 결정하는 과정에서 초자연적인 존재의 가능성을 생략하고 노예 제도, 대학살, 인종 차별주의, 핵무기와 같은 비극을 침묵시키고 있다고 주장했다. 그리스-로마 시대에 아프리카 남성 철학자들뿐만 아니라 지식이 사용되고 무시당하는 여성 철학자들이 중요했던 것은 너무나 당연한 사실이다.

Masolo(2004)가 공개했듯이 Origen, Tertullian, Plotonius, 그리고 Hypatia는 "기록상 최초의 서양 여성 철학자들"이었다(p. 51). 인식론적 학살에 대한 투쟁은 또한 비서구적인 지식이 이념적으로 무시되는 것에 대한 투쟁이기도 하다. 그러나 '서구'-'비서구'의 틀은 과학에서 볼 수 있는 것처럼 지배적인 형태의 지식을 정당화하는 권력 체계를 배제해서는 안 된다. 그러한 이념적 전략은 아프리카에 국한되지 않았다. 실제로, 인식론적 학살에 대한 투쟁은 나중에 볼 수 있듯이 식민지 시대 인도에서 과학이 얼마나 강력한지를 조명하고 이해할 수 있도록 해 준다. Baber(1995)의 글에서 나타나 있듯이, 헤게모니적 역사학자 목사들의 이야기 내용과는 다르게 의학, 기술, 수학은 인도의 식민지 시절 이전에 상당히 발전했고, 인도인들이 단어와 세계를 읽는 방식의 기반을 이루게 되었다. 이 책의 4장과 5장에서는 Bernal(1987, 2001)과 다른 사람들의 논리에 따라 셈족과 이집트 문화가 그리스어에 명백히 남아 있다는 사실(주류 학술 담론에서 곧잘 무시되는 문제)을 검토하여, 누가 가장 합법적으로 그리스 역사를 쓸 수 있는지에 대한 질문을 제기할 것이다. 실제로, 누가 역사를 쓰는 가에 관한 문제는 특히 권력과 식민지와 관련된 아프리카 인식론적 역학에서 핵심적인 문제이다.

이러한 역동적인 저항은 인식론에는 서구의 통제에 굴복할 수 있는 투쟁들로 가득하다. Smith(1999)가 선언한 대로, 몇몇 학자들은 "오늘날 서구 문명으로 여겨지는 것의 핵심 교리들이 흑인들의 경험과 학문에 바탕을 두고 있으며 서구 인식론처럼 재정립된다."(p. 44)라고 주장한다. 이상한 일이지만, "아시아, 아메리카, 태평양, 그리고 아프리카 원주민의 지식의 형태와 계급주의 체계, 기술 그리고 사회생활 규범은 17세기부터 어느 정도 기록되기 시작했는데, 이들은 서양의 과학에 의해 '새로운 발견'으로 여겨졌다"(p. 61). Sousa Santos(2005)가 지적한 바와 같이, 사실 "현대 과학의 이름으로 많은 대안적인 지식과 과학은 파괴되었고, 자신들의 발전을 위해 이러한 시스템을 사용하던 사회적 집단들은 비난을 당했다"(p. xviii). 요약하자면, 과학의 이름으로 "인식론과 철학에 대한 말살이 이루어졌고, 제국주의 세력은 정복당한 민족과 사회 집단의 저항을 무력화하기 위해 인식론적 학살에 의존했다"(p. xviii). Diop(1987, p. 130)는 심지어 아프리카가 '전문가 집단(especialists)'에 의해 부정적으로 묘사되었다고 말한다. 즉, 그들은 "자연의 힘에 의해 사실상 제압된 인간은 생존하는 데 필수적인 물품들만 생산하며, 그들은 더 이상 물질적 제약으로부터 해방된 사회를 위한 어떠한 창조나 활동도 할 수 없을 것이다."라고 생각했다. Diop(1987, p. 130)는 서구 과학에서의 돈, 신용, 주식 시장, 부의 축적과 흐름과 같은 개념이 아프리카에서는 나타나지 않았다고 하였다. 그러나 그 기간 동안의 지적 삶의 높은 역동성을 보여 주는 증거들을 살펴보면, 아프리카 서부는 서구만큼 훌륭히 발전했음을 알 수 있다. 즉, 'study of logic in 973'에 참여한 사회는 집단적 경제 및 이념적 상부구조에서 부족함을 거의 드러내지 않았다(Diop, 1987, p. 178). 하지만 서구 사회학적 시각에서 비서구 사회는 여전히 "경제적・정치적・문화적으로 미완성인 것처럼 보였다"(Boatca, Costa, and Rodriguez, 2010, p. 1). 게다가, Atieno-Odhiambo(Boatca, Costa and Rodriguez, 2010, p. 16)가 언급한 바와 같이 아프리카의 사상은 "대륙, 군집, 동질적인 소유물, 전통, 유산, 그리고 상상으로서의 안식처, 그리고 발명된 광석을 창조하는 집단"의 시대를 발달시켰다. 호메로스가 올림포스산에서 아프리카까지 이어진 그리스 신들의 비행을 상상한 이후, 아프리카에 대한 생각은 서구의 관심 속에 있었다.

이처럼 아프리카의 지식인과 지성주의는 체계적으로 무시되었고, 토착 작가들은 "문제에 관해 글을 쓰기 전에 그들은 뉴욕, 런던, 파리에서도 그러한 문제가 있는지 확인해야 한다."고 말했다(Achebe, 1989, p. 96). 이상하게 들리겠지만, 서양의 과학을 생산하고 재생산한 결과 나타난 서구적 장치들은 서양 과학을 믿게 만들어 주는 우상과 같은 역할을 했다. Bleichmar, De Vos, Huffine 그리고 Sheehan(2009)은 이를 획일적이고 단조로운 주장이라고 비판했다. 『스페인과 포르투갈 제국의 과학―1500년부터 1800년대까지(Science in the Spanish and Portuguese Empires―1500-1800)』에서, Bleichmar와 그녀의 동료들은 과학적 그리고 종교적 제국주의(예: 카톨릭) 문화 사이의 적대적인 논쟁뿐만 아니라 식민주의의 개척자와 그의 경쟁자로서 과학적 헤게모니를 위해 투쟁하는 제국 간의 언쟁을 폭로한다.

Mills(1997, p. 44)는 그러한 차별을 복잡한 인식적 차원 내에서 개념화하는데, 차별은 특정한 공간에서의 실제적 지식(과학과 우주에 대한 지식)이 제한받는다는 것을 의미한다. 그러나 서양 이외의 인지 영역에는 과학의 타당성이 있다. 다음에서 Hallen(2002)이 강조하는 바와 같이 말이다.

아프리카의 많은 철학자들을 서로 구별할 수 있을 만한 독특한 요소들이 아프리카의 인식론 속에 많이 존재한다고 주장한다. 이른바 보편주의자들에 대해 그들은 주로 "아프리카 인지의 공통적 또는 보편적인 요소에 지나치게 중점을 둠으로써, 이러한 흔치 않은 특징들이 과소 평가 되고 받을 만한 자격이 있는 관심과 신뢰를 받지 못하고 있다."고 불만을 표한다. (p. 35)

게다가, Mudimbe(1988)가 주장하듯이 서구의 의미론적 구조에 아프리카의 영적 인식을 짜깁기하는 것은 꽤 문제가 있다. 아프리카 현실이 비아프리카 언어에 의해 묘사되면서 그 의미가 왜곡되지는 않는지, 또한 지배적인 담론을 표명하는 전문가들이 인류학적이고 철학적인 범주 내에서 아프리카의 현실을 뒤집고 변형시키는지 의문을 가질 필요성이 있다(p. 186). Mudimbe는 우리에게 '생태학적 변화'가 꼭 필요한지에 대해 의문을 제기해야 한다고 노골적으로 주장한다(p. 186). 더욱이 이러한 변화를 인식론적인 영역의 바깥에 펼쳐 놓음으로 인해 'Mudimbe의 질문'을 가능하게 하고 생각할 수 있도록 고려할 수 있다"(p. 186). Appiah(1992)가 주장하듯이, 전통적인 아프리카 철학은 비판적이고, 반성적이며, 이성적인 아프리카 원주민들의 지성을 반영한다. 다른 철학 분야와 마찬가지로, 아프리카에는 철학적인 현명함이 잘 발달되어 있으며, 이것은 특유의 특징을 만들어 낸다고 Oruka(1990)는 주장한다.

Oruka(1990)에 따르면, 아프리카 철학에서 다음 네 가지 흐름을 확인할 수 있다. (1) 신학적 철학으로, 특정 아프리카 공동체의 세계관 전체를 묘사하려는 시도. (2) 현대 교육에서 혜택을 받지 못한 토착 사상가의 생각, 행동, 철학적 현명함을 드러내려는 시도. (3) 이데올로기적 철학으로, 아프리카 지식인들이 새로운 사회주의 질서를 창안하려는 시도. (4) 아프리카 철학자들이 개발하고 수행한 전문적인 철학. 이렇게 말하면서, 우리는 이제 무엇이 아프리카 철학이고 무엇이 아닌지에 대한 Oseghare(1990)의 입장을 이해할 수 있다. 그는 아프리카 철학은 "일부 흑인 미국인들의 저술이 아니라, 순수한 문학 운동, 민족학 및 인류학 작품"이라고 설명한다(p. 252).

Abdi(2012)는 아프리카의 지식 체계에 권해 교육 철학의 특수한 범주 (예: 이상주의, 사실주의, 분석 또는 행동주의자)보다는 덜 교리적이지만 주어진 상황에 필요한 것에 바탕을 둔 현명한 교육철학을 드러낸다(p. 12). 즉, "전통적인 아프리카의 교육철학은 아프리카인들의 실제 삶에 초점을 맞추었고, 유럽 중심주의의 정교화 및 나머지 국가들의 부득이한 주변화에 반응하지 않았다"(Abdi, 2012, p. 12). 부적합과 부적절함은 여기서 중요한 문제이다. Abdi(2012)가 말했듯이, 사람들의 문화와 요구와 관련이 없는 교육은 부적절한 교육이다(p. 19). "유럽의 부상의 중심에 놓여 있는" 식민주의(Mills, 1997, p. 35)는 인간 중심적 체계에서 가능한 한 많은 것을 흡수하여 그것을 분해하고 부적절하게 만들었다. 식민지 시대의 도래의 결과는 다음과 같다.

> 아프리카 교육 시스템의 파괴와 사회 개발 계획의 왜곡을 불러왔다. 식민지 교육 프로그램은 식민주의의 가능한 모든 수익을 극대화하기 위해 고안되었고, 유럽의 역사가들과 교육철학자들은 그다지 중요하지 않는 지식을 전수하고 실제로 지속 가능하지 않은 무의미한 방법을 교육의 내용으로 삼았다. 실제로, 식민지 교육은 설계나 실행에서 피식민지 사람들의 이익을 거의 대변하지 못했고, 그마저도 원주민 대부분은 교육을 받지 못했다. 그 목적은, 적어도 철학적 견지에서 볼 때, 지배자의 이익과 '문맹'/'무식한' 수백만 명의 피식민지 국민들 사이의 관계를 조정하는 매개체의 역할을 담당하며 지배자들에게 봉사할 수 있도록 훈련된 집단을 만들기 위함이었다. (Abdi, 2012, p. 17-19)

Swanson(2012)은 아프리카의 인식론은 "이데올로기적 비판적 관점에서 다양한 방식으로 이해되고, 보완되고, 정착되고, 식민지화되고, 상업화되어 왔다"고 말하고 있다(p. 34). Henry(2000)는 아프리카-카리브식 접근법에서 "철학은 고립되어 있거나 절대적으로 자율적인 것이 아니라 맥락에 따른 실천과 관련된 문제이다. 그것은 비철학적 담론에서 구조화되는 일상적인 질문과 문제에 대한 답변을 만들어내는 데 종종 관여한다"(pp. 2-3)고 말하고 있다. 즉, 아프리카-카리브식 관점에 따르면 "철학은 절대적인 것도 아니고 순수한 담론도 아닌, 내부의 가치와 차별화되는 행위이다"(Henry, 2000, p. 4).
Appiah(1992, p. 92)에 따르면, "아프리카 철학에 대한 논쟁이 인종 차별적인
것이 아니라면, 아프리카 대륙의 상황에서 공통적인 도덕 또는 인식론, 또
는 존재론에 중요한 문제가 있다는 주장이 사실로 입증되어야 한다."

🐘 우분투(공동체 정신)와 우자마(사회주의)[3]: 영혼과 마을로의 회귀

교육과정 인식론에 대한 투쟁은 다른 종류의 지식을 파악하기 위한 여러 길
을 열어 줄 것이다. 예를 들어 아프리카 철학인 우분투(Ubuntu)가 "아프리카
인의 인생관과 세계관과 더불어 아프리카의 종교, 윤리관, 정치적 이데올로
기에 뿌리 깊게 내재된 공동체 의식"의 관점에서 얼마나 중요한지를 익히는
지식과 같다는 것을 알게 되는 것을 말한다"(Prinsloo, 1998, p. 41). 이론적인
틀 이상으로, 우분투는 삶의 방식이며 "인간은 기본적으로 사회적인 존재"
라는 관점을 진지하게 받아들인다. 우분투의 방식에서 "사람은 다른 사람
을 통해 사람이 된다"(Prinsloo, 1998, p. 43; Maphisa, 1994). 지적, 개인주의적,
미적인 서구 인본주의와 달리, 우분투는 종교적이고, 광범위하며, 초월적이
며, 원심적이고, 역동적이며, 전체론적이다(Prinsloo, 1998, p. 46). Swanson
(2012)은 우분투가 아프리카의 isiXhosa 격언의 줄임말이라고 주장한다. 이
내용이 *Umuntu ngumuntu ngbantu*(사람은 다른 사람들과의 관계를 통해 사람이
된다)에서 비롯된 것이라고 주장하는 것이다(p. 35). 그는 이렇게 덧붙인다.

> 우분투는 '형제'나 '자매'를 통해 한 사람을 집단과 연결하는 아프리카
> 인문학으로 알려져 있다. 그것은 원주민의 '지식 및 존재의 방식'에 근
> 본적인 기여를 한다. 시간과 장소에 따라 다른 역사적 강조와 맥락화
> 와 함께, 그것은 남아프리카의 더 광범위한 사회정치적인 맥락에 있
> 는 영적인 방법으로 여겨진다. 이 접근법은 신학적ㆍ이론적 감각에
> 서 영적 철학을 표현하는 것뿐만 아니라 일상생활의 표현이기도 하다.

(Swanson, 2012, p. 36)

Swanson(2012)은 우분투에 대해 "아프리카 인식론에서 인간관계에 중점을 두고 인간으로서의 의미와 다른 인간과의 관계에 있는 도덕적·영적 의식에 초점을 맞추는 철학적 사상"이라고 주장한다(p. 36). 사실 우분투는 "공동체의 힘은 공동체의 협동으로 이루어지며, 위엄과 정체성은 상호주의, 공감, 관대함, 공동체의 헌신을 통해 이뤄진다"는 철학에서 비롯된 것이다 (Swanson, 2012, p. 36). 남아프리카공화국의 진실과 화해 위원회(TRC, Truth and Reconciliation Commission)에서, Swanson(2012)은 남아프리카공화국의 인종 차별과 대량 학살의 시대를 다루기 위해 Ubuntu 이외에 다른 어떤 서양 인식론의 도구도 사용되지 않았다고 설명한다.

남아프리카공화국의 투투(Tutu) 대주교[4]가 중점적으로 강조하고 옹호한 우분투는 "사회적·정치적·생태학적 관심이 상호 연관되어 있다는 인식론 체계"이다(Swanson, 2012, p. 40). 투투는 남아프리카공화국의 문명화 과정에서 우분투에 초점을 맞추어, "중요한 질문의 정신은 언제나 '권리'와 '독재'의 차이를 알고서 곤란한 질문을 할 준비가 되어 있어야 하는 것"이라고 주장한다(Swanson, 2012, p. 40). 하지만 사람들은 조심할 필요가 있고 과거의 어떤 낭만주의도 피해야 한다. Swanson(2012, pp. 40-41)은 우분투, 특히 남아프리카공화국에서 사용된 방식이 어떻게 위험한 민족주의 이념을 촉진시키는지 공개한다. Swanson(2012)은 Marx(2002)의 분석에 의존하며 그 방법을 보여 준다.

(a) "우분투는 남아프리카공화국 사람들을 위한 우분투로 의도치 않게 재구성되었다." (b) "남아프리카공화국의 인종 차별의 뿌리와 원인에서 윤리의 문제로 옮겨졌다." (c) "우분투에 근거한 남아프리카공화국의 진실과 화해 위원회는 광범위한 인권 침해와 잔악무도한 만행을 다루지 못하고 일상적인 침묵과 폭력만 언급하는 데 그쳤다." (p. 41)

Swanson(2012)이 인용한 Marx(2002)는 우분투는 "민족주의 시각에서 볼 때 아프리카의 정신으로 점점 더 인식되고 있다"고 주장한다(p. 42). 이러한 중요한 긴장감에도 불구하고 우분투는 여전히 인식론적 현상으로 강력한 위치를 차지하고 있고, 아프리카의 문명들은 조잡한 현실을 다루기 위해 아프리카 인식론적 플랫폼에 명백히 의존하고 있다. 심각한 논의에도 불구하고 "많은 사람들은 우분투가 뉘른베르크 재판 및 전쟁 후 재판의 분위기와 별개로 남아프리카공화국의 진실과 화해 위원회에서 성공한 것에 우분투의 영향력이 크다고 판단하고 있다"(Swanson, 2012, p. 42). 사실, 이른바 식민지 시대에서의 특정 아프리카 해방 운동에서 벌어진 가장 큰 실수 중 하나는 상상 속 과거를 낭만적으로 이해하는 것이 아니라, 식민주의적 형태의 인식론적 형식에 복종하는 태도를 보이는 것이다. 이러한 접근은 기본적으로 많은 서구 및 아프리카 지식인들의 비난을 받게 된다. Paulo Freire(2009)가 Amílcar Cabral에 대해 쓴 글과 João Rosa(2010)가 카보베르데(Cape Verde)에서 '공식적인' 언어로 충돌한 것에 대해 쓴 글을 주목하라. 탈식민 과정을 이끌기 위해 아프리카 인식론 지형을 무시하는 것뿐만 아니라 식민주의와 신식민주의가 어떻게 탈식민주의라는 이름으로 둔갑하게 되었는지를 확인할 수 있을 것이다. Mignolo(2011a, 2011b, p. 51)의 설명은 "독립 식민 운동이 축소된" 과정을 이해하는 데 많은 도움이 된다.

그것들은 제국주의 해방 과정으로 해석되었다. 19세기에, 영국과 프랑스는 스페인과 포르투갈 식민지의 탈식민화를 지지했다. 20세기에 미국은 프랑스와 영국의 식민지의 탈식화를 지지했다. 사실, 그것은 한 제국으로부터 다른 제국의 손에 넘어가는 해방이었고, 자유의 이름으로 독립 운동에 의해 지지를 받았다. 탈식민적 사고의 가능성은 공식적으로 묵살되었다. Amílcar Cabral, Aimé Césaire, Frantz Fanon이 제기한 비판만이 수용되었다. 오직 Patrice Lumumba가 자신의 신체를 여러 조각으로 자른 후 인정받을 수 있었다. 탈식민주의 독립 운동(미국과 아시아-아프리카의 두 역사적인 순간)을 재고하는 것은 그들의 연결을 끊고 탈식민적 지식과 존재에 대한 생각을 열어 나가는 순간을 의미한다. 그 순간은 근대성의 수사학, 식민주의로 뒤덮여 탈식민적 사상이 보이지 않았던 시기였다. 즉, 영국의 명예 혁명, 프랑스 혁명, 러시아의 볼셰비키 혁명의 모형에 따르면 비식민지화 독립 운동을 현대주의의 같은 '혁명적' 논리로 해석할 수 있었음에도 불구하고, 이에 대해 다시 생각함으로써 독립 운동을 부르주아 혁명과 사회주의 혁명으로부터 분리한 것을 의미한다. (Mignolo, 2011b, p. 51)

탄자니아의 Nyerere가 주창한 우자마(Ujamaa)라는 교육프로그램은 모잠비크의 사람들이 독립 이후 따르지 않았던 것으로, 다른 식민지 독립 후의 행동의 명백한 증거이며 "중등학교 지도자들이 마을로 돌아가 농촌 개발 및 지역 사회 개발 관련 농업 프로그램에 참여하도록 격려함으로써" 지도자와 사회적 사슬이 아프리카 문명의 집단적 본성으로 돌아가도록 하는 것을 보여 준다(Abdi, 2012, p. 18). 비록 Nyerere의 우자마가 거대한 자본주의 세계 안에서 농경 집단 사회에 초점을 맞추면서 몇 가지 문제점을 보여 주기는 했지만, 일부 성취가 이루어졌다는 사실만큼은 부인할 수 없다. 예를 들어, Nyerere의 탄자니아는 거의 틀림없이 FRELIMO[5](모잠비크 해방전선)를 지원함으로써 모잠비크의 독립 과정에 기여했다. 이 중에는 탄자니아의 학교뿐만 아니라 모잠비크의 북부와 중부의 자유 지구 속의 학교들도 속해 있다. Mwalimu(스왈리무, 스와힐리어로 '선생님'이라는 뜻)라고도 불리는 Nyerere는 "교육에 대해 공식적으로 글을 쓰지 않고, 많은 공공장소에서 교육과 고등 교육의 역할에 대해 이야기했다"(Hatcher and Erasmus, 2008, p. 52). 또한 Mwalimu에게 우자마는 교육뿐만 아니라 "다른 지역사회 구성원들의 행복을 보장하기 위해" 상당히 중요한 역할을 담당했다(Hatcher & Erasmus, 2008, p. 53). Hatcher와 Erasmus(2008)는 Mwalimu의 교육 철학이 "(a) 변화를 위한 욕망을 높이고, (b) 변화가 가능하다는 희망을 높이며, (c) 사회를 발전시키기 위해 사람들의 결정을 하나로 결집시키기 위해 노력했다고 주장한다(p. 52). Nkulu(2005)의 추론에 근거해 Hatcher와 Erasmus(2008, p. 52)는 Julius Nyerere와 John Dewey 사이에 부인할 수 없는 유사점이 있다고 서술했다.

두 가지 모두 개인의 능력 개발이 사회의 발전을 어떻게 보장할 수 있는지를 반복한다. 그들은 모두 개인적인 경험의 중요성을 더 나은 기술 개발을 위한 기반으로서 소중히 여기며, 지식을 일상생활을 개선하는 데 사용되는 공동의 선으로 간주하고, 교육을 사회가 책임질 것을 요구한다. 비록 그들은 서로 다른 두 시대에 살았고, 두 개의 다른 대륙에서 살았지만, Dewey와 Nyerere는 사회적이고 민주적인 변혁에서 교육의 가치를 분명히 한다. (Hatcher & Erasmus, 2008, p. 53)

탄자니아와 미국에서의 삶과 관련하여, Dewey와 Nyerere는 "교육의 사회적 역할을 분명히 했고, 시민의식을 가지도록 사람들과 전문가들을 발전시키기 위해 교육의 필요성을 강조했다. 그들의 역할은 사회 변화와 안정에 적절한 도움을 제공하는 것이다"(Hatcher & Erasmus, 2008, p. 53). 따라서 일반적으로 서구에서 지역 사회가 고등 교육에 대해 관심을 가지는 현상이 놀랍지 않으며, 더 나아가 "21세기 고등교육에 관한 Nyerere의 시각이 서구와 관련되어 있다는 것 또한 놀랍지 않다"(Hatcher & Erasmus, 2008, p. 53). Nyerere의 교육적 비전은 Nkulu(2005)가 잘 파악하고 있다.

시골 마을에서는 식량이 고갈되어 사람들이 굶주리기 시작했다. 마을 사람들은 부족한 자원을 모으고 더 많은 생필품을 구입하기 위해 먼 마을에 배달원으로 보낼 몇 명의 유능한 사람들을 선택하기로 동의했다. Nyerere는 교육받은 탄자니아인들이 마을 출신의 우체부들과 유사한 능력을 개발하기를 원했다. 그들 사회의 일상생활 상황에 대한 인식과 비판적으로 반박할 수 있는 능력, 그리고 좋은 삶을 위한 그러한 조건에 따라 행동하기를 원했다. (pp. 82-83, Hatcher & Erasmus, 2008, p. 53에서 인용)

서구와 아프리카 지식인, 철학 사이의 유사점은 Antonio Gramsci와 Amílcar Cabral 사이의 공통성 사이에서도 눈에 띈다. Sheila Macrine과 Fernando Naiditch가 공동으로 번역한 자료에서 Freire(2009)는 다음과 같이 주장한다.

Amílcar가 Gramsci를 공부했는지 나는 잘 모르겠다. 그는 절대 Gram-sci를 언급하지 않았고, 그것은 그가 잘못된 방식으로 행동했기 때문이 아니다. 그는 정말로 Gramsci를 읽지 않았다. Gramsci의 작품들은 Cabral이 투쟁할 때 번역되기 시작했으며 이미 출간되어 있었다. Gramsci의 책이 스페인어로 번역되어 나왔을 때, 나는 망명 중이었다. Gramsci나 Cabral 둘 다 문화를 과대평가하지 않은 채 문화에 대해 얼마나 합리적으로 분석을 했는지 아무도 알 수 없다. 그들은 둘 다 문화에 대해 썼다. 한 명은 체포되어 감옥에 갇혔고, 꽤 열심히 생각했다. 나는 몇 가지 예외를 제외하면 Amílcar가 (젊은 시절의 글들을) 고군분투하다가 쓴 것이라는 사실을 의심하지 않으며, 그 속에서 그는 시인에 훨씬 더 가까웠다. (p. 185)

Freire(2009)는 Amílcar Cabral같은 사람은 Antonio Gramsci와 같은 선상에서 연구해야 한다고 주장했다. Freire(2010)는 두 사람의 차이점은 "Amílcar가 Gramsci보다 더 오래 전에 죽었고, Gramsci가 가지지 못한 것을 가지고 있었다는 것이다."라고 주장한다. 즉, Amílcar는 수많은 전쟁을 경험하였다. 반대로, Gramsci는 감옥에 있었다. Freire(2009)는 우리 모두에게 Gramsci와 Cabral을 동시에 읽도록 권장하고 있으며, 이 연구는 교육자들에 의해 수행되어야 한다고 주장한다. 사실, Freire(2009)는 교육자들에게 지금 부족한 것들 중 하나는 교육과 교육학 사이의 '정치적 관계'를 완전히 이해하는 것이라고 지적하는데, 이것은 Gramsci와 Cabral에게는 매우 뚜렷한 것이었다.

말할 필요도 없이, 아프리카의 인식론적 우분투의 복잡한 지형 내에서 우자마는 사회학적 학습의 집단적인 모델의 통합적인 부분들로 이해될 필요가 있다. Ngara(2012)가 강조한 바와 같이, 우리는 복잡하고 주도적인 "맥락을 이해하는 아프리카식 패러다임"을 가지고 있다. 다시 말하자면, "아프리카의 이해방식은 아프리카의 세계관을 반영할 뿐만 아니라 *Ubuntu*(줄루어/은데벨레어)와 *unhu*(쇼나어), *utu*(스와힐리어)로도 나타난다"(Ngara, 2012, p. 42). 이러한 집단적 학습 방법(집단적 인지주의의 한 종류)은 개인을 덜 개인화한다. 즉, "아프리카 어린이들이 학교에 가져온 기본적인 지식 구조"는 참여적, 공동체적 학습 모델을 통해 집합적으로 구성되고 전송된다. 이러한 공동체주의 체제에는 "아동 언어, 교육 내용 및 수학적 기술을 개발하기 위해 전 아프리카 대륙이 공유하는 독특하고 흥미로운 문화적 게임, 퍼즐, 수수께끼가 있다"(Ngara, 2012). 그러한 공동체주의는 서구 사회와는 뚜렷한 대조를 보인다. 서양에서는 목사가 부모들이 자녀들을 사회화할 책임이 있다고 주장하지만, 학교는 결국 대부분의 부모들이 해야 할 일 때문에 사회화 과제를 대신 떠맡게 된다. 하지만 고등학교 시험과 같이 그다지 중요하지 않은 사회적 장치들에 점점 더 초점을 맞추면서, 학교들은 공공의 이익을 위한 젊은이들의 사회화와 교육에 대한 그들의 책임을 다하지 못했다. 서양 교육은 더 이상 교육에 관한 것이 아니다. 점점 더 시장 위주가 되어 가는 사회에서 살기 위한 훈련 기관에 가깝다.

하지만, 아프리카에서 아이들의 교육은 집단적인 사회적 책임이지 생물학적 부모의 책임만은 아니었다(Ngara, 2012). 우자마는 '마을주의'였다. 우분투와 우자마는 모두 사회와 학교에 참여하는 새로운 윤리로 보일 필요가 있었고, 그러한 사회 시스템 안에서 그 지렛대는 교육 방법에 대해 '막연히' 숭배하는 것이 아닌 사회에 있었다. 원주민의 이해 방법이 전형적인 아프리카 아이로 하여금 그에 알맞은 인지 구조, 지식 및 신념을 형성하도록 만든다는 것은 말할 필요도 없다(Ngara, 2012, p. 133).

투쟁가로서의 교육자들

그러므로 교육을 단순히 삶의 방식으로만 이해하는 것은 어렵다. 우리가 전에 언급했듯이 교육은 식민주의에 대항하여 투쟁하는 시기에 비서구 지식인들이 꽤 강조하는 사회적 영역이었다. Cabral은 아프리카 사상의 출현과 통합에 있어서 교육의 중요성에 관심을 가졌다. 사실, 학교를 만드는 것은 기니비사우와 카보베르데(Cape Verdea)[6]의 PAIGC[7](*Partido Africano para a Independencia da Guine e Cabo Verde*)와 그리고 모잠비크의 FRELIMO에서 독립 운동을 위해 처음으로 수행된 과업이었다. 지식을 배우기 위한 공간 이

싱으로, 학교는 대중이 권력을 장악할 수 있는 근거지로 여겨졌고, 교사들과 학생들은 투쟁가였다(Machel, 1979). 게다가, 지식은 동지애의 근간이었다(Machel, 1979). 학교의 중요성은 Cabral(1980)의 다음 주장에서 꽤 명확하게 드러난다.

> 학교를 세우고 모든 자유를 원하는 모든 지역에서 가르치도록 하라. 교사의 정치적 훈련을 지속적으로 강화하라. 자녀들이 학교에 갈 때 필요한 것을 적극적으로 지원하도록 부모들을 설득하되, 학생들이 집에서 가족을 도울 수 있도록 그들을 위한 활동을 조직하라. 어른들이 읽고 쓰는 것을 배울 수 있는 수업을 만들라. 젊은이들이 가지고 있는 잘못된 관념, 나라를 떠나 공부를 해야겠다는 생각, 의사가 되려는 열망, 열등감, 그러한 잘못된 생각을 가진 사람들이 특권을 가질 것이라는 관념에 대해 비판을 제기하라. 우리 민족의 문화를 보호하고 발전시켜 우리나라의 관습과 전통을 존중하고 보장하라. 국민의 단결에 걸림돌이 되는 개인주의와 싸우라. 스스로 가르치고, 다른 사람들에게 두려움과 무지에 맞서 싸우라고 가르치라. 삶에서 배우고, 사람들과 배우고, 책에서 배우고, 다른 사람들의 경험으로부터 배우라. 끊임없이 배우라. (pp. 242-243)

Mondlane(1978)은 지식인들의 역할을 생산하고 변화시켜야 할 필요성과 함께 새로운 교육 프레임의 필요성을 역설했다. 즉, "국민들의 눈에는 교육이 진보를 의미"하며, 진보란 "억압에서 해방되기 위해 백인이 부리는 마법"을 익힘으로써 달성될 수 있는 것이라고 주장했다(Mondlane, 1978, p. 64). 또한 동시에 "세계에서 가장 최고의 학교인" 자유를 위한 투쟁을 보호하고 발전시키는 것이다(Mondlane, 1978, p. 68). Mondlane(1978, p. 63)의 시각에서 "지식인들은 자본주의 사회의 창조물이었다. 그리고 해방을 위한 투쟁에서 학교는 분명 중요한 존재이지만 그보다 더 중요한 것은 스스로를 혁명의 주체자로 인식하고 의식적으로 그것을 생각해야 한다는 점"이었다. 그들은 대학보다 혁명에서 더 많은 교육을 받을 수 있다는 생각을 할 필요가 있었다.

의심할 여지 없이, Cabral(1973, p. 51)은 "인종 차별적 감정과 아프리카인들을 영원히 착취할 의도를 갖고 아프리카인들의 문화적 가치를 과소평가한 것은 결국 아프리카에 많은 해를 끼쳤다."라고 주장한다. 이런 맥락에서, Cabral(1973, p. 63)은 식민주의에 대한 승리는 외국의 지배에 대항하는 투쟁보다 훨씬 더 복잡한 과정을 통해 자신의 근원으로 돌아가는 것을 통해서만 가능하다고 주장했다. 그는 이렇게 말한다.

> 따라서 그 근원으로 돌아가는 것은 자발적인 단계가 아니라 식민지 사회와 식민지 세력 사이의 피할 수 없는 모순, 착취받는 민중들과 제국 간의 필연적이고 유일한 해답이다. 모든 계급은 자신의 위치를 결정해야만 한다. 근원으로 돌아가는 것이 개인을 초월하여 집단이나 운동을 통해 표현될 때 모순은 투쟁(비밀 투쟁 또는 무장 투쟁)으로 바뀌게 되며 독립 운동이나 해방 투쟁의 전주곡이 된다. (Cabral, 1973, p. 63)

근원으로 돌아가면 Cabral과 그의 사상(Cabralism)은 이러한 과정의 본질적인 복잡한 변화와 더불어 "그의 비판적 이론이 자본주의 사회에서 백인 노동자의 삶의 투쟁과 생활세계로부터 격리되지 않는다는 의미에서" 전통적인 비판 이론을 심각히 도전했다(Rabaka, 2014, p. 152). 즉, Cabral의 비판 이론의 핵심에 대해, Rabaka(2014)는 지배와 억압은 자본주의 체제를 벗어나고 있으며, 억압받는 사람들의 특징을 모두 고려하는 공통적인 이론의 필요성과 해방을 촉구하는 세계적인 제도가 필요하다는 점을 주장한다. Daves(2013)는 Cabral이 "투쟁의 경제적·정치적·문화적 위치"와 직접 연계하여 이론과 전략을 개발하도록 강요하는 방법을 강조했다(p. 466).

그의 걸작이자 그의 교육철학 중 하나인,『학교를 힘을 모으는 전초 기지로 만들기(*Fazer da Escola uma base para o Povo Tomar o Poder*)』는 나의 동료인 João Rosa, Machel에 의해 영어로 번역되었는데, 이는 민주주의, 집단주의, 그리고 사회적 책임을 발전시키는 교육적 시스템을 주장했으며, 이는 학생들과 교사를 투쟁가로 보았다. 이 투쟁 세력이 부정적이지 않다는 것은 말할 필요도 없다. 그 반대이다. Machel의 말을 빌리자면, 투쟁가로서 학생과 교사는 공동의 이익을 구축하는 것을 생략한 채 교육 시스템의 실제 주제를 정의한다. 그는 이렇게 주장했다.

> 교사와 같은 투쟁가가 되는 것은 단지 수업을 준비하고, 지식을 명확히 가르치며 행동을 바르게 교정하는 것에 그치지 않는다. 이것이 선생님의 의무의 일부라는 것은 명백하지만, 충분하지 않다. 이것은 단지 전문적인 양심에 따라 활동하는 부르주아 교사들에 의해 행해지는 방법일 뿐이다. 본질적으로, 투쟁하는 교사는 자신의 모범과 가르침을 통해 학생들의 새로운 사고방식을 형성하는 데 기여하는 사람이다. 적극적인 교사는 모든 학생들이 따라 배우며 올바른 행동을 보여 주는 예시가 된다. 투쟁하는 교사는 학생으로부터 배우고 경험을 어떻게 통합할지, 진보하고 해방되기 위해 어떻게 해야 할지를 알고 있다. 투쟁하는 교사는 생산적인 일을 할 때 자원을 어디에 사용해야 할지에 관해 새로운 아이디어를 제공한다. 투쟁하는 교사는 자신의 한계를 의식하고 있으며, 학생들의 자기비판과 비평에 기꺼이 동참한다. 투쟁하는 교사는 노동자 계급에 대한 가장 높은 수준의 의식을 가지고 있다. 그들은 학생들의 창조적 주도성의 해방에 필요한 도구인 우리 고유의 가치를 얻기 위해 투쟁한다. 학생을 투쟁가로 정의하는 것 또한 필요하다. 학생의 본분은 공부이지만, 이것 자체가 그들을 부르주아 학생과 구별하지는 못한다. 그 과격한 학생의 특성화는 그의 연구의 목적과 방법 수준에 있다. 투쟁하는 학생은 학업을 통해 대중들이 맡긴 임무를 완수한다. 그 학생에게는, 졸업장에 대한 신화적인 집착, 높은 급여와 특권의 희망, 그리고 미래의 지배자들을 섬기는 엘리트들의 일부라는 개념이 존재할 수 없다.

Machel(1976)은 비록 학교는 필수적이었지만, 학교는 "인간의 존엄성과 그들을 보호하는 국가의 위대함을 원주민들에게 가르쳐야 한다"(p. 10)라고 주장한다. 즉, Machel(1976)은 교육이 '자본주의에 순종하여 정신적으로 억압받고 있는 사람들'의 생산과 준비에 도전해야 한다고 주장한다(p. 10).

Machel은 "교사들은 그들 사이에서 스스로 배워야 한다. 학생들은 그들 스스로 배워야 한다. 교사와 학생은 서로에게서 배워야 한다. 이것은 모든 수준에서 경험을 지속적으로 교환하고 각 단계의 경험을 종합하려는 노력을 보여 준다."(p. 23)고 말했다. 게다가, "집단적인 작업, 경험의 교환, 비평과 자기 성찰은 중심과 각자의 삶까지 확장된다." 사실, "이 과정을 통해 우리는 서로의 가치와 한계를 실천하면서 공동의 노력에 근거한 진정한 상호 이해를 얻을 수 있을 것이다." 우리 삶의 공동체에 뿌리를 두고 있는 노동 방법의 민주화를 의미하는 민주주의 교육은 우리의 공동체 의식을 보충해 주는 무한한 근원이 되어 준다. Machel의 교육철학은 지식을 사회 결속의 근간으로 간주했고 집단적인 리더십 모델을 옹호했다. Machel이 주장하길, 리더십은 "방향을 결정하고 지시하는 독재적인 것이 아니며 그렇게 될 수도 없다. 가장 키가 큰 나무가 땅바닥에 뿌리를 내리고 항상 바닥에서부터 자라듯이, 가치와 비전 또한 가장 기초적인 감정과 의식에서 생겨야 하고, 촉진하는 역할을 하는 사람은 의식을 확인하는 과정을 강화하고 가속화해야 한다." *Producers and Students*에서 Machel(1982)은 "우리 지식의 원천 중 하나이기 때문에, 그리고 생산을 통해 우리의 실수를 바로잡기 때문에" 생산을 학교와 연결한다(p. 116). 게다가, Machel(1982)은 "실천만으로는 충분하지 않으며, 공부도 해야 한다. 반대로 실천이 없다면, 지능은 힘을 가질 수 없다"고 말한다(p. 117). 과학적인 연구가 생산의 투쟁에 뿌리를 두고 있지 않다면, 우리의 삶에서 벗어나 있게 될 것이다. "생산하는 것은 곧 배우는 것"(Machel, 1982, p. 118)이라는 말은 유럽인들의 생각을 바탕으로 아프리카에 대한 지식을 만들어 냈던 식민지 역사학을 극복할 수 있게 한다(Boatca, Costa and Rodriguez, 2010, p. 16).

아프리카에서 Nkrumah(2006)는 식민주의 상황에서 "자본주의의 발전은 봉건주의의 쇠퇴와 새로운 계급 구조의 출현으로 이어졌으며,"(p. 55) 그 결과 새로운 노동 분열을 초래했다고 주장한다. 그러한 노동 계층화는 생산과 생산방식 모두에서 결정되고 결정적이며 "이는 단지 생존을 위해 필요한 것 이상을 생산하게 한다. 생산은 흑자를 만들어 내며"(Machel, 1976, p. 5), 이 흑자는 식민지 제국 프로젝트의 목적과 같다는 점에서 매우 중요하다.

Cabral(1969)이 주장한 바와 같이 하나 또는 여러 사람의 집단 내 계급의 정의의 의미는 생산하는 힘을 개발하고 공동체가 함께 생산하거나 사람들이 사용할 부를 분배한 결과이다. 즉, 사회-경제적 현상인 '계층'은 적어도 두 가지 필수적이고 상호 의존적인 변수, 즉 생산력 수준과 생산 수단의 소유 패턴으로 생성되고 개발된다. 이러한 발전은 기본 구성 요소의 양적 및 일반적으로 인지할 수 없는 변동에 의해 천천히, 점진적으로, 불균일하게 일어난다. 일단 일정 수준의 축적이 이루어지면, 이 과정은 계층의 출현과 그들 사이의 충돌로 특징지어지는 질적 상승으로 이어진다. (p. 3)

식민지 이전 시대에 계층 구분이 없었다는 것은 단순한 추론이다. Nkrumah(2006)가 주장했듯이, 인종 학살과 식민 지배 이전에도 계급을 구분하는 것만큼은 꽤나 명확했다. 새로운 것은 식민주의의 도래와 함께 이러한 식민지 이전 계층의 흐름이 강화되었을 뿐만 아니라 부르주아의 등장과 함께 완전히 다른 수준으로 발전되었다는 것이다. 전자가 "식민주의의 중요한 지역 대리인이 되는 것"(Nkrumah, 2006, p. 55)에 비해, 후자는 재정의 복잡함과 연결되어 있었고 식민주의 다음 단계인 후기 식민주의의 지속 가능성에 있어 결정적이었다. Cabral(1969)의 연구는 이 점을 살펴보는 데 있어서 중요하다. 식민지화 방식을 이해하는 열쇠인 계급 구분의 우위에 도전하면서, Cabral(1969)은 다음 질문을 던졌다. "역사는 오직 계층 현상과 뒤를 잇는 계급 투쟁의 발전으로부터 출발하는가?" (p. 4)

이 질문에 그렇다고 답하는 것은 사냥의 발견으로부터 그리고 나중에는 유목민과 정착적인 농업의 발견으로부터, 소 떼의 구성과 토지의 개인 소유까지 인간의 전체 삶을 아우르는 기간을 역사의 밖에 두는 것이다. 또한 다양한 아프리카, 아시아, 라틴 아메리카의 다양한 인간 집단들이 제국주의에 의해 지배당했을 때 역사 없이, 또는 문명 세계 외부에 살고 있었다고 여기는 것이다. 만약 우리가 그들이 지배당한 데 있어 식민주의가 미친 작은 영향이라도 이끌어 낸다면, 기니의 발란테족, 앙골라의 Coaniamas족, 모잠비크의 마콘데족과 같은 부족들이 오늘날까지 역사 밖에서 살아 왔든지, 아니면 역사 없이 살아 있다고 여기는 것이다. 우리나라의 사회-경제적 현실에 대한 구체적인 지식과 '계급' 현상의 발전 과정에 대한 분석에 바탕을 두고 계급 투쟁론에 반대한다. 만약 계급 투쟁이 역사의 원동력이었다면 그것은 아주 특정한 역사의 한 부분일 뿐이라고 결론지어야 한다. 이것은 계급 투쟁 이전에, 필연적으로 그 이후로, 한 가지 또는 여러 가지 요인들이 역사의 원동력이었고 앞으로도 그럴 것임을 의미한다. 각 인간 집단의 역사에서 역사의 원동력이 생산 방식, 즉 생산력 수준 및 소유 패턴이라는 것을 보는 것도 그리 어렵지 않다. 더 나아가 우리가 보아 온 것처럼 계급 그 자체, 계급 투쟁, 그리고 그들의 후속적인 의미는 생산 수단의 소유 패턴과 함께 발전한 생산적인 힘의 결과이다. 그러므로 계급 투쟁의 내용과 형태에서 필수적인 결정 요소인 생산력의 수준이 역사에서 가장 중요하고 영구적인 원동력이라고 결론짓는 것이 옳은 것으로 보인다.

즉, 야만적인 식민주의는 "모든 땅과 생산수단이 지역사회에 속하는 아프리카 공동체주의 사회 구조를 잔인하게 파괴"했다는 것이다(Nkrumah, 2006, p. 13).

식민주의의 출현과 함께 공산주의적 사회-경제적 패턴은 코코아나 커피와 같은 수출 농작물의 도입으로 인해 붕괴되기 시작했다. 식민지의 경제는 세계 자본주의 시장과 상호 연결되었다. 자본주의, 개인주의, 그리고 개인 소유에 대한 경향은 점차 발전했고 원시적 공동체주의와 집단 정신은 점진적으로 쇠퇴했다. (Nkrumah, 2006, p. 13)

확실히, 사회 통합의 움직임은 식민주의에 대항하는 투쟁에서 가장 중요한 역할을 담당했다. 왜냐하면 식민주의는 "생산력의 수준을 증가시켜 생산 수단을 사적으로 소유하도록 했고, 생산 방식을 점진적으로 복잡하게 만들었으며, 사회-경세적 전체 안에서 이익의 충돌을 불러일으켜 '계급 두생'의 출현을 가능하게 했고, 또한 '계급 투쟁'의 결과로 생산 방식과 생산 수단의 모순을 사회적으로 표현할 수 있도록 했기 때문이다"(Cabral, 1969, p. 5). 식민주의는 억압하는 자들과 억압당하는 사람들이 분열된 이분법적 사회를 만들어 냈다. 이러한 체제는 "백색 또는 흑색 또는 유색 피부를 가진 착취 계급의 존재는 권력과 국가의 착취 형태를 만들어 낸다."라고 주장할 때 나타난 Machel의 비판에서 볼 수 있다(p. 16).

계급은 식민 국가 권력의 복잡성과 함께 중요한 범주였지만, 그것은 유일한 것이 아니었다. Nkrumah(1964)는 "자본주의 착취와 함께 아프리카에서 계급과 인종간의 밀접한 관계가 형성되었다."라고 말한다. 하나를 다른 것으로부터 분리하는 것은 불가능하다.

> 노예 제도, 주종 관계, 값싼 노동력이 기본이었다. 전형적인 예로는 남아프리카공화국에서 아프리카인들이 피부색과 인종에 따라 이중 착취에 시달리는 것을 들 수 있다. 생산력 발전의 본성이 인종 차별적인 계급 구조를 초래하는 미국, 카리브해 지역, 라틴 아메리카, 그리고 세계의 다른 지역에서도 유사한 조건이 존재한다. 인종은 계급 착취와 불가분의 관계에 있기 때문에, 인종 차별주의적 자본주의 권력 구조에서 자본주의적 착취와 인종적 억압은 상호 보완적이며, 한쪽을 없애는 것은 다른 한쪽을 제거하는 것을 보장한다. (Nkrumah, 1964, p. 27)

억압자와 피억압자 사이의 관계는 과격하게 마무리될 수밖에 없다. C. L. James(1963)가 주장했듯이 노예들은 "전 세계의 다른 혁명적인 농민들처럼 지배자들을 몰아내는 것을 목표로 삼았다"(p. 85). 식민지 세력은 아프리카인들이 "원시적 풍습을 지닌 열등하고 후진적인 인종이며, 우수하고 발달된 인종에 의해 모든 상품, 전통 그리고 지식을 교육받아야 하는 무지한 사람들" 이라는 개념에 바탕을 둔 우생학의 착오를 합리화하는 사회심리학적 주장을 펼쳤다(Machel, 1976, p. 10). 자연스럽게, "인종 투쟁은 인종 문제가 있는 곳 어디든지 계급 투쟁의 일부가 되었다"(Nkrumah, 2006, p. 27). 인종과 계급 문제는 식민주의에 국한된 것이 아니었다. 그 문제들은 후기 식민주의 운동에서도 폭발적이었는데, 그 이유는 토착 부르주아 계급이 "식민주의 시절 지배자 계급의 삶의 방식을 따라 하면서" 지위가 상승했기 때문이다(Nkrumah, 2006, p. 25). 다음과 같은 비판이 Machel(1976)에 의해 제기되었다. 그에 따르면 식민주의에 맞선 투쟁은 새로운 개념과 실천에 바탕을 둔 투쟁이었다. 그러한 투쟁은 단순히 "백색 권력 대신 흑인 권력(Machel, 1976, p. 16)"을 만들기 위한 것이 아니었다. 그가 주장하는 것처럼, 식민주의에 대항하는 투쟁의 목적은 아프리카의 착취를 끝내는 것이 아니다. Machel(1976)의 주장에 따르면, 그 투쟁은 "착취자와 국민의 힘" 사이에 있고(p. 16), "국가의 힘으로 통치하는 것만으로는 진정으로 탈식민을 할 수 없다." 즉, "기존의 식민주의자들과 자본주의 세력을 아프리카의 것으로 만드는 것만으로는 우리의 투쟁의 의미를 제대로 드러낼 수 없다"(p. 17). 요약하면, 식민지주의와 신식민지주의 모두에서 "문제는 권력 중 하나이며, 신식민주의의 지배 아래 있는 국가는 스스로 운명을 결정할 수 없다. 이는 신식민주의를 인류 평화를 저해하는 심각한 위협으로 만드는 요인이다(Nkrumah, 1964, p. 3).

"단지 그곳에 방문함으로써 영토를 주장하는 것"(Mondlane, 1978, p. 152)과 같은 식민지 지배자의 오만함은 식민주의를 아프리카 인식론의 힘에 대한 그릇된 해석으로 이끈다. Frantz Fanon(1968)이 20세기에 "원자력의 발견과 행성 탐험" 이외에도 정복과 지배에 관한 이야기가 만들어질 것이라고 말한 것은 분명 틀린 말이 아니었다. 부인할 수 없는 그 문제들 중 하나는 아프리카 철학의 이야기에 관한 내용이다. 이른바 식민지 경제의 우월성은 아프리카의 세계관을 완전히 삭제할 수는 없었다. 역설적으로 식민주의는 잘 통합된 아프리카 지식인이 출현하는 것을 막기 위해 모든 수단을 사용했다. Nkrumah(2006, p. 38)는 "엘리트가 없으면 문제도 없다."라는 식민주의의 좌우명은 식민주의로 인해 일어난 집단 학살의 미묘하고 복잡한 현실이었다고 주장한다. Nkrumah(2006)은 다음과 같이 말한다.

> 1960년대 콩고는 새로 독립한 주를 운영하고, 군과 경찰을 부르거나, 떠난 공산주의자들이 남긴 많은 행정적·기술적 직책을 채울 수 있는

나라로시 자격이 거의 없었다. (p. 38)

Lumumba(1963)는 콩고와 더불어 식민주의에 맞서 싸우는 모든 아프리카 국가들에 대해 상당히 잘 알고 있었다(p. 78). 그가 기니의 수도인 코나크리를 방문했을 때, "18명의 장관들 중 3명만이 대학에서 공부했고, 다른 한 명은 고등학교를 졸업한 후 직업을 가지고 경험을 쌓았다. 그리하여 정부는 프랑스 기술자들을 데려와 법, 경제, 농경을 돕도록 했다."라고 말한 바와 같이 콩고의 현실은 꽤 합리적이었다. 과거와의 급진적인 단절은 현명하지 못한 것이 되었다. 왜냐하면 "우리는 여전히 많은 분야에서 벨기에의 경험이 필요하기 때문이다"(Lumumba, 1963, p. 86).

강력한 아프리카 정신의 부재는 겉으로는 합리적인 것으로 보이지만, 생각의 근원이 식민지 제국주의에서 나온 것이므로, 아프리카의 철학적 명성이 부족하거나 어떤 형태로든 악명 높은 아프리카 인식론의 부족과 같은 문제점을 가져올 수밖에 없다. Walter Rodney와 Julius Nyerere는 그중에서도 개발이라는 식민지 오류에 격렬하게 도전했다. Walter Rodney는 그 문제점을 뒤집었다. 그의 주목할 만한 연구인 『어떻게 유럽은 아프리카를 저개발했는가(*How Europe Underdeveloped Africa*)』에서 가이아나의 이론가들은 식민지 제국주의 틀 안에서 개발은 단지 일방적인 과정이 아니며 경제 방정식으로 축소될 수 없다고 주장한다. Rodney(1973)는 다음과 같이 주장한다.

종종 '개발'이라는 용어는 배타적 경제적 의미에서 사용된다. 즉, 경제의 유형 자체가 다른 사회적 특성의 지표라는 것이다. 그렇다면 경제 발전은 무엇인가? 한 사회는 구성원들이 공동으로 환경을 다룰 수 있는 능력을 증가시키면서 경제적으로 발전한다. 환경을 다룰 이 능력은 자연 법칙을 이해하는 정도(과학), 도구(기술)를 개발함으로써 이해를 실천에 옮기는 정도, 그리고 작업이 조직되는 방식에 따라 좌우된다. 장기적인 관점에서 볼 때, 인간은 자연으로부터 자원을 얻을 수 있는 능력을 엄청나게 늘렸기 때문에 인간의 기원 이후 인간 사회 내에서 지속적인 경제 발전이 있었다고 말할 수 있다. 인간의 성취의 규모는 인간 사회의 초기 역사를 고찰해 보면 된다. 첫째, 석기 도구에서 금속의 사용에 이르기까지의 진전, 둘째, 야생 동물 및 과일을 사냥하고 수집하는 것으로부터 농작물을 키우고 동물을 가축화까지의 변화, 셋째, 개개인의 일에서부터 많은 이들의 참여를 통해 사회적 인격을 가정하는 활동으로의 발전 등에 주목함으로써 가장 잘 이해된다.

서방 세계는 개발(및 부수적인 미개발)과 형편없는 정부 사이에 잘못된 괴리를 만들었다. 개발이나 미개발은 추상적인 것이나 동시에 동일한 경향을 보이는 하나의 사회적 역학에 고착된 것이 아니다. 오히려 그 반대이다. 이전의 식민지주의자나 이전의 자본주의자들의 아프리카 사회에서 발전의 속도는 견고한 체계나 성장 중 하나가 아니었다. 더 위대한 자유, 자치권, 그리고 공동의 이익을 향한 개인적이고 사회적인 발전은 식민주의의 도래와 그러한 자본주의 제국주의 국가의 유산으로 인해 제대로 발전하지 못하고 있다. 아시아 문명과 마찬가지로 아프리카 역시(Amin, 2009), 역사적 발달 과정을 거치고 우여곡절을 극복하며 사회 수준과 사회가 공동의 이익을 위해 발전할 수 있다고 주장했다. Rodney(1973)가 주장하듯이 "인간의 원래 고향인 아프리카는 다른 생물들과 구별되는 것과 같은 인간의 신체적 발달의 초점이었다." 식민지 자본주의의 도래와 함께 아프리카의 모든 발전 속도와 리듬은 식민지 건설의 요구로 인해 중단되지 않고 완전히 사라졌다. 식민과 자본주의의 시기 동안 노동은 사실상 자본주의의 출현과 함께 개선과 회복의 열쇠가 되었고, 또한 아프리카의 문명은 노예 제도뿐만 아니라 노동의 분업과 새로운 생산 방식과 마주쳤다. 사회의 기반에 있는 비공식적이고 형식적인 역학은 악명 높은 이념적·정치적 결과들과 함께 극적으로 변화되었다.

전문화와 분업은 생산량 증가와 분배의 불균형으로 이어졌다. 중국 사회에서 일부 계층이 인간 노동의 수익에서 큰 비중을 차지하게 되었다. 그리고 농업이나 산업에서 일해서 부를 창출한 사람 중 가장 낮은 비율을 차지하고 있는 집단이 바로 귀족이나 왕과 같은 부류이다. 그들이 그렇게 할 수 있었던 이유는 토지라는 생산의 기본 수단의 소유권에 심각한 불균형이 나타났기 때문이다. 대부분의 농민들이 가진 땅은 작아졌고, 소수만이 그 땅의 대부분을 독차지했다. 그러한 토지 소유권의 변화는 가장 넓은 의미에서 개발의 일부였다. 그렇기 때문에 개발은 순전히 경제 문제가 아니라 자연 환경을 다루려고 노력한 결과에 달려 있는 전반적인 사회 과정으로 볼 수 있다. (Rodney, 1973, p. 29)

미개발과 미개에 대한 서양의 상식적인 조작은 홀로코스트(Holocaust, 나치의 유대한 대학살)를 거쳐 최근 보스니아에서 일어난 종교 재판부터 집단 학살까지 기득권층의 잔악 행위로 이어지고 있다. Nyerere(1967)가 열렬히 주장했듯이, 아프리카 공동체의 생존은 아프리카의 인식론과 더불어 이들을 보존하고 후손들에게 물려줄 수 있는 능력에 달려 있었다. 아프리카 철학의 지식을 다른 사람들에게 전달하는 시간과 돈은 '개발'에 드는 돈과 시간보다 더 많은 혜택을 우리들의 나라에 가져다준다. 이것은 또한 Machel의 추리에서도 명백히 드러난다. Machel(1985)이 주장한 바와 같이, "우리는 신세대들이 과거의 악습을 물려받은 구세대들과 접촉하면서 자라나고 있음을 알아야 한다. 우리의 실제적인 경험은 우리 중심인 아이들과 젊은이들이 퇴폐적인 생각, 습관, 그리고 기호에 의해 오염될 수 있다는 점을 보여 준다"(p. 28).

게다가, 식민주의에 대한 투쟁은 어떤 개인주의적인 서구의 인식론에도 굴복하지 않았다. 식민주의에 대항하는 투쟁에서 이른바 사회주의 세계로부터의 수많은 지원, 연대와 영향력이 있었음에도 불구하고, 아프리카 지식인 지도자들이 그들의 정치적 의식을 고양시키는 문화적 역할을 담당했다는 사실만큼은 부인할 수 없다. 앞서 언급한 바와 같이, Machel(1985)은 "Marx의 책은 나의 고향 마을에 도착하지 않았고, 식민주의에 반대하는 어떤 책도 도착하지 않았다."라고 주장한다. 우리에게 책의 역할을 한 것은 아프리카 지식인 지도자들이었다. 식민주의가 무엇인지, 식민주의의 폐해, 그리고 식민주의자들이 여기에 왔을 때 무엇을 했는지 우리에게 가르쳐 준 사람은 바로 그들이다. 그들은 우리 영감의 원천이었다. 서구의 헤게모니적 관점에 대해 굴복한 것은 분명히 사실이 아니며, 그 속에서 공동체의 이데올로기의 존재는 어느 정도 인정받아야만 할 필요가 있다. Nkrumah(1964,

2006)은 아프리카인들의 "서구적 · 이슬람적 경험에 대한 태도는 분명한 목적이 있어야 한다. 철학 없는 실천은 맹목적이므로, 반드시 철학에 의해 안내를 받아야 한다"(p. 78). 식민지 교육 시스템이 아프리카 인식론을 적용하는 것을 거부했기 때문에, 아프리카 공동체의 생존은 식민지 인식론에 저항할 뿐만 아니라 아프리카 인식론의 개념과 사상을 파악하는 데 초점을 맞추었다. 하지만 식민주의와 제국주의에 대한 투쟁은 제국주의 열강의 핵심 내에서 또한 일어났다. Lumumba(1963)는 기독교 국가들이 결국 "무너질 수밖에 없는 정책을 시행하는 데 힘을 쓰는 것은 그들에게 전혀 이익이 되지 않는다."라는 것을 깨달을 것이라고 주장한다(p. 92). 이와 관련하여 포르투갈의 식민지 제국을 돌아보면, FRELIMO, PAIGC, MPLA(*Movimento Popular de Libertação de Angola*)[8], MLSTP(*Movimento de Libertação de São Tomé e Príncipe*) 그리고 FRETILIN(*Frente Revolucionária de Timor-Leste Independente*)[9]과 같은 반식민주의 행동에 의해 주도된 그 투쟁은 식민지 지배 국가 본토에서도 이어졌다. 이러한 흐름은 1974년 4월 25일 사회 카네이션 혁명으로 나타난다 (Carvalho, 2014; Spinola, 1974; Veloso, 2012). 식민지 제국에 대항하는 투쟁을 얕본 제국의 문화 정치는 더 이상 효과적이지 못했다. 아프리카의 저항과 유럽 중심주의에 대한 반격이 성공할 것이라고는 누구도 예상하지 않았다. 즉, 계획에 없던 일이었다. 그 제국은 식민지 전쟁과 본토에서의 사회적 분열 사이에서 몰락했다.

그러한 성공적인 아프리카 봉기는 Dussel(1995, p. 14)이 통찰력 있게 '해방의 철학'이라고 불렀던 내용에 잘 들어맞을 수 있다. 즉, 유럽과 미국에 의해 지배된 중심의 오래된 고전적 존재론은 억압받는 사람들의 반격에 직면했으며, 이는 돌이킬 수 없는 과정이다. Dussel(1995, p. 14)은 자유주의 철학은 "인간의 빛이 빛을 발할 수 없었던 그늘에서 주변으로부터 살아나고 있다"고 주장한다. Dussel(1995b)은 "우리의 생각은 미존재(non-Being), 무(無), 타자, 외형, 이해할 수 없는 수수께끼에서 출발한다. 그렇다면 그것은 '바바리안 철학'이다"(p. 14)라고 덧붙인다. 나중에 Itinerant Curriculum Theory 이론을 분석할 때 이 문제로 다시 돌아올 것이다.

자본주의가 제국주의 프로젝트의 핵심인 계급, 인종, 성차별 역학에 결정론적 틀과 다양한 요소들을 모두 무시하는 단일한 발전 개념을 강요했다는 것은 말할 필요도 없다. 그러므로 식민지화와 문명은 모순 어법을 구성한다. 식민지와 문명 사이의 거리는 무한대이다(Amin, 2009). 미개발이라는 표식과 파운드와 갤런의 문명을 제공해야 한다는 시급한 요구에 따라 식민주의는 식민 통치자를 '개척'이라는 용어로, 식민지를 '개화'라는 용어로 설명하는 기막힌 방법을 사용했다.

> 가장 문명화된 사람조차도 인간성을 말살하게 된다. 식민지 활동, 식민지 기업, 모국에 대한 모독을 했다는 이유로 이루어지는 식민지 정복, 경멸에 의해 정당화된 식민지 정복은 필연적으로 그것을 수행하는 사람을 바꾸는 경향이 있다. 식민 통치자의 의식을 완화하기 위해 다른 사람을 짐승처럼 취급하는 익숙한 습관을 갖게 되고 객관적으로 그 자신이 짐승으로 변하는 경향이 있음을 알 수 있다. (p. 41)

우생학적 실천철학으로서 식민주의는 비인간화, 야만, 잔혹성에 의존하여 다른 식민지들을 정복해 나갔다. Fanon은 이 상황에서 많은 것을 가르쳤다. Fanon(1963)은 식민주의의 성공이 식민지의 정신에 어떻게 바탕을 두었는지를 검토한다. 그는 "인종 차별을 논리적으로 열등하게 만들지 않고 인간을 노예화하는 것은 불가능하다. 인종 차별은 감성적, 정서적, 때로는 지적으로 열등한 것에 대해 설명하는 것이다"(Fanon, 1964, p. 40)라고 주장한다. 충격적일지 모르지만, Cesaire(2000)의 설명에 따르면, 히틀러가 한 것은 "유럽 중심주의자들의 절차를 히틀러가 적용시킨 것이었는데 현재 알제리의 아랍인들, 인도의 노동자들, 그리고 아프리카의 흑인들에게도 남겨져 있었다"(p. 36). 더 위험한 것은 인간성을 말살하는 관행이 잃어버린 기억과 같은 현상을 유발한다는 점이다. 즉, Memmi(1991)는 개화 및 폭력이라는 과정 속에서 식민지들은 잃어버린 기억을 갖게 되는데, "잃어버린 기억"은 생물학적 영향 때문이 아니라 정확히 사회-심리학적 요인 때문이라고 주장한다. 왜냐하면 "기억은 단순히 정신적인 현상은 아니기 때문이다"(p. 103). 더 중요한 것은 다음과 같다.

개인의 기억은 그의 역사와 생리의 산물인 것처럼, 사람들의 기억은 그것의 제도와 결과물에 놓여 있다. 이제 개척자들이 만들어 놓은 제도들은 폐지되거나 기록으로만 남아 있다. 사람들은 몇몇 삶의 징후와 일상의 잡음, 그들의 비효과적인 면을 계속해서 보여 주는 사람들을 거의 믿지 않는다. 그들은 종종 우스꽝스럽고 오래된 기념물인 이러한 제도들을 부끄러워한다. (Memmi, 1991, p. 103)

인식론에 대한 투쟁은 우생학에 반대하는, 협상할 수 없는 입장을 의미하지만 "무엇보다 사회성의 모든 수준에서 [그러한 우생학의] 영향에 대한" 반대를 의미하는 것이다(Fanon, 1964, p. 36). 이것은 인종과 문화 사이의 소란뿐만 아니라, 인종이 식민지 개척자들의 논리를 강화해 주는 식민지의 가장 중요한 요소 중 하나라는 사실을 이해하는 데 도움이 된다(Fanon, 1964, p. 32 참조).

반식민주의 투쟁의 성공은 식민지의 힘의 매트릭스에 굴복하기를 거부하며 동시에 식민지 정신을 파괴하는 지속적 전략을 통해 아프리카인의 심리적 영향에 도전하고 파괴하는 아프리카의 인식론의 힘에 크게 의존하고 있다. 아프리카의 인식론을 존중하고 신뢰하는 것은 이념적 입장, 정치적 발언, 그리고 사회 해방 문제였다. Samora Machel은 이 점에 대해 정확하게 이야기한다.

우리의 정치적 이데올로기는 노동자들이 해방될 때 어떠한 투쟁을 했는지 탐구한 결과로 생겨난 것이며, 식민주의, 제국주의의 정복과 착취에 대항한 우리 국민의 무장된 정치적 투쟁에서 시작되었다. 우리가 도달한 각각의 승리, 각각의 약점은 대중들이 현재 생각하고 살아가는 데 영향을 주는 이데올로기의 토대를 만들었다. (p. 27)

아프리카인의 인식론적 관점에 바탕을 둔 아프리카 공동체주의와 복지는 근본적으로 식민지 침략으로 인해 더럽혀지고 침묵을 강요받았지만, 진정한 독립, 즉 식민주의에 대한 진정한 승리를 필요로 하는 것은 부인할 수 없는 일이다. Nkrumah(1964)의 주장에 따르면, 식민지주의에 대한 진정한 승리는 "전통적인 조화, 이슬람 아프리카와 유럽 기독교 아프리카의 결합, 종국에는 아프리카 사회의 근간이 되는 인간주의적 원칙과의 조화를 요구한다"(p. 70). 즉, "새로운 이념, 철학적인 진술로 굳어질 수 있는 이데올로기가 필요하지만 동시에 아프리카의 인본주의적 신념을 포기하지 않을 이념이 필요하다"(Nkrumah, 1964, p. 70). Nkrumah (1964)에 따르면 이 이념은 다음과 같다.

> 전통적인 아프리카 사회의 경험과 이슬람과 유럽 기독교에 대한 아프리카의 경험을 포함하는 이데올로기를 도출하는 데 이론적 근거를 제공하는 철학적인 아프리카의 의식이기도 하다. (p. 70)

Nkrumah(1964)는 지적 혁명 없이는 불가능한 급격한 사회 혁명을 추진하고 있다. 이 혁명은 아프리카 사람들의 "생각과 철학이 사회 복구로 향하는" 혁명이다(p. 78). 따라서 그러한 철학은 "아프리카인들의 환경과 생활 조건에서 이론을 발견해야 한다. 실제로 우리 철학의 지적 내용이 만들어져야 하는 조건에서 논리와 법칙을 발견해야 한다"(Nkrumah, 1964, p. 78). 그러한 인도주의적 원칙에서 교육이 수행하는 역할은 말할 필요도 없다. 결국 철학 없는 실천은 맹목적이고 실천 없는 철학은 공허하다(p. 78). Fanon(1968)은 문화적 차이와 적대감을 조장하는 비판적 민족주의의 중요성을 주장하며, 이는 실제적이고 필요한 아프리카의 주관적 의식의 근원에 있다고 주장한다.

Fanon의 접근 방식 또는 '비판적인 파농주의'는 여기에서 큰 도움이 된다. 즉, 교육을 통해 억압받고 식민지화되는 사람들은 새로운 생산 방식에 의한 대량 생산의 '부분' 때문에 새로운 산업화라고 불리는 역학은 그들에게 의존할 수 있다는 것을 이해하고 이러한 관습에 도전할 것이다. 즉, 억압당하고 식민지화된 사람들은 "자신이 계속해서 인종 차별과 경멸의 대상이 되고 있다는 사실에 충격을 받을 것이다"(Fanon, 1964, p. 39). 즉, 교육을 통해, 억압받고 식민지화된 아프리카인들은 식민지의 신화로부터 도망칠 뿐만 아니라, 새로운 이상향에 접근할 수 있게 될 것이다(Fanon, 1968). 그리고 새로운 지배 집단에게도 대항할 수 있게 될 것이다. Cesaire(2000)는 우리에게 "과거를 넘어서는 것"을 상기시킨다(p. 52).

탈식민화: 올바른 윤리와 불분명한 윤리의 사이에

교육에 혁명을 일으킨다는 외침은, Rukare(1971)가 언급하듯이, 아프리카 교육자가 살아남은 아프리카 문화에 포함된 모든 것을 채택해야 한다는 것을 의미하지는 않는다. 그것은 '종말'이라는 의미가 아닌 우리의 정체성을 다시 발견하는 과정을 필수적으로 포함하고 있다(p. 268). 하지만 이런 외침은 전에 언급했듯이, 탈식민화의 과정을 암시한다. 이것은 새로운 윤리적 개입이 요구되는 것이고 식민주의나 신식민주의 후의 치명적인 결과를 감안한 거대한 작업이다. 사실, 우리는 새로운 식민주의의 순간을 가져 본 적이 없다. 진정한 신식민주의는 전혀 일어나지 않은 완전히 완성된 탈식민화 과정을 필요로 할 것이다. 반식민지 투쟁은 신식민주의에 의해 중단되었다. Sankara(2007)가 주장하듯이, "아프리카에서 가장 큰 차별은 생존하기 위한 어떤 혁명적 형태의 심각한 장애물을 만드는 신식민주의적인 사고방식"이다(p. 177). 또 다른 가장 큰 장애물 중 하나는 제국주의이다.

> 혁명가로서 나는 제국주의가 이론적인 용어로 무엇인지를 이해했다. 그러나 한번 권력을 잡으면 나는 내가 몰랐던 제국주의의 다른 면들을 발견하게 된다. 나는 배워 왔고, 아직도 제국주의의 다른 면들이 발견되어야 한다고 생각한다. 이론과 실제 사이에는 상당한 차이가 있다. 제국주의는 실제로 괴물이다. 발톱, 뿔, 그리고 송곳니를 가진 괴물로, 물어서 퍼뜨리는 독을 가지고 있고 무자비하다. 말로 설명하는 것만으로는 부족하다. 제국주의는 독단적이고, 양심이 없고, 두려움이 없다.
> (Sankara, 2007, p. 178)

사회 속에서 폭력은 윤리적인 지형을 넘나들며, 그것은 사회 제도 속에서 식민시 제도를 시배하고 혜택을 주는 사람들이 이용하고 남용하는 위험성이 있다. 윤리 지위와 인식론 관련 질문 사이의 연관성은 Walker(2011)에 의해 조사되었다. Walker(2011)에 따르면, "지적 해방 프로젝트를 추구하기 위해 윤리에 대해 호소하는 것은 특히 북대서양 학계에서 지식에 대한 우리의 일시적인 범주와 조직을 위한 징계 및 규율의 논리가 내재되어 있는 모든 신화, 모든 신비함, 모든 미신을 부정하고 드러내는 것의 가능성을 제시한다"(p. 108). Walker(2011)는 "윤리학 문제에 대한 비판적인 관심이 없다면 특히 해방적이라고 주장하는 프로젝트들에 대한 인식론의 문제에 접근할 수 없다"는 사실을 상기시킨다고 말한다. Deleuze, Badiou, 그리고 Brown이 제시한 근거로부터, Walker(2011)는 올바른 윤리학과 불분명한 윤리학 사이의 충돌을 드러낸다.

> 즉, 철학적으로 적절한 담론은 엄격하고 경계적이며 호전적인 투쟁의 이론적 장소에서 유래한 것이다. 그러한 투쟁은 단순히 '가치'에 그치는 것이 아니라, 오히려 '그룹, 형성, 계급'을 통해 투쟁을 재현할 수 있는 수단인 '갈등'을 드러낸다. 이러한 갈등은 저항, 환희, 권위와 같은 그들의 실천 속에서 찾을 수 있다. 윤리학은 근대 지식 조직의 인식론적 요구와 규율적인 지시에 도전하는 끊임없는 싸움 속에서 발생하는 비판적 인식에 따른 질문이다. 불분명성의 윤리는 Alain Badiou에 의해 발표된 "윤리는 없다."라는 주장과 유사한 위치에서 작용한다. 오직 정치, 사랑, 과학, 예술의 윤리만이 존재한다. 그러한 윤리적 이해는 식민지의 논리와 기술 아래 모이는 전통 윤리, 특정 윤리적 규범, 전통 및 규범과 같은 제국주의적 전략을 억제하고자 한다. (pp. 108–109)

따라서 Walker(2011)가 통찰력 있게 주장하듯이, "불분명성의 윤리는 헤게모니 인식론적 생산에 대해 질문하고 그에 대한 책임에 기초한 비판적 운동을 만들고, 생산에 대한 전통적인 법칙과 행동 강령들을 대체할 방안들을 요구한다"(p. 109). 덧붙여 그는 불분명성의 윤리는 억압적인 문화의 행동과 그에 대한 비난하는 차원을 넘어서는 것이라고 주장한다. 그것은 문제의 핵심에 있다. 억압하는 자들의 세계관, 사상 구조, 지식 이론 등에 관한 비판이다(p. 109).

탈식민화는 세계 무역과 권력의 네트워크를 통한 아프리카의 뿌리 깊은 착취의 결과, 그리고 지속적인 가난과 만연하는 아프리카의 반이상향에 대한 이미지를 변화시키는 거대한 도전이다. 비록 탈식민화 과정이 "서양적 관점에서 희망 없는 것으로 인식되고 있지만"(Swanson, 2012, p. 38), 신식민주의를 거부하는 아프리카 공동체 의식이 커지고 있다는 것은 부인할 수 없는 일이다. 전 유엔 사무총장 코피 아난(Kofi Anan)은 "(1) 탈식민화, (2) 내전, (3) 권위주의 시대"라는 아프리카의 독창적인 개념을 지지했다(Swanson, 2012, p. 38). 나는 마지막 두 가지는 동의하지만, 첫 번째 문제에 대해 신랄하게 반대한다. 탈식민화 같은 것은 없다. 식민주의는 강력한 풀뿌리 해방 운동에 의해 주도된 아프리카 민족들에게 용감히도 패배했기 때문에, 유럽의 이익에 따라 기하학적으로 분열된 아프리카 국가들은 그들 스스로를 신자유주의의 복잡한 과정에 있는 것으로 보았다. 잔인하게 말하면, 완전한 탈식민주의란 없다. 왜냐하면 식민지 이전 단계로 시간을 되돌릴 수 없기 때문이다. 그러나 탈식민화는 반드시 해야 할 일이며, Cabral의 관점에서 과제는 근원으로 돌아가는 것이다. 따라서 Bernasconi는 "일반적이고 유럽적인 철학에 대한 아프리카 철학의 도전 중 실존적인 측면은 정신을 탈식민화하는 데 있다."고 주장한다. 지배자와 억압 받는 자 모두 마음을 탈식민화하는 데 전념할 필요가 있다.

아프리카 사람들이 정신을 탈식민화하는 것은 식민주의의 경험에 직면하는 것뿐만 아니라 인종철학의 중요성을 인식하는 데서부터 시작한다. 유럽인들은 아프리카인들이 식민주의에 대해 분명히 부정하는 것을 경험할 필요가 있다. 유럽 철학이 식민주의를 옹호하고 유럽을 특권 계층으로 만들었기 때문에, 유럽 철학에 탈식민 과정을 포함시키는 것이 가장 긴급한 과제라는 사실이 분명하다. (Bernasconi 1997, p. 192)

그러나 앞서 언급했듯이, 탈식민은 지배자들이 직접 억압받는 이들의 무시되거나 파괴된 지식을 조사하는 방식으로 진행되어야 한다. Abdi(2011)의 주장처럼 아프리카 교육과 인식론의 철학이 무시된 것과 함께 아프리카 전통 학습 시스템이 지역 발전에 본질적으로 쓸모 없는 것으로 묘사된 현상은 우연이 아니다(p. 12). 예를 들어, 지식의 생산, 복제, 그리고 합법화 그리고 '공식적'으로 여겨지는 지식을 통한 서양의 식민 지배는 항상 스스로 문명의 기능을 할 수 있는 아프리카인의 인식론의 가능성을 무시했다.

서구의 과학 이론은 아프리카 문명 구조, 지역적인 특색을 가진 의학을 이해하는 데 전혀 도움이 되지 않으며, 이것은 아프리카 인식론을 탐구할 때에도 마찬가지이다. 아프리카인들은 식민지에서 벌어진 집단 학살, 착취, 강간 등을 이해하고 이에 대항하기 위해 서양의 인식론적 장치에 의존할 필요가 없었다. Walker(2011)는 *The Race for Theory: For People of Color Have always Theorized*를 전면에 내세우고 있다. 이 책은 아프리카인들이 항상 서구인의 억압과 착취에 대해 적극적으로 대항했으며, 그 형태는 추상적인 서구의 인식론과는 완전히 다르다고 주장하는 흑인 페미니스트 지식인 Barbara Christian의 이야기를 담고 있다. 즉, Christian(Walker, 2011에서 인용)은 "어떻게 아프리카인들이 우리 신체, 사회 기관, 국가, 그리고 인종에 대한 공격에서 살아남을 수 있었을까?"라고 강조한다(p. 111). Bogue(2003), Gordon(2000) 그리고 Walsh(2012)는 흑인들의 사상이 노예, 식민주의, 인종주의 등에 얽혀 있는 단순한 경험에 있다는 일반적인 인식을 어떻게 변화시켜야 하는가에 대해 이야기하고 있다(p. 14).

경험에 대한 정신에 관한 공격도 이루어지고 있는데, 그것은 모두 유럽 중심의 과학적 관점을 주장하는 실증주의의 숭배 아래 지배적인 서구 지식에 의해 저평가되거나 무시되는 지식의 형태이다. 우리는 불분명성의 윤리를 해소하고, 식민지 지배가 어떻게 정당화되었는지 이해하기 위해 어떤 것이 과학으로 중요한지 의문을 제기해야 한다.

🍎 다른 치료 약(medicine)은 실존(reality)

Maria Paula Meneses(2008)는 건강과 의학에 대한 자유로운 이해를 주장하며 '과학적 형태의 의학'과 '전통적인 형태의 의학'의 대립을 통해 '서양 식민지 지식과 다른 형태의 지식' 사이의 충돌에 대해 보여 준다. Ngubane(1981)의 분석에서 도출한 Meneses(2008)는 "아프리카에서 생산된 여러 연구에서 다른 사람들의 지식을 평가하는 행위가 불평등과의 관계 형성의 핵심"이라고 주장한다. 이러한 관점에서, 전근대적인 형태의 의학은 *en bloc*이라고 하는 전통 치료법으로 치부되고 말았다(p. 352). Meneses(2008)는 생산과 재생산에 대해 강하게 도전하고 있으며, 이른바 '전통적인 형태의 의학'에 대해 새롭게 정의하려고 시도했다. 전통적인 형태의 의학이 묘사되고 있는 방식은 사회역사적 · 경제적 · 문화적 · 정치적 문제들을 대하는 식민주의적 관점을 잘 보여 준다. 전통적인 지식의 형태와 실행은 "전통적인 의사를 찾는 수많은 환자들이 의사에게 부여하는 지위를 가진 합법적인 지식"이다. '백인들이 정의하는 과학'과 '대안적인 의학'의 사이에서 벌어지는 투쟁 속에서 Meneses(2008, p. 353)는 "건강에 관한 두 지식 중에서 무엇이 더 주관적인가?"라는 질문은 Apple(1979)이 문화적 정치학이라고 이름 붙인 사회적 권위에 의한 인식론적 학살과 유사하다는 의견을 제시했다. Meneses(2008)는 여기서 날카로운 통찰력을 보여 준다.

> 대안적인 의학이란 무엇인가? 무엇과 누구에 관한 대안인가? 무엇을 고려해야 하는가? 무엇이 합법적인 지식으로 간주되어야 하는가? 누구의 눈에 합법적이어야 하는가? 각 문화의 자유와 평등을 보장하려면, 그 '다른' 문화에 주체적인 지위를 부여해야만 한다. 다른 형태의 지식을 생산하고 보존하는 사람은 누구인가? (p. 353)

누구의 대안인가? 누가 정의하는가? Meneses(2008)는 과학적 지식의 패권이 존재하는 세상에서 다른 형태의 지식들과 경쟁하면서, "이 지식을 누가, 어떻게 알아야 하는지에 관한 문제는 아주 중요한 것"이라고 주장한다(p.

356). 주목할 만한 것은 식민지 강국들이 어떻게 건강에 대한 토착적인 형태의 지식을 왜곡하고 식민지화했는지이다. 다른 학자들의 연구에 의지하여, Meneses(2008)는 전통적인 약학과 마법을 중심으로 만들어진 광고에 대해 명확히 했다(p. 365). 아프리카 사람들이 지식이 없다는 사실을 주입하는 것은 권력과 식민주의의 가장 날카로운 전략들 중 하나이다. Meneses(2008)는 모잠비크에서 "치료 관습의 다양성과 이질성과 관련된 전통 의학의 소멸을 위한 탐색은 식민지화 과정에서 비롯되는 사회적 질서에 기록되어야 한다."라고 주장한다(p. 356). Meneses(2008)는 "이후 현대 과학의 분류 체계에 따라 "치료적 지식 및 관행이 현대 과학 체계에 의해 산산조각 나고 있다."고 덧붙였다(p. 356). 즉, "그러한 지식의 구획화는 모잠비크에서 일하는 포르투갈 과학자들의 다양한 기록에서 볼 수 있듯이, 식민지 체계가 지역의 의료인이 사용하는 다양한 상품의 약리학적 원칙을 충족시키도록 해 주었다"(Menches, 2008, p. 356).

게다가, Henry(2000)가 말하는 이른바 아프리카 인식론을 배제하는 서구의 경제 및 문화 정책 안에서 무엇이 과학으로 구성되는지에 대한 투쟁을 살펴볼 필요가 있다(p. 179). Fanon, Gordon, Sekyi-Out, Wynter의 논리에 따르면, Henry(2000)는 "타자화된 아프리카인은 비이성적이고, 따라서 합리적인 서구인이 되기 위해 '의도적인' 조치들이 필요하다고 주장한다. 그 결과 타자화된 아프리카인들을 모두 사라지게 만든다"(p. 179).

철학화가 의미하는 것은 반성이고, 아프리카의 인식론의 이론적인 틀을 부정하는 것은 우생학이다. 그것은 인식론에 대한 도전이며, 그것은 인류에 대한 범죄이다. 서양 철학자 중 밀레투스의 탈레스, 디오게네스, 플라톤, 아리스토텔레스, 그리고 다른 사람들을 둘러싸고 있는 사회적·생물학적 조건은 많은 아프리카 지식인들과 크게 다르지 않았다. Omoregbe(1998)는 여기서 많은 것을 알려 준다. Omoregbe(1998)는 인간 생활이나 우주에 관한 근본적인 질문에 대해 탐구하는 사람들에는 단지 "서양 세계의 인간만이 존재하는 것이 아니다."라고 주장한다(pp. 4-5). 아프리카는 그러한 규칙의 예외가 아니며, 아프리카인들에게는 힘들지만 아프리카와 서양의 전승과 보존의 철학의 차이가 강조되어야 한다. 비록 이것이 아프리카인들에게 어려울 수 있지만, Omoregbe(1998)가 주장하듯이, 아프리카의 사상가들의 철학적인 주장이 후대에 전달되지 못했다고 해서 그러한 사실들이 아예 존재하지 않는 것은 아니다"(p. 5). 이 철학적인 내용은 "신화, 지혜의 공식, 전통적인 속담, 이야기 그리고 특히 종교"(Omoregbe, 1998, p. 5)를 통해 보존되고 전달될 수 있었을 뿐만 아니라, 다른 한편으로는 문화적 자본의 힘을 잘 보여 준다. 이 자본은 몇 세기 동안 조직적인 식민적 정책에도 불구하고 번성할 수 있었다. Diop(1974, p. xiv)는 "고대 이집트는 흑인 문명"이라고 주장한다. 사실, 이집트 문명의 기원 중 하나는 "흑인 반투족이 세운 아프리카 세계"였다(Dussel, 2013, p. 6). 신학과 철학에서 유명한 족적을 남긴 Reason과 Marc Ela(2014, p. 47)는 아프리카의 흑인 사이에서 태어났다. 즉, "인간의 속성은 그리스 세계의 시공간으로 축소되었으며, '자발적으로' 다른 사람들에게도 아무것도 행하지 않는 문명이 등장했다." Elungo(2014)의 주장처럼 아프리카 철학에는 한 가지 의미가 있다. 사실, 만약 철학과 이데올로기가 논리와 비논리 사이의 논쟁에 기반을 둔 구조라면, 그러한 논쟁 이전의 시대가 없다고 말하는 것은 뿌리 깊게 식민주의적인 것이다. 우리 스스로 '논리-비논리'라고 주장하는 우리의 모멘텀은 미래 사회에 의해 논리 이전-논리-비논리로 묘사될 것이다. 앞서 살펴본 것처럼 역사를 왜곡하려는 분명한 의도(Diop & Dieng, 2014)보다 아프리카를 역사 없는 공간과 시간으로 묘사하려는 시도가 있다.

Henry(2000)와 같이 우리는 "서구 프로젝트의 인류학적 중요성은 무엇인가?"(p. 278)라는 질문을 던져야 한다. Henry(2000), Omoregbe(1998), Wiredu(1991)를 비롯한 다른 사람들은 이런 질문의 중요성을 무시하지 않으면서 지금이 아프리카 철학에 대해 이야기하는 것을 넘어 실제로 실천해야 할 때라고 주장한다. 이 문제에서 교육과정은 중요한 역할을 한다. 이 문제를 해결할 때, 우리는 식민지에 도전하는 실천으로 아프리카의 문헌 철학을 넘어설 필요가 있다(Eze, 1998 참조). 하지만 우리는 여기에서 더 나아가야 한다. 백인들의 발이 아프리카 땅에 닿기 훨씬 전에, 아프리카 사람들은 철학에 근거하여 세상을 이해하고, 논리와 영적인 것들을 탐구하고 있었다. 어떤 면에서, 아프리카 철학이 반식민지 실천이라면, 서구 철학은 반아프리카 실천이다. 이러한 가정을 통해, 우리는 잘 만들어진 인식론직 지형(식민주의 를 유지하기 위한 서구인들의 부를 향한 욕망으로 인해 파괴된)에 의식적으로 경의 를 표한다. 아프리카의 인식론자인 Henry(2000)는 아프리카 철학이 "생물학 적 · 실존적 · 윤리적 좌절"을 넘어서는 것과 더불어 지식의 문제와 진정한 생산을 규제하는 것에도 관심을 보인다는 점을 칭찬한다. 그러한 지적 태피 스트리(여러 가지 색실로 그림을 짜 넣은 직물)가 존재하지 않았고, 아프리카 땅 에 처음 백인이 발을 내딛은 후에 철학이 시작되었다고 주장하는 것은 우리 가 지성을 거부하는 문화적 정치라고 부르는 것이며, 이는 체계적인 인식론 적 학살을 저지르는 것이다.

🍎 참고문헌

Abdi, A. (2011) Clash of Dominant Discourses and African Philosophies and Epistemologies of Education. In A. Abdi (Ed) *Decolonizing Philosophies of Education*. Rotterdam: Sense, pp. 131–145.

Abdi, A. (2012) Eurocentric Discourses and African Philosophies and Epistemlogies in Education. In Handel Kashopr Wright and Ali A. Abdi (eds) *The Dialectics of African Education and Western Discourses*. New York: Peter Lang, pp. 12–26.

Achebe, C. (1989) *Hopes and Impediments. Select Essays*. New York: Double Day.

Adejumobi, S. (2002) State and Civil Society in Local and Global Contexts. Colonial Contact and Bourgeois Reforms among the Yoruba of Nigeria. In T. Falola and C. Jennings (eds) *Africanizing Knowledge. African Studies Across the Disciplines*. London: Transaction Publishers pp. 315–42.

Aidoo, A. (1997) *Our Sister Killjoy*. Reading, MA: Addison Wesley.

Akiwowo, A. (1980) "Sociology in Africa Today," *Current Sociology*, 28 (2), pp. 1–73, p. 67.

Akiwowo, A. (1986) Contributions to the Sociology of Knowledge from African Oral Poetry. *International Sociology*, 1 (4), pp. 343–58.

Appiah, K. (1992) *In My Father's House. Africa in the Philosophy of Culture*. Oxford: Oxford University Press.

Apple, M. (1979) *Ideology and Curriculum*. New York: Routledge and Kegan Paul.

Atieno-Odhiambo, E. (2002) From African Historiographies to an African Philosophy of History. In T. Falola and C. Jennings (eds) *Africanizing Knowledge. African Studies Across the Disciplines*. London: Transaction Publishers, pp. 13–64.

Baber, Z. (1995) *The Science of Empire: Scientific Knowledge, Civilization, and Colonial Rule in India*. Albany: State University of New York Press.

Bernal, M. (1987) *Black Athena: The Afrosiatic Roots of Classical Civilization*. New Brunswick, NJ: Rutgers University Press.

Bernal, M. (2001) *Black Athena Writes Back: Martin Bernal Responds to His Critics*. Durham, NC: Duke University Press.

Bernasconi, R. (1997) African Philosophy's Challenge to Continental Philosophy. In E. C. Eze (ed) *Postcolonial African Philosophy. A Critical Reader*. London: Blackwell, pp. 183-96.

Bleichmar, D., De Vos, P., Huffine, K. and Sheehan, K. (2009). *In Science in the Spanish and Portuguese Empires—1500-1800*. Stanford: Stanford University Press.

Boatca, M., Costa, S. and Rodriguez, E. (2010) Introduction: Decolonizing Europea Sociology: Different Paths towards a Pending Project. In E. Rodriguez, S. Costa and M. Boatca (eds) *Decolonizing European Sociology. Transdisciplinary Approaches*. Burlington: Ashgate Publishing Company. pp. 1-10.

Bogue, A. (2003) *Black Heretics. Black Prophets. Radical Political Intellectuals*. New York: Routledge.

Braganca, A. and Wallerstein, I. (1982) Introduction. In A. de Braganca & I. Wallerstein (eds) *The African Liberation Reader. The Anatomy of Colonialism, Volume 1*, London: ZED Press, pp. iii-vi.

Cabral, A. (1969) The Weapon of Theory. In A. Cabral (ed) *Revolution in Guine Bissau*. New York: Monthly Review, pp. 90-111.

Cabral, A. (1973) *Return to the Source. Selected Speeches of Amilcar Cabral*. New York: Monthly Review Press.

Cabral, A. (1980) *Unity and Struggle. Speeches and Writings*. London: Heinmann.

Carvalho, O. (2014) *Alvorada em Abril*. Lisboa: Divina Comedia.

Cesaire, A. (2000) *Discourse on Colonialism*. New York: Monthly Review Press.

Connell, R. (2007) *Southern Theory. The Global Dynamics of Knowledge in Social Science*. Cambridge: Polity.

Daves, A. (2013) Memories of Black Liberation. Amilcar Cabral. In F. Manji & B. Fletcher (eds) *Claim No Easy Victories. The Legacy of Amilcar Cabral*. CODESRIA & Dajara Press, pp. 463-67.

Diop, C. (1974) *The African Origin of Civilization. Myth or Reality*. Chicago: Lawrence Hill.

Diop. C. (1987) *Precolonial Black Africa*. Chicago: Lawrence Hill Books.

Diop, B. and Dieng, D. (2014) *A Consciencia Historica Africana*. Lisboa: Pedago.

Dussel, E. (1995) *Philosophy of Liberation*. Oregon: Wipf & Stock.

Dussel, E. (2013) *Ethics of Liberation. In the Age of Globalization and Exclusion*. Durham: Duke University Press.

Ela, J. M. (2014) *Cheik Anta Diop ou a Honra de Pensar*. Lisboa: Pedago.

Elungo, P. E. A. (2014) *O Despertar Filosofico em Africa*. Lisboa: Pedago.

Eze, E. (1998) Modern Western Philosophy and African Colonialism. In E. Eze (ed) *African Philosophy. An Anthology*. Oxford: Blackwell Publishers, pp. 213-21.

Fanon, F. (1963) *The Wretched of the Earth*. New York: Grove.

Fanon, F. (1964) *Toward the African Revolution*. New York: Grove Press.

Fanon, F. (1968) *Black Skin, White Masks*. London: MacGibbon and Kee.

Freire, P. (2009) Amilcar Cabral: Pedagogue of the Revolution. In S. Macrine (ed) *Critical Pedagogy in Uncertain Times. Hope and Possibilities*. New York: Palgrave, pp. 167-88.

Freire, P. (2010) *Pedagogy of the Oppressed*. New York: Continuum.

Gbadegesin, S. (1998) Yoruba Philosophy: Individuality, Community and Moral Order. In Emmanuel Chukwudi Eze (ed) *African Philosophy. An Anthology*. Oxford: Blackwell Publishers, pp. 130-41.

Gordon, L. (2000) *Existentia Africana. Understanding Africana Social Thought*. New York: Routledge.

Gyekye, G. (1987) *An Essay on African Philosophical Thought. The Akan Conceptual Scheme*. Cambridge: Cambridge University Press.

Hallen, B. (2002) *A Short History of African Philosophy*. Bloomington: Indiana University Press.

Hamminga, B. (2005) *Knowledge Cultures. Comparative Western African Epistemology*. Amsterdam: Rodopi.

Hatcher, J. and Erasmus, M. (2008) Service-Learning in the United States and South Africa: A Comparative Analysis Informed by John Dewey and Julius Nyerere. *Michigan Journal of Community Service Learning*, Fall, pp. 49-61.

Henry, P. (2000) *Caliban Reason. Introducing Afro-Caribbean Philosophy*. New York: Routledge.

Hountondji, P. (1976) *African Philosophy. Myth and Reality*. London: Hutchinson.

James, C. L. (1963). *The Black Jacobins*. New York: Vintage Books.

Kaphagawani, D. (1998) Themes in a Chewa Epistemology. In P. H. Coetzee and A. J. Roux (eds) *The African Philosophical Reader*. London: Routledge, pp. 240-44.

Kebede, M. (2004) *Africa's Quest for a Philosophy of Decolonization*. Amsterdam: Rodopi.

Khoza, R. (1994) *Ubuntu as African Humanism*. Conference Paper Read at Ekhaya Promotions Diepkloof Extension. Unpublished Paper.

Lawuyi, O. & Taiwo, O. (1990) Towards an African Sociological Tradition: Rejoinder to Aikioki and Makinde. *International Sociology*, 5 (1), pp. 57-73.

Lumumba, P. (1963) Lumumba Speaks, Part 1 (1958-1959). In J. Van Lierde (ed) *The Speeches and Writings of Patrice Lumumba, 1958-1961*. Boston: Little, Brown, pp. 54-142.

Machel, S. (1976) *Establishing Peoples Power to Serve the Masses*. Toronto: Toronto Committee for Liberation of Southern Africa.

Machel, S. (1979) *Fazer da Escola uma Base para o Povo Tomar o Poder*. Maputo: FRELIMO.

Machel, S. (1982) Producers and Students. In A. de Braganca & I. Wallerstein (eds) *The African Liberation Reader. The Anatomy of Colonialism, Volume 1*. London: ZED Press, pp. 115-18.

Machel, S. (1985) Samora Machel. In B. Munslow (ed) *Samora Machel. An African Revolutionary*. London: Zed Books.

Machel, S. (Forthcoming) Making School a Base for the Masses to Take Power. In J.

Paraskeva and J. Rosa (eds) *African Consciencism*. Rotterdam: Sense.

Maphisa, S. (1994). Man in Constant Search for Ubuntu: A Dramatisr Obsession. *Paper presented at Ubuntu Conference. (AIDSA)*. Pietermaritzburg: University of Natal, Pretoria: Ubuntu School of Philosophy.

Marx, C. (2002) Ubu and Ubuntu: On the Dialectics of Apartheid and Nation Building. *Politkon: South African Journal of Political Studies*, 29 (1), pp. 49-69.

Masolo, D. (2004) African Philosophers in the Greco-Roman Era. In K. Wiredu (ed) *A Companion to African Philosophy*. Oxford: Blackwell Publishing, pp. 50-65.

Mbiti, J. (1969) *African Religion and Philosophy*. London: Heinemann.

Memmi, A. (1991) *The Colonizer and the Colonized*. Boston: Beacon Press.

Mensses, M. (2008) When There Are No Problems, We Are Healthy, No Bad Luck, Nothing: Towards an Emancipatory Understanding of Health and Medicine. In Boaventura de Sousa Santos (ed) *Another Knowledge Is Possible. Beyond Northern Epistemologies*. London: Verso, pp. 352-80.

Mignolo, W. (2011a) *The Darker Side of Western Modernity. Global Futires, Decolonial Options*. Durham: Duke University Press.

Mignolo, W. (2011b) Epistemic Disobedience and the Decolonial Option: A Manifesto. *Transmodernity. Journal of Peripheral Cultural Production of the Luso-Hispanic World*, 1, (2), pp. 44-66.

Mills, C. (1997) *The Racial Contract*. Ithaca: Cornell University Press.

Mondlane, E. (1978) *Eduardo Mondlane*. London: Panaf.

Mudimbe, V. (1988) *The Invention of Africa*. Bloomington: Indiana University Press.

Mudimbe, V. (1994) *The Idea of Africa*. Bloomington: Indiana University Press.

Ngara, C. (2012) African Ways of Knowing. Rethinking Pedagogy in Africa. In H. Kashopr Wright and A. A. Abdi (eds) *The Dialectics of African Education and Western Discourses*. New York: Peter Lang, pp. 129-47.

Ngubane, H. (1981) Clinical Practice and Organization of Indigenous Healers in South Africa. *Social Science and Medicine*, 15, B, pp. 361-66.

Nkulu, K. L. (2005). *Serving the Common Good: A Post-Colonial African Perspective on Higher Education*. New York: Peter Lang.

Nkrumah, K. (1964) *Consciencism*. New York: Monthly Review Press.

Nkrumah, K. (2006) *Class Struggle in Africa*. London: PANAF.

Nyerere, J. (1967) The Arusha Declaration (and TANU's Policy on Socialism and Self-Reliance. *Marxists Internet Archives*. Accessed from: https://www.marxists.org/subject/africa/nyerere/1967/arusha-declaration.htm

Odiembo, I. (2012) *Kenyan Education: Crucial Steps in Wrong Plains of the Sphere*. Paper delivered at ELP 551, at Political Economy of Urban Education, Department of Educational Leadership and Policy, University of Massachusetts, Dartmouth, August 8, 2012.

Omoregbe, J. (1998) African Philosophy: Yesterday and Today. In E. Chukwudi Eze (ed) *African Philosophy. An Anthology*. Oxford: Blackwell Publishers, pp. 3-8.

Onyewuenyi, I. (1991) Is There an African Philosophy? In T. Serequeberhan (ed) *African Philosophy. Three Essential Readings*. New York: Paragon House, pp. 29-46.

Oruka, H. (1990) *Trends in Contemporary African Philosophy*, Nairobi: Shirikon Publishers.

Oruka, O. (1975) Fundamental Principles in the Question of African Philosophy. *Second Order*, 4 (2), pp. 44-55.

Oseghare, A. (1990) Sgae Philosophy: New Orientations in African Philosophy. In H. Odera Oruka (ed) *Sage Philosophy*. Leiden: E. J. Brill, pp. 249-58.

Paraskeva, J. (2004) *Here I Stand. A Long (R)evolution. Michael Apple and Critical Progressive Tradition*. Minho. University of Braga.

P'Bitek, O. (1972) Reflect, Reject, Recreate. *East Africa Journal*. IX (4), pp. 28-31.

Prinsloo, E. (1994) *Ubuntu: In Search of a Definition*. Pretoria: Ubuntu School of Philosophy.

Prinsloo, E. (1998) Ubuntu Culture and Participatory Management. In P. H. Coetzee and A. J. Roux (eds) *The African Philosophy Reader*. London: Routledge, pp. 41-51.

Rabaka, R. (2014) *Concepts of Cabralism. Amilcar Cabral and Africana Critical Theory*. Lanham: Lexington Books.

Rodney, W. (1973) *How Europe Undeveloped Africa*. Accessed from: http://www. blackherbals.com/walter_rodney.pdf

Rosa, J. (2010) *Discursos Linguisticos e Realidades nas Salas de Aulas. Vencendo a Lura pelo Controlo*. Praia: Universidade de Cabo Verde.

Rukare, E. (1971) Aspirations for Education in the 'New' and Free Nations of África. In R. Leeper (ed.) *Curricular Concerns in a Revolutionary Era*. Washington: ASCD, pp. 283-86.

Sankara, Th. (2007) *Thomas Sankara Speeches. The Burkina Faso Revolution 1983-1997*. New York: Pathfinder.

Senghor, L. (1998) *The Collected Poetry. Caribbean and African Literature*. Charlottesville. University Press of Virginia.

Smith, L. (1999) *Decolonizing Methodologies: Research and Indigenous Peoples*. London: Zed Books.

Sousa Santos, B. (2005) *Democratizing Democracy. Beyond the Liberal Democratic Cannon*. London: Verso.

Sousa Santos, B. (2014). *Epistemologies of the South: Justice against Epistemicide*. Boulder: Paradigm.

South African Communist Party Documents (1918) To the Workers of the Bantu Race. *The International*, February 15. Accessed from: www.marxists.org

Spinola, A. (1974) *Portugal e o Futuro*. Lisboa: Editora Arcadia.

Swanson, D. (2012) Ubuntu, African Epistemologies and Development. In H. Kashopr Wright and A. A. Abdi (eds) *The Dialectics of African Education and Western Discourses*. New York: Peter Lang, pp. 27-52.

Tempels. P. (1945) *Bantu Philosophy*: Paris: Presence Africaine.

Veloso, J. (2012) *Memories at Low Altitude: The Autobiography of a Mozambican Security Chief*. Cape Town: Zebra Press.

Vieira, J., Hypolito, A., Klein, M. and Garcia, M. (2007) *Percurso Teorico Metodologico das Pesquisas sobre Currículo*. Associação Nacional de Pós-Graduação e Pesquisa em Educação. Grupo de Trabalho Curriculo. Trabalho Encomendado. Caxambu: Brasil.

Visvanathan, S. (2009) Encontros Culturais e o Oriente. Um Estudo das Políticas de Conhecimento. In B. Sousa Santos (ed.) *Epistemologias do Sul*. Coimbra. Almedina, pp. 487-505.

wa Thiong'o, N. (1986) *Decolonizing the Mind*. Nairobi: East African educational Publishers.

wa Thiong'o, N. (2012) *Globalectics. Theory and the Politics of Knowing*. New York: Columbia University Press.

wa Thiong'o, N., Owuor-Anyumba, H. and Lo Liyong, T. (1978) On the Abolition of the English Department. In Ngugi wa Thiong'o (ed) *Homecoming: Essays on African and Caribbean Literature, Culture and Politics*. London: Heinemann, pp. 145-50.

Waghid, Y. (2011) *Conceptions of Islamic Education. Pedagogical Framings*. New York: Peter Lang.

Walker, C. (2004) *We Can't Go Home Again. An Argument About Afrocentrism*. New York: Oxford University Press.

Walker, C. (2011) How Does It Feel to be a Problem. (Local) Knowledge, Human Interests and the Ethics of Opacity. *Transmodernity. Journal of Peripheral Cultural Production of the Luso-Hispanic World*, 1 (2), pp. 104-19.

Wallerstein, I. et al . (1996) *Open the Social Sciences. Report of the Gulbenkian Commission on the Restructuring of the Social Sciences*. Mestizo Spaces/Espaces Metisses. Stanford: Stanford University Press.

Wallernstein, I. (1998) *Utopistics: Or, Historical Choices of the Twenty-First Century*. New York. The New Press.

Walsh, C. (2012) 'Other' Knowledges, 'Other' Critiques Reflections on the Politics and Practices of Philosophy and Decoloniality in the Other America. *Transmodernity. Journal of Peripheral Cultural Production of the Luso-Hispanic World*, 1 (3), pp. 11-27.

West, C. (1999) *The Cornel West Reader*. New York: Basic Books.

Wiredu, K. (1991) *African Philosophy. The Essential Readings*. New York: Paragon House, pp. 87-110.

🐛 역자 후주

[1] 체와족은 아프리카 중남부에 위치한 말라위에 사는 종족이다. 체와어는 영어와 더불어 말라위의 공용어이다. 인구 절반 이상이 기독교를 믿고 있다.

[2] 서아프리카에 위치한 국가. 수도는 비사우(Bissau)로, 국명도 수도에서 따왔다. 비슷한 이름의 기니나 적도 기니와는 기니만에 위치한 국가라는 공통점이 있다. 국토 면적은 36,125km²로 대만과 거의 비슷하고, 아프리카에서는 가장 많은 90개에 달하는 섬을 가진

국기이기도 하다. 거주 인구는 170만 명이다. 종교는 이슬람교가 가장 많다.

[3] 우분투(ubuntu)는 남아프리카의 반투어에서 유래된 윤리적 · 철학적 개념으로서, 사람들 간의 관계와 헌신을 다루고 있다. 아프리카의 전통적 사상이며, 평화 운동의 사상적 뿌리이다. 자비, 용서 등과 유사한 의미를 지니고 있다. 한편, 우자마(ujamaa)는 스와힐리어로, 가족애, 동포애의 뜻과 유사하다. 우자마 개념은 사회주의 건설에서 전통적인 마르크스주의와 계급 투쟁론을 부정하고 아프리카에서 사회주의를 혈연을 중심으로 한 가족 공동체의 평등한 관계 속에서 정의하고자 한다. 즉, 착취적인 자본주의와 인간의 갈등에 기반한 사회주의를 모두 부정하고 이상적인 사회를 우리가 태어나고 생활한 전통사회에서 찾으려고 한다.

[4] 투투(Desmond Mpilo Tutu) 대주교는 남아프리카공화국의 성직자이자 성공회 대주교이다. 넬슨 만델라와 더불어 악명 높은 아파르트헤이트 정책의 철폐에 결정적인 기여를 한 인물로, 세계적으로 유명한 평화 운동가이다. 그는 런던 대학교에서 공부했는데, 유학생 시절 흑인과 백인 모두 줄을 선 차례대로 서비스를 받을 수 있는 영국 은행의 공정함을 보면서 거주지, 거주 이전의 자유, 직업 모두에서 차별받고 있는 남아공의 극심한 인종 차별의 부당성을 생각했다고 전해진다. 그 근거로 투투 대주교는 저서 『용서없이 미래없다』에서 남아프리카공화국의 인종 차별이 얼마나 심각했는지를 고발함과 동시에, 개신교와 성공회 모두 인종 차별에 저항하지 않고 어떻게 순응하거나 정당화했는지를 비판했다. 이후 1980년대 남아프리카공화국 교회협의회의 인종 차별 반대 운동을 주도했으며, 1994년 흑백 연합 정부가 수립된 후에는 진실과 화해 위원회(TRC) 위원장으로 활동했다. 남아프리카공화국 성공회 케이프타운 교구 전 교구장을 역임했으며, 1984년 남아프리카공화국 내부의 인종 차별 반대 운동에 대한 공로로 노벨 평화상을 수상했다.

[5] FRELIMO: 모잠비크 해방전선(Liberational Front of Moazambique) 또는 FRELIMO(프렐리모)는 1962년 포르투갈령 동아프리카(현재의 모잠비크)의 해방을 위해 설립된 정치적 · 군사적 단체이다. FRELIMO라는 이름은 '모잠비크 해방전선'이라는 뜻의 포르투갈어 Frente de Libertação de Moçambique에서 따온 것이다. 모잠비크는 1975년 포르투갈에서 벌어진 카네이션 혁명에 의해 독립을 쟁취하게 되었고, FRELIMO는 독립 당시에는 공산 정권 아래의 유일 당으로, 이후 다당제 의회의 다수당으로 현재(2009)까지 모잠비크의 정권을 장악하고 있다.

[6] 카보베르데(Cape Verde)는 아프리카 서쪽 끝에 위치한 섬나라이며, 포르투갈의 항해자들에 의해 발견되었다. 발견 당시에는 무인도였지만, 고대로부터 페니키아인, 아랍인, 무어인 및 인근 서아프리카의 부족들이 이 섬을 방문했다고 한다. 이후 열대 지방으로는 드물게 포르투갈인의 이주가 시작되어, 정착촌이 건설되었다. 16세기경에는 노예 무역이 번성했으나, 때때로 해적의 습격을 받기도 했다. 노예 무역의 결과, 수많은 아프리카인들이 카보베르데로 끌려왔으며, 이들이 오늘날 카보베르데인의 조상이다. 노예 무역의 쇠퇴 이

후에는 대서양 항로의 중간 거점항, 보급항으로서 번성했다. 제2차 세계대전 이후에 아프리카에서 민족주의 열풍이 거세지면서 기니-카보베르데 아프리카 독립당이라는 조직을 중심으로 한 독립 운동이 전개되었다. 1974년 포르투갈에서 일어난 카네이션 혁명 이후에는 이들의 독립이 가시화되었다. 1975년 7월 5일, 포르투갈로부터 독립했다.

[7] PAIGC: 기니-카보베르데 아프리카 독립당(Partido Africano da Independência da Guiné e Cabo Verde)(이하 아프리카 독립당)은 기니비사우의 정당이다. 1950년대 포르투갈로부터 평화적으로 독립을 추진하기 위해 설립되었지만, 1960년대 무장투쟁으로 노선을 바꾼 이 당은 기니비사우 독립 전쟁의 주요 참여 세력 중 하나였다. 전쟁이 끝나 갈 무렵, 정당은 마르크스주의의 일당제 국가를 수립했고, 1990년대 다당제가 도입될 때까지 일당제는 유지되었다. 1994년 첫 다당제 선거에서 압승을 거두었지만, 1999-2000년 기니비사우 총선에서 아프리카 독립당은 권좌에서 밀려났다. 그러나 2004년 의원 선거에서 의원으로 돌아온 이들은 2005년 대선에서도 승리를 거두었고, 기니비사우의 정당 중 가장 큰 규모로 현재까지 남아 있다. 아프리카 독립당은 1975년부터 1980년까지 카보베르데를 통치했다. 1980년 기니비사우 쿠데타가 발생한 이후 카보베르데 지부는 새로운 당인 아프리카 독립당으로 분리되었다.

[8] MPLA, 즉 앙골라 해방인민운동은 1975년 앙골라 독립 시기부터 앙골라를 통치해 온 당이다. 앙골라 독립 전쟁 동안 포르투갈군과 맞서 싸웠으며, 앙골라 내전에서는 UNITA, FNLA과 교전했다.

[9] FRETILIN은 동티모르 좌파 정당이며, 현재 야당의 위치에 있다. 동티모르가 인도네시아에서 독립하기 전까지는 독립 운동의 최전선에서 싸우고 있었다.

제4장

이슬람의 수수께끼
역사의 손실, 손실의 역사

> 이슬람은 서구 세계의 정체성이 형성될 때 정반대 위치에 있었지만,
> 앞으로 서구 역사를 대표하는 핵심 세력이 될 것으로 보인다.
>
> —Sayyid(2004, pp. 65–66)

서구의 지배적 인식론적 패러다임에 대항하는 투쟁은 아시아-아랍 세계의 많은 지적 유산 연구에 대한 중요성을 부각시키고 있다. 이를 통해, 우리는 학교 교육과정에 포함되어야 할 풍부한 유산들을 보고 느낄 수 있을 것이다. 이 장에서 나는 아시아-아랍 문화와 경제 발전의 중요한 영향을 보여 주려고 한다. 그렇게 함으로써, 나는 어떻게 동양 문명이 세계, 그중에서도 서양에 큰 발전 과정을 보여 주었는지를 제시할 것이다. 나는 어떻게 현대 사회에서 중요하게 다뤄지는 많은 문제들이 식민지 시대 이전에 동양에서 이미 나타났는지도 설명할 것이다. 추가로, 나는 어떻게 서구 사회에서 동양의 경이로운 유산들을 무시하는 이야기들을 만들어 냈는지에 대해서도 언급할 것이다. 나는 **공식적인 서구의 지식에 도전하기 위하여 교육과정 말살에 대항할 필요가 있다는 점을 주장한다.** 이를 통해 자신의 고유한 지식을 잃어버릴 위험을 지니고 있는 오만한 국제 사회 추종자들에게 경고할 것이다.

🍂 종교적으로 '생략된' 역사

우리는 서구의 주된 사회적 · 문화적 생산에 근거했던 아시아-아랍의 문화적 조각에 집중할 필요가 있다(Johnson, 1983 참조). 아시아-아랍의 틀 안에서, 우리는 민주주의, 철학, 그리고 아랍과 서아시아 인식론, 특히 이슬람과 이데올로기의 상호작용, 종교와 과학/기술 사이의 관계와 같은 특정하고 복잡한 문제에 주의를 기울일 필요가 있다. 이러한 주제들은 단순히 특정한 역사의 일부분만을 상징하면서 서양 헤게모니 이외의 지식의 존재를 모두 약화시키거나 거부하는 서구의 존재론과 인식론 도구로 이해될 수 없을 것이다(Morgan, 2007). 아시아-아랍 문명이 서구와 동양 간의 적대적인 대립의 시기에 문화적 · 경제적 결핍으로 고통받았다는 것은 전혀 사실이 아니다. 르네상스 이후로 점차적으로, 학살적으로 이루어져 온 서양 헤게모니는 매우 복잡한 모습을 띠고 있어 사실의 낭만화와 개념의 가설화를 막는 철저한 분석이 필요하다. 동서양의 치열한 충돌로 인한 역사적 과정은 비주류 역사로 치부되고, 학교 교육과정에 의해 체계적으로 제거되고 보류된 역사는 서구의 경제적 · 문화적 우월성을 찬양하는 방향으로 왜곡되었다. 예를 들어, 뉴잉글랜드 교사와의 대화에서, 학교 교육과정 중 푸에르토리코의 역사에 관해 서술된 내용을 살펴보면 미국이 위험한 '공산주의 쿠바'의 위험으로부터 푸에르토리코를 어떻게 '수호'했는지는 잘 드러나 있다. 그러나 소설 *In the Time of the Butterflies*를 토론할 때 보면, 학생들은 쿠바 혁명이나 마리포사(Las Mariposas)에 대해 알지 못했다. 비서구 인식론이 잘 보이지 않는 것은 역사가 중단된 것이 아니라 현재 억압된 인식론의 유산으로서 헤게모니의 힘을 보여 주는 것이다(Abu-Lughod[1], 1989, p. 18).

서구 현대 헤게모니의 입장을 이해하기 위해, Abu-Lughod(1989)는 "여러 헤게모니의 힘이 존재했던 13세기 세계 경제에 대한 철저한 조사가 필요하다"(p. 4)고 주장했다. 수많은 출처(Ekholm, 1980; Mann, 1986; Schneider, 1977; Wolf, 1982)로부터, Abu-Lughod(1989)는 다음과 같이 진술한다.

유럽이 12세기에 세계 경제의 일부가 되기 전, 즉 지중해를 통해 홍해

탈식민주의와 교육과정 연구

와 페르시아만, 인도양, 그리고 말라카 해협을 거쳐 중국에 도달하는 장거리 무역 시스템이 만들어지기 전에는 수많은 기존 세계 경제 시스템이 존재했다. 동양보다는 서양을 선호하도록 시스템을 변화시킬 역사적인 필요성이 없었고, 동양 지역의 문화가 현대 세계 시스템의 선구자가 되지 못하게 막을 이유도 없었다. (p. 12)

약간의 차이점이라고 한다면, 아시아, 아랍, 그리고 서구의 초보적 자본주의 형태 간의 차이 정도일 것이다. 즉, 이러한 유사성은 서구 사회 속에서도 아시아-아랍 문명이 문화적으로나 경제적으로 훨씬 진보될 수 있다는 점을 드러낸다. 돈과 신용의 발명, 자본과 상인이 부를 모으는 메커니즘에서도 공통점을 확인할 수 있다(Abu-Lughod, 1989, p. 16). 아시아, 아랍, 그리고 서구에서는 공통적으로 국제 무역에 화폐가 필수적이라는 생각을 갖고 있었다(Abu-Lughod, 1989, p. 15; Udovitch, 1970 참조). 그것은 부인할 수 없다.

(a) 중국에서 지폐는 이미 당나라 시기(9세기)에 나타났는데, 유럽에서 몇 세기 후에 사용되기 시작한 것과 비교하면 이는 아주 빠른 것이다. (b) 또한 신용의 개념 또한 서유럽 무역에서 사업적인 거래에서 중요하게 생각되기 전 이미 서아시아와 중국에서는 고도로 발달한 내용이었다. (c) 서아시아에서는 파트너십을 통해 자본을 공동 출자하고 이익을 함께 배분하는 방식을 통해 상품을 판매하는 상인에게 일정 비율을 돌려주고, 상품을 판매하는 시점에는 파트너에게 이익을 돌려주는 정교한 자본 증식 기법이 존재하기도 했다. (Abu-Lughod, 1989, pp. 15-16)

Morgan(2007)이 주장하듯이, "이러한 이슬람 양식의 일방적인 전달은, 유럽 사회로 800년간 지속되었지만 이러한 기술 전달 과정은 두 종교 사이의 갈등 국면 속에서 무시되고 말았다"(p. 26). 사실, "유럽이 갖고 있던 이슬람의 기술과 지식에 대한 갈망, 힘과 지식에 대한 두려움은 르네상스 이후 유럽과 이슬람 사이의 관계를 나타낸다"(Morgan, 2007, p. 33). 16세기가 되자 "유럽 중심의 역사가 다시 쓰였고 이슬람의 황금 시대가 사라지고 현대

수학, 천문학, 의학, 과학, 기술, 정치 제도 및 인간 중심의 사회를 만든 것이 유럽인이라는 생각이 전적으로 신뢰받게 되었다"(Morgan, 2007, p. 33). 이 문제에 대해 좀 더 이야기해 보자. 아시아-아랍 문명이 실제적이고 지속적으로 발전했다는 부인할 수 없는 증거들이 있다. 수많은 문서 출처, 문서화된 증거들을 다양한 방법으로 확인할 수 있다.

Morgan(2007)은 사담 후세인 시대 이후에 살았던 Al-Madina 가족의 이야기를 들려준다. 이라크 노동자안 Al-Madina는 "전쟁 중 피해를 입은 교량과 고속도로를 보수하는 일을 하고 사는데", 그는 버려진 책 상자들을 발견한다(Morgan, 2007, p. 45). 그는 **장엄한 후세인 시대**와는 무관한 내용을 다룬 『바그다드의 황금기(*Baghdad's Golden Age*)』라는 책을 얻었다. Al-Madina는 택시를 기다리면서, 그 책을 읽기 시작한다. 1915년 5월 3일 바그다드 역사학회가 저술하고 발표한 이 책은 이슬람력 164년(기원후 786년)에 태어나 47년 후 사망한 아바스 왕조의 영광스럽고 현명한 칼리프 알마문(Abu Jafar Abdullah al-Mamun)[2]을 추모하기 위해 헌정한 것이다(Morgan, 2007, p. 46). 저자는 다음과 같이 말한다.

> Al-Mamun의 지도 아래, 바그다드는 세계 학문의 중심이자 아랍 황금기의 중심지가 되었다. 그가 세운 '지혜의 집'에서는 기독교도와 외국의 번역가들이 그리스, 로마, 비잔틴, 페르시아, 힌두교 고전을 아랍어로 번역함으로써 현대 수학, 천문학, 화학, 의학, 문학의 토대를 마련하는 데 도움을 주었다. Al-Mamun의 후원과 지도의 결과, 바그다드에서 대수학, 진보된 삼각함수, 약학과 치료법, 철학과 문학의 핵심 사상이 탄생했다. Scheherazade가 『천일야화(*The Thousandand One Nights*)』를 들려준 곳이 바로 이 장소이다(Morgan, 2007, p. 46에서 인용).

차이점도 명확하게 드러난다. 공통점들이 서양과 비교하여 발전된 동양 문명을 보여 준다면, 차이점은 다른 방식으로 이해되는데, 13세기와 16세기에 두드러지게 나타나는 힘이다. Abu-Lughod(1989)가 이것을 다음과 같이 설명한다.

차이점은 13세기 유럽이 동양에 뒤처졌다는 것이다. 반면에 16세기가 되자 유럽이 동양을 앞서기 시작했다. 만일 누군가가 유럽이 그렇게 될 수밖에 없었던 특별한 자질을 갖추고 있었다는 주장에 대해 아니라고 대답하는 것을 거부한다면, 거기에 의문을 제기해야 한다. 나의 결론은, 발전에는 지리적·정치적·인구학적 배경이 있다는 것이다. 이것은 내부적·심리적·제도적 요인보다 훨씬 중요하고 결정적이다. (p. 18)

결국, "유럽은 동양이 '잠시' 혼란스러운 틈을 타 앞서 나가기 시작했다"(Abu-Lughod, 1989, p. 18). "중국에서 유럽까지 퍼진 흑사병과 13세기 전반기에 칭기즈칸(Genghis Khan)에 의해 통일되었던 상업로의 분열이 세기말까지 지속되었다"(Abu-Lughod, 1989, pp. 18-19). 흑사병은 "이 사회에서 가장 빠른 조직인 군대에서 급속히 퍼져 나갔다"(Abu-Lughod, 1989, p. 183). 또한, Abu-Lughod(1989)는 '발견'과 같은 서구 식민지 개념이 역사와 상반되는 이야기를 하고 있다고 주장한다(p. 19). 서구의 교과서가 포르투갈인의 바다 여행을 발견이라는 용어로 미화하는 동안, 실제로는 이미 동쪽과 서쪽을 반대로 하여 바다와 해안선을 표기한 아랍 항해 설명서가 제작되었다. 여기에는 아랍/페르시아 선원들이 이미 아프리카를 일주한 사실을 의심할 수 없을 정도로 상세한 설명이 기록되어 있다(Abu-Lughod, 1989, p. 19; Tibbetts, 1981 참조).

13세기와 16세기에 Roger Bacon과 Francis Bacon이 남긴 역사의 궤적은 동양과 서양의 대결이 얼마나 복잡했는지, 그리고 서양이 동양 문화를 멸시하고 서구 문화를 강요하게 된 과정이 얼마나 비논리적이었는지를 보여준다(pp. 20-24). 아마도, 동양을 식민지로 만들려는 치열한 과정 속에서, 오히려 서양이 결국 '식민지화'되었던 것이다. 비록 둘은 다른 역사적 순간을 살아 왔지만(전자는 이슬람 문화의 전성기, 후자는 서구 문화의 정점), 두 길을 유심히 살펴봄으로써, 동양을 기독교화하려는 서양의 프로젝트뿐만 아니라 동양에 상당히 잠재되어 있는 인식론에도 관심을 기울일 수 있게 된다. 반면에, 비기독교 세계에서 종교적으로 자유로운 인구 집단과 문화는 "십자군을 불가능하게 만들었다"(Abu-Lughod, 1989, p. 22). 사실, 그 기간에, "세상의 모든 국가는 정치적 투쟁, 쿠데타, 암살에 의해 흔들리며, 원망과 복수심은 때때로 내전을 일으킨다"(Morgan, 2007, p. 18). 하지만 그러한 사회적 논쟁과 동화 또한 "그리스와 로마의 독특한 혼합 문화, 아랍어가 포함하고 있는 다양성과 풍부함, 비잔틴 학문과 양식을 만들기 시작한다"(Morgan, 2007, p. 18). 반면에, 그러한 다양한 차원은 강력한 문화적 도구를 촉진시켰다. Roger와 Francis Bacon은 그러한 문화적 힘에 민감하게 반응했다. Abu-Lughod(1989)는 다음과 같이 말한다.

> 1257년에 Roger Bacon은 교황 Clement 4세에게 글을 보내어 대규모 프로젝트에 대해 설명했는데, 그것은 바로 자연과학을 주제로 한 새로운 지식에 대한 백과사전을 만드는 것이었다. 아랍어로 된 책을 번역하면서 그의 생각에 변화가 생겼다. Roger Bacon은 중요한 내용이 무엇인지를 충분히 알고 있었고, 교황에게 보낸 편지를 통해 전쟁과 십자군을 대체할 필요성이 있음을 강조했다. 1605년에 Francis Bacon은 『학문의 진보(*Advancement of Learning*)』를 저술했는데, 그는 자연과학을 토속적인 속성이 있는 것으로 보았다. (pp. 22-23)

Roger Bacon은 최고의 문명에서 찾을 수 있는 지식들을 통합하는 방식을 통해 실제적으로 유럽 교육을 개혁하기를 원했다(Abu-Lughod, 1989, p. 21). 그러므로 아랍의 문명적 발전은 의문의 여지가 없다. 이러한 높은 수준의 발전은 우연히 이루어진 것이 아니었다. 특별한 사회적 작동 원리에 기반한 역동성이 거대한 경제적·문화적 발전을 가능하게 만들었다. 아랍 세계는 국제적으로 극도의 개방성을 보여 주었고, 이러한 내용은 수많은 아시아와 유럽 문명에 영향을 주었다. 사실, Marquand(2011)가 16세기에 작성한 문서를 보면 "유럽인들이 이단자들을 화형에 처하고 있을 때, 인도 무굴 제국의 위대한 황제 Akbar는 이슬람교, 힌두교, 기독교, 조로아스터교, 유대교, 자이나교 사이를 대화로 연결시켰다"(p. 4).

🍎 선구적인 사회적 · 인지적 발전들

Morgan(2007)에 따르면, 이슬람 지식주의와 합리주의의 근원은 "그리스의 영향이 닿기 전 6세기와 7세기 초 이슬람 사상가들의 저술에서 찾을 수 있다. *Ilm*(지식)과 *aql*(합리, 지능, 지혜)의 개념은 초기 이슬람 저서인 코란에서 자주 등장한다"(Morgan, 2007, p. 52). Morgan의 분석은 길게 인용할 만하다.

> 8세기에서 9세기 동안, 이슬람은 우주론, 철학, 그리고 윤리적인 측면에서 급속히 진화했다. 이것은 수많은 새로운 관점들을 결합시켰다. 이 문화적 충격파는 이슬람 문화와 사상을 빠르게 다양하게 만들어 주었다. 이러한 다양성은 10세기에 이르러 우리에게 친숙한 시아파와 수니파라는 형태로 정착하게 되었다. 알마문이 칼리프로서 통치하기 시작한 시기에는 적어도 수십 개의 학파들이 존재하고 있었다. 이들은 다양한 방식으로 서로 영향을 끼치며 합쳐졌다. 여기에는 전통주의자(이후 수니파로 변화됨), 시아파(아바시드 이념에 영향을 끼침), 율법사(fuqa-ha, 이슬람 율법에 따라 새롭게 등장한 계급) 등을 포함한다. (p. 52)

이슬람 세계는 세계 최초로 의학 대학을 설립하였다(Morgan, 2007, p. 56) 또한, 합리주의 학문의 첫 번째 중심지였던 현재 후제스탄 지역에 Persian Academy of Gundeshapur를 설립하였다(Morgan, 2007, p. 55). Gundeshapur(지혜의 집)에는 뛰어난 사상가들의 발길이 이어졌다(Morgan, 2007, p. 56).

> 지혜의 집은 이성과 발견에 기반을 둔 사회의 토대가 될 수 있는 최고의 기관이며 합리성의 렌즈로 투영된 이슬람 제국을 만들기 위한 기관이었다. 과학 센터에는 수사학, 논리학, 형이상학, 신학, 대수학, 삼각법, 기하학, 물리학, 생물학, 의학, 약리학 관찰 프로그램, 병원, 도서관, 연구 프로그램 등이 모두 포함되었다. 이러한 과목과 학술 연구를 따로 구분하여 추진하지 않는다. 학자들은 모든 연구와 현상을 모자이크로 그려진 창문이라고 생각하며, 연구가 연결된 것을 신의 우주로

바라본다. 더 중요한 것은, 학자들은 자신들의 과학 연구를 현재 믿고 있는 종교에 끼워 맞추려고 하지 않는다는 점이다. 대신에, 그들은 스스로의 사명이 세계의 복잡함을 이해하려고 노력하는 데 있다고 생각한다. (Morgan, 2007, p. 60)

이슬람의 발전은 현재 스페인의 도시인 코르도바에서도 찾아볼 수 있다. 코르도바는 분명히 이슬람의 요새였고, 이는 서구 영토에서 이슬람의 발전을 확인할 수 있는 사례이다. 17세기에, 코르도바는 50만 명의 인구를 지니고, 300개의 목욕탕, 300개의 모스크, 50개의 병원, 그리고 모든 유럽의 책을 합친 것보다 더 많은 책을 소유하고 있는 도서관을 보유한, 유럽에서 가장 진보한 도시였다(Morgan, 2007, p. 69). Fakhri(2004)는 "이슬람에서 철학적 사색은 8세기에 우마이야 왕조를 무너뜨리고 아바스 왕조(Abbasid caliphate)가 등장한 이후 시작되었으며, 749년 우마미야 왕조가 무너진 후, 생존한 우마미야 왕조의 왕자가 스페인에 정착하였다(p. 267). 우마미야 왕족의 스페인은 이슬람 전체 역사를 통틀어 가장 빛나는 문화 중 하나를 만들었으며, 12세기에 그리스-아랍 학문을 서유럽으로 전하는 다리 역할을 할 수 있었다(Fakhri, 2004, p. 267). 아랍-스페인 철학의 역사에서 가장 처음으로 등장하는 Abu Bakr Muhammad(Ibn Bajah로도 알려져 있음)는 사라고사에서 태어났으며 후에 세비야와 그라나다로 이주하여 1138년에 사망하였다(Fakhri, 2004, p. 269). 그러한 부인할 수 없는 강력한 추론은 과연 "서양이 발달하였고, 동양은 뒤떨어졌는가?"에 대한 질문을 하도록 만든다(Abu-Lughod, 1989, p. 260).

이것은 작은 문제가 아니다. 특히 인식론적인 정의를 위해 싸울 필요가 있다고 생각하는 사람들에게는 큰 문제이다. 불행하게도, Goody(1996)가 언급하듯이, 오만하게도 서구의 발전이 오직 서양인만이 소유하고 있었던 합리성과 관련이 있다고 하는 것은 문제가 많다(p. 11). Morgan(2007)이 이야기하듯이, 몇 세기 후에 외국 학자들은 이슬람 합리주의가 그리스에서부터 시작된다는 잘못된 표현을 단순화하고 영구화할 것이며, 이는 21세기까지 계속될 것이다(p. 52). 이슬람 학자들의 수많은 번역과 그리스 고전 작품 번역 사이에는 논란의 여지가 없는 것들도 있지만, 학자들이 평범한 번역가가 아니있다는 점도 중요하다. 그들 대부분은 이미 풍부한 아랍의 지식을 더욱 풍요롭게 만들기 위하여 아랍 인식론적 지형 바깥에서 다른 작품들을 번역하는 헌신적이고 선도적인 지식인들이었다. Fakhri(2004)[3]는 위대한 번역가들에 대해 이렇게 설명한다.

> 그들 대부분은 시리아어를 구사하는 비정통 네스토리우스교와 기독교 신자들이었으며, 그리스나 다른 외국 작품들을 단순히 번역하거나 모방하는 것이 아니었다. Hunain(873년 사망), 그리고 Yahia b. 'Adi(974년 사망)는 중요한 과학적 · 철학적 작품들을 만들어 냈다. (p. xxiv)

Hunain의 연구가 주로 의학과 과학에 초점이 맞춰져 있었다면, Yahia의 연구는 이론적이고 철학적인 주제를 다루고 있었다(Fakhri, 2004, p. xxiv). Yahia의 제자인 Ibn al-Khammar(970년 사망)는 추론과 계시에 관한 주제를 다루고 있는 *Agreement of the Opinions of the Philosophers and the Christians*라는 책을 저술하였다(Fakhri, 2004, p. xxiv). 이처럼 지적, 문화적, 기술적으로 다수의 부정할 수 없는 증거들은 이슬람 시대의 힘을 증명하고 있다. 이슬람 이전의 시기부터 그러한 지적 발전의 징후들이 나타난다.

Magid Fakhri(2004)의 저서인 *History of Islamic Philosophy*에서, 그는 8세기 말과 9세기 초에 체계적으로 저술된 철학서들을 검토한다. Fakhri(2004)에 따르면, Abu Yusuf Ya'qub(b. Ishaq al-Kindi로도 불림)는 첫 번째 아랍 철학자로 간주된다. Al-Kindi는 킨다 부족 소속이었는데, 그 부족은 "아랍 문학에 기여한 가장 위대한 인물 중 하나인 시인 Imru'l-Quais를 배출한 부족이었다(Fakhri, 2004, p. 67). Fakhri(2004)는 다음과 같이 덧붙인다.

> 그의 역할이 많은 철학 연구물들을 수정하고 비유에 사용하는 데 있었기 때문에, 몇몇 권위자들은 많은 철학 연구물들의 번역을 맡기는 잘못을 범하기도 했다. 그럼에도 불구하고, 9세기 이슬람 초기 철학 및 신학 운동에 대한 Al-Kindi의 공헌과 자연 혐오에 대항하기 위한 그의 노력은 이슬람 철학과 사상에서 독자적인 영역을 구축한다. (p. 67)

비록 그의 작품 대부분은 소실되었지만, 나머지 작품들은 Al-Kindi가 논리학, 형이상학, 산술, 수사학, 음악, 천문학, 기하학, 의학, 점성술, 신학, 심리학, 정치학, 기상학, 지형학, 예언, 연금술과 같은 다양한 문제에 심도 있는 초점을 맞추고 있다는 점을 알려 준다(Fakhri, 2004, p. 68). Al-Kindi는 이슬람 최초의 정열적인 철학적 작가였으며, 텍스트를 통해 합리적인 과정을 적용하려는 위대한 사상가 중 한 명이었다(Fakhri, 2004, p. 68). Fakhri(2004)는 자연과 철학의 범위에 대한 개념을 연구하고 다른 방식으로 접근하고 있다.

> 철학은 인간의 능력에 따른 사물의 실재에 대한 지식이다. 그리고 첫 번째 철학은 더 정확하게는 모든 현실의 원인인 최초의 현실에 대한 지식이라고 할 수 있다. Al-Kindi는 물질적 지식은 사물의 원인에 대한 지식이라고 설명한다. 우리가 물질의 원인을 안다면, 우리의 지식은 더 완전해질 것이다. 물질의 원인은 재료, 형식, 효율(이동), 최종의 네 가지로 구성되어 있다. 철학은 이 네 가지 문제를 다루는 학문이다. 그 철학자는 *whether*, *what*, *which*, *why*를 질문하며, 존재, 종의 차이, 그리고 물질의 근원에 대해 탐구하고자 한다. 그러므로 누구든지 그 일에 대해 아는 사람은 그 종을 알게 되고, 형태를 아는 사람은 분류할 수 있게 된다. 그것이 수반하는 차이점뿐만 아니라, 그 문제, 형태, 그리고 최종적인 원인이 알려지면 정의, 실재도 자연히 밝혀지게 될 것이다. (p. 71)

여기서 위험한 것은 단순히 진실을 찾는 것 이상이다. Al-Kindi는 진실을 읽는 많은 다른 방법들에 초점을 맞추고 있다. 진실을 해석하기 위한(이슬람 이전과 이슬람의 인식론을 포괄하는) 다양한 방법에 대한 요구는 사회 건설의 도구로 진실을 바라보는 것뿐만 아니라, 서구와의 공통점을 바탕으로 강력한 지위를 추구하면서 잘 정리된 이슬람 인식론 지형의 존재를 부각한다.

Al-Kindi는 이른바 아랍 세계의 모든 고대 철학자들과 학자들의 중요성을 지각했다(p. 71). Al-Kindi가 주장하듯이, 우리는 반성의 결실을 우리에게 나누어 주고 현실의 본질과 관련된 질문들을 단순화했기 때문에, 우리에게 더 많은 것을 가르쳐 준 사람과 작은 진실조차 우리에게 전해 준 사람들에게 큰 감사를 표한다(p. 71). 그의 이슬람 이전과 이슬람 선조들에게 감사하면서, Al-Kindi는 이슬람 이전과 이슬람의 자율적 사고의 흐름을 인정하면서도, 서양의 인식론적 틀과의 대화를 통해 진리와 세계의 이해를 위한 탐구의 폭을 넓히려고 한다. 그는 진리 그 자체보다 진리를 추구하는 자를 더 소중하게 생각해서는 안 되며 반드시 진리를 소중하게 여겨야 한다고 주장한다(Fakhri, 2004, p. 72). 과제는 우리 자신의 언어와 시대 규범에 따라 필요한 곳에서 우리 선조들의 견해를 최대한 쉽고 분명하게 제시하는 것이다(Fakhri, 2004, p. 72). 또한, Al-Kindi는 인간의 지식에 다른 경로가 있다고 주장한다(여기서 '경로'란, 감각과 경험의 통로이고 합리적 인식의 통로이다.). 그 경로란 개인이 진실로 가는 길을 인식하는 방식이며 복잡하게 얽혀 있다.

그는 각 과학에는 특정한 유형의 증거가 있다고 주장했다(Fakhri, 2004, p. 74). 즉, 형이상학과 수학에서 우리는 증명을 추구하고, 물리학, 수사학, 역사학 등과 같은 분야에서 우리는 동의, 표현, 합의, 인식 등을 추구한다(Fakhri, 2004, p. 74). 물질적 실체와 비물질적 실체를 구분한 뒤(Fakhri, 2004, p. 73), Al-Kindi는 그러한 과학의 본질을 추구하면서 나타나는 다양한 주제들을 검토하여(Fakhri, 2004, p. 74) 영원한 것, 영원한 존재, 무한의 개념, 그리고 복잡한 윤리적 지형을 도출하였다.

만물의 첫 번째 법칙은 바로 영원한, 진실된 것을 추구한다는 점이다. 그가 정의하는 법칙은 존재를 부정할 수도 없고 자신 이외의 다른 존재에 대한 원인을 가질 수도 없다(Fakhri, 2004, p. 74). 그리고 일반적이고 파괴되지 않는 존재로서, 특히 같은 속성에 속하는 더위와 추위, 습함과 건조함, 단맛과 쓴맛과 같이 공통적인 속성의 주제에 대한 발명에서 비롯되기 때문에 변하지 않고 파괴할 수 없다(Fakhri, 2004, p. 74). 속성 그 자체는 영원하지 않고, 변화되거나 파괴될 가능성을 지니고 있다. 이처럼 영원은 그 자체로 존재하는 것이며, 더 완벽한 존재나 덜 완벽한 존재로 바뀌지도 않는다(Fakhri, 2004, p. 74). 즉, 그것은 존재할 수 있는 가장 최선의 상태로 존재한다. Al-Kindi의 무한에 대한 생각은 영원 개념과 함께 생각할 수 있다. 그의 무한에 대한 개념은 일반적으로 시간, 운동, 규모 등에 적용되지만, 그의 관심은 단순히 이론적인 것에 그치는 것은 아니다(Fakhri, 2004, p. 74). Al-Kindi 의 무한 개념에서 초점은 신의 존재를 보여 주는 것, 창조 가능성에 대한 탐색(ex-nihilo), 세상의 종말과 파괴와 같은 중대한 문제들에 맞춰져 있었다(Fakhri, 2004, p. 74).

Al-Kindi는 윤리학에도 관심이 있었다. Fakhri(2004, p. 94)가 발견한 그의 이론에 따르면, 도덕적 완벽은 불가능한 것이 아니며 도덕적 강인함이나 자제력과 같은 개념들이 이미 고급 철학 용어로 완성되어 있었다(Fakhri, 2004, p. 94). Fakhri(2004)는 Al-Kindi와 Al-Farabi, Ibn Sina와 같은 다른 철학자들은 변증법적인 철학/도그마(p. 210) 안에서 역동적으로 움직이고 있다고 주장한다. Al-Kindi는 도그마의 근원을 옹호하고 도그마의 토대 위에 명료한 지적 구조를 세우려고 했다(Fakhri, 2004, p. 210). 다른 철학자들은 합의를 강조하고 철학과 도그마의 공통점을 강조하여 분열의 단점을 줄이기 위해 노력했다(Fakhri, 2004, p. 210).

Al-Kindi의 작업은 독단적인 것이 아니다. 이슬람 세계는 이른바 후원자들의 도움으로 인상적이고 역동적인 문화적·과학적인 분위기를 보여 주고 있었다. Fakhri(2004)는 이미 9세기에 이슬람 세계가 철학적이고 과학적인 자료를 얻기 위한 경쟁을 하고 있었으며, 부유한 후원자들은 심지어 칼리프와 경쟁하기도 했다고 이야기한다. 아랍의 운문, 소설, 이야기와 같은 대부분의 문학 유산들은 부유한 후원자들의 관심과 관련이 있었다(Fakhri, 2004, p. 9). 수많은 후원자(Umayyad Khalib, Banu Munsu 가문의 Abu Ja'far Muhammad, Al-Ma'mun)들은 이슬람의 역사 전체를 통틀어 철학과 과학의 가장 큰 후원자였다(Fakhri, 2004, p. 10). 말할 필요도 없이, 그들 모두는 막대한 부를 자랑할 뿐만 아니라 지적으로도 똑똑했기 때문에 단순한 후원자 이상의 존재였다(Fakhri, 2004, p. 10). Al-Ma'mun의 연구는 권력, 국가, 신학, 이슬람 사회의 이슈를 넘나들었고, 그들 모두는 그 당시 널리 퍼져 있던 일반적인 의견뿐만 아니라 지적 흐름을 조망하는 대담함을 보여 주었다(Fakhri, 2004, p. 10). 반면에 Al-Ma'mun의 후원자인 Hunain은 그리스 철학과 과학의 번역 역사에서 단연 으뜸가는 인물이었다(Fakhri, 2004, p. 12). Fakhri(2004)는 다음과 같이 설명한다.

Hunain의 활동은 번역사에서 결정적인 단계를 만든다. 더 높은 정확성에 대한 인식이 생겨났다. 이는 현재의 철학과 과학적인 문헌들을 적용하여 원문을 다시 검토한 뒤 이미 존재하는 번역들을 개선하는 것이었다. Hunain의 번역에 대한 생각은 856년에 쓴 저서에서 그가 인용한 많은 작품들을 번역했다는 사실로 가늠할 수 있다. 예를 들어, 그는 스무 살의 젊은 나이에 그리스어 사본에서 갈레노스의 작품 연구 순서에 관한 논문을 시리아어로 번역했다고 적고 있다. 20년 후 그는 다음과 같이 말한다. "나는 이 작품의 그리스어 사본을 여러 장 얻어서, 내가 한 권의 사본을 소유할 때까지, 조심스럽게 그것들을 한데 모아, 시리아어 판본과 더욱더 대조하면서 교정을 하였다. 그리고 나는 그것을 한 번 더 번역하였다." 마지막으로 그는 "모든 작업들을 아랍어로 간략하게 번역하여 이를 후원자인 Abu Ja'far Muhammad에게 보냈다"고 적고 있다. (pp. 12-13)

번역은 우리가 보는 바와 같이 진지하고 매우 섬세한 지적 과정이었다. 번역은 새로운 책을 쓰는 것이며, 원문을 해석하고, 의문을 품으며, 원문을 완전히 다른 수준으로 받아들이고 있었다. 이슬람과 이슬람 이전 시대에 이미 명백하게 드러나고 있는 점은, 학자들이 현대 서구에서 연구될 문제들에 대해 이미 진지하게 고려하고 있었다는 것이다.

Morgan(2007)은 능력주의(최근 신자유주의의 핵심 주제)의 개념과 실천을 이슬람 이전의 시기까지 거슬러 올라가서 살펴본다. 능력주의는 이슬람의 힘을 유지하는 것과 관련된다. 사실, 이슬람 제국은 술레이만 통치 시대에 세습 귀족이 아니라 능력 있는 인재가 국가 정치를 담당하는 능력주의를 제도화하는 수준에 이르게 된다(Morgan, 2007, p. 77). 민주주의와 사회주의와 같은 개념들은 이슬람 이전과 이슬람 시대에도 Sharabi[4](1970)에 의해 이미 드러나 있다. Sharabi(1970, p. 50)는 "정치 조직의 원리가 초기 이슬람 공동체의 관행에 깊은 뿌리를 두고 있는 것으로 나타났듯이, 진정한 민주주의와 진정한 사회주의는 이슬람에서 발견되었다."라고 주장한다(p. 79).

이슬람교도들이 그들 자신의 유산에서 최고의 내용들을 찾으면 유럽으로 눈을 돌리는 것은 의미가 없다. 황금기 이슬람 민주주의가 제공했던 것은 유럽의 그 어떤 것보다도 월등히 우수했다. 사회주의 내용은 비슷한 이유로 거부되었다. 유럽에서 사회주의가 시작된 것과 같이, 이슬람 사회주의는 거부와 억압에 바탕을 둔 것처럼 보인다. 어떤 유럽 정치 사상가도 이성적으로 받아들일 수 있는 사회주의 이론을 생각해 낼 수 없었다. (Sharabi, 1970, p. 50)

심지어 제1차, 제2차 세계대전 이후 서아시아에서 일어난 사회주의 운동조차도 그 기원을 이슬람에서 찾을 수 있다(Karpat, 1982 참조). Karpat(1982)의 문서를 살펴보면, 서아시아의 사회주의는 민족주의의 연장선상에 있으며 크게 두 가지 측면을 가지고 있다(p. xxxi). 우선 서구 경제 체제(자본주의), 과도한 사유재산 축적, 계급 차별에 대한 거부로 보일 수 있다(Karpat, 1982, p. xxxi). 또 다른 한편으로 사회주의는 부와 지위의 차이를 없애고 현대 국가를 운영하는 데 꼭 필요한 사회 통합의 길을 닦기 위한 평등주의 운동으로도 나타날 수 있다(Karpat, 1982, p. xxxi). 사실, 사회주의는 이슬람과 서구로부터 윤리적-도덕적 힘의 많은 부분을 끌어낸다. 현대적으로 바라보면 자선, 사회 정의, 책임에 관한 이슬람 사상은 사회주의적 행동을 위한 강력한 기반을 제공한다(Karpat, 1982, p. xxxi). 예를 들어, 진실과 사회 정의 개념과 같은 서구 사회의 가장 진보적인 개념들이 이미 초기 아랍 문명에서 잘 알려져 있었다.

종교, 공동체(ummah), 민주주의, 그리고 진리와 정의에 관한 교육도 강력하게 실시되었다. 사회 속에서 공동체 개념이 어떻게 실현되는지를 이해하기 위한 시도를 하면서, Waghid(2011)는 이슬람 교육의 목적 중 하나가 좋은 사람, 즉 *adah*를 길러내는 것이라고 밝혀냈다(p. 17). 진실과 정의는 기계적이고 지루한 개념과 실천이 아니다. 오히려 인간과 인간 사이에 존재하는 조화롭고 정당한 균형 관계에 대하여, 그리고 인간의 외부와 내부의 조화에 대하여 다루는 것이다(Waghid, 2011, p. 17, Al-Attas, 1995에서 인용). 즉, 종교에 바탕을 둔 민주주의 공동체 교육의 목적인 진리와 정의는 단지 사회와 국가의 조화와 관계되는 것이 아니다. 스스로에게 정의롭지 못한 사람은 이기적으로 자신의 이익을 실현시키는 데만 관심이 있을 것이며 다른 사람에게 해를 입히기도 할 것이다(Waghid, 2011, p. 17). 여기서 주의해야 할 점은 이슬람 교육이 이론의 여지가 없는 단일한 견해로 이루어져 있다고 주장하는 것이 아니라는 점이다. 사실, 그것은 정반대이다. 이슬람 사회가 미개하지 않다고 주장하는 Bamyeh(1999), Fakhri(2004), Waghid(2011)의 글은 식민지 열강에게는 눈엣가시 같은 존재였다(Morgan, 2007 참조). Waghid(2011)는 이슬람 교육에서의 최소-최대 범위를 설정해 주고 있다. 교육에서 최소의 범위는 진리, 정의, 종교에 근거하여 특정 공동체에서 통일된 사람들만 포함하고, 종교적 경계선을 넘어서 확장될 수 없다는 이해에 근거를 두고 있다(Waghid, 2011, p. 16). 최대의 범위는 정의가 모든 사람을 향해 있으며, 자신의 민족, 문화, 정치, 문학, 종교에 국한시키지 않는다(Waghid, 2011, pp. 16-17). 전자는 사회에서 사람들을 위한 진실과 정의가 단순히 코란에 대한 충성만 강조하기 때문에 제한적인 반면, 후자는 모든 인류에게 진실하고 정당하게 행동할 수 있도록 만든다(Waghid, 2011, p. 16).

Waghid는 공동체에서 다양한 가치들을 통합하여 교육의 범위를 종교성, 인간성 육성까지 확대하려고 한다(Waghid, 2011, p. 18). 따라서 민주주의의 이상을 실천하는 것과 관련된 공동체적 관행은 이슬람 교육에 대해 최대 범위를 추구하는 것과 같다(Waghid, 2011, p. 19). 이 점은 미국에서는 민주주의와 정의가 보통 이슬람과 관련되어 있다고 생각하지 않기 때문에 중요하다. 사실, 민주주의 공동체의 관습은 이슬람 교육의 주요 원천과 일치하지 않는다(Waghid, 2011, p. 19). Waghid(2011)는 이슬람 교육의 기초를 다음과 같이 설명한다.

첫째, 이슬람 교육은 반대, 비판의 자유가 있다. 그리고 모든 표현을 코란 속에서 찾는다. 둘째, 실수를 통해 판단하는 것은 민주주의 공동체의 개념과 연결될 수 있는 이슬람의 또 다른 관행이다. 셋째, 이슬람 교육의 근원에 대한 해석을 할 때 이슬람교도 사이의 차이를 장려하고 정당화한다. (Waghid, 2011, pp. 23-24)

비폭력 시위와 아랍의 봄과 같은 현대의 예들이 있음에도 불구하고, 그러한 자치 움직임은 사라진 듯하다. 예를 들어, 서양의 경우 차이/토론의 필요성은 형식과 내용이 모두 민주적 근거를 보이지 않는 이른바 민주적 교육 체계로부터 도출되었다.

13세기 이전의 이슬람 시대가 이러한 교육 제도로 인해 문화적·경제적으로 꽤나 강력했다는 것에 의심할 여지가 없다. 예를 들어, 4세기 전에, 바그다드는 위대한 문화적·경제적·종교적 애국의 중심지였다. Morgan(2007)이 다음과 같이 서술하고 있다.

> 세계 최초의 대형 도시 병원이 10세기에 들어선다. 2개의 종교 학교[마드라사(madrassa)]가 설립되었다. 이 학교들은 11세기에 Nizamiya 대학, 13세기에 Mustansiriyah 대학으로 발전했다. Mustansiriyah는 수업료, 의료비, 숙식비가 무료이다. Al-Hasan, Banu Musa 형제와 같은 개인 천문학자들은 지혜의 집에서 연구를 계속했다. 13세기에 바그다드에는 36개의 공공 도서관과 100개의 서점이 존재하고 있었다. (p. 60)

Morgan(2007)의 설명에 따르면, 이러한 문화적·경제적 역동성은 바그다드를 세계적인 수도 중 하나로 변화시켰다. 단지 도시의 부, 다양성, 창의성의 결과일 뿐만 아니라, 예술적인 문화와 아랍어, 페르시아어의 융합을 의미하기도 했다(p. 62). 게다가, Bamyeh(1999)는 학술주의가 초창기 이슬람 철학의 가장 기초적인 요소 중 하나라고 주장한다(p. 115). 사실, 이슬람 사회에서 언어의 중요성은 매우 컸다. Bamyeh(1999)의 문서에서, 언어, 표현, 진리의 관계가 이슬람 문명의 중심적이고 반복적인 특징이었다는 것에는 의문의 여지가 거의 없다(p. 115). 종교와 관련된 학벌주의는 9세기 동안 선도적인 의사들을 배출하고 칼리프 Al-Mamun이 열성적으로 지지했던 Mu'tazilah(첫 번째 학교)를 만들어 내는 데 기여한다(Fakhri, 2004, p. 45). 이 학교는 이슬람에 적대적이었던 여러 계층들을 포용하려고 시도했다. 이 시기에는 이슬람 정체성과 관련된 자유 의지와 원죄에 대한 논쟁, 초기 법학과 전통주의자 사이의 대립, 고문서에 대한 다양한 해석 등이 나타나며 강력한 지적

빌전이 일어났다.

그러한 문화적 발전은 다른 지적 분야에서도 상당히 눈에 띈다. 예를 들어, 서구의 현대 숫자 체계와 아랍-인도 숫자 체계의 유사성은 부정할 수 없다(Morgan, 2007). 또한, Ibn al-Haytham과 같은 학자들의 영향도 기억할 필요가 있다. 그는 빛에 관한 연구를 지속했다(Morgan, 2007, p. 102). Al-Haytham에 따르면, 인간이 아무리 뛰어난 정신이나 능력을 갖추더라도 물리 세계를 이론화하는 것이 불가능하다. 반드시 관찰 측정할 필요가 있다. 1,000년 후의 학자와 과학자들처럼, Al-Haytham은 종교에서 과학에 대해 이야기하는 부분을 전혀 따르지 않았다(Morgan, 2007, p. 103). 특히 Al-Haytham가 눈에 관해 수행한 연구는 후세의 과학자들이 인간의 시력에 대한 현대적인 설명을 개발하는 데 도움을 줄 것이다(Morgan, 2007, p. 104).

인간의 눈에서 영감을 받아, Al-Haytham은 후에 카메라 렌즈로 알려질 물건을 만들기 시작한다. Da Vinci보다 500년 전에 그는 위대한 이탈리아인 Kepler와 Descartes가 발견한 내용들을 탐구하는데, 이를 통해 르네상스 시기에 이루어진 많은 업적들이 이미 이슬람 과학자들이 만들었던 내용들을 활용했다는 사실을 알 수 있다. Al-Haytham의 연구는 또한 미적분학의 초기 형태를 다루고 있기도 하다. 그의 가장 위대하고 대담한 작업 중 하나로 일상적으로는 마법처럼 보이거나 당연하게 여겨지는 것들을 수학적, 물리적으로 설명하는 것을 들 수 있다. 그는 노을이 태양 지평선 아래 19도 정도 될 때 만들어진다는 점을 계산했다. 그 사실을 이용하여, 그는 대기권의 깊이를 측정하는 데 근접하는데, 이는 20세기 우주 여행이 이루어질 때가 되어서야 검증되었다. 그는 고등 물리학의 한계와 중력에 대해서 알고 있는 것들을 종합하여 Galileo와 Newton보다 600년 전에 글을 서술했다. (Morgan, 2007, pp. 104-105)

🍎 무지와 문맹의 문화적 정치학

과학적 탐구에 관한 내용이 아랍 세계의 진보를 보여 준 유일한 영역은 아니었다. 예를 들어, 종교 간의 차이는 코란을 다른 높은 수준으로 올려 놓았다. Muhammad El Saadawi(2010)는 이슬람교가 여성과 관련하여 약간 더 진보적이며 실제적으로 코란은 성경보다 여성과 마음의 자유에 관해 더 진보적이라고 주장한다(p. 327). El Saadawi(2010)는 다음과 같이 말한다.

> 성모 마리아는 처녀성에 대한 집착을 보여 준다. 남자에 대한 처녀성은 없으며, 이는 이중적인 도덕적 · 정치적 기준을 만들어 낸다. 여자에게는 정절과 일부일처제를 강요하고 남자에는 문란함과 일부다처제를 허용한다. 이는 가부장제의 근본이 되었다. 처녀성은 히잡, 명예 살인, 여성에 대한 돌팔매질에 원인으로 작용하고 있다. 처녀성은 여성에 대한 억압, 이중적인 도덕의 기본 원리이기도 하다. 여성이 할례를 받는 원인이기도 하다. 그것은 오늘날까지 악으로 여겨지고 있다. 이러한 내용이 구약과 신약에 등장한다. Aristotle의 생물학적 이론은 배아가 남성의 정자로부터 생명을 얻으며 난자는 기능을 하지 못한다는 데 있다. 난자에는 생명이 없다는 것이다. 여성은 태아를 운반하는 기능만 한다고 믿었다. Aristotle는 여성의 열등감을 강조하고 있었다. 고대 이집트는 완전히 달랐다. 여신 누트, 그녀는 하늘의 여신이었고, 지성의 여신이었고, 그녀의 남편 게브는 지구의 여신, 인간의 육체를 상징하였다. 모계 사회가 끝나고 가부장제가 시작되면서 모든 것이 바뀌어 버렸다. (pp. 327–328)

저서 *Forgotten Queens of Islam*에서, Fatima Mernissi(1993)는 이맘(iman)이나 칼리프(caliph)와 같이 권력을 상징하는 단어에 여성 형태가 없고, 어떠한 여성도 칼리프가 된 적은 없지만, 술탄과 말리카(여왕)이 될 수 있는 많은 여성들이 있었다고 주장한다(Mernissi, 1993, p. 13). Mernissi(1993)는 634년 지금의 델리 지역에서 권력을 잡은 술탄 Radiyya, 648년 카이로에서 정권을 잡은 이집트의 동치자 Shajarat al-Durr, 스페인의 아랍인 통치자 Muhammad Abu 'Abdallah의 어머니 Madre de Boabdil의 역할에 주목한다. Mernissi (1993)에 따르면, 여성들은 세계의 지배적인 관점에 의해 무시당하지만, 역사의 혼란스러운 순간에 악명 높은 사회적 행동을 통해 등장한다.

서양의 지배적인 담론은 중세 이슬람 지역에서 나타났던 종교, 철학, 수학, 천문학, 의학, 문학에 관한 위대한 업적들을 부정한다(Jahanbegloo, 2007; Torres Santomé, 2010). 이슬람 이전의 지식인과 이슬람 지식인의 문화적·경제적 배경과 지식은 매우 강력했기 때문에 인도, 실론, 인도네시아, 말레이시아, 중국(Abu-Lughod, 1989)과 같은 나라에 이르렀고, 이에 따라 유럽 패권 이전의 세계를 형성하게 되었다. 실제로도 Abu-Lughod(1989)는 이슬람 무역업자들이 무역 상품과 함께 문화와 종교를 싣고 아시아 전역에 퍼뜨렸다고 주장한다(p. 242).

이러한 눈부신 문화의 발전은 이슬람 세속주의자(이 용어는 아랍 지식인들이 이슬람교도였기 때문에 기독교 지식인들과는 차별화되었고, 완전히 종교 지향적이지는 않았기 때문에 이슬람 전통주의자, 개혁주의자들과는 다르다는 점에서 유래되었다.)들의 견고한 연합을 형성했을 뿐만 아니라 동시에 교육에 대한 사회적 요구에도 상당히 깊은 영향을 미치게 되었다(Sharabi, 1970, p. 87). 여기에 관한 좋은 예시는 바로 오토만 교육에서 주로 법률, 의학, 군사의 세 가지 분야에서 전문적인 교육을 제공했다는 사실이다(Sharabi, 1970, p. 90). 서양 세계에 대한 강력한 비판의 일부는 이슬람 세속주의자들로부터 시작되었는데, 이들은 서양 세계가 이슬람과는 윤리적으로 차이가 있고, 선천적으로 난폭하며 신뢰할 수 없다는 생각을 갖고 있었다(Sharabi, 1970, pp. 98-99). 게다가, 이슬람 학자 Sharabi(1970)는 경제적 충동에 의해 추진된 것이 아니라고 주장한다(p. 20). 서구화가 항상 지배와 억압을 가져왔기 때문에, 서양이 바라보는 동양은 항상 회의적이었다는 것이다(Sharabi, 1970, p. 46).

유럽은 항상 이슬람 국가에 대해서는 맹목적 의도를 가지고 그들의 업적을 폄훼해 왔다. 이슬람은 힘을 되찾기 위해서 그들이 직접 성취한 것 이외에는 어떤 것도 가져올 수 없다. 가장 높은 수준에서, 이러한 수단은 다시 *ilm*이라는 용어로 표현된다. 더 직접적으로, 그들은 새로운 무기들과 군사 조직 및 기술로 구성되었다. 유럽은 이제 문명의 자리가 보이지 않고, 단지 권력과 지배의 비밀을 간직하기만 한다. (p. 47)

동양에 대한 유럽의 무지는 아주 광범위하다. Abu-Lughod(1989)는 아직도 유럽이 국제 시스템에서 얼마나 고립되어 있었는지를 보여 주는 것이라고 주장했다. 이것은 그다지 놀랄 일이 아니다(p. 159). 의심할 여지 없이, 무지가 무죄가 되는 것은 아니다. Sanjakdar(2011)의 주장대로, 이슬람과 이슬람 세계에 대한 서구의 담론은 기껏해야 무지와 최악의 인종 차별을 반영한다는 것이다(p. 24). Abu-Lughod(1989)는 기독교 초기에 무역 접촉을 유지하고 동양으로부터 문화를 수입한 고대 로마인들이 동양과 서아시아를 무시했다면, 수백 년 동안 중세 유럽이 발전될 기회를 전혀 얻지 못했을 것이다 (p. 159). 스페인의 코르도바, 프랑스의 투르(Morgan, 2007)와 같은 유럽 도시와 Marco Polo(Abu-Lughod, 1989)와 같은 유럽 인물들은 서양의 문화 발전이 얼마나 단절된 것인지를 보여 준다.

> 유럽의 문헌들을 살펴보면, 중세 이탈리아의 해양국들을 매우 적극적으로, 이슬람 사회는 수동적으로 바라보고 있다. 이탈리아인들은 운송과 무역 분야에서 거대하고 혁신적인 메커니즘을 도입한 것처럼 묘사되어 있다. 그러나 이러한 주장은 현재의 결과로부터 추론된 것이며 서양에 의해 지나치게 미화된 측면이 있다. 비록 서양이 결국 이긴 것은 사실이지만, 자본주의 이론이 더욱 뛰어났기 때문에 그럴 수밖에 없었다고 생각해서는 안 된다. 이슬람 사회에서는 이 문제에 관해 교사가 필요하지 않다. (Abu-Lughod, 1989, p. 216)

Morgan(2007)은 투르의 센트럴 파크에 거주하는 이슬람교인인 Ghafiqi 가족의 하루를 소개한다. 그들은 스스로를 프랑스 이슬람교인이라고 생각하고 있다. Morgan은 투르의 기원을 소개하면서, Karima Ghafiq가 신문 읽는 것을 게을리하는 동안 Driss가 도시의 비서구적 유산에 빠져 있다는 점을 드러내고 있다. 투르에서, 비서구직 유행이 Driss의 관심을 끌고 있었다. 투르 대성당의 어떤 부분은 모로코 이슬람과 관련이 있다. Morgan(2007)의 작은 이야기는 수많은 유럽 도시에서 대부분의 이슬람교인과 그들의 후손이 겪게 되는 일과 느끼는 감정을 반영하고 있다.

서구의 공식적인 아랍 이슬람의 역사는 새로운 종교 질서의 강제적인 시행이 이루어졌던 시기, 전투와 정복과 같은 내용으로 축소되어 버렸다(Morgan, 2007, p. 15). 더 나아가 식민주의는 아랍의 역사를 서구에 의한 구원의 과정으로 묘사해 버렸다. 이상하게도, 아랍의 이슬람 문명들은 그들의 종교적 근본주의 때문에 다시 검토되고 비판받아야 했다. 종교적 관점에서 아랍-이슬람 문명에 대한 연구는 대부분 정확한 편이지만, 아랍-이슬람 문명을 단지 종교적인 관점으로만 해석하려는 경향은 커다란 오류가 있으며, 대부분의 문명에서 종교의 비중이 커질 경우 획일적인 사회가 된다는 사실이 발견되었음에도 이러한 개념을 오로지 이슬람 사회에만 적용하려고 했다. 즉, 많은 이슬람교인들이 다른 종교들로 눈을 돌리고 있다는 사실은 숨기고 그들 대부분이 이슬람교 정체성을 강화하고 광신적으로 믿는다는 강박관념을 상식(Apple, 2000)으로 만들어 버린다(Sanjakdar, 2011, p. 24). 모든 문명에서 침묵과 종교는 수천 년 동안 우세했다. El Saadawi(2010)는 많은 것을 알려 준다. El Saadawi(2010)는 세 종류의 성서를 비교하며 신은 책으로만 알 수 없다(p. 327)는 점을 분명히 주장한다(El Saadawi, 2010, p. 322). El Saadawi(2010)의 추론에 따르면, 종교는 정치 체제에 종속되어 있으며 종교와 정치는 대립적이지 않다(p. 328).

왜 우리는 근본주의를 가지고 있는가? 왜냐하면 세 권의 성서에 원리주의적인 가르침들이 있기 때문이다. 종교는 정치적 이데올로기다. 로마 제국의 모든 정치 정권, 오늘날의 제국을 포함한 모든 제국은 종교를 활용해 왔다. 미국 제국의 지도자인 Bush 대통령은 기독교 근본주의, 이슬람교 근본주의, 유대교 근본주의를 모두 사용한다. Reagan, Sadat(이집트 독재자), 아버지 Bush 모두 마찬가지다. 그들은 이슬람 우파 단체들을 이용해 여러 가지 일을 하고 있다. 그들은 공산주의, 나세

리즘(이집트 사회주의), 페미니스트, 심지어는 자유 민주주의자들과 싸우기 위해 이러한 근본주의를 활용한다. 그들은 나라를 종교와 종교로 나누는 데 사용했다. 이를 통해 이집트에 기독교인들이 있는 것이 가능하게 되었다. 그들은 지금도 사람들을 종교로 나누고 있다. 그것은 영국에서도 했던 일이다. 그리고 지금 미국이 이라크에서 수니파와 시아파를 나누면서 종교로 사람을 나누고 있다. 이스라엘은 이슬람 근본주의자 집단인 하마스를 만들었고, 하마스는 현재 세속주의자들을 학살하고 있는 중이다. 미국은 아프가니스탄에서 탈레반과 bin Laden을 이용하여 공산주의자들을 몰아내는 데 이용하고 있다. 그리고 많은 이집트 젊은이들이 CIA에서 훈련을 받았는데, 이들은 대부분 소말리아인과 수단인이었다. CIA는 실직 청년들을 모집했다. 그들은 소련에 대항하기 위해 그들을 훈련시키고 무기를 주었다. 그들은 아랍 아프가니스탄인으로 불렸다. 나는 강의를 하면 George Bush와 bin Laden이 쌍둥이라고 말한다. (El Saadawi, 2010, pp. 324-325)

서구 역사는 몇 세기 동안 이야기를 만들어 냈다. 그러나 여기에는 중요한 부분들이 빠져 있다. 우선 이슬람이 확산된 데에는 전쟁과 강제 개종뿐만 아니라 경제적인 우월성이 있다는 점을 간과하고 있다. 또한 이슬람 제국은 생각보다 피정복민들을 개종하는 데는 큰 관심이 없었다. 게다가 아랍 지도자들은 식민지 사람들을 이슬람으로 개종시킬 만한 종교적 지도력을 갖고 있지도 않았다(Morgan, 2007, p. 15). 이러한 왜곡된 역사관은 이슬람 문명에서 교육이 차지하는 엄청난 영향을 무시하며, 이슬람을 세계화하는 데 큰 어려움을 겪게 만든다.

만일, 서양 역사의 진실된 흐름을 따라가 보면, 서양은 스스로 잘못했다는 점을 깨닫게 될 것이다. Marquand[5](2011)는 여행할 가치가 있는 또 다른 역사적인 흐름을 소개한다. Marquand(2011)는 자신의 저서 *The End of West*에서 로마 제국의 멸망까지 거슬러 올라가 서구의 진실을 해체한다. 로마 제국이 멸망한 후, 서유럽은 가난하고 무정부적인 상태에 놓이게 되었다(Marquand, 2011, p. 4). 18세기 초에는 중국과 인도의 GDP가 유럽 전체의 2배 정도 되었다. 전쟁, 기민, 속임수를 바탕으로 영국은 18세기 후반에 인도의 많은 지역을 지배하게 되었다(Marquand, 2011, p. 4). 점진적으로, 그리고 식민지에서의 대량 학살 전략을 바탕으로, 유럽은 지배적인 위치로 올라섰다.

> 즉, 유럽인들은 유럽이 세계의 중심이라고 생각했고 Darwin의 진화 투쟁에서 서양의 가치관이 도덕적, 이념적으로 우월하게 승리해야 한다는 것도 당연하게 여겼다. 유럽은 끊임없이 발전하는 근대와 진보의 상징이었다. 이 과정은 인류를 위한 모형이었다. 유럽 내부에서도 이와 같은 사고방식이 우세했다. 예를 들어, 프랑스는 유럽 '서부'에 위치했기 때문에 유럽의 중심으로 여겨졌다. (Marquand, 2011, p. 6)

그러한 생각은 아무런 의미가 없는 것이었다. Marquand(2011)는 제1차 세계대전으로 인해 유럽은 자멸하면서 스스로의 지배적 지위에 심각한 타격을 입었다고 분석한다. 게다가 제2차 세계대전으로 유럽의 남아 있던 지위마저 파괴되었으며 대부분의 유럽 대륙은 황폐화되었고 유럽인들은 정신적 충격을 받았다(Marquand, 2011, p. 8). 서구 세계는 그 순간부터 미국과 소련이 주도하게 되었다. 유럽은 더 우수한 정치 체제와 세계의 중심을 차지하기 위한 전 지구적인 투쟁의 한가운데에 놓이고 말았다(Marquand, 2011, p. 9). 이 중에서 미국은 헤르도투스와 페리클레스 이후 축적된 서양과 동양의 수백만 개의 문화 유산을 받아들였고 워싱턴 DC는 새로운 로마가 되었다(Marquand, 2011, p. 10). 냉전의 순간은 1989년 베를린 장벽 붕괴와 1991년 소련의 붕괴로 막을 내리고, 신자유주의 물결이 매우 빠른 속도로 전 세계로 퍼져 나가기 시작했다. 미국에서 일어난 9·11 사건, 런던과 마드리드에서 일어난 테러, 그리고 2007년부터 시작된 금융위기로 인해 서양 세계 전체가 크게 흔들린 것은 이러한 세계화의 결과에 따른 것이다.

> Kipling의 시 "Ballad of East and West"에 등장하는 내용들이 뒤집히고 있는 점은 분명해 보인다. 지난 2,500년의 서양-동양 관계에서 모순은 바로 서양이 이성의 본고장이며, 효율적이고, 진화적으로도 성공했

고, 더 탁월했다는 주장에서부터 시작한다. 밝고, 현대적이고, 합리적이고, 진보적인 서양이 어두운 동양에 빛을 비춰 주었다는 것이다. 이러한 내용들은 이제 완전히 터무니 없는 이야기가 되었다. 금융위기와 그에 따른 결과들을 살펴보면, 중국과 인도는 가장 '서구'적이라고 할 수 있는 미국보다 더 효율적이고, 더 성공적이며, 더 합리적이라는 점을 보여 준다. 실제로, 미국의 위기를 해결할 때 중국 자본이 없었다면, 미국의 성공은 불가능했을 것이다. 그리고 인도에는 활기찬 성공과 독특한 민주주의가 결합하는 데 성공했다. (p. 19)

세계적으로 정치 권력이 재조직되었고, 미국만 필수적인 국가인 것이 아니라 중국과 인도 역시 중요한 국가가 되었다(Marquand, 2011, p. 20).

우리는 몇 세기 동안 이슬람 문명이 심각한 위기를 겪지 않았다고 말하는 것이 아니다. Aksikas(2009)가 주장하듯이, 제국주의와 식민지의 충돌로 인해 엄청난 변화와 손해가 발생한 것이다. 이러한 충돌은 충격과 굴욕이라는 결과를 낳았고, 그 내용들은 운 좋게 살아남은 소설, 시, 노래 등에서 찾아볼 수 있다(Aksikas, 2009, p. 15). 즉, 아랍 세계가 식민지로 인해 고통받은 사실은 분명 아랍의 정신도 흔들리게 만든다(Aksikas, 2009, p. 15). 그러한 굴욕의 문화는 지금도 강력하게 성장하고 있는 반식민주의 민족주의 정서를 위한 길을 열어 준다. 민족주의가 뚜렷하게 드러나는 반식민주의는 거의 지배적인 분위기가 되었다(p. 15). 이러한 민족주의, 근대화, 르네상스라는 언어는 식민지 개척에 도전하는 것이 된다. 1798년 나폴레옹 군대의 이집트 침공과 같은 악덕은 근대 르네상스 의식의 발전을 촉진시켰다. Aksikas(2009)는 식민지 지배가 자연적으로 이데올로기를 더욱 강화하고 반식민주의, 반제국주의를 촉진시킨다고 주장한다(p. 18). Aksikas(2009)는 아랍 지식인들은 항상 진실성, 연속성, 보편성, 예술성의 네 가지 틀에 맞춰져 있다고 말한다(p. 38).

첫째, 아랍 지식인들의 주요 관심사는 그들의 자아를 정의할 때 항상 서구의 정의를 가져온다는 데 있다. 두 번째 논점은 과거에 대한 것이다. 아랍인들은 길고 모호한 과거, 성공과 실패, 그리고 어둠과 깨달음으로 가득 찬 과거를 어떻게 상상하는가? 세 번째 우려는 방법론적 문제이며, 지적 수준과 과학적 차원 모두에서 할 수 있다. 아랍이 지적 주체가 되기 위하여 서구와 평등을 유지할 수 있는 행동과 분석 기법은 무엇인가? 네 번째, 다섯 번째는, 일시적인 상황을 묘사하는 것과 같다. 이 상황은 불확실성 모순으로 가득 찼다. 현재 상황을 묘사하고 위기를 진단할 수 있는 예술적 스타일에는 무엇이 있는가? (Aksikas, 2009. p. 18)

Abu Bakr Muhammad, Abu Yusuf Ya'qub, Ibn al-Haytham, Umayyad Khalib, Abu Ja'far Muhammad, Banu Munsu, al-Farabi, Ibn Sina, Abdallah Laroui, Abdesselman Yassine, Samir Kassir, Adonis 등의 지식인들은 최악의 경우 잊힐 위험이 있다. 초기 이슬람 사회가 근대 서구 문화와 경제적 영역을 압도한다는 사실은 유럽이 원래부터 우월하고 이슬람이 원래부터 열등하다는 인식이 잘못되었다는 점을 보여 준다(Sharabi, 1970, p. 44). 서양과 이슬람의 충돌로 인한 분쟁 기간과 서구 사회 제도의 영향으로 노골적인 인종 차별이 드러난다. 서양은 풍부한 역사적 유산을 확실히 침묵시키고 감추어 버렸다. 충격적일 정도로 인종 차별적인 서양 정복자들은 이슬람교와 기독교의 충돌을 피할 수 없었고 수많은 충돌을 불러일으켰다.

🍎 NAHDA: 아랍 르네상스

서구 패권주의적 인식 패러다임에 대한 투쟁은 이슬람 아랍 르네상스, 즉 *Nahda*를 연구하는 중요성을 부각시킨다. 이와 관련하여 Kassir(2006)는 *Nahda*를 유럽 이외의 장소에서 발견한 것을 기초로 스스로를 재건하는 사람들을 *Nahdawis*로 명명하였다(p. 49). Kassir가 밝힌 바와 같이, 세계가 서양과 아랍 문화 사이의 인상적인 문화적 상호작용을 목격한 것이 바로 *Nahda* 시기였다. 거대한 오스만 제국, *Nahda*로 명명된 휴머니즘이 결합되면서 광범위하고 다양한 논쟁이 촉발된 중요한 문화적·인식론적 혁명을 만들어 냈다. 여기에는 과학적 발견, 상업의 촉진, 미신과의 투쟁, 여성의 교육, 합리주의 역사 등이 포함되어 있다(p. 51). *Nahda*에는 이슬람교와 기독교가 모두 포함되어 있다.

오리엔탈리즘(Said, 1978), 유럽 중심주의(Amin, 2009)와 같은 이론들이 서구 패권주의 과학 패러다임에 의해 이루어진 작업들에 대해 이해하는 것을 중요하게 생각한다면, 비서구 사회에 어떤 종류의 논쟁이 이루어지고 있는지를 인식하고, 연구하고, 깊이 이해하는 것도 그만큼 중요하다. 우리는 Abu-Lughod(2001)가 말하는 서아시아 시온주의자들이 묘사한 부정의 정치라고 부르는 내용에 관해 도전할 필요가 있다. 부정의 정치는 팔레스타인 국민과 그들의 문화에 대한 정체성을 부정해 버리는 것이다. 쟁점은 서구 사회에서 아랍에 대한 낮은 인식(Kassir, 2006)이 왜 생겨나게 되었는지를 이해하는 것이다. 예를 들어, Boroujerdi(2001)는 이란의 정치적, 문화적 모습이 시대착오적이고, 당황스럽고, 수수께끼 같고, 앞뒤가 맞지 않고, 복잡하며, 아이러니하고, 다차원적이고, 역설적이고, 우연하며, 예측할 수 없는 것으로 인식되고 있다는 점을 지적한다(p. 13). Amin(2009)에 따르면, 지배 계급, 패권 세력들은 항상 종교 구성원들을 포함하기는 하지만, 그것이 이슬람 사회의 권력이 종교 지도자들에게만 있었다고 주장하는 것은 맞지 않다고 주장한다(p. 63). Amin(2009)은 추가로 고대 사회를 민주주의로 이해하는 것은 복잡한 사회의 본질을 이해하는 데 아무런 도움이 되지 않는다고 말한다(p. 64). Amin(2009, p. 66)의 설명에 따르면, *Nahda*는 이슬람 르네상스가 아니라 외부의 충격에 대한 강한 반작용이었다. 그의 비평을 다음과 같이 요약할 수 있다.

> *Nahda*는 과거와의 결별을 뜻하는 것이 아니다. 이는 세속주의의 의미, 종교와 정치 사이의 분리를 파악하지 못하는 데서 나오는 것이다. 오히려 정치가 자유로운 혁신의 장이 되는 것을 가능하게 하는 조건이며, 현대적인 의미에서는 민주주의와 가까운 용어이다. *Nahda*는 세속적인 것을 배척하는 종교를 재해석할 수 있다는 믿음을 가지게 되었다. 오늘날까지 아랍 사회는 세속주의가 서양의 특수성이 아니라 근대

성의 요건이라는 점을 잘 이해하지 못하고 있다. 다만 *Nahda*는 민주주의의 의미를 제대로 이해하고 있지 못하다. 따라서 이것은 독재 국가의 철학적 개념이 되고 말았다. *Nahda*는 또한 근대성이 여성의 해방에 대한 열망, 권리를 행사하고 전통을 깨뜨릴 수 있다는 점도 이해하지 못했다. *Nahda*는 기술적인 진보를 바탕으로 근대성을 줄여 나갔다. (Amin, 2009, p. 67)

사실, *Nahda*는 근대성의 탄생이 아니라 실패를 의미하고 있다(Amin, 2009, p. 68). Morgan(2007)은 여기에 그가 말하는 이른바 종교 관용(interfaith tolerance)을 강조하면서 식민화된 집단을 묘사하고 있다(p. 17). 인식론적 학살에 대한 투쟁은 초기 아시아–아랍 문화의 풍부한 유산뿐만 아니라 그들이 얼마나 강력했는지 드러낼 것이다. 서구의 지식 및 문화 생산 흐름은 체계적이고 세속적으로 발전된 문화, 경제 문명을 무시하고 부정하고, 침묵해 왔다. 그리고 서양에서는 상당히 발전된 동양 사회에서 이미 자리 잡은 문화적·경제적 구조의 혜택을 받기도 했다. 서양의 과학이라고 불리는 것은 지적 부정에 의해 완전히 오염되었지만 수천 년 된 유대–기독교 근본주의가 만들어 낸 편견에 따라 정당화되었다.

🍎 누구의 과학인가?

저서 *People's History of Science*를 통해, Conner(2005)는 과학이 인종 분류 이론을 통해 기여했던 유럽 제국주의 시대 때 자행된 우월한 엘리트들이 지배하는 사회, 백인 유럽인들이 세계를 지배할 권리를 얻었던 사건들을 보여 주고 여기에 도전한다(p. 125). 무엇이 과학인가, 무엇이 과학으로 받아들여 지는가에 대한 개념은 백인 우월주의를 주장하며 다른 인종을 열등한 것으로 취급하는 인종 이념과 거의 동일하다(Conner, 2005, p. 125). 그러한 인종 차별적 개념은 분류되고 코드가 부여된다. 과학과 과학에 대한 서양의 공식적인 입장은 과학사에서 여성의 중요한 공헌들을 지워 버린다. Smith의 이론적 근거를 바탕으로, Conner(2005)는 여성들이 식물학의 발전에 필수적인 역할을 했다고 주장한다(p. 234). 아랍-이슬람 학자인 Conner(2005)는 그리스의 승리에 대한 수동적인 성찰만 한 것이 아니라, 이슬람 학자들은 그리스 과학의 핵심에 관해 그들의 독창적이고 과학적인 조사에 근거하여 광범위한 비평을 했기 때문에 단순한 번역자, 모방가로 볼 수는 없다고 논평했다(p. 161). 사실, 이슬람 과학을 서구에 전파하는 것은 폭력적인 행위로 여겨졌고 그 결과 스페인에서 이슬람 세력이 파괴되기도 했다(Conner, 2005, p. 163). 그리스 문화에 이집트가 영향을 끼쳤다는 사실을 의심할 수 없게 만드는 많은 증거들이 있다. 이러한 증거들은 알고리즘, 대수학, 사인, 코사인 같은 단어들과 함께 우리 언어에 내재되어 있고, 기하학이 그리스로 전달되었을 때 이집트에서 시작되었다고 주장하는 Herodotus의 증언에서도 찾을 수 있다(Conner, 2005, p. 123). Conner(2005)는 서구가 과학을 어떻게 순수한 것으로 조작하는지에 대해서도 비판하는데, 이를 통해 일상 생활을 비과학적인 것으로 만들어 버린다고 주장한다. 과학은 언제나 일상적인 과정이었고, 사람의 신체는 동양에서도 최고의 과학적 도구였다.

> 저는 남성의 고환이 신체 중 가장 민감한 부위라는 것을 들은 적이 있습니다. 밤이나 노을이 질 때, 또는 선실 안에 있을 때 섬의 만 지역을 찾을 때 사용된다고 합니다. (Conner, 2005, p. 56)

그러한 사례는 상식적으로 공식적인 과학이 어떻게 사람들이 지니고 있는 지식의 가치와 전문성을 부정할 수 있는지를 보여 준다. 식민지 사이의 충돌 결과에 대한 특별 조사에서 David Scott(2004)은 Stanley Diamond의 중요한 업적과 그의 식민주의 관점에 대한 우리의 주의를 환기시킨다. Talall Asad가 쓴 에세이 *Conscripts of Western Civilization*(Diamond의 업적과 생각을 비평하는 책)에서 Scott(2004)은 Diamond에 관해 비유럽 민족의 언어를 재정립하도록 만든 파괴적인 서구 문명의 사상을 대표하는 인물이며, 인류학은 그러한 파괴적인 작업을 가능하게 만든 문명화된 훈련이라고 설명하고 있다(p. 8). 인식론적 학살에 대한 투쟁은 다시 되찾아야 할 잃어버린 역사를 알게 해 주는 작업이다. 이 과제는 서구 지배적인 역사관에 도전하는 것이다. 식민주의는 반인륜적인 범죄이기 때문에 인간성 회복을 위한 우리의 길은 열려 있을 것이다. 그러므로 우리에게 주어진 과제는 서구적, 유럽 중심적 교육과정을 비서구적 문헌들로 대체하는 것이다(McCarthy, 1998).

> 그러한 투쟁은 기본적으로 교육, 투쟁의 촉진, 이슬람교도와 다른 사람들을 연결시키는 작업, 인종과 계급의 차별에 대한 투쟁, 식민주의에 대한 투쟁 등을 목적으로 한다. 그리고 억압과 투쟁이 복합된 국제적 식민지 경험을 강조하고 불러일으킨다. 한편으로는 자유주의의 이름으로 행해지는 위선 행위를 폭로하고 그들의 편협함을 부각시킨다. 결론적으로 투쟁을 통해 유럽의 문화, 정치, 가치관에 관여하고 세계적인 지식과 연결되는 것도 가능하게 된다. (Swedenberg, 2010, p. 291)

여기서 서구의 편견에는 지식이 무엇인지 선택하는 정치적인 선택과 관련이 있다는 점을 알아야 한다. 예를 들어, 매우 비판적인 자세를 취하는 교사와 이야기하면서, 그녀는 히로시마와 나가사키에 관련된 책을 찾을 때 세계 제국 역사의 가장 부끄러운 장면을 이야기하는 비서구 학자의 소설을 찾기 위해 노력했다고 말했다.

즉, 서구 사회 내에서 식민지의 원한을 이해하지 못하게 차단하는 것은 상당히 잘못된 것이다. 서구의 대다수의 개인들은 비서구의 사회 구성에 대해 거의 아무것도 알지 못한다. 증오심은 하룻밤 사이에 전개되는 것도 아니고, 저개발이나 야만 등의 개념으로 설명할 수 있는 것도 아니다. 이것은 작은 문제가 아니다. 특히 서구는 권력, 빈곤, 교육에서 행해지는 역할을 계속해서 무시해서는 안 된다.

요약하자면, 인식론적 학살에 대항하는 것은 서양의 과학 인식론에 바탕을 두고 있고 다른 형태의 지식을 추구하기 위한 방법들을 드러낼 뿐만 아니라 현대 과학의 지배적인 흐름이 백인 남성들에 의해 주도되어 온 연역적인 패러다임 선택의 과정이라는 사실을 확인시켜 준다. Shiva(1993a)는 다음과 같이 말한다.

현대 과학의 지배적인 흐름인 환원론, 기능적인 패러다임은 15세기와 17세기까지 많은 찬사를 받은 과학 혁명으로서 서양인 사상의 기반이다. 이 지배의 중심에는 지식(전문가)과 무시(비전문가) 사이의 장벽이 존재한다. 이 장벽은 과학의 주제나 비전문적 지식의 특정한 형태와 관련된 질문들을 과학에서 배제하는 방식으로 작동한다. (p. 21)

제국에서 가장 고질적인 문제 중 하나가 문화 통합이다. Said(1993)는 문화와 제국의 관계를 조사하면서 아프리카인과 인도인의 좌절은 아프리카와 인도 영토와 사람들을 지배하려는 유럽의 노력에 의한 경우가 많다고 주장한다(p. xi). 그러한 제국주의적인 전략은 항상 특정한 형태의 적극적인 저항을 부채질했고 압도적으로 많은 경우에 저항이 승리했다(Said, 1993, p. xii).

Harding(1998, 2008)은 이른바 깨끗한 서구 유럽 중심 과학에 대한 통념을 허물기 위한 작업에서 말을 아끼지 않는다. 현대 과학은 과거 유럽과 비유럽 문화의 마술, 마법, 비논리적 사고, 미신과는 대조되는 개념으로 자리 잡았다. 사실, 유럽인들은 다른 문화의 과학과 기술 전통을 어떻게 언급하는지를 밝혀내는 것에 어려움을 겪는다(Harding, 1998, pp. 9-10). 서유럽 중심의 자본주의 체제 생산 방식과 강하게 연결되어 있는 교육기관, 특히 대학 교육은 과학에서 우생학적인 시각을 책임져 왔다. 즉, 객관성과 합리성에 대한 유럽 중심적 묘사는 유럽 중심의 이익을 부채질하는 제도적·사회적인 유럽 중심주의를 표방하는 수많은 역사, 철학, 인류학 분야에서 찾아볼 수 있다(Harding, 1998, p. 10). 그러한 제도적인 유럽 중심주의는 바로 인식론적 학살의 가장 핵심적인 요소이다. 우생학적인 기반에도 불구하고 서유럽 중심의 근대적 사상은 경제, 정치, 문화, 철학, 지리, 사회, 문학, 인류학, 생물학, 의학에 대해 생각하는 방식에 관해 하나의 거대한 프락시스를 형성하고 있다. 다른 인식들을 부정하거나 생략해 버리는 서유럽의 유럽 중심 현대 과학은 인식론적으로 스스로를 부정하는 인식론이다. 현대 과학은 여성을 존재하지 않는 범주에 분류했다. 과학에서 여성이 주제가 된 적이 없었다(Harding, 2008). 이것은 구석기 시대의 논쟁이 아니다. Watson의 최근의 우생학적인 주장은 이미 DNA까지 발견한 우리의 모습을 다시 돌아보게 한다.

현대 과학 독재주의의 가장 핵심에는 계급, 성별, 인종이 자리잡고 있다. 비서구 공간과 육체를 실험체로 사용하여 테스트를 진행하거나, 전쟁을 일으켜 무엇을 발견하거나, 나치 과학자들을 이용하여 이익을 보는 것도 과학의 이름 아래 당연하게 생각한다. 이 문제는 여전히 의문으로 남아 있다. 누구의 과학인가?

🍎 참고문헌

Abu-Lughod, J. (1989) *Before European Hegemony. The World System A.D. 1250-1350*. New York: Oxford University Press.

Abu-Lughod, J. (2001) Territorially-Based Nationalism and the Politics of Negation. In E. Said and C. Hitchens (eds) *Blaming the Victims: Spurious Scholarship and the Palestinian Question*. New York: W. W. Norton, pp. 193-206.

Aksikas, J. (2009) *Arab Modernities. Islamism, Nationalism and Liberalism in the Post-Colonial Arab World*. New York: Peter Lang.

Al-Attas, M. (1995) *Prolegomena to the Metaphisics of Islam. An Exposition of the Fundamental Elements of the Worldview of Islam*. Kuala Lampur: The International Institute of Islamic Thought and Civilization.

Amin, S. (2009) *Eurocentrism*. New York. Monthly Review Press.

Apple, M. (2000) *Official Knowledge*. New York: Routledge.

Bamyeh, M. (1999) *The Social Origins of Islam. Mind, Economy, Discourse*. Minneapolis: University of Minnesota Press.

Boroujerdi, M. (2001) "The Paradoxes of Politics in Postrevolutionary Iran," in J. Esposito and R. Ramaazani (eds) *Iran at the Crossroads*. New York: Palgrave, pp. 13-27, p. 13.

Conner, C. (2005) *People's History of Science. Miners, Midwives and Low Mechannicks*. New York: Nation Books.

Ekholm, K. (1980) On the Limitations of the Civilization. The Structure and Dynamic of Global Systems. *Dialectic Anthropology*, 5, pp. 155-56.

El Saadawi, N. (2010) *The Essential Nawal el Saadawi Reader*. London Zed Books.

Fakhri, M. (2004) *A History of Islamic Philosophy*. New York: Columbia University Press.

Goody, J. (1996) *The East in the West*. Cambridge: Cambridge University Press.

Harding, S. (1998) *Is Science Multicultural? Postcolonialisms, Feminisms and Epistemologies*. Bloomington: Indiana University Press.

Harding, S. (2008) *Sciences from Bellow. Feminisms, Postcolonialities and Modernities*. Durham: Duke University Press.

Jahanbegloo, R. (2007) *Elogio da Diversidade*. Barcelona: Arcadia.

Johnson, R. (1983) *What Is Cultural Studies Anyway?* Centre for Contemporary Cultural

Studies, University of Birmingham, N° 74 (Mimeographed).

Karpat, K. (1982) *Political and Social Thought in the Contemporary Middle East*. New York: Praeger.

Kassir, S. (2006) *Being Arab*. London: Verso.

Mann, M. (1986) *The Sources of Social Power. Volume 1*. Cambridge: Cambridge University Press.

Marquand, D. (2011) *The End of the West. The Once and Future Europe*. Princeton: Princeton University Press.

McCarthy, C. (1998) *The Uses of Culture. Education and the Limits of Ethnic Affiliation*. New York: Routledge.

Mernissi, F. (1993) *The Forgotten Queens of Islam*. Minneapolis: University of Minnesota Press.

Morgan, M. H. (2007) *Lost History. The Enduring Legacy of Muslim Scientists, Thinkers and Artists*. Washington: National Geographic.

Said, E. (1979) *Orientalism*. New York: Vintage.

Said, E. (1993) *Culture and Imperialism*. New York: Vintage Books.

Said. E. (2005) Reconsiderando a Teoria Itinerante. In M. Sanches (orga) *Deslocalizar a Europa. Antroplogia, Arte, Literatura e História na Pós-Colonialidade*. Lisboa: Cotovia, pp. 25-42.

Sanjakdar, F. (2011) *Living West. Facing East. The (De)construction of Muslim Youth Sexual Identities*. New York: Peter Lang.

Sassen, S. (2004) Space and Power. In Nicholas Gane (ed) *The Future of Social Theory*. London: Continuum, pp. 125-42.

Sassoon, A. (1982) *Approaches to Gramsci*. London: Writers and Readers.

Sayyid, S. (2004) Islam(ismo), Eurocentrismo e Ordem Mundial. *Revista Crítica de Ciências Sociais*, 69, pp. 53-72.

Schneider, J. (1977) Was There a Pre-Capitalist World System? *Peasant Studies*, 6, pp. 20-17.

Scott, D. (2004) *Conscripts of Modernity. The Tragedy of Colonial Enlightenment*. Durham: Duke University Press.

Sharabi, H. (1970) *Arab Intellectuals and the West. The Transformative Years 1875-1914*. Baltimore: The John Hopkins Press.

Shiva, V. (1993a) Reductionism and Regeneration. A Crisis in Science. In M. Mies and V. Shiva (eds) *Ecofeminism*. London: Zed Books, pp. 21-35.

Swedenburg, T. (2010) Fun^Da^Mental's 'Jihad Rap'. In L. Herrera and A. Bayat (eds) *Being Young and Muslim. New Cultural Politics in the Global South and North*. Cambridge: Oxford University Press, pp. 291-307.

Tibbetts, G. (1981) *Arab Navigation in the Indian Ocean before Coming of the Portuguese*. London: Royal Asiatic Society of Great Britain and Irelan.

Torres Santomé, J. (1996). The Presence of Different Cultures in Schools: Possibilities of Dialogue and Action. *Curriculum Studies*, 4 (1), pp. 25-41.

Torres Santome, J. (2016) The Intercultural Curriculum: Networks and Global Communities for Collaborative Learning. In J. Paraskeva & S. Steinberg (Eds) *Curriculum:*

Decanonizing the Field. New York: Peter Lang, pp. 503-526.

Udovitch, A. (1970) *Partnership and Profit in Medieval Islam.* Princeton: Princeton University Press.

Waghid, Y. (2011) *Conceptions of Islamic Education. Pedagogical Framings.* New York: Peter Lang.

Wolf, E. (1982) *Europe and People without History.* Berkeley: University of California Press.

🍎 역자 후주

[1] Lila Abu-Lughod(1952년생)는 미국의 인류학자이다. 그녀는 컬럼비아 대학교의 인류학과에서 강의하고 있다. 그녀는 아랍 세계의 문화 연구를 전문으로 하며, 감정 과시, 민족주의와 미디어, 성 정치와 기억에 관한 7권의 책을 저술했다. 그녀의 아버지는 팔레스타인 학자였으며, 어머니는 미국 사회학자였다.

[2] Abu Jafar Abdullah al-Mamun: 알마문(786년~833년, 재위 813년~833년)은 이슬람의 두 번째 왕조인 아바스 왕조 제7대 칼리프로, 하룬 알라시드의 아들이다. 부왕(父王)의 사망 후(809년), 이복형인 제6대의 칼리프 아민에게 대항, 813년 바그다드를 포위하고 형이 암살된 뒤에 즉위했다. 초기에는 각지에 내란이 일어나 혼란을 빚었으나, 학문·예술에 깊은 이해를 가져 아바스 왕조 학예의 전성기를 이룩했다. 바그다드에 천문대를 세우고, 그리스 철학 연구를 위한 학교인 '지식의 집'을 세워 그리스 문헌의 번역을 장려했다.

[3] Fakhri는 미국 베이루트 대학교의 철학과 명예 교수로, SOAS, 런던 대학교, UCLA의 겸임 교수, 조지타운 대학의 철학 부교수였다. 그는 또한 현재 조지타운 대학교의 이슬람교-기독교 이해 센터의 선임 연구원이다. 저서로는 『이슬람 철학의 역사』,『코란: 현대 영어관』,『이슬람의 이론』,『아베로: 그의 인생, 작품, 영향』과 『이슬람 네오플라톤주의의 창시자 알-파라비』가 있다.

[4] Sharabi는 조지 타운 대학교의 교수였으며, 서아시아 역사와 문화, 아랍어 문화 연구에 크게 기여했다. 팔레스타인 센터를 설립하여 팔레스타인 정치 문제에 대해 대중들에게 교육하고 기금을 모으기도 했다.

[5] David Ian Marquand는 영국의 학자이자 전 노동당 의원이다. Marquand는 카디프에서 태어났다. 현재 옥스퍼드 대학교 정치학과 명예 교수로 재직하고 있다. 그는 주로 영국의 정치와 사회 민주주의에 관한 문제들을 다루고 있으며, 특히 유럽 연합의 미래와 영국 헌법에 관련된 글을 많이 발표했다.

탈식민주의와 교육과정 연구

제 5 장

오, 오, 그 사람은 유럽인입니까?
정말 특별한 일이군요…

❦ 어떻게 하면 유럽인이 될 수 있을까?

현대 서구 부권제의 특별한 인식론적 전통은 환원주의자(reductionist)[1]이다. 이는 "다른 지식인과 다른 방법으로 지식을 얻는 것을 배제함으로써 본질을 아는 인간의 능력을 감소시킬 뿐만 아니라, 과학을 불활성의 단편적인 물질로 만들기" 때문이다(Shiva, 1993a, p. 22). 어떤 면에서 보면 그러한 구조와 환원주의(reductionism)는 "그것 자체의 신화에 의해서만 보호되는 것이 아니라, 그것이 제공하는 이익에 의해서도 보호된다. 인식론적으로 우연히 나타났다고 보기 어려운 환원주의는 특정 형태의 경제적 그리고 정치적 조직의 요구에 대한 반응이다"(p. 23). 기계적 환원주의 서구 과학 패러다임은 "산업 혁명과 자본주의 경제와 함께 동일한 과정의 철학적·기술적·경제적 요소"(p. 24)라고 주장한다. 이 장에서는 무엇이 역사의 허구화를 만들어 냈는지 살펴보고자 한다.

나는 또한 "고전 및 사회 이론의 상당한 부분이 근거하고 있는"(Frank, 1998, p. 3) 서구 중심의 역사 기술과 인식론적 역사에 의구심을 갖는다. 나는 적어도 19세기 말까지 '동서'의 유사점에 관한 것뿐만 아니라 어떻게 서구의 지배 계층이 특정 아시아-아프리카-아랍 문명의 찬란한 발전의 물결을 가로채고 제한할 수 있었으며 동시에 전적으로 서구의 장점만을 바탕으로 한 서양의 점진적인 우세를 강조했는지에 대해 실질적인 자료를 제공하고자 한다. 이러한 과정을 통해서 르네상스 시대 훨씬 이전의 아시아-아랍-아프리카 문명들이 경제적으로나 문화적으로, 그리고 정치적으로 얼마나 높은 수준을 달성했는지 볼 수 있다. 이 장에서 나는 어떻게 서양이 본질적으로 동양 문명에 고도 발전 단계가 존재하지 않았다고 주장하는 역사의 심각한 오류를 모을 수 있었는지를 자세하게 분석했다(Sousa Santos, 2007a, 2007b, 2014). 나는 적어도 von Humboldt[2] 이후로 Chomsky[3](1992)가 역사공학이라고 부르고, 내가 교육과정의 인식론적 학살이라고 부르는 학교 시스템에 의해 그러한 공식적인 역사가 생산되고, 재생산되고, 합법화되는 과정에 대해서도 주의를 기울이고자 한다. 교육과정의 인식론적 학살은 사회적 정의와 인지적 정의를 주장하는 사회에서 인간성에 반하는 중대한 범죄이다. 유럽과 서양은 어떻게 유럽 중심의 패권주의 역사를 만들어 오고 있을까? 향후 연구에서 고려해 볼 만한 주제는 현재 STEM(과학, 기술, 공학, 수학)에 지나치게 집중하는 현상과 그로 인한 역사와 인문학의 필연적인 후퇴와 명확한 소멸과 함께 역사가 비과학적으로 변해 가며 진리 영역의 중심에서 멀어지는 방식이 과학이 지닌 과학적이고 논리적인 이념적 지배를 공고히 하기 위해 생산 및 재생산되고 합법화되는 방식과 연결된 전략이라는 것이다. 이것 또한 인식론적 학살의 영향이다.

Andre Gunder Frank[4](1998)에 따르면, 우리가 이전 장에서 밝혀낸 서구 역사의 복합성은 서구 역사가들이 "유럽과 미국 국가들의 이념적 지지 아래 '국가' 역사를 기록했다는 것과 지배 계층의 이념적·정치적·경제적 이해관계에 기여하는 데에 많은 지원을 받았다"(p. 3)는 사실과 관련이 있다. 이러한 우생학적 관심은 그러한 역사가들이 무모하게도 그들의 '조국'을 넘어서 "'유럽' 또는 '서양'이 과거에도 나머지 세계의 중심(결국 심장과 영혼)이었고 현재도 그러하다."라고 주장하게 만들었다(Frank, 1998, p. 3). Frank(1998)는 이렇게 말한다. "역사가들이 알고 있듯이, 근대 역사 초기와 후반 모두 유럽을 기점으로 하나의 세계를 건설했던 유럽인들에 의해 만들어졌다. 결국 근대 역사는 스스로 역사를 '창조'하고 나서 그것을 유용하게 사용한 유럽 역사가 그들 자신의 지식인 것이다(p. 3)." 그러한 역사적 소멸(Zinn, 2001)은 너무 강력하고 경직되어서 "알려진 것과 반대로 아마 유럽을 만든 것은 세계였을지도 모른다는 조그마한 의심조차 없다"(Frank, 1998, p. 3). 다음의 내용은 끊임없이 괴로운 방법으로 우리를 가혹하게 몰아간다.

> 유럽(그리고 서양)은 자신의 역사를 왜곡하는 결과로 자신을 제외한 나머지 세계의 역사를 단순히 무시하거나 간과해 왔을 뿐만 아니라 과거에 그러했던 것처럼 미래에도 중요한 방식으로 아시아에 대한 우리의 이해를 악화시키는 역사적 개념과 시간적 정의를 적용해 왔다. (Goody[5], 2006, p. 8)

Edward Said의 『오리엔탈리즘(*Orientalism*)』은 그런 역사적 짜맞추기에 대한 투쟁의 상징이 되었다. Said(1979)는 오리엔탈리즘은 동양학자(Orientalists)들이 동양을 하나의 신비롭고, 난해하고, 신화적이며, 후진적인, 포괄적으로 광대한 지역, 즉 우월한 서구 문명보다 하찮은 문명의 집합체로 만드는 법이라고 주장한다. Said의 논리에 따르면, 오리엔탈리즘은 오직 서양의 문화 생산 회로에 의해 전달되고 통합된 힘의 역학과 우월성 숭배와 함께 이념적으로 만들어진 아시아-아랍의 흐릿한 문명과 문화의 발명을 의미한다(Johnson, 1983 참조). Guha와 Spivak의 책 *Selected Subaltern Studies*의 서문에서, Said(1988, p. v)는 영국의 인도 지배에 대항한 '이피랑가의 외침(Ipiranga yell)'의 형식화가 어떻게 하위문화(subaltern) 연구가 되었는지를 보여 준다. 그의 주장에 따르면, "인도 역사의 많은 부분이 하위계층(subaltern classes)에 의해 만들어졌기에 새로운 역사 기술의 필요성이 있었음에도 인도의 역사는 지배주의적이자 엘리트주의적인 관점에서 쓰여졌다".

동서의 문화적 충돌은 그 시작부터 몇 세기에 걸쳐 서양 연구자들에 의해 심도 있고 광범위하게 분석되고 입증되어 동양의 앞서간 발전과 영향력을 드러내었다. Martin Bernal[6]의 『블랙 아테나(*Black Athena—The Afroasiatic Roots of Classical Civilization*)』 3권을 통해, 고대 그리스의 기원—또는 *Magna Graecia*—에 대한 지배적인 견해에 놀라운 발전에 대한 충분한 근거를 가지고 반박한다. 1권에서, Bernal(1987)은 동양 사회를 경제적·문화적·정치적으로 뒤떨어진 사회로 보는 관점을 직접적으로 반박하는 상당한 양의 증거를 내놓았다. Pinar, Reynolds, Slattery와 Taubman(1995)의 연구를 되돌아보면 "세계 사회와 문화의 진화에서 고대 아프리카 문명의 기여도가 이견 없이 중요하다고밖에 할 수 없고"(p. 818), 그들이 결국 서구 문명의 기원이라고 말할 수밖에 없다.

Bernal(1987)은 때때로 그의 정황 설명을 가지고 서양 고대 그리스의 우월성을 의심할 수 있는 일련의 흥미로운 증거들을 공개한다. 신뢰할 수 있는 인류학 연구(자)(예를 들어, T. Spyropoulos)로부터, Bernal(1987)은 특정한 고대 그리스 도시들(예를 들어, 테베)이 호메로스가 자랑스럽게 말하는 것처럼 암피온과 제토스와 같은 '그리스인'이 아니라, 이집트 왕(black pharaohs)의 지배 아래 만들어진 식민지였다는 것을 드러내고 있다. Bernal(1987)은 3~4세기 동안, 그리스가 관개 기술이나 특별한 무기 등과 같이 그리스의 것과는 다른 더 발전된 기술들을 가지고 온 인도-유럽어족들로부터 조직적인 침략을 받아 점령되었다는 자료를 가지고 독자들을 설득한다. 이러한 북방의 침략 또는 침입은 결과적으로 또 다른 커다란 영향력과 발전의 물결을 일으켰는데, 그것이 바로 언어였다. "이집트인들의 피부색이 '검붉은' 색이라고 표현하는 것"(Diop, 1974, p. 48)이 상식적으로 되어 가는 반면 그러한 과학적 날조는 천년의 역설을 만들었던 근대 날조 역사의 본색을 드러낸다고 Diop(1974)은 주장한다. 즉, "이집트인들이 백인이었다면, 모든 니그로(Negro)들과 아프리카의 다른 많은 사람들 또한 백인이었을 것이다. 그러기에 우리는 흑인은 근본적으로 백인이라는 말도 안 되는 결론에 도달한다"(p. 49). Munslow(1997)가 주장하듯이, 우리는 역사에 관한 진짜 '하나'의 관점이 가지는 무모함에 의구심을 가져야 한다. 그러한 '관점'은 근본적으로 "역사가들이 나 그리고 다른 사람들이 추가할 수도 있는) 과거의 특정한 이야기들을 창조하거나 궁극적으로 강요하는 것이다"(p. 3).

🍎 천년의 오해

Bernal(1987)은, "그리스어가 기원전 17세기와 18세기에 방대한 인도-유럽어족 구조 위에 만들어졌으며 인도-유럽어족 구조와 기본 어휘력은 비인도-유럽어족 어휘의 정교함과 결합"(p. 21)되었을 뿐만 아니라 인도-유럽어족 언어와 아프리카아시아 어족 사이의 포괄적인 관계가 있다"(p. 11)는 것은 사실이라고 주장한다. 이것은 전체 역사적 퍼즐에서 중요한 부분이다. 이른바 위대한 세계적으로 저명한 고대 그리스어와 라틴어 학자(Goodwin Grimal과 Rocha Pereira 등)은 고대 그리스 언어가 인도-유럽어와 산스크리트어에 뿌리를 두고 있다고 주장했다. Georgiev와 Renfrew를 인용하며, Bernal(1987)은 다음과 같이 주장한다.

> 인도-유럽어는 기원전 7000~8000년에 위대한 신석기 문화의 창조자들에 의해 코니아(Konya) 평야의 차탈휘위크(Catal Huyuk)를 포함한 남부 아나톨리아(Anatolia, 오늘날 터키 반도)에서 이미 사용되었다. Georgiev와 Renfrew는 기원전 7,000년경에 농업의 확산과 함께 그리스와 크레테로 인도-유럽어가 흘러 들어 왔다고 주장한다. 이 시기는 해당 지역의 여성복 재료 사용에 큰 변동이 있었다는 고고학적 의견이 있다. 그러기에 인도-히타이트어족의 한 어파가 기원전 4000~5000년쯤 그리스와 발칸 제국에서 신석기 '문명'의 언어였을 것이다. (p. 13)

Bernal(1987)은 소수 학자들이 "우리가 '문명'이라고 부르는 것이 처음으로 생긴 곳이 메소포타미아"(p. 12)라고 주장할 것이라고 말한다. 실은, Bernal(1987)은 더 나아가 다음과 같이 주장한다. "우리가 '문명'이라고 부르는 것의 모든 속성들은 이미 쉽게 발견되었다. 즉, 도시, 농업 관개, 금속 제련, 석조 건축, 그리고 도기 제작 및 이동 수단을 위한 바퀴의 존재가 두드러지게 나타났다"(p. 12). 이러한 수준의 문명은 "글쓰기에 의해 완성되었고 이는 실질적으로 문명의 시작이라고 볼 수 있는 경제적 그리고 정치적 축적을 가능하게 했다"(Bernal, 1987, p. 12). 기원전 3000~4000년 동안, 메소포타

미아는 번영하는 문명의 진원지였고, "쿠르디스탄(Kurdistan)에서 키프로스 (Cyprus)에 이르기까지 부유하고 문학적이며 도시적인 국가들의 조화로움을 나타내는 문명이 기원전 3000년대에 뒤따랐다"(Bernal, 1987, p. 15). Bernal(1897)은 아프리카-아시아 예찬 또는 이론을 창안하고자 하며, 고대 이집트와 그리스에서 아프리카-아시아의 영향력이 강화되는 것은 반박할 수 없다. 하지만 "이집트와 페니키아의 과학, 철학, 그리고 이론정치학은 모두 이들 학문의 창조자인 '그리스인'에 의해 전파되었으며 이들 대부분은 이집트와 페니키아에서 수학했다."라는 사실 또한 부인할 수 없다(Bernal, 1987, p. 22). Goody(2006, p. 35)는 "도덕철학이 그리스에만 있는 특별한 학문이라고 말하는 것은 맹자와 같은 중국 철학자들의 글을 무시하는 것이다."라고 주장한다.

　고대 그리스를 탁월하고 고유한 문화와 문명으로 날조하는 것은 르네상스 시대를 거치며 르네상스 이후에 커다란 반향을 일으킨다. Bernal (1987)은 15세기 동안 우리는 고대(백인) 그리스를 통해 환원적 동일화의 재현을 목격했고, "아무도 그리스인들이 더 열정적이지는 않을지라도 최소 비슷한 관심을 주었던 이집트인의 제자였다는 사실에 의문을 제기하지 않았다"고 주장했다(p. 24). 논쟁이 있지만 당연히도 이상해 보일지라도 "그리스인들은 고대의 지혜의 작은 부분을 보존하고 전달하여 존경을 받았다"(Bernal, 1987, p. 24). 그리고 실제로 영향과 발전의 수많은 공시적이며 통시적인 경향의 결과물이 아닌 하나의 순수한 문명인 양 인식되었다. 예를 들어, 코페르니쿠스와 조르다노 브르노는 서양 사상에서 아프리카-아시아 과학이 얼마나 큰 영향을 끼쳤는지 보여 주는 또 다른 명확한 예시이다.

> 코페르니쿠스 수학이 이슬람 과학에서 파생되었지만, 그의 지동설 (heliocentricity)은 그가 수학한 헤르메스주의(Hermeticism)의 새로운 지적인 환경 속에서 이집트인의 개념인 신성한 태양에서 온 것처럼 보인다. 조르다노 브르노는 코페르니쿠스가 1600년 종교 재판에서 화형에 처해졌기에 이집트의 근본적인 종교 또는 자연적인 종교로의 귀환을 지지했다. (Bernal, 1987, pp. 24-25)

Pankaj Mishra(2012)가 "과학자, 철학자, 예술가, 음악가, 천문학자, 건축가, 측량사, 인쇄업자 그리고 공학자들이 프랑스인들은 기독교 성삼위일체를 거부했기 때문에 이슬람 교도들이라고 주장하며, 프랑스인들이 예언자 마호메드(Muhammad)와 이슬람교에 대한 가장 높은 존경을 드러냈다"(pp. 15-16)라고 기록한 것과 나폴레옹이 완전무장한 군사들과 이집트를 정복한 것을 어떻게 기록했는지는 주목할 만하다.

아프리카-아시아-서양 간의 경쟁 속에서 영향과 발전의 흐름을 보면, 놀라운 다음 이야기가 드러나는데, 그중 일부는 현대 사회에도 존재하는 사회적 병폐이다. 특정한 서양의 우월성을 옹호하는 방향으로 역사가 쓰여지는 방식의 연구에서, Bernal(1987)은 서구 자본주의 사회에서 주요 수단 중 하나인 인종 차별주의와 (반)유대주의의 출현이 아닌 그것들의 발전을 비난한다. Bernal(1987)은 1734년 괴팅겐 대학교(University of Gottingen)의 창설과 함께 처음으로 인종 분류에 관한 '과학적 학문'의 탄생에 주목하는데, 이 인종 계층에서 "자연스럽게 백인(Whites) 또는 새로운 용어인 코캐시언(Caucasians)을 분류의 제일 꼭대기에 올려 놓는다"(pp. 27-28). Bernal(1987)은 더 나아가 인종주의와 낭만주의가 같은 동전의 양면이라고 주장했고, 이는 세계사에 대한 서양 헤게모니 관점의 구성에 매우 중요하게 되었다고 말한다. 이와 더불어, Bernal(1987)은 "의식적이든 무의식적이든, 모든 유럽의 사상가들이 고대 유대인으로서 페니키아인들을 어떻게 바라보는지"에 대해 연구했다(p. 33). 세계사가 끊임없는 '셈족-아리아인'의 대화라는 지배적인 관점은 정확하지 않다. "셈족이 종교와 시를, 아리아인은 정복과 과학, 철학, 자유와 그 밖의 모든 존재할 가치가 있는 것들을 창조했다"(Bernal, p. 33)는 생각은 환원적인 것이 아니라 틀린 것이다. Bernal(1987)의 이론적 해석에 따르면, 몇 세기 동안 우리는 고대 그리스 문명에서 백인이 아닌 인종(nonwhite)의 영향과 관련된 흔적을 모두 없애는 체계적인 전략을 목격했다는 것을 알 수 있다. 예를 들어, "그리스에 대한 페니키아 영향을 마지막으로 지워 버리고 망상으로 완전한 사라져 버린 시기는 러시아 혁명과 코민테른 제3차 대회(the Communist 3rd International)에서 유대인들의 꾸며진 그리고 실제 역할에서 비롯된 반유대주의가 강세였던 1920년대였다"(Bernal,

1987, p. 34). Bernal(1987, p.34)은 1930년대에 "기원전 8∼9세기경 에게해와 이탈리아에서 페니키아인의 존재에 대한 보고서와 같이 페니키아의 그리스 식민지에 대한 모든 일화들이 믿을 수 없는 것으로 여겨졌다."라고 기술한다. "그리스 어휘에서 상당한 양의 셈족 언어 요소 가능성이 존재함"에도 불구하고 그리스 이름과 언어가 셈족 기원이라는 많은 설들이 모두 부정당했다"(Bernal, 1987, p. 34, 37).

Bernal(1987)은 과학의 어리석은 관점들, 특히 그가 "대상(objects)을 다루는 것이 객관적(objective)이라는 오류를 가진 고고학적 실증주의(archeological positivism)"(p. 9)를 문제 삼는다. Bernal(1987)에 따르면, 고고학적 실증주의자들이 가장 좋아하는 주장은 "침묵의 주장(argument of silence)이라는 것인데, 무언가 발견되지 않았다면 그것은 상당한 양으로 존재할 수 없다는 믿음"이다(p. 9). Bernal(1987)의 주장에 따르면, 나머지 세상에 대한 서구의 관점은 어떤 의미에서 다음과 같이 모순적이다.

> 1880년대에 학계는 이집트 문화를 정적이며 황폐한 문화적 막다른 길로 보았다. 19세기 동안 수많은 수학자들과 천문학자들이 피라미드의 수학적 우아함에 '설득'당해 피라미드들이 고도의 근대적인 통찰의 저장소라고 믿었다. 그들은 19세기 주요한 세 가지 믿음인 전문성, 인종차별주의, 그리고 발전의 개념에 대한 반항으로 인해 괴짜로 낙인찍혔다. '사리 분별이 있는' 학자들 중에서 이집트인들의 명성은 아직도 낮은 편이다. 18세기 후반부터 19세기 초까지, 낭만주의 학자들은 이집트인들을 기본적으로 우울하고 생기 없는 사람들로 봤다. 그리고 19세기 말에 완전히 반대적이긴 하지만 그들을 비난하는 기조는 여전했다. 현재 이집트인들은 아프리카인들에 대한 현시대 유럽인들의 관점인 방탕하고, 쾌락을 탐닉하며, 어린애처럼 뽐내기 좋아하고 기본적으로 물질주의자인 이미지에 부합하는 것으로 보인다. (p. 30)

고고학 실증주의의 꽃인 대상을 다루는 것은 '그것'을 객관적으로 만든다는 생각은 문제가 매우 많으며, 이는 어떤 공식적 또는 비공식적인 주관성이 분리되었을 뿐만 아니라 완전히 결여된 현실의 날조를 만든다.

　Bernal(1987)은 이집트의 그리스 식민지화로 인해 "이집트의 언어와 문화가 그리스의 형성에 매우 중요한 역할을 했다."라고 주장한다(p. 37). 누군가 그리스 문명이 미지의 세계로부터 갑작스레 생긴 것이라고 믿는 무지를 가지고 있다는 사실은 어쨌든 혼란스럽다. Santos(2007a; 2007b)에 따르면, 이러한 자세는 진실과 동떨어져 있을 뿐만 아니라 다른 먼저 존재했던 그리고 동시대의 문명들을 존재하지 않는 것으로 여긴다. 이러한 관점에서, Bernal(1987)은 당연하게도 "언젠가 아프리카 · 아시아-인도-유럽 공통 조어(祖語)를 사용한 사람이 틀림없이 있었다"는 사실을 옹호한다. Amin(2009)에 따르면, 유럽과 셈족 동양(the Semitic Orient) 사이에 우월한 유럽과 그렇지 않은 비유럽인으로 나누는 이분법적인 인종 대립이 있었다. "하지만 언어학의 단계에서 인도유럽어족의 기원은 항상 무시당했다"(p. 171).

　누구나 상상할 수 있듯이, Bernal의『블랙 아테나』는 학계를 뒤흔들었다. David Chioni Moore가 편집한 *Black Athena Writes Back—Martin Bernal Respondes to His Critics*에서, Bernal(2001)은 자신의 세 권의 작품이 "고대 그리스의 기원에 관한 것"(p. 2)이라고 재차 강조하며『블랙 아테나』에 대한 간략한 개요를 작성했다. Bernal(2001)은 "고대 그리스가 후대 서양 유럽 문화에 직접적으로 또는 로마, 비잔티움, 그리고 이슬람을 통해 가장 중요한 단독적인 공헌자"(p. 2)라고 말하는 유럽 중심적 사고에 대한 우려를 공공연히 되풀이했다. 비평에 대한 응답에서, Bernal(2001)은 "그리스의 기원을 연구하면서 그는 '고대'와 '아리아인' 두 모델을 설정하는 것이 유용하다는 것을 발견했다"는 것을 나타내며, 그의『블랙 아테나』세 권의 책에 제시된 주요 역사적 위치에 의존한다(p. 2). Bernal(2001)은 "그리스어는 인도-유럽어족으로, 그리스어의 음성 및 문법 구조가 산스크리트어, 라틴어 및 많은 다른 언어를 포함하는 상위 어족의 현존하는 다른 고대 언어들과 비슷한 규칙성을 지니고 있다."라는 것을 또 한 번 강조한다(p. 3). Bernal(2001)은 아리아인 모델에 대해 다음과 같이 말한다.

　언어로서의 그리스어는 단일 언어가 아니며, 그리스인들은 순수 '인도-유럽인' 또는 '아리아인'이 아니다. 이 고대 모델은 원시 부족인 펠라스기인(Pelasgians)과 다른 부족들이 그리스에 거주한 적이 있으며, 특히 보이오티아(Boiotia)와 동부의 펠로폰네소스 반도(Peloponnese) 지역에서는 이집트인과 페니키아인들이 도시를 건설하고 원주민을 교화했다. 예를 들어, 페니키아인들은 알파벳을 도입했으며, 이집트인들은 펠라스기인들에게 관개, 신의 이름, 그리고 예배 방법 등을 가르쳐주었다. (pp. 3-4)

Bernal이 비평가들에게 보내는 답장에서 흥미로운 대목은, Bernal이 고대 그리스 문명 시대가 어떻게 서구의 지식인들에 의해 오랜 시간 동안 서서히 수정되고 다시 쓰여졌는지를 강조하는 방법이다. Bernal(1987; 2001)은 누구도 18세기 말까지 고대 모델에 대해 의심을 품지 않았다고 말한다. 그러나 Bernal(2001, p. 4)에 따르면, 1820년대에 "북유럽 학자들은 고대 식민지화를 부정하고 그리스에 영향을 끼친 이집트와 페니키아의 문화적 영향력을 폄하하기 시작했다." "이는 인종 차별주의, 낭만주의, 그리고 뒤틀린 개념의 진보의 우위" 그리고 "그리스인들이 '동양'의 문명과 지혜 일부를 '서양'으로 전파한 중개자에서 문명의 창조자로의 역할 변화"를 전면에 내세웠던 정치적 대응과 종교적 부흥의 흐름 때문이었다.

고대 그리스 문명과 그에 수반되는 세계사는 이처럼 재개념화되었다. 점차적으로 그리스인들은 일반적으로 서양 그리고 그중에서도 유럽에서 역사의 패권주의적인 생산, 즉 "인종의 유년기, 청년기와 관련된 예술, 그리고 성숙함과 함께 온 지혜의 서사, 시적인 특성의 선구자로"(Bernal, 2001, p. 5) 과학적인 방법으로 옹호되었다. Goody(2006)가 주장하듯이, "인본주의와 르네상스는 과거를 처음부터 다시 만들어야만 했다"(p. 35). 말할 필요도 없이, Amin(2009)은 "르네상스가 15세기 중세 역사에 의해 고대 그리스와 분리되었다면 어떻게 그리고 무슨 근거로 유럽 문화의 연속성을 주장할 수 있을 것인가?"라고 단호하게 강조했다(p. 169).

교육은 그러한 이념적인 굴레에서 벗어날 수 없었다. Wilhelm von Humboldt를 통한 역사의 재구성은 "근대성에 의해 영적으로 분리되고 소원하게 된 남성과 여성의 관계를 재건할 새로운 교육을 위한 계획을 수립"한 저명한 통합을 이끌어 냈다. "이 재통합은 Humboldt가 과거에 가장 완벽하게 통합된 사람들로 여겼던 고대 그리스인들에 대한 연구와 함께 얻어질 수 있다"(Bernal, 2001, pp. 5-6). 1806년 프러시아 정부의 국가 교육을 담당한 Humboldt는 "많은 초기 아이디어(즉, 인격의 완전한 훈련으로서의 교육의 아이디어)를 실행했을 뿐만 아니라 체육학교에서 인본주의 교육과 특히 고대와 그리스인의 과학 연구인 서양 고전학에 초점을 맞춘 대학 세미나를 만들었다(Bernal, 2001, p. 6). Humboldt의 계획은 광범위한 아리아인 모델로서의 그리스의 기원에 대한 지배적인 이미지의 교화에 이바지한다(Bernal, 2001, p. 7). 이 모델은 "극단적인 아리아인"에 의해 근본주의자의 입장을 띠게 될 것이다. Bernal(2001)은 고대 그리고 아리아인 모델 모두 고대 그리스 문명에 "남쪽부터 동쪽까지 단독 영향이 아닌 이원적(dual) 영향"을 나타낸다고 주장한다(p. 9). 이러한 맥락에서, Bernal(2001)은 수정된 고대 모델의 개념을 제시한다. 이 모델은 "기존 아리아인 모델보다 더 도발적이며 호기심을 자극하는 것으로 검증 가능한 가설을 더 많이 제시한다. 또한 이 모델은 지중해 동부 주변 문명들 사이의 유사점을 검증 가능하게 하고, 이러한 유사점이 발견되었을 때, 더 흥미로우며 지적인 도발을 일으킬 답변을 내놓는다"(p. 11). 반대로 오늘날, 미국과 세계 여러 나라 어디에도 흥미진진한 교육과정과 교육 시스템이 없으며 엄청나게 다양한 저항이 있는데도 불구하고, 지배적인 교육 전통은 중립적인 교육 시스템의 숭배로 지속된다. 사실, 교육 시스템은 이러한 특정 역사의 부재로 이익을 얻는 사람들을 위해 작동하도록 설계되었기 때문에 이러한 문제들에 관심을 보이지 않는다.

　　교육은 고대 그리스 문명을 그것의 선조와 동시대 다른 문명으로부터 이념적으로 분리시키는 특정 역사관의 생산과 재생산 과정에 관여했으며 지금도 그러하다. 이러한 이념적 입장은 교육과정 분야의 초기 단계와 인본주의자, 발달론자(developmentalists), 사회 개선론자(social meliorists), 그리고 사회개혁주의자들 사이의 분쟁에서 매우 생생하게 드러난다. 이는 Kliebard(1995), Tyack(1974), Krug(1964) 그리고 다른 연구들에 잘 나타나며, 나는 다른 맥락(Paraskeva, 2007a, 2011a, 2011b)에서 더 자세하게 연구할 기회를 가진다.

*Black Athena Writes Back*은 Bernal의『블랙 아테나』가 어떻게 우리가 세계 역사와 실제 벌어졌던 일을 이해하는 방법에 혁명을 일으키려고 시도했는지에 대한 또 다른 중요한 증언이다. 서양과 유럽 지식인들이 뒤틀린 역사를 만들어 내고 재생산했는지에 대한 방법을 들여다보기 전에 우선『블랙 아테나』에 대한 가장 중요한 반응들을 살펴보는 것이 중요하다.

🍎 반대 비평

『블랙 아테나』의 중요성은 의심의 여지가 없다. 이 연구가 과거부터 지금까지 계속해서 "순전히 학문적인 이유들과 Bernal이 우파로 인지되는 정치적 이유들과 그리고 학문과 정치가 혼합된 이유로" 체계적인 공격을 받는다는 사실은 이 연구가 서양의 지배적인 역사관을 엄청나게 뒤흔들어 놓았음을 잘 보여 준다.『블랙 아테나』는 서양이 저지른 역사적 학살을 반대한다. 마르크스주의에 따르면, 역사는 희극과 비극의 과정이 계속해서 반복된다.『블랙 아테나』도 예외는 아니다. 하지만『블랙 아테나』는 4단계 과정—무시, 퇴거, 공격 그리고 흡수—의 선구자는 아니다. 이 과정들을 통해 기존의 규율들은 새로운 생각에 격렬하게 반응한다(Bernal, 2001). 최고는 아니더라도 포르투갈의 위대한 지성인 중 한 명인 Fernando Pessoa의 주요 작품인 *Mensagem(Message)*은 포르투갈에서 가장 권위 있는 문학상을 받지 못하고 그 누구도 예상하지 못했던 무명의 작가에게 빼앗겼다. 게다가, Pessoa가 포르투갈인이란 사실에도 불구하고, 문학계는 Pessoa가 프랑스 교양 계층(cultive class)에 의해 분명히 '발굴'되었다는 것을 잘 알고 있다. 여기서『블랙 아테나』가 일으키는 광범위한 비평의 도구들을 올바로 평가하는 것은 불가능하다.『블랙 아테나』에 대한 이러한 반응은 학술 대회와 학술 세미나 그리고 온라인에서의 수많은 활발한 활동뿐만 아니라 수많은 학술지 및 일반 잡지의 논문과 책들을 통해 나타났다. 이에 대한 간략한 소개는 현명하지 않으며 불공정하다는 점을 염두에 두고, 필자는 격렬한 반응들에 대한 어떠한 올바른 표현도 한계가 있다는 것을 인지하면서 그러한 격렬한 반응의 일부를 보여 주고자 한다. 그리고 이것이 Bernal의 연구와 관련된 비평가의 작업에 더 깊이 들어갈 수 있도록 독자의 관심을 촉진할 수 있기를 희망한다.

비평가들은 Bernal(2001)에 대해 논란의 소지가 많은 여러 문제들을 광범위하게 제기했다. 이 문제들에는 오히려 정치학자로 인식되는 그의 자격과 신뢰성, 자료의 신뢰성과 파격적인 방법론, 실제 증거와 유추 사이의 혼란, 인종 및 인종 차별 문제에 관한 자료를 다루는 방식, 언어적 변화로서의 그리스어와(또는) 언어적 접점으로서의 그리스어 간의 언어적 긴장을 이해하는 것을 부정하는 방식, 고대 그리스가 근본적으로 아프리카-아시아/이집트의 DNA를 가지고 있으며 고대 이집트인이 흑인이었기 때문에 고대 그리스인은 흑인 혈통을 가지고 있다는 주장으로 만들어진 인식론의 정확성과 일관성 부족, 고대 과학 형태의 잘못된 해석, 역사 지리학을 생략한 직접적 왜곡, 그리고 역사와 신화를 혼동한 이슈 등이 있다. 이 문제들은 Mary Lefkowitz, Lawrence A. Tritle, Robert Palter 및 Clarence Walker의 연구에 명확하게 나타나 있다. 예를 들어, Bauval과 Brophy(2011)는 오늘날 『블랙 아테나』가 "학계에서 어떻게 배척당했으며 심지어 학계의 이단조차도 아프리카 중심주의를 유사 과학 그리고 어느 정도는 심지어 위험한 음모라고 생각"(p. 162)하는지에 대해 언급했다. 마찬가지로, Bauval과 Brophy(2011)가 인용한 Clarence Walker(2004)는 아프리카 중심주의가 고대 이집트 문화에 대한 앞뒤가 맞지 않는 강조와 고대 이집트인이 흑인이라고 믿을 만한 조금의 증거도 없는 "인종 차별적이며 반동적인 신화"를 가지고 있다고 주장한다. 아무리 그것이 이상해 보일지라도 애리조나주에서 있었던 전 교육감 Horne과 민족 연구 논쟁의 경우처럼 현대의 다양한 우생학적 입장에서 몇몇 유사점을 찾을 수 있다.

Bernal의 연구에 대한 가장 호전적인 비평 중 일부는 Mary Lefkowitz[7]로부터 나왔다. 그녀의 광범위한 작품인 *Black Athena Revisited*에서, Lefkowitz와 Rogers(1996)는 "Bernal의 아테네에 대한 어원 설명이 매우 불확실하고 사실 같지 않다"(p. xi)라고 기록했다. Goody(2006, pp. 60–61)는 Bernal이 성취한 것의 중요성에 대해 동의하나 Bernal이 "고대에서 아리아인 모델로 중점이 변화된 것은 인종 차별주의와 반셈족주의의 발전으로 19세기에 서야 나타난다"고 말한 것에 대해서는 판단을 유보했다. Goody(2006)에 따르면, '대량 학살'은 훨씬 전에 시작되었고 이는 "7세기부터 이슬람의 팽창으로 악화된 '뿌리'와 민족 중심주의의 보다 일반적인 문제"(p. 61)와 관련이 있다. Goody(2006)에 따르면, 이슬람은 "지중해 지역에서 일찍부터 유럽에 위협적인 존재였는데, 군사적으로뿐만 아니라 도덕적으로도 윤리적으로도 위협적이었다"(p. 61). 그런 의구심에도 불구하고 고대 그리스와 근동(Near East)의 연관성이 인종 역학에 기반하여 조직적으로 무시되며 지워지는 것에 의문의 여지가 없기 때문에 Goody(2006, p. 61)는 Bernal의 접근법이 중요하다고 말한다.

　　모잠비크의 속담처럼 "누구도 구부러진 가지의 그림자를 똑바로 펼 수 없다."라는 끔찍한 비난에도 불구하고, Bernal의 걸작인 『블랙 아테나』는 Jack Goody, Andre Gunder Frank, Robert Bauval, Thomas Brophy, Jurjo Torres Santomé 등 수많은 저명한 학자들에 의해 받아들여졌다. 이 그룹의 이종성을 감안할 때, 다양한 경우에서 볼 수 있듯이 어떤 분류에서 정의하는 것은 경솔한 행동일 것이다. 『블랙 아테나』는 '고전'의 심오한 영역의 좁은 한계를 넘어서는 논쟁을 이끌어 낸다. 그러한 강력한 논쟁에 동참하는 것은 중요한 변혁적 교육과정 이론가이자 학자인 우리의 임무이다.

❦ 역사의 위법

Jack Goody(2006)의 책 『*The Theft of History*』는 Bernal의 『블랙 아테나』(1987) 일부를 지지한다. Goody(2006)는 "고대의 시작과 끝에 대해 고전 학자들 사이에서 논쟁이 있지만 우리는 유럽의 맥락에서 그것이 무엇을 의미하는지 알고 있다"(p. 27)라고 주장하며 적대감을 드러낸다. 하지만 Goody(2006)는 왜 "이 고대라는 개념이 근동, 인도, 또는 중국의 문명 연구에는 사용되지 않았는가?"라고 질문한다(pp. 27-28). Goody(2006)는 Bernal(1987)의 이론적 해석을 이러한 관점에서 공유한다. 즉, 고대 그리스는 이전 사회와 동시대 다른 사회로부터 분리되어 느닷없이 탄생한 문명으로 묘사되고 있다. 그는 고대라는 개념을 서양만의 '사건'으로 쓰는 것에 반문한다. Goody(2006)는 그러한 배제(또는 더 좋게 말하면, 비존재)와 유럽 예외주의의 찬양을 정당화하는 이유가 어디에 있는지 질문을 던진다. Goody(2006)는 유럽의 발전을 봉건제(또는 초기 자본주의)에서 현대 자본주의에 이르기까지 하나의 연결선으로 옹호하는 편협한 신학적 논리를 강력히 부인한다. Goody(2006)는 역사에 관해 유럽이 "시간과 공간에 대한 단 하나의 의견"을 제공할 수 있었던 방식에 대해서도 상당히 우려하고 있다(p. 286). Goody(2006)는 서양의 의견들에 의해 체계적으로 폄하되고 가려진 중국의 역할을 강조한다. 게다가, 그의 분석은 Joseph Needham, Norbert Elias, Fernand Braudel, Martin Bernal과 같은 학자들의 연구에 기초를 두고 있다. 그들 연구의 차이점에도 불구하고, Goody는 Bernal의 *opus magistra*를 자각하고 있으며 이것에 비추어, Goody(2006)는 다음을 비판한다.

> 선사시대 연구 학자들은 주로 시간대는 다르지만 기본적으로 일련의 유사 과정을 거친 유럽과 다른 지역의 초기 사회의 단일 발전을 강조해 왔다. 그 발전은 청동기 시대까지 유라시아 전역에서 지속되었다. 그런 다음 분기가 발생했다고 한다. 그리스의 고대 사회가 철기 시대까지 그리고 심지어 역사적인 시대까지 확장되었지만 본질적으로는 청동기 시대였다. 청동기 시대 이후, 유럽은 아시아와 달리 고대를 경험했다고 전해진다. (p. 28)

*The Theft of History*는 "유럽이 (주로 기독교의) 시간과 공간의 자체 해석을 나머지 유로아시안(Euroasian) 세계에 부여함으로써 서구의 역사를 훔친" 방식에 대한 강력한 반응이다(Goody, 2006, p. 286). Goody(2006)는 "역사가들이 역사적 시간을 고대, 봉건주의, 르네상스, 그리고 자본주의 시대로 나눈 시대 구분법"에 의구심을 갖는다(p. 286). 이러한 우생학적인 지도의 개발은 "영국에서 시작된 것으로 간주되는 산업 혁명 이후, 19세기에 유럽에 의해 알려진 세계의 지배가 있기 전까지는 고유의 전환으로 하나에서 다른 것들

이 발생되었다."라는 단일적 발달 개념을 확립했다(Goody, 2006, p. 286). 고대 동양에 대한 증거는 아주 명확하다. Goody(2006)의 주장에 따르면, 청동기 시대 "기원전 3000년경, 유라시아는 쟁기, 바퀴, 때로는 관개 시설을 이용한 선진 농업에 기반한 도시 문화의 기술적인 면에서 수많은 새로운 '문명'의 발전을 목격했다"(p. 31). 이 시기 동안, '새로운 문명들'은 "언어의 형태를 포함하여 도시 생활 및 전문 장인 활동을 발전시켰으며, 따라서 생산의 방식뿐만 아니라 의사 소통 방식에서도 혁명을 일으키기 시작했다"(Goody, 2006, p. 29). 그러한 증거는 서구의 역사적인 경제 구조 전체를 극적으로 변화시킨다. Andre Gunder Frank와 다른 학자들이 연구한 이 주제는 다른 장에서 다룰 것이다. 크레타(Crete), 크노소스(Cnossos) 지역의 미노스인(Minoans)은 "자유롭고 독립적인 최초의 유럽 문명의 사람"이라는 충분하며 명확한 증거가 있다(Goody, 2006, p. 31).

이러한 맥락에서, 그리스인이 알파벳을 만들었다고 주장하는 것은 문제가 있다. Goody(2006)는 그리스인들이 "셈족 언어의 체계에 모음 기호를 추가했으며" 몇몇 학자들의 관점에서는 "그들이 알파벳을 발명"했다는 것을 강조한다(p. 31). 사실, "유대인은 유대교, 기독교, 이슬람교의 기초가 되는 구약을 쓰기에 충분한 자음 문자로 이미 많은 것을 성취할 수 있었다"(Goody, 2006, p. 31). Amin(2009)이 기록했듯이, "기독교가 서양 전역으로 전파되기 전에 동양인들 사이에서 탄생"했다는 것을 강조하는 것은 매우 중요하다(p. 170). 또한 종교를 관통하는 인종적 충동이 있다. Amin(2008)은 문제를 계층, 인종, 그리고 젠더까지 확대하면서, 기독교와 이슬람교가 역사를 초월하는 항구적인 속성을 보유하고 있는 것처럼 종교들의 역사적 표현을 넘어서 본질을 얘기하는 것을 가능하게 하는 미묘하지만 근본적인 차이라고 전해지는 것들을 주장할 필요성에 대해 이야기한다(p. 170).

Goody(2006)의 논리에 따르면, 고대 그리스 중심주의(Hellenocentrism)의 문제는 정확하게 "모음 없이 자음으로만 구성된 알파벳의 한 종류가 기원전 약 1500년부터 오랜 기간 동안 존재했으며, 이 알파벳은 셈족 언어를 사용하는 페니키아인, 히브리인, 아람어 사용자, 나중에는 아랍어인들 사이에서 식자 능력의 큰 확장을 가능하게 했다"라는 것을 부정하는 것이다(pp.

31-32). 게다가, Goody(2006)는 "구약과 신약은 이런 종류의 문자를 사용했는데, 그 기여는 인도-유럽어를 전공한 고전 학자들에 의해 자주 무시당했다"(p. 32). Goody(2006)는 더 나아가 다음과 같이 주장한다.

> 의사소통은 명백한 사회적 중요성을 가질 뿐만 아니라 (완전한) 구두에서 쓰기로의 이동, 표의(logographic), 음절(syllabic), 그리고 알파벳 문자의 등장, 종이, 인쇄, 전자 매체의 출현으로부터 종종 어떠한 종류의 발전을 위한 모델을 제공한다. 하나의 새로운 형식은 그 전 형식을 계승하고 생산 수단을 크게 변화시킬지라도 그것을 대체하지는 않는다. 다른 종류의 변화가 있었다. 학자들은 선사 시대부터 구두 사회 그리고 식자 사회 또는 매우 중요한 역사적 순간까지의 진행을 강조했다. 실제로 그랬다. 의사소통의 한 가지 방법은 다른 방법을 기반으로 한다. 새로운 방법은 이전 형식을 쓸모 없게 만드는 것이 아니라 다양한 방식으로 그것을 개량한다. 중요한 변혁으로 여겨지던 인쇄의 도래에서 동일한 과정이 일어났다. 글쓰기와 같이 실제로 그랬다. 그러나 인류에게 언어와 손 글씨는 근본적인 중요성을 지니고 있었다. 아마도 '사고방식'이 바뀌었고 적어도 지성인의 기술도 변했지만, 정치 그리고 경제의 역사에서는 많은 연속성이 존재해 왔다. (p. 33)

이러한 의사소통은 강력하고 다양한 흐름의 발전과 영향력을 불러일으켰다. 의사소통의 발전은 Goody(2006)가 "지성인들의 기술, 즉 알파벳의 발명과 복잡화가 초기 글쓰기 형식에 가로막혔던 지적 활동의 새로운 영역으로 가는 문을 열었다."라고 부르는 것을 확장시킨다"(p. 35). 이러한 특징들은 "고대 그리스 이전, 이와 유사한 다른 문화들도 매우 일반적인 의미에서 똑같이 '문명화된 것'(Goody, 2006, p. 36)이라는 사실을 검증할 뿐만 아니라, 우리로 하여금 전체 서구 교육과 교육과정 역사의 수수께끼를 불법적인 것으로 다시 생각하게 한다. 이러한 맥락에서, 경제, 정치, 종교와 같은 개념 및 실제에 대해 연구할 필요가 있다.

언어를 중점적으로 다루는 책에서 Bernal(2006)은 『블랙 아테나』 연구 과제에서 언어가 가장 논란이 되는 부분이라는 것을 인정한다(p. 1). 모든 인도-유럽어가 언어적 상호 수분의 결과로 간주되어 왔다는 사실에도 불구하고, "문화의 언어인 그리스어는 유럽 문명의 요람과 전형의 순수 그 자체로 여겨졌다"(Bernal, 2006, p. 37).

　　동서양 사이의 충돌이 너무 격렬했고 "7세기부터 이슬람의 팽창에 의해 거세졌다"는 사실은 고대 그리스 전과 비슷한 시기에 완전히 견고한 동양의 종교적 기반이 존재했다는 사실뿐만 아니라 "이슬람이 지중해 지역에서 일찍부터 유럽에 위협적인 존재였는데 이는 군사적으로뿐만 아니라 도덕적으로도 윤리적으로도 위협적이었다"(Goody, p. 61)는 것을 보여 줄 수 있는 믿을 만한 대목이다. 사실, 고대와 오늘날 모두 종교는 고대 그리스에만 국한될 수 없는 정치의 일부이다. 그러한 맥락에서 그리고 4장에서 논의된 것처럼, Goody(2006)는 적어도 고대 그리스가 민주주의, 자유 그리고 법을 발명하고 창안했다는 생각은 의문스럽다고 주장한다.

> 민주주의는 그리스인의 특성으로 아시아계 이웃들의 '전제 정치' 또는 '폭정'에 반대되는 것으로 간주된다. 그러한 추측은 세계 다른 지역의 '야만스러운 정권들'과는 대조적으로 서구의 오랜 특징을 대표한다고 주장하는 것으로 현대의 정치인들에 의해 거론된다. 이러한 사실들은 전적으로 유럽적이며 민주주의의 '발견'과 같이 말 그대로 역사를 전유했다는 것을 나타낸다. (p. 50)

Goody(2006)는 자유 의지가 아프리카, 인도, 그리고 중국에 널리 퍼져 있던 개념이라는 사실을 뒷받침할 만한 증거들을 보여 준다(p. 51). 이것에 비추어 볼 때, 그리스인들이 개인의 자유와 민주주의를 발견했다는 주장은 놀라울 뿐이다. 사실, 고대 문명의 사회적 특징들은 Kropotkin과 Durkheim의 연구에서 상당히 눈에 띈다(Goody, 2006). 자유라는 것이 매우 복잡한 개념일지라도, '자유'를 고대 그리스인에 의해 '고안된' 하나의 사실이라고 주장하는 어떤 분석도 지나치게 단순화하는 것이다. 법에 대해서도 마찬가지이다. 자유와 마찬가지로 법의 개념은 "문화의 구성원에 의해 너무 편협한 방식으로 해석되어 왔다"(Goody, 2006, p. 58). 예를 들어, 고대 중국에서 서면 계약서는 토지 이전을 포함하여 신고서로 사용되었으며 당나라 이후부터 존재했다"(Goody, 2006, p. 59). Goody(2006)의 주장에 따르면, 경제적 측면에서 편협한 접근법을 문제 삼는 것도 중요하다. Goody(2006)는 "우리는 경제에 관해 보다 역동적인 관점을 가질 필요가 있다"(p. 41)는 Gledhill과 Larsen의 입장을 지지한다. 즉, 우리는 시장 경제라는 바로 그 개념에 문제를 제기하고 아마도 "인도 면화의 경우처럼 델프트(Delft)[8]와 영국 중서부의 중공업 지대(Black Country)에서 도자기를 만드는 기술의 모방이 산업 혁명의 연구의 중심으로 간주되어야 한다"(Goody, 2006, p. 39)는 것을 고려해야 할 필요가 있다. 사실, Goody(2006)는 "시장은 산업 자본주의가 출현할 때까지 그리스 훨씬 이전부터 발달해 왔다"라고 말한다(p. 45). 그리스인들은 경제 체제를 가지고 있었지만, 그들이 개척자는 아니었다.

　Andre Gunder Frank(1998)의 *ReOrient*는 또 다른 날카로운 접근으로 우리로 하여금 세계 경제 체제에 관해서 유럽 중심주의 관점에 문제를 제기할 수 있게끔 한다. Frank(1998)는 그의 책에서 "적어도 초기 근대 세계 경제 역사에서 좀 더 '인간 중심적인' 관점과 이해를 위한 기초 제공을 제안한다"(p. 2). Frank(1998)는 그러한 시도가 "세계 역사나 심지어 경제 역사를 쓴다기보다는 인간 중심적인 세계관으로 널리 받아들여진 유럽 중심의 패러다임에 맞서는 것"(p. 4)이라고 덧붙였다. Frank(1998)는 우리가 "'서구의 발전', '자본주의의 발전', '유럽의 헤게모니', '강대국의 흥망성쇠'를 평가하고, 이해하고, 생각하고, 설명할 세계관"(p. 4)이 필요하다고 주장했다. Frank(1998)는 "대신에 유럽은 미국의 자본을 사용하여 아시아의 생산, 시장, 그리고 무역을 비집고 들어가 수익을 창출했는지 간단히 말해, 유럽이 세계 경제에서 그리고 아시아에서 선점적인 위치로부터 이익을 얻고 아시아를 등에 업고 마침내 아시아의 어깨에 올라섰는지에 대해 기록했다"(p. 4). Frank(1998)는 다음과 같이 덧붙인다.

　유럽은 1800년 이전에 확실히 세계 경제의 중심이 아니었다. 유럽은 구조적, 기능적으로도, 경제적 비중으로도 생산, 기술이나 생산성의 측면에서도 일인당 소비에서도 이른바 '선진' '자본주의' 체제의 발전의 측면에서도 그 어디에서도 패권을 쥐고 있지 않았다. 세계 경제 측면에서 16세기 포르투갈, 17세기 네덜란드, 18세기 영국, 그 어느 나라도 '패권'을 쥐고 있지 않았다. (…) 이 모든 측면에서 아시아의 경제는 훨씬 더 앞서 나가 있었고, 중국의 명나라와 청나라, 인도의 무굴 제국, 그리고 심지어 페르시아 사파비 왕조와 터키의 오스만 제국이 유럽의 일부 또는 전체보다 훨씬 더 강력한 정치력과 군사력을 뽐냈다. (p. 5)

현재 사회경제적 위기의 맥락에서, 우리는 미래로 회귀하는 것처럼 보인다. "어떤 경제가 세계 경제에서 '중심' 위치와 '역할'을 하며 '핵심' 지배 계층이라면 그것은 바로 중국일 것이다"(Frank, 1998, p. 5). 오늘날과의 유사점은 충격적이다. Frank(1998)의 주장에 따르면, Adam Smith, Karl Marx, 그리고 Friedrich Engels는 "근대 초기 역사와 그 안에서 아시아의 위치에 대해 동의하기도 하고 동의하지 않기도 한다"(pp. 12-17). 그들 모두 아메리카의 발견과 동인도 회사의 남아프리카의 희망봉 항로를 "위태로운 봉건 사회의 우뚝 솟은 혁명적 요소"(Goody, 2006, p. 13)로 만들었던 반면 Frank(1998, p. 13)에 따르면, Smith는 "유럽은 국부 발전에 있어 신생아였음"을 강조했다. 산업혁명의 도래와 유럽의 아시아 식민주의의 시작은 유럽인들로 하여금 다른 생각을 갖게 하여 모든 역사를 '창조'할 수 없다면 적어도 유럽의 전수와 지도하에 거짓 보편주의를 고안해 내게끔 했다"(Frank, 1998, p. 14). Marx와 Engels에는 대조적으로, Frank(1998, p. 15)는 아시아가 유럽보다 뒤떨어져 있지 않았고 자체 생산 양식을 갖추고 있었으며 유럽인들이 자본주의 생산 양식을 고안했다는 사실은 고대 문명들 사이에 거대하고 강력한 시장 간 관계를 부정하며 동시에 "이념적으로 역사를 꾸민" 서구 문명의 오만을 보여 준다고 주장한다(Frank, 1998, p. 16). Marx와 Engels가 고대 문명에서 놓친 것은 명확하고 강력한 자본주의 생산 방식인 반면 Max Weber는 그러한 논리를 지지할 뿐만 아니라 이미 난해하며 확립되지 않은 공식에 종교적 예를 더한다(Frank, 1998). Weber가 세상을 읽는 방식에 따르면, 고대 문명에서 "신화적이고 신비하며, 즉 비이성적이며 종교적인 요소"(Frank, 1998, p. 17)와 이성적으로 충돌하는 강력하고 우월한 유럽의 실체가 존재한다. "이슬람교를 중요하기보다 신화적인 것"으로 그리고 기독교를 "신화적이 아닌 중요한 것"으로 묘사하는 경향이 기독교의 역사 관점인데, 이 견해가 지배적이 되었다 (Sharabi, 1970, pp. 62-63).

Samir Amin은 그의 저서『유럽 중심주의(Eurocentrism)』(2009)에서 Frank, Goody 및 다른 학자들과는 조금 다른 입장을 취했다. Amin(2009)의 초점은 근본적으로 역사 유물론적 관점에서 유럽 중심주의의 개념을 이론적으로 조사하고 이해하는 것에 있다. Amin(2009)은 유럽 중심주의는 현실과는 매우 동떨어진 보편적 진실을 주장하며 우생 우월성을 보여 주고 강화하는 서구 문화 집합체라고 주장한다. 그러한 우월성 찬양은 서구 경제와 문화가 영원할 뿐만 아니라 순수하고 어떠한 다른 외부 요인들로부터 동떨어진 것이라고 주장하는 거짓 역사에 기인한다. Amin(2012, p. 4)은 실제로 그러한 맥락에서 유럽의 정체성에 대해 의문을 가질 필요가 있다고 주장한다. 좀 이상해 보일지라도 Amin(2012)은 외부에서 보면 "유럽이 확실히 하나의 실체인 것처럼 보인다."라는 것과 내부의 관점에서는 동일한 것이 선형적이지 않다."라는 것에 대해 통찰력 있게 분석한다(p. 4). 놀랍게도, 서구의 보편적 역사의 창조는 거짓된 서구 체제를 창출했을 뿐만 아니라 동시에 세계 다른 지역들에 대해서도 똑같이 부정직한 시각을 만들어 냈다(Amin, 2009).

Frank(1998)는 19세기 유럽 식민주의의 일환으로 유럽인들은 "민주주의에서 이른바 순수 혈통의 유럽의 기원에 대한 역사 신화를 창조했지만 또한 노예제와 남녀 차별주의의 그리스도 만들었다"고 주장하며,『블랙 아테나』에서 Bernal의 구체적인 의견들과 Samir Amin의『유럽 중심주의(Eurocentrism)』를 상기시킨다(p. 8). Hodgson과 Blaut를 인용하며, Frank(1998)는 그런 '창조된 역사'를 "오직 유럽 내의 '예외적인' 원인과 결과만 보며 근대 유럽과 세계사에 유럽의 다른 모든 기여에 대해서는 눈을 감은 편협한 관점에 기인한 터널의 역사(tunnel history)"(p. 9)라 지칭한다. 확실하게, 수많은 학자들이 "16세기와 17세기에 경제적·과학적 발전, 그리고 이성적인 '기술 지향적(technicalistic)' 발전이 전적으로나 특별하게 유럽에서만 일어난 것이 아니고 전 세계적으로 발생했다"(Frank, 1998, p. 10)라고 증거하고 있다. 사실 "16세기 초

아시아의 주요 문명들은 유럽의 기술과 경제적 발전을 뛰어넘는 수준을 달성했다"(Frank, 1998, p. 10). Wallerstein(2006)은 역사의 지배적인 견해는 "놀랍도록 간단"하다고 주장한다(p. 33). 유럽 학자들은 역사적 사건들에 대해 잘못된 관점을 만들었는데, 이는 Wallerstein(2006)이 잘 그려 내고 있다.

> 고대 그리스-로마 세계에 (그리고 구약 세계의 일부에) 근원을 두는 오직 유럽 '문명'만이 '모더니티'―자본주의 세계 경제에서 번성한 관습, 규범 및 실행의 모방을 위한 하나의 광범위한 용어―를 만들어 낼 수 있었을 것이다. 모더니티는 정의적인 의미로 진정한 보편적인 가치와 보편주의의 전형이라 불렸기 때문에 이는 단지 도덕적 덕목이 아니라 역사적인 필수성이었다. 고도의 비유럽 문명은 모더니티와 진정한 보편주의를 향해 나아가는 인간의 행군과는 모순된 무언가가 틀림없이 있어야만, 그리고 항상 있어야만 했다. 본질적으로 진보적이라고 피력되는 유럽 문명과 달리 다른 고도의 문명들은 그 진행의 어디선가 멈춰져 있어서 외부의 (즉, 유럽의) 자극 없이는 모더니티의 어떤 형태로 변모할 수 없어야만 했다. (p. 33)

우리가 필요로 하는 것은 동시에 발생한 사건들에 대한 수평적으로 조직된 세계 정치-경제의 거시적 역사이며, 이것은 인식하고 분석되어야 하는 주기적인 상승과 하락을 따라가게 된다(Frank, 1998, p. 346). 세계 역사를 쓰는 것이 필요한 면이 있지만 우리는 세계 역사를 쓰기 원하지 않는다. Frank(1998)와 나의 염원을 뛰어넘는 경제적 역사조차도 쓰고 싶지 않다. 우리의 시선이 우리가 학교에서 가르칠 공통 역사 교과서를 만들고자 하는 유럽 연합의 현대적 사례에 머물러 있기에 그러한 세계사는 쓰여 질 수 없다. 여기에 세계사의 필요성에 대한 주장은 어떤 역사에 대해 입을 닫으려는 것이 아니라 적어도 잘못된 개념들로 심각하게 오염된 현재 서양의 역사로부터 독립시키는 것이다. 이 경우에, 통합이라는 것은 확실히 꼭 들어맞는 말이 아니라 오히려 퍼즐―무수히 많고 작은 퍼즐―이다.

　Frank(1998) 및 다른 이들과 함께, 우리는 "좀 더 인간 중심적인 세계 패러다임으로 널리 받아들여지는 유럽 중심주의"를 직면하고 싶다(p. 4). 그렇게 함으로써 논쟁의 여지가 있지만, 한편으로는 세계사를 기술하라는 요청을 하고 있으며 다른 한편으로는 교육과정의 인식론적 학살에 대해 협상의 여지가 없는 투쟁을 요구하고 있는 것이다. Frank(1998)는 Braudel(1992)을 인용하며, "유럽은 유럽 안팎에서 그들의 이익을 증진시키기 위해 역사가들을 키워 냈고 그들을 이용했다."라고 주장한다 (p. 4).

🍎 북반구의 탈식민화

인식론적 학살에 대한 도전은 서양 안팎의 지도 제작 방식을 통합하려는 행동임은 말할 필요도 없다. Shiva(1993a)가 주장하듯이, (모든 이들에게 보편적인 혜택을 제공한다는 측면에서 정당화함에도 불구하고) 제3세계와 페미니스트 학문은 그러한 지배 구조가 "전체로서 인간성을 위한 자유 세력이 아닌 자연과 여성 모두의 복종을 필연적으로 수반하는 서양의 남성 중심적이며 가부장적인 계획의 일환으로 발현"(p. 21)함을 인지하기 시작했다. 인식론적 학살은 또한 과학을 독립시키는 것이다. Shiva에 따르면, 인식론적 학살에 대한 투쟁은 또한 북반구의 탈식민화를 의미한다. Shiva(1993b)는 다음과 같이 전한다.

> 백인의 짐(the White Man's Burden)은 이 지구와 특히 남반구에게 점점 더 무거워지고 있다. 북반구와 자연 그리고 북반구 밖의 사람들 사이에 식민의 관계가 생길 때마다 식민인과 사회는 우월한 것으로 치부되어 왔기에 지구의 미래를 위해 또한 다른 문화와 사람들을 위해 책임을 가지는 것으로 여겨져 왔다는 사실은 지난 500년간의 역사에서 잘 드러난다. 백인의 짐이란 말은 우월성의 가정에서부터 나온 개념이다. 자연, 여성 등에 백인이 지운 짐의 실체는 백인의 짐의 개념에서 나온다. 따라서 남반구를 식민화하는 것은 북반구 식민지화의 문제와 밀접한 관련성을 가지고 있다. 그기에 탈식민화는 피식민지 입장에서뿐

만 아니라 식민지 개척자와도 관련이 있다. 또한 자본 생성의 과정에서 가난이 생겨나고 지식 생성의 과정에서 무지가 나오며 자유 생성의 과정에서 속박이 생겨나기 때문에 북반구의 탈식민화는 필수적이다. (p. 264)

학교의 국기에 대한 맹세(the Pledge of Allegiance)에서 볼 수 있듯이 애국적인 특성과 결합되어 있는 한 기독교의 명시적인 표현이 용인될지라도 우리가 인간의 한 부분으로 어떠한 영적 실체를 두서없이 거부하는 교육 체계를 가지고 있을 때 특히 중요하다. 사실, 교육과정의 인식론적 학살에 대한 투쟁은 현재의 공식적인 교육과정의 파괴를 필요로 한다.

　Shiva(1993b)에 따르면, "남반구의 환경과 개발 위기가 극복될 때 북반구의 탈식민화는 필수적인 것이 된다. 남반구 구제를 위한 북반구의 처방은 언제나 새로운 책임과 새로운 속박을 만들었다. 백인의 짐에 근거한 구시대의 식민 질서로는 환경을 구제할 수 없다. 이 둘은 모두 윤리적으로, 경제적으로, 그리고 인식론적으로 조화롭지 못하다"(p. 265). 탈식민화 과정은 아프리카가 식민지 개척자에 의해 날조되고 자기 자신을 폄하하는 내용을 피식민자(Freire, 1990)가 받아들이며 "그 중심에는 노예를 위한 어떤 것도 존재하지 않으며 오직 더 안 좋은 노예제만 있다"(Achebe, 2000, p. 95)는 사실에 무지한 "허구의 공동체, 반아프리카라는 발상의 준비와 초국가적 개념"(p. 27)으로 보는 Beck(2009)의 시선을 방해할 것이다.

　이러한 사실과 Appiah의 주장은 동일한 정치적 정서를 가지고 있다. Appiah(2002)에 따르면, "서양 사람들과 아프리카 사람들 모두 서로가 서로를 이해할 때까지 모더니티가 무엇인지 결코 이해할 수 없을 것이다"(p. 245). 결국, 식민지화는 "피식민자와 식민자"(Smith, 1999, p. 45) 간의 하나의 공유된 문화로 봐야 할 필요가 있다. 하지만 남아프리카공화국의 작가 Ezekiel Mphahlele[9](1965)가 설명하는 것처럼 어떠한 탈식민화 투쟁도 Mphahlele의 구조 안에서 이해될 필요가 있다.

　백인들이 흑인들의 영향력을 받아들이기 거부한 반면 흑인들은 그들

안에서 시양인과 아프리키인을 조화롭게 만들었다. 현재 남아프리카 공화국을 이를 상징적으로 보여 준다. 아프리카인들 사이에서만 오직 문화적 활력이 드러난다. 그들은 서양 문화에 상기되기보다는 그들 안에서 서양 문화와 아프리카의 문화를 조화롭게 만들었다. (p. 22)

이러한 정서는 케냐 사람들은 "케냐에 다른 인종들이 거주하는 것을 두려워하지 않으며 우리가 케냐의 지도자이며 우리가 원하고 주장하는 것을 얻는다."(p. 301)라고 말하는 Kenyatta(1960)의 주장에 이미 명백히 드러나 있다. 더군다나, 인식론적 학살에 대한 투쟁은 흑인 의식 운동의 몇몇 요소들에 매우 능통한 토착 문화의 철없는 낭만화가 아니다. 결국, 인식론적 학살에 대한 투쟁은 토착 문화 지식의 신비화인 *indigenoustude*[10]라 불릴 수도 있는 것에 대한 투쟁이다. Mphalele(1965)의 논조는 다시 한 번 매우 명확하다.

> 이제 흑인 의식(negritude)으로 가보자. 누가 흑인 문화 가치의 확언이자 저항으로의 흑인 의식에 대한 역사적 사실을 부정할 정도로 멍청한 것인가? 이 모든 것들이 유효하다. 내가 받아들이지 않는 것은 흑인 의식에 의해 영감을 받은 너무나도 많은 시들이 아프리카를 순진, 순수, 그리고 꾸밈없는 원시성의 상징으로 낭만화하는 것이다. 또한 나를 몇몇 사람들이 아프리카를 폭력이 없는 대륙이라고 말할 때 모욕감을 느낀다. (…) 아프리카인의 다양한 개성을 보지 못하는 단순한 낭만주의가 나쁜 시를 쓰게 만든다. 유럽과 아프리카의 통합은 아프리카인의 흑인성을 필연적으로 거부하지 않는다. (…) 나는 나를 연구하는 사회학자들 사이에서 단순히 흑인으로 분류되기를 거부한다. (…) 나는 분류되기를 거부한다. (pp. 23-25)

Mphahlele(1965)의 용어에서 명백하게 드러나는 하나의 운동으로 흑인 의식을 포함한 복잡성이나 결과는 교육과정 분야가 현재 직면하고 있는 위험한 혼란의 일부를 피할 수 있도록 하는 은유적인 신호일 수 있다.

우리는 흑인 의식이 주제의 문제라기보다는 형식의 문제라고 보고 있다. 우리는 흑인의 자존심을 칭송하는 특징들이 아닌 완전한 하나의 사람을 시각화하기 위해 노력해야만 한다. 흑인 의식이 기계와 대포를 향한 19세기 유럽의 저항을 닮았다는 것을 잊지 말아야 한다. 아프리카는 뻐꾸기, 나이팅게일, 그리고 수선화를 대신하여 유럽의 제단으로 끌려갔다. 흑인 의식 운동가들은 이것이 완전한 아프리카의 개념인 체해서는 안 된다. (p. 25)

Nkrumah(2006)는 흑인 의식에 "주로 외국인으로 구성된 아프리카의 중산층과 프랑스 문화 기반 사이의 교량 역할을 하는 사이비-지성(pseudo-intellectual) 이론"이라는 딱지를 붙이며 흑인 의식과 관련해 공공연히 비판적인 태도를 취했다. "그것은 비이성적이며, 인종 차별주의적이자 비혁명적이었다(p. 25)."

Soyinka(1988) 또한 흑인 의식의 뿌리에 근거한 서구의 이념 형성의 역학에 대해 비판적이었다. 그가 주장하듯이, 흑인 의식 운동 지지자들은 거의 끊임없이 진정 새로운 비낭만주의 아프리카 의견의 출현을 저당 잡혀 가며 서구 고유의 합리성과의 완벽한 단절을 받아들일 수는 없었다.

인식론적 학살(서양 남성 헤게모니 인식론에 의해 공고해진 것들)에 대한 투쟁은 명백하게 매우 힘든 일이지만, 우리가 진실하고 공정한 사회에 진정으로 헌신한다면 부인할 수 없는 것이기도 하다. 사실, Cox(2002)는 "세계화는 또한 세계 문제에 대한 지식을 둘러싼 투쟁임"(p. 76)을 상기시켜 준다. 지식의 서양 우생론적 식민지화에 대한 투쟁은 민주주의를 민주적으로 하기 위해 학교와 사회 구성원을 투쟁에서 진정한 지도자로 변화시키는 것이 최선의 방법이다. Sen(1999)이 주장하듯이, 민주주의의 출현은 20세기의 사건이었다. Sen이 말하는 진짜 문제는 특정 공동체가 민주주의 사회로 나아가기 위한 준비가 다 되었는지 면밀히 조사하지 않으며 그 공동체가 어떻게 민주주의로 가기 위한 준비를 하고 있는지 인지하는 것이다. 이 부분이 역설적이다. Sousa Santos(2005)의 주장에 따르면, 한편으로, "현재 우리의 시간은 커다란 발전과 희극적인 변화에 의해 특징지어진 의사소통, 정보, 유전학 및 생명공학의 전자 혁명으로 불리는 시대이다"(p. vii). 다른 한편은 다음과 같다.

> 극복되거나 극복될 것처럼 보이는 사회악의 귀환이자 불안한 쇠퇴의 시기이다. 노예제와 노예처럼 일하는 작업으로의 복귀, 근절되었거 나 현재는 HIV/AIDS와 같은 새로운 전염병과 관련 있는 것처럼 보이 는 오래된 질병에 대해 매우 취약한 시대로의 회귀. 19세기 말 사회적 문제로 치부되었던 혐오스러운 사회 불평등의 귀환, 즉 혹독한 시기가 올지 아직 결정되지 않았을지라도 아마도 세계대전보다 심각한 전쟁 의 망령으로의 귀환이다. (p. vii)

Daves(1990)는 또한 "우리는 독점 자본주의에 따른 심각한 세계 위기, 핵무 기로 인한 지구 멸망 가능성 증대, 그리고 파시즘(fascism)의 위협이 예기치 않은 위험을 안겨주는 그런 시대에 살고 있다."(p. 21)라고 주장한다. Andrew(2009)가 미국 마이애미 대학교에서 강의한 Alan G. Ingham Memorial Lecture, "더 날씬하고 민첩한가? 학문과 신체운동학의 맥도널드화의 위험 (Leaner and Meaner? The Perils of McDonaldizing the Academy and Kinesiology)"에 서 설명했듯이, 학문과 신체운동학 내에서 지식 생산 비평에 참여하고 육성 할 필요가 있다. Andrew는 빠른 소비주의의 가속화된 과정에 도전하는 것 이라고 강조한다. 즉, 사회의 빨라진 합리화는 인식론의 맥도널드화(Mcdonaldization)[11]를 탄생시킨 후기 자본주의와 관련이 있다. 그러한 제국적인 유 목지는 비판적 · 사회학적 · 역사적 분석, 그리고 질적 분석과 연관 있는 특 정 종류의 지식들을 뒤떨어지게 한다. Andrew는 기업 학문의 경쟁의 장이 그런 위험한 유목지에 굴복한 방식에 의문을 제기하는데, 이는 인간 행위에 대한 이해를 더욱 방해하며, 선언문이나 부담감이 심한 시험과 필수 과목 (Common Core) 등을 통해 교육을 구성한다.

Giroux(1994)는 서구화된 양식과 내용으로부터 교육과정을 분리시키 는 방식으로 교육과정을 자리매김하는 것이 공공 지식인으로서 교사의 역 할이라고 주장한다. Giroux에 따르면, 실질적인 문제는 "교육과정으로부터 분리되거나 반영되지 않는 그룹들이 그들의 의사를 표현하고, 자신들의 이야기를 하며 다른 사람들과 정중한 대화를 할 수 있도록 학교를 민주화하는 것"(p. 18)이다. 그는 더 나아가 그것을 실행할 좋은 방법은 정치 교육과 정치화된 교육의 차이점에 의식하는 것이라고 주장한다.

> 비판적 교육학의 중심에 위치한 정치 교육은 학생들로 하여금 주류 문화 내에서 비평을 가능하고 이해할 수 있게 하는 비판적 문화를 존중하도록 할 뿐만 아니라 정치적이며 문화적인 힘과 함께 의문을 가지는 더 나은 시민이 되도록 격려한다. 이는 교실과 그 외의 교육 관련 장소에서 탈중심화를 의미하는데, 이에 따라 소수 그룹들을 방치하고, 특정 종류의 지식을 억압하며, 그리고 비판적 대화를 제한하는 제도적·문화적 불평등의 역학이 드러날 수 있다. 반면, 정치화된 교육은 어떠한 상황에서 누구에 의해 어떤 교육을 받느냐 하는 문제가 자기 자신의 가치, 신념, 그리고 이념적 구성을 평가하기 거부하는 공론적인 정치적 정책에 의해 결정되는 교육 테러주의의 한 형태이다. (p. 18)

학교 교육과 교육은 우리 앞에 놓여 있는 가장 어려운 문제 중 하나인 민주주의의 민주화를 해결하는 데 앞장서야 한다. Vavi(2004)는 민주주의가 빈곤층을 외면하고 있다고 주장한다. 이는 우리가 현대적 해결책이 없는 현대적 문제의 시대를 살고 있다는 Sousa Santos(2005)의 주장에 힘을 실어 준다. Sousa Santos는 사회적 해방의 전통적인 근대 형태가 신자유주의 세계화에 의해 막다른 골목으로 밀려났기 때문에 민주주의를 민주화하기 위해서는 사회적 해방에 대해 다시 재고할 필요가 있다고 제안한다.

하지만 세계주의 저항 세력 또는 세계화 반패권주의는 신자유주의의 패권적인 관점에 도전하며 수많은 사회 운동과 변혁을 추진해 왔다. 세계화의 반패권주의 형태의 정수에서 그리고 신자유주의 패권 정책과의 충돌에서 사회적 해방을 위한 새로운 방향성이 개발되고 있다(Sousa Santos, 2008). Sousa Santos(2005)는 대표 민주주의와 참여 민주주의 사이의 투쟁을 전면에 불러일으킬 남과 북의 충돌을 가지고 경제적·정치적·문화적 다툼을 은유적으로 표현했다. 패권주의적인 성격에도 불구하고 세계화는 더 많은 사회적 불평등을 양산하는 민영화에 관한 주장들과 깊게 결부되어 있는 저밀도의 민주주의를 융성해 왔다.

그리기에, 민주주의 투쟁은 "주로 거버넌스의 형태에 대한 정치적 투쟁이므로 국가의 재구성과 해방 과제를 위한 여건 조성을 포함한다"(Shivji, 2003, p. 1). 이것은 "그것의 사회적 범위와 역사적 범위에서 민주주의를 약하게, 그리고 그것을 궁극적 열반으로 묘사하는 경향이 있는"(p. 1) 신자유주의 패권에 대한 담론의 관점에서 강조하는 것은 특별히 중요하다.

결론적으로 우리는 Sousa Santos(1998, 2007a, 2007b)가 완전무결한 새로운 사회 운동으로 인식되어야 하는 국가라 보는 것 앞에 분명히 서 있다. 즉, 다음과 같이 말할 수 있다.

> 이는 새로운—그러나 강력한—사회적이고 정치적 독립체에서 국가를 변화시키는 더 방대한 정치적 기구이자 그 안에서 민주 세력이 분배 민주주의를 위해 고군분투하고 있다. 그러한 국가는 훨씬 더 많이 직접적으로 재분배의 범주에 속해 있으며, 경제적이고 문화적 포괄 정책에 대한 지대한 헌신을 보여 준다. (Sousa Santos, 2007a, p. 60)

실제로 흠 없는 새로운 사회적 운동으로서의 국가는 "자본주의와 진정한 민주주의 사이의 긴장을 다시 불러일으킬 것이며, 이것은 민주주의가 분배 민주주의로 여겨지고 소멸되어야만 성취될 수 있다"(Sousa Santos, 2007a, p. 41). Kenyatta(1960)는 분배 민주주의를 위한 투쟁은 더욱 공정한 사회에서 국가의 역할을 강화하는 첫 번째 중요한 단계라고 주장한다.

> 우리가 지금 단결하면 우리는 이 나라에서 유럽인들이 민주주의라고 부르는 것을 실행시킬 것이다. 진정한 민주주의는 인종 차별이 없다. 흑과 백으로 선택하지 않는다. 우리는 하나의 국가로서 번영하고 하나의 국가로서 우리는 동일 노동에 동일 임금이라는 평등을 요구한다. 우리가 이 문제를 해결하지 못한다면 결코 자유를 얻지 못할 것이다.

우리는 내일이 아닌 지금 동일 노동, 동일 임금을 원한다. 역사상 어떠한 국가도 평등 없이 번영을 누린 적이 없다. (pp. 306-308)

따라서, 세계화와 현지화가 "세계 인구가 세계 수준의 부유층과 현지 빈곤층으로 나뉘는 새로운 편극화와 계층화를 추진하는 원동력과 표출이 되는 시대에 민주화된 민주주의를 고안할 방법을 결정할 필요가 있다"(Beck, 2009, p. 55). 사실, 세계화는 특정 지역을 세계화하는 과정으로 이해할 필요가 있다(Sousa Santos, 2008). Nussbaum(1997)에 따르면, 우리가 필요한 것은 "진정으로 공동의 이익을 고려하는 민주주의를 추진하는 것"(p. 19)이다. "사람들이 라디오 방송으로부터 얻은 의견들에 근거해서 투표를 하고 그것에 의문을 가지지 않을 때 민주주의는 잘못된 것이다"(p. 19). 아마도, 완전히 새로운 투쟁이 시작되어야 한다. 모잠비크 작가 Couto(2005)는 이것이 왜곡된 방식으로 묘사된 과거, 맞지 않는 옷을 입고 있는 현재, 그리고 이미 외국 이익에 휘둘리고 있는 미래에 도전하기 위해 앞으로 나아갈 수 있는 최선의 방법이라고 주장한다. 또한, Nyerere(1998)는 "국가의 발전은 돈이 아니라 사람들에 의한 것이므로"(p. 129) 돈을 우리의 무기로 삼지 않는 것이 현명한 것이라고 사려 깊은 주장을 펼친다. 이것을 시장 거래자들은 간과하고 있는 것처럼 보인다.

공교육은 또 다른 지식이 가능하다는 것을 주장하고 민주주의를 민주화하는 변혁 과정에 그것이 어떻게 중요한지 설명하는 데 중요한 역할을 한다. Horowirz의 미국 내 가장 위험한 100명의 교수들 명단에 올라 있는 Aronowitz(2001)는 "직접 민주주의와 직접 참여를 위해 무기를 들 필요가 있다. 좌파의 성공이 이것에 달려 있다."(p. 149)라고 정확하게 상기시킨다. 이러한 임무들은 또 다른 이론 교육과정의 흐름을 암시하는데, 이는 내가 미래에 비판 교육과정 강물의 경로인 순환하는 교육과정 이론(Itinerant Curriculum Theory, ICT)의 하나로, 다른 책에 진술한 적이 있다(Paraskeva, 2007b, 2011a). 이러한 이론은 불법적인 역사에 대항할 필요가 있으며, "유럽이 대부분의 시간 동안 변방에 위치했고 아마도 그 상태를 유지할 운명이라는 것을 분명히 하기 위해 세계사를 재구성해야 한다"(Wallerstein, 2006, p. 43).

Bernal의 *opus magistra*에 도전하며, Lefkowitz(1996)는 주목할 가치가 있는 흥미로운 주장을 제기한다(p. 4). Lefkowitz(1996)에 따르면, Bernal 자신과 그의 이론들은

우리가 인종 차별주의자이며 거짓말쟁이이거나 광대한 지적 그리고 문화적 은폐범, 또는 적어도 우리가 우리의 학생들과 동료들이 언급하기 전까지는 전혀 알지 못했던 아프리카 과거에 대한 억압자라는 것을 인지하도록 한다. 우리의 선생님들은 우리를 기만하고 그들의 선생님은 그들을 기만했는가? (p. 4)

말할 것도 없이, Lefkowitz는 '예' 또는 '아니요' 같은 종류의 대답을 원하지 않는다. 서구 식민 세력이 어떻게 특정한 '역사 공학'을 만들고 재생산했는지에 대해서는 콜럼버스와 그의 식민 침략에 관한 넘쳐나는 증거가 존재한다. 이 역사 공학은 대량 학살자로서 콜럼버스에 침묵하는 반면 서양 백인의 우월성을 강조하고 찬양하는 교육과정의 인식론적 학살이다. 결국, 연구자들은 진실의 인식론적 기록자가 아니다. Lefkowitz(1996)는 다음 내용을 인정한다. "고전주의자들은 그들의 관점에서 백인 유럽의 고전문학 전도자인 반면, 우리의 관점에서 고전주의자들은 과거를 어떠한 편견도 없이 현재까지 가능한 인지의 범위에서 비판적으로 접근하려고 하는 역사가들이다. 우리가 지식, 중립, 순수의 숭배를 생산, 재생산, 그리고 합법화하려는 교육과정 계획이 있다고 말할 필요가 없다. 만약 고전주의자들이 그리스의 과거에 대한 사실을 실제로 잘못 해석했다면 확실히 그들이 그것을 의도적으로 한 것은 아닐 것이다"(p. 5). 우리는 '예-아니요' 같은 답변을 넘어 왜 교실 밖에서 그러한 논쟁이 발생하는지에 대해 의문을 가져야 한다. 하나의 세계적 기류에서 어떤 종류의 교육과정 이론과 실천이 블랙박스 내부에서 그러한 논쟁을 촉진할 것인가?

지금까지 몇 가지 중요한 교육과정 방법론이 보여 주는 한계와 가능성을 면밀히 살펴보았다. 나는 이것이 실천되는 미래가 올 수 있도록 비판적 교육과정의 정치적 성향이 고유의 영역 내에서 정체를 넘어 서구 인식론적

패권 체제를 지나 다른 인식론에 주의를 기울이고 도달해야만 한다고 주장한다. 그러한 미래는 인식론들에 대한 도전이며, 또 다른 지식과 교육과정이 발생 가능하다. 그러한 교육과정이 우리에게 지식과 존재의 식민지성과 싸울 힘을 줄 것이다. 이러한 투쟁들은 서구의 억압된 문명들뿐만 아니라 아프리카와 동양의 문명들이 매우 단순하고 왜곡된 방법으로 지식을 생산하고 재생산하는 서구의 체계에 의해 합쳐지고 침묵 된 방법에 도전할 것이다.

더욱이, 이 투쟁은 서구의 문명이 다른 순수하고 야만적이며 후진적인 문명들이 동시대 문명들보다 먼저 생겼다 할지라도 이들로부터 완전히 벗어나 그들의 영향을 전혀 받지 않은 채 중심으로 몰려드는 힘에 의해 느닷없이 탄생했다는 '기적'의 논리에 의구심을 가질 것이다. 우리는 고대 그리스와 서구 문명의 탄생과 발전 단계(초기 자본주의부터 후기 자본주의까지)에서 고대 아프리카-아시아-아랍 문명의 중요성을 살펴보며 증명했다. 우리는 다음에 대한 분석을 제공한다. 첫 번째는 역사가 지워지는 방식(Zinn, 1999)이고, 두 번째는 **훔볼트식 교육**이 서구를 경배하고 신격화하며 최소 백인 여성 교사와 같은 고대 그리스에 대해 혹독하게 질문을 쏟아 내는 수많은 증거를 억누를 뿐만 아니라, 교육과정의 학살에 침묵하고 받아들임에 따라 특정 내용의 역사를 조립하고 운영하는 과정에서 얼마나 대단한 작품이었는지에 관한 것이다.

이어지는 장들에서 나는 ICT를 비판적 교육과정 강물의 미래로 내세운다. 나는 내가 이전에 제기한 논점(Paraskeva, 2011a)으로 되돌아가 공간 제약이 있을지라도, 그들을 확장하고자 한다. 나는 ICT(Paraskeva, 2011a)로부터 제기되는 몇 가지 반응을 언급하고 교육과정 이론가와 교육자가 순회적인 탈영역화의 입장을 취해야 할 필요성을 다시 한 번 강조한다.

🍎 참고문헌

Achebe, Ch. (2000) *Home and Exile*. Oxford: Oxford University Press.
Amin, S. (2009) *Eurocentrism*. New York: Monthly Review Press.
Amin, S. (2012) Implosion of the European System. *Monthly Review*, 64 (4), retrieved

http://monthlyreview.org/2012/09/01/implosion-of-the-european-system/

Andrew, D. (2009) *Leaner and Meaner? The Perils of McDonaldizing the Academy and Kinesiology.* Alan G. Ingham Memorial Lecture, McGuffey Hall Auditorium, Oxford: Miami University.

Appiah, K. (1992) *In My Father's House. Africa in the Philosophy of Culture.* Oxford: Oxford University Press.

Aronowitz, S. (2001) *The Last Good Job in America. Work and Education in the New Global Technoculture.* Lanham: Rowman & Littlefield Publishers.

Bauval, R. and Brophy, Th. (2011) *Black Genesis. The Prehistoric Origins of Ancient Egypt.* Rochester: Bear & Company.

Beck, U. (2009) *What Is Globalization?* London: Polity.

Bernal, M. (1987) *Black Athena: The Afrosiatic Roots of Classical Civilization.* New Brunswick, NJ: Rutgers University Press.

Bernal, M. (2001) *Black Athena Writes Back: Martin Bernal Responds to His Critics.* Duke University Press.

Bernal, M. (2006) *Black Athena. The Afrosiatic Roots of Classical Civilization. Volume III, The Linguistic Evidence.* New Brunswick, NJ: Rutgers University Press.

Braudel, F. (1992) *The Perspective of the World.* Berkeley: University of California Press.

Chomsky, N. (1992) *Chronicles of Dissent: Interviews with David Barsamian—Noam Chomsky.* Monroe: Common Courage Press.

Couto. M. (2005) *Pensatempos.* Lisboa: Caminho, p. 10.

Cox, R. (2002) *The Political Economy of a Plural World. Critical Reflections on Power, Morals and Civilization.* London: Routledge, p. 76.

Daves, A. (1990) *Women, Culture, Politics.* New York: Vintage Books.

Diop. C. (1974) *The African Origin of Civilization. Myth or Reality.* Chicago: Lawrence Hill & Company.

Frank, A. G. (1998) *Reorient. Global Economy in the Asian Age.* Berkeley: University of California Press.

Freire, P. (1990) *Pedagogy of the Oppressed.* New York: Continuum.

Giroux (1994) *Doing Cultural Studies: Youth and the Challenge of Pedagogy.* Accessed from: http://www.gseis.ucla.edu/courses/ed253a/giroux/giroux1.html (August 2008)

Goody, J. (2006) *The Theft of History.* Cambridge: Cambridge University Press.

Johnson, R. (1983) *What Is Cultural Studies Anyway?* Centre for Contemporary Cultural Studies, University of Birmingham, N° 74 (Mimeographed).

Kenyatta, J. (1960) The Kenya Africa Union Is Not the *Mau Mau.* In F. D. Cornfield (ed), *The Origins and Growth of Mau Mau*, Sessional Paper, N. 5 of 1959–1960. Nairobi, pp. 301–308.

Kliebard, H. (1995) *The Struggle for the American Curriculum: 1893-1958.* New York: Routledge.

Krug, E. (1964) *The Shaping of the American High School, 1880-1920.* Madison: The University of Wisconsin Press.

Lefkowitz, M. (1996) *Not Out of Africa: How Afrocentrism Became an Excuse to Teach*

Myth As History. New York: New Republic and Basic Books.

Lefkowitz, M. and Rogers, G. M. (1996) (eds) *Black Athena Revisited*. Chapel Hill: University of North Carolina Press.

Mishra, P. (2012) *From the Ruins of Empire. The Intellectuals who Remade Asia*. New York: Farrar, Strauss & Giroux.

Mphahlele, E. (1965) Negritude and Its Enemies. A Reply. In G. Moore (ed) *African Literature and the Universities. The Congress for Cultural Freedom*. Dakar: Ibadan University Press, pp. 22–26.

Munslow, A. (1997) *Deconstructing History*. New York: Routledge.

Nkrumah, K. (2006) *Class Struggle in Africa*. London: PANAF.

Nussbaum, M. (1997) *Cultivating Humanity: A Classical Defense of Reform in Liberal Education*. Cambridge, MA: Harvard University Press.

Nyerere, J. (1998) Good Governance for Africa. *Marxism and Anti-Imperialism in África. Marxists Internet Archives*. Accessed from: www.marxists.org/subject/africa/nyerere/1998/10/13.htm

Paraskeva, J. (2007a) *Ideologia, Cultura e Curriculo*. Lisboa: Didatica Editora.

Paraskeva, J. (2007b) *Continuidades e Descontinuidades e Silêncios. Por uma Desterritorialização da Teoria Curricular*. Associação Nacional de Pós–Graduação e Pesquisa em Educação, (ANPEd), Caxambu, Brasil.

Paraskeva, J. (2011a) *Conflicts in Curriculum Theory. Challenging Hegemonic Epistemologies*. New York: Palgrave.

Paraskeva, J. (2011b) *Nova Teoria Curricular*. Lisboa: Edicoes Pedago.

Pinar, W., Reynolds, W., Slattery, P., and Taubman, P. (1995) *Understanding Curriculum*. New York: Peter Lang.

Said, E. (1979) *Orientalism*. New York: Vintage.

Said, E. (1988) Foreword. In R. Guha and G. Spivak (eds) *Selected Sulbaltern Studies*. New York: Oxford University Press, pp. v–x.

Sen, A. (1999) Democracy as a Universal Value. *Journal of Democracy*, 10 (3), pp. 3–17.

Sharabi, H. (1970) *Arab Intellectuals and the West. The Transformative Years 1875-1914*. Baltimore: The John Hopkins Press.

Shiva, V. (1993a) Reductionism and Regeneration. A Crisis in Science. In M. Mies and V. Shiva (eds) *Ecofeminism*. London: Zed Books, pp. 21–35.

Shiva, V. (1993b) Decolonizing the North. In M. Mies and V. Shiva (eds) *Ecofeminism*. London: Zed books, pp. 264–76.

Shivji, I. (2003) "The Struggle for Democracy," Marxism and Anti-Imperialism in Africa www.marxists.ort retrieved December 2006.

Smith, L. (1999) *Decolonizing Methodologies: Research and Indigenous Peoples*. London: Zed Books.

Sousa Santos, B. (1998) *Reinventar a democracia*. Lisboa: Gradiva.

Sousa Santos, B. (2005) *Democratizing Democracy. Beyond the Liberal Democratic Cannon*. London: Verso.

Sousa Santos, B. (2007a) *Another Knowledge is Possible*. London: Verso.

Sousa Santos, B. (2007b) Beyond Abyssal Thinking. From Global Lines to Ecologies of

Knowledges. *Review*, XXX (1), pp. 45–89.

Sousa Santos, B. (2008) Globalizations. *Theory, Culture and Society*, 23, pp. 393–39.

Sousa Santos, B. (2014). *Epistemologies of the South: Justice against Epistemicide*. Boulder: Paradigm.

Soyinka, W. (1988) *Art, Dialogue and Outrage: Essays on Literature and Culture*. Ibadan: New Horn Press.

Tyack, D. (1974) *The One Best System. A History of American Urban Education*. Cambridge: Harvard University Press.

Vavi, Z. (2004) Democracy Has By-passed the Poor. *Marxism and Anti-Imperialism in Africa*. Accessed from: www.marxists.ort (December 2006).

Walker, C. (2004) *We Can't Go Home Again. An Argument about Afrocentrism*. New York: Oxford University Press.

Wallerstein, I. (2006) *European Universalism. The Rhetoric of Power*. New York: The New Press.

Zinn, H. (1999) *The Future of History*. Monroe: Common Courage Press.

Zinn, H. (2001) *On History*. New York: Seven Stories Press.

🍎 역자 후주

[1] 한 영역의 개념, 특징, 이론, 법칙 등을 다른 영역의 것들로 대치하려는 사고의 형태인 환원주의를 옹호하는 사람들.

[2] Humboldt는 독일의 휴머니즘 사상가, 언어학자, 정치가. 그의 연구는 여러 영역에 광범위하게 걸쳐 있다. 베를린 대학교 설립에 참가했다. 칸트의 철학을 사회사에 구체화하려고 시도했다. 세계사는 인식을 초월한 정신적 힘의 활동에 의한 것이며, 이것이 기술 가능하다는 것에서 역사학은 과학으로서 성립할 수 있음을 인정했다. 또한 언어의 역사적인 비교 연구의 방법을 보여 주었다. 그는 독일 부르주아지의 자유주의적 입장이었으나, 그 반봉건적 입장은 교육의 개선, 독일의 통일 그 이상은 아니었다.

[3] Chomsky는 미국의 언어학자로서 변형 생성 문법 이론으로 언어학에 큰 영향을 끼쳤다. 또한 1960년대부터 활발히 사회운동에 참여하여 미국을 대표하는 비판적 지식인으로 평가를 받고 있다.

[4] Andre Gunder Frank(1929~2005)는 1970년 이후 종속 이론을, 1984년 이후 세계 체제 이론을 추진한 독일계 미국인 사회학자 및 경제사학자였다. 그는 정치경제에 대해 일부 마르크스적 개념을 채택했으나 마르크스의 역사 단계, 경제사 전반을 부정했다.

[5] Sir John Rankine Goody(1919~2015)는 영국의 사회인류학자였다. 그는 케임브리지 대학교에서 1973년부터 1984년까지 사회인류학 교수로 재직했다. 대표작으로는 『죽음, 자

산, 조상(*Death, property and the ancestors*)』(1962)), 『아프리카의 기술, 전통, 그리고 상황(*Technology, Tradition, and the State in Africa*)』(1971), 『바그레의 전설(*The myth of the Bagre*)』(1972) 등이 있다.

[6] Martin Bernal(1937~2013)은 유대계 영국인으로, 1966년부터 1972년까지 케임브리지 대학교와 런던 대학교에서 중국 현대사를 강의했고, 1972년부터 2001년까지 미국 코넬 대학교에서 정치학과 정교수를 역임했다. 2002년부터 코넬 대학교 명예교수를 지냈다. 1987년 서양 고전 문명에 대한 통념을 뒤흔든 책 『블랙 아테나』 제1권을 출간했다. 이어 1991년에는 『블랙 아테나』 제2권을 출간하며 학문적 논쟁을 불러일으켰다. 2001년에는 『블랙 아테나의 답장: 비평가들에 대한 Martin Bernal의 반론』을 출간하며 논쟁을 더욱 생산적으로 이끌었다. 2006년 『블랙 아테나』 제3권을 출간하고, 『블랙 아테나』 제4권을 집필했다.

[7] Mary R. Lefkowitz(1935년 4월 30일 출생)는 미국의 고전학자이자 웰즐리 대학교의 고전학 명예 교수이다. 그녀는 자신의 저서 『아프리카의 외부가 아닌(*Not Out of Africa*)』(1996)으로 가장 잘 알려져 있는데, 이 책에서 그녀는 그리스 문명이 고대 이집트에서 '도난당했다'는 아프로 중심 이론을 비판한다.

[8] 네덜란드 서부 헤이그와 로테르담과의 중간에 있는 도시.

[9] 빈곤한 가정에서 태어나 고학으로 교사 자격을 얻었으나 흑인 탄압 정책을 피하기 위해 나이지리아로 탈출하여, 이국에서 문필 생활을 하고 있다. 그러한 경력을 바탕으로 한 평론집 『아프리카의 이미지』(1962)에서는 장래의 다민족 사회에 대한 전망을 서술하고 있다. 그 밖에 자서전 『2번가에서』(1959)와 단편 소설집, 시 등도 발표했다.

[10] 원시적 · 토착적인 과거와 역사를 낭만화하거나 이국화하려는 경향.

[11] 효율성과 미국화를 상징하는 맥도널드의 패스트푸드 문화가 현대 사회의 지배적인 특성을 이루는 현상.

탈영역화
순회하는 교육과정 이론을 향해서

6장에서는 『교육과정 이론 속의 논쟁들(*Conflicts in Curriculum Theory: Challenging Hegemonic Epistemicides*)』(Paraskeva, 2011)에서 고안하고 개념화했던 순회하는 교육과정 이론(ICT, Itenerant Curriculum Theory)을 다시 소개하고자 한다. 나에게 신선한 자극을 주었던 전 세계 학자들뿐만 아니라 밴쿠버와 샌프란시스코에서 열렸던 AAACS(American Association for the Advancement of Curriculum Studies)와 AERA(American Educational Research Association) 학회에서 순회하는 교육과정 이론에 대한 긍정적인 반응과 더불어, 연구과제에 대한 나의 끊임없는 이념적 재고를 통해 이를 독자들에게 소개하고자 한다. 그렇게 함으로써, 그들은 교육과정의 인식론적 학살에 대한 탈식민화 투쟁의 참여 의지를 강화할 필요를 공고히 하도록 해 주었다. 많은 이들이 동의하리라고 믿는 것처럼, 순회하는 교육과정 이론은 결국 인식론적 학살에 대한 투쟁을 도입하고 선도했다.

『교육과정 이론 속의 논쟁들(*Conflicts in Curriculum Theory*)』(Paraskeva, 2011)에서 아주 오랫동안 면밀히 검토해 왔듯이, Huebner[11](1966)는 Deleuze의 방법론이 교육과정 이론을 (a) 탈영역화의 방법, (b) 변화로서의 행위, (c) 복제품/모조품으로 인지하도록 하는 것처럼 교육과정에 접근하는 새로운 방식을 찾기 위해 고군분투해야 한다고 경고했다. 실제로 Deleuze

는 우리가 다르게 생각하고 느끼는 것과 Macdonald(1977)의 말처럼, "어떠한 문화적 도구들이 교육과정을 이야기하기에 가장 적합한가?"라는 질문의 필요성을 완전히 이해하도록 한다(p. 15).

🍎 변증법적 유물론[2]: 가장 최선의 교육과정

자신의 뛰어난 저서에서, Huebner(1966)는 교육과정의 언어가 두 가지 독재적인 신화의 틀에 빠져 있다고 주장했다. "하나는 학습이며, 다른 하나는 목적이다. 이들은 교육과정 학자가 묵살하고 스스로 질문하기 두려워하는 마법적 요소와도 같다(p. 10)." 그는 "학습은 실체가 아닌 단지 가정된 개념일 뿐이며 목적이 교육을 계획하는 데 항상 필요한 것은 아니다."(p. 10)라고 주장한다. Huebner(2002a)에게, "행동 목적, 과학, 그리고 학습 이론에 인해 단락된" 교육계의 가장 큰 문제점은 "우리가 자기 자신의 이야기들 그리고 삶과 영감을 다루고 있지 않다."(Tape 1)라는 것이었다.

교육의 언어는 "위험하고 확인되지 않은 [그리고 당연하듯이 받아들여지는] 신화"(Huebner, 1966, p. 9)로 가득 차 있다. 이러한 사실은 "전문가들이 잘못된 방향으로 가고 있는지" 의문조차 가질 수 없게 한다(Huebner, 2002a, Tape 1). 이러한 문제는 "더 이상 변화를 설명하는 것이 아니라 변화가 없는 것을 설명해야 하는(Huebner, 1967, p. 174)" 그리고 초월적인 능력으로 인간이 "될 수 있는, 또는 초월해 버리는 역량을 가지고 있다."(p. 174)는 사실을 직면한 사회에서 훨씬 더 복잡해지며 더 큰 걱정을 초래한다.

> 몇 세기 동안 시인은 자신의 무한성을 노래해 왔다. 신학자는 자신의 타락을 설파하고 신성에 참여함을 암시해 왔다. 철학자는 자기 자신을 끊임없이 벗어나게 만드는, 자신이 만든 체계 안에 들어가기 위해 노력해 왔다. 소설가와 극작가는 고통과 순수의 무상한 순간들을 결코 잊을 수 없는 미적인 형태로 담아내 왔다. 교육과정 연구자는 이 문제를 하나의 단어, 즉 학습자로 무모하게 환원한다. (Huebner, 1966, p. 10)

Huebner(1966)는 환원주의[3]를 향해 "교실 활동을 논의할 때 사용될 수 있는 이성의 형태들"(p. 20)을 포함하는 다섯 가지 가치 체계를 제안했다. 이 체계는 "현재 교육과정의 이념"으로 거의 온전히 표현되는 기술적 가치, "모든 교육 활동은 정치적으로 가치 있으며" (…) [그리고] 선생님이나 교육자는 권력과 통제의 위치에 있다는 정치적 가치, "교육 활동은 그것이 활동에 대해 만들어 내는 지식으로 평가"될 수 있다는 과학적 가치, "교육 활동이 상징적이고 미적인 의미를 갖는 것"으로 볼 수 있다는 미적 가치, 그리고 교육 활동을 남성(여성)과 여성(남성)의 마주침으로 보는 윤리적 가치를 포함한다(pp. 14-18). 사실 Huebner는 교육과정 전문가의 사고를 형성하는 교육과정 언어와 Macdonald, Wolfson과 Zaret(1973)의 제안처럼 이론화된 교육적 행위를 종교적 행위로 이해하는 교육과정 언어 사이에 차이가 있다고 본다. 지도 전략으로서의 교육과정은 교육적 행위가 주로 도덕적인 범주에서 평가되어야 한다고 요구함에도 불구하고, Huebner(1964)는 학습을 "교육적 사고의 지도 개념 즉, [교육] 이념의 주요 초석"(pp. 1-15)이라고 보았다. 이 것을 바탕으로, Huebner(1968b)는 후에 교육과정 언어의 실제 사용을 "묘사, 설명, 통제, 합리, 규범, 그리고 협력"(pp. 5-7)의 여섯 가지 범주로 나누었다.

　　Huebner(2002b)는 "세계를 변화시키려는 것이 아니라 향후 세계를 바꿀 수 있는 교육을 말하는 언어를 바꾸고 싶다"(Tape2)고 설명했다. 그에 따르면 "주요한 문제는 예나 지금이나 일상생활에서 사람들이 교육을 말하는 방식이며 사람들은 이러한 방식이 그들의 관점, 행동 또는 통제를 얼마나 제한하고 있는지 인식하지 못한다."

　　교육자의 역할은 학생의 환경을 결정하는 것이라는 Dewey(1902)의 생각에 근거하여, Huebner(1966)는 "교육자가 세계의 역설적인 구조에 발을 담그는 교육과정의 진행"(p. 8)에 대해 포괄적이고 인간적인 개념을 제안했다. 실제로 Huebner(1968b)는 "인간과 인간의 언어가 역설적 관계를 형성하는데"(p. 4), 이 관계가 인간을 끊임없이 세상과 변증법적 관계를 맺게 한다고 주장한다. 그러므로 교육과정은 "사회가 가치 있게 여기는 변증법적 형태를 구현할 수 있는"(p. 177) 환경으로 인식되어야만 한다. 그러한 환경은 학생들로부터 반응을 이끌어 낼 요소들을 포함해야만 하고, 반응적이어야 하며, 학생들이 자신의 권위를 인식하고 현재 그의 시각으로서 하나의 역사에 참여할 수 있는 기회를 제공해야만 한다"(p. 177). 이에 따라, 우리는 하나의 교육과정 개념을 마주하게 된다. 이 개념은 Huebner의 박사 논문(Huebner, 1959, 1968b, 1974a)에 이미 발표된 것에 뿌리를 두고 있다. 이 개념 안에서 Huebner(1968a, 1968b, 1974a)는 권력의 강력한 역학을 드러내는 정치적 행위로서의 교육을 주장한다. Huebner(1974b)에 따르면, "학교 교육은 본질적으로 정치적이다. 학교교육이란 것이 누군가 또는 어떤 사회적 집단이 다른 사람의 삶에 관여할 힘을 사용하기에 학교교육은 지금까지 그래 왔던 것처럼 그리고 앞으로도 정치적일 것이다"(p. 1). 그러기에, "다른 사람의 삶에 관여하는" 힘의 사용은 "정치적 행위이다"(p. 1). 자연스럽게 그리고 교육의 정치적 본질을 바탕으로, Huebner(1962, 1979)는 "교육에 관해서는 논쟁이 없을 수 있다는 기존 사회에 만연한, 미국의 객관적인 평가법과 투명성 운동에 의해 강조된 미신을 파괴"할 필요가 있다고 주장했다(1979, p. 2).

Huebner(1977)는, 내가 생각하는 그의 가장 가치 있는 연구에서, "현재 교육 방법이 변증법적 의식이나 변증법적 방법의 발전을 방해하고 있으며, 세속적으로 교육적으로 살 수 있는 힘을 학생과 교사로부터 탈취하고 있다[하더라도] (…) 교육 실행 방법으로 변증법적 유물론"(p. 4)을 제안한다. 또한, 그는 변증법적 방법의 필요성을 주장한다. 그가 지적하듯이, "교육 실행 방법에서 유물론을 기반으로 하는 것은 인간의 의식이 존재를 결정하는 것이 아니라 사회적 존재가 의식을 결정한다는 마르크스의 주장을 용인하는 것이다"(p. 5). 이러한 맥락에서, Huebner(1967)는 교육자들은 모든 인간의 삶에 퍼져 있는 변증법적 유물론 기반이 미래적이거나 (…) 과거가 아닌 그 순간에 다다른 과거와 미래로 구성된 현재라고 말한다. 즉, 인간은 세속적이며 역사적인 존재"라고 주장한다(p. 176).

Huebner(1961)는 단순한 예술이 아닌 '창조 예술'로서의 학교교육을 지지한다. 이 안에서 학생과 교사는 4중주 재즈 그룹의 구성원처럼 교류하며 재즈의 형식에 아름다움을 더하는 각자의 방식을 찾는다(p. 10). 그러기에, 교실은 "난잡한 곳이 아닌 분주한 곳이다"(p. 10). "단어를 자유자재로 다루지 않고서는 시인이 시를 쓸 수 없는 것처럼 예술가도 표상을 알지 못하고 서는 그림을 그릴 수 없다"(p. 11). 그러기에 "미술 실습 시간의 일부는 예술의 도구와 그것의 한계에 대해서 배우는 데 쓰여야 한다"(Alexander, 2003, p. 11).

Huebner가 옹호하는 접근법은 그 분야의 권력과 좋은 관계를 가질 수 없게 만들었다. 그가 주장했던 생각들은 사범대학의 마지막 학기에 동료들과 다소 과열되고 유쾌하지 않은 논쟁에 휘말려 들게 했다. 실은, 이런 긴장감은 첫 시작부터 쌓여 왔다. Huebner(2002a)는 "규제 강화에 대해서 지속적으로 반대하는 입장을 취했기 때문에"(Tape 1) Passow와도 큰 대척점을 보였다. 또한, Huebner는 Foshay와 Goldberg의 학습 이론에 지나치게 의존하는 것에 대해서도 비판적인 입장을 보였다. 그러나 1970년대 말 "Cremin이 총장이 되고 (⋯) 경제학자인 Noah를 학장으로 임명했을 때"(Tape 1), 위기는 최고조에 달했다. Huenber는 사범대학을 "세계 최고의 인적자원 양성 기관"으로 만들려고 하는 Cremin의 정치적 전략에 동의할 수 없었다. Huebner에게 교육 역사가로서 "인간을 인적자원으로 대하는 것은"(Tape 1) 이해할 수도 받아들일 수도 없는 것이었다. 그리고 그 이후 그는 "더 이상 이 기관의 일부가 아니라고"(Tape 1) 느꼈다.

Huebner(1975)는 교육 분야가 교육 분야의 대단한 이론적 약점을 알리는 위험천만한 선동에 굴복했다고 느꼈다("나에게 정신적 개인주의를 말하지 마세요. 나에게 구원의 종교적 계율을 함의하는 칸트의 도덕 원리를 설교하지 마세요. 그것은 모욕적인 언어입니다[p. 276]"). Huebner(1968a, 1968b)는 Johnson(1968)과 Mann(1968)을 인지하며 다음과 같이 강조했다. "교육과정의 이론화 및 문제 중심 교육과정 연구자와 관련된 생각과 노력의 부재는 그들의 이론화 역사와 동일한 맥락이다"(p. 2). 그는 교육과정 분야가 다양한 곳에서 위험한 길을 가고 있다고 경고했다.

나에게 가장 심각한 문제는 지역 학교 자체적으로 그리고 학교교육 전체적으로 무엇이 진정한 문제인지에 대한 진정한 인식이 없다는 것이다. 그들은 매우 바빠 문제를 해결하고 있기에 (⋯) 그들 단계에서 무슨 일이 벌어질지 아니면 학생과 교사에게 어떤 일이 벌어질지에 대해 얘기하기 위해 사람들을 초대할 만큼 장기적으로 문제를 해결할 수 없다. 학교의 문제는 근본적으로 교사와 학생의 개성에 대한 존중이 부족한 것이다. 당신이 교류의 인간적인 측면을 무시하는 체제를 만든다면 그것이 바로 문제의 발단이 된다. 학교는 아이들의 이익을 위해 운영되지 않는다. 학교에서 자행되는 소외가 문제의 근원이다. 아이들이 자기 자신으로부터, 교사로부터, 그리고 사회로부터 소외되는 것이 문제이다.

어려움의 일부분은 교육에서의 투자가 대학교 연구에 이루어지고 있다는 점이다. 수천 명의 사람들과 교육 학문의 상부 구조를 세우는 데 투자된 돈이 의미하는 것은, 즉 지역 학교에 투자할 돈이 없다는 것이다. 학교 교사들도 문제를 안고 있다. 그들은 문제를 해결할 시간이 없고 대학 연구자들은 이 문제를 교사로부터 현실과 동떨어진 본인들의 영역으로 가져와 그들의 실증적인 방법에 입각하여 해결하려고 한다. 명확하게도 당시의 문제는 이론과 실제의 문제이다. 이론과 실제의 문제는 누가 교수법의 연구를 하느냐는 관점에서 정치적 문제이다. 교사는 자기 자신의 문제를 연구하지 않는데, 이것이 바로 문제이다. 이것의 기저에는 교사 교육의 질이 또 다른 중요한 문제이며, 교사의 체력과 열정을 약화시켜서 교수를 개선할 수 있다는 가정은 심각한 오류이기 때문에 교사에 대한 끊임없는 공격이 부분적으로 정당화되었다. Henry Ford의 생산 라인을 학교에 접목시키는 것은 너무나도 터무니없는 믿음이다. (Huebner, 2002b, Tape 2)

지속적으로 의혹을 표출하던 Huebner는 ASCD(Association for Supervision and Curriculum Development)와 같은 교육계에서 막중한 책임감을 가진 기관들에 대해 날카로운 비판을 쏟아 냈다. Huebner(2002b)는 이미 ASCD를 1940년대 초기 연구 과제의 특징을 나타낸다고 여겼다. "대중의 삶을 양산하는 기관"(Huebner, 1975b, p. 280)으로 학교를 보는 시선을 거부하고, 그러기에 교육자들을 "좀 더 대중 세계를 추구하는 정치 운동가"(p. 280)로 인지하지 않옴으로써 ASCD의 미래는 보이지 않았다. Huebner(1976)는 교육계가 혼돈의 상태에 놓였다는 것을 인지했다.

> The Curriculum(1918)이 교육과정 학계의 초기 완성을 알렸다면, 그 후 10~15년은 황금기였고, 지금 그 끝이 보이려고 한다. 많은 개인과 집단이 다양한 목적을 가지고 현재 오래된 주제인 '교육과정'의 주변으로 모여들고 있다. 교육과정의 종말을 인지하고 장례식장에 모여 우리의 선대가 가능하게 했던 것을 기쁘게 축하하고, 그러고 나서 우리의 일을 위해 흩어지자. 우리는 더 이상 한 가구의 구성원이 아니다. (pp. 154-155)

금세기 초 교육과정 학계의 상황을 바라보며 우리는 Huebner가 사실은 미완성의(*avant la lettre*) 교육과정 학자였다는 것을 인정해야만 한다. 신랄하고 키케리안(키케로의 연설 스타일과 같이 '자르는' 뜻을 의미) 스타일의 Huebner는 "지배적인 구조였던, 즉 행동과학에 의구심을 가졌기 때문에 [당시 학계에] 익숙하지 않은 언어를 사용하고 글을 썼다"(Huebner, 2002a, Tape 1).

심오하고 역사적인 역학—Schwab 또한 비판했으나 좀 더 단조로운 방식으로—의 부재를 비난한 후에 Huebner는 세속적인 교육의 영역에서 벗어나 점차 종교적인 교육의 영역으로 옮겨 갔다(Huebner, 2002a, Tape 1). Tillich의 청교도 원리에 크게 영향을 받은 Huebner는 종교 교육과 관련해 훨씬 더 중요한 과제를 수행할 수 있었다. 그 과제는 "자유, 유희 또는 창조의 주요 전달 도구가 되었는데"(Tape 1), 이는 "세속적인 교육이 듣고 싶어 하지 않는" 언어였다(Tape 1).

❦ 표상주의 그 너머에

Deleuze(1990a, 1990b, 1994)의 글과 Deleuze에 대한 글(Agamben, 1999; Khalfa, 1999; Roy, 2003)을 읽음으로써 우리는 역사의 관점에서 지배적인 사유에 대

해 우리가 생각하는 이미지를 (재)형성하는 것이 얼마나 중요한지 알 수 있다. Deleuze(1994)는 인간 사유의 정수에서 지배적인 전통에 의구심을 가짐으로써 세계를 전복하는 것이 쟁점이라고 주장한다. 이것이 바로 표상주의이다. Deleuze에 따르면, 우리는 우리의 사고를 마음대로 조정하고 우리가 좀 더 자유롭게 행동하기 위해서 반드시 극복해야 할 장애물인 표상주의적 사고에 도전할 필요가 있다. Deleuze는 표상주의가 세계적 규모의 다름을 다루지 않는다고 강조한다.

교육과 교육과정의 이론적·경험적 분야에 관한 Deleuze의 접근법 구조에서 이 방법론이 교사 교육을 이해하는 데 매우 중요하다고 주장할 수 있다. 교사 교육 프로그램의 거의 대다수가 다방면으로 사고하는 능력을 키우는 데 굉장히 무지하다. 이는 프로그램들이 상식을 벗어난 교사 자격 요건과 부당한 정부 요구 사항들에 사로잡혀 있기 때문이다. 교사들은 놀랍게도 다양하고 미묘한 다양성 속에서 '비슷한' 학생들을 만들려는 시도로 이미 지쳐 있다(Roy, 2003). Deleuze의 방법론에 따르면, 우리는 표상주의적 틀에서 벗어난 교사 교육을 이해할 필요가 있다. 이러한 방법이 젊은 교사들이 새로운 방식으로 생각하고 다름의 생산적이며 관계적인 힘을 이해하도록 할 것이다(Roy, 2003; Paraskeva, 2007b, 2011a). 결국, 변화의 전체적인 흐름을 주도하는 것은 닮음이 아니라 다름이다. 학생과 교사의 다름에 대한 이해를 긍정적인 방법으로 통합하는 메커니즘을 비판 교육과정 이론과 실천에서 찾는 것이 쉽지는 않다(Roy, 2003; Paraskeva, 2007b, 2011a). 정체성과 다름을 결부시키고 지속적인 정체성의 존재와 같은 잘못된 가정에 도전하는 것이 급선무이다.

기본적으로 Deleuze(1994)의 분석에 따르면, 우리는 우리를 특정 틀에 제한하는 의미의 지배적인 체계에 의해 지배된 영역으로부터 시작한 교육과정 이론과 실천에 맞설 필요가 있다. 그러나 이것들을 간과하거나 축소해서는 안 된다. 한마디로 우리는 교육과정 이론을 탈영역화할 필요가 있다. 우리가 그렇게 할 수 있다면, 우리는 또한 지배적인 시스템 아래 각각의 균열이 우리의 행위와 의지의 힘과 우리의 감정을 확대하는 다름을 만들어 낸다는 것을 증명할 수 있을 것이다(Paraskeva, 2007b). 다른 말로, 교육과정 이론은 '성장의 행동', 다름을 추구하려는 것, 그래서 새로운 세상을 표현하는 것으로 인식되어야만 한다(Roy, 2003; Paraskeva, 2008).

Hartley(1977)가 주장하는 것처럼, 나는 교육이 우리를 우리가 자아를 성찰하는 시공간으로부터 데려가야만 하고, 교육의 효과가 우리를 독특한 사고방식으로의 기술-합리적 의미 안에 가둘 수 있다는 인지를 교육과정이 담고 있어야 한다고 주장한다. 즉, 교육은 존재론적인 지식과 예측할 수 없는 것, 상상, 그리고 열정ㅡ이 중 어떤 것도 개별적으로나 객관적으로 분석 가능한/정량 가능한 독립체로 치환될 수 없다ㅡ의 언어를 말하는 논리가 없는 사상을 괄시한다. 교사 교육의 예를 들며, 탈영역화한 교육과정 이론은 새로운 사고방식을 찾고 있으며 새롭고 다른 목적의 생각을 하는 방법을 체험하고 찾으려 한다(Roy, 2003; Paraskeva, 2006a, 2006b, 2007b, 2008). 본질적으로, 교육과정 이론은 이론 자체를 탈영역화하고 교육에 관해 생각하고 느끼는 새로운 방법들을 찾음으로써 다름의 공학에 관한 목소리를 내야 한다. 교육과정 이론이 다른 시간과 공간을 포함하는 것은 중요한 일이다. 이는 Huebner와 Deleuze의 방법론에서 매우 가치가 있다. 이 둘의 관점은 교육적 실천은 전통적 일반 상식에서 새로운 방향과 가치를 창출하는 쪽으로 옮겨 가야만 한다는 것을 인지하도록 한다. '마주침(encounters)', '복제품(simulacrums)'과 같은 Deleuze의 개념들은 이러한 맥락에서 굉장히 중요하다. Deleuze(1994)의 주장처럼, 이 세계는 우리로 하여금 생각하게 하고, 이 세계에는 인식의 주체가 아닌 중요한 마주침과 같은 무언가가 존재한다. 교육과정 이론은 이것을 에워싼 실천과 실제와의 정확한 마주침을 필요로 한다.

사실, Deleuze(1990a)의 틀에 맞추려면 교육과정 이론은 세계를 하나의 특별하고 본래의 형체의 재생산으로 보며 또한 세계를 원본이 없는 복사본 또는 복제품으로 인지하는 플라톤의 입장을 뒤집는 데 일조해야만 한다(Roy, 2003; Paraskeva, 2006a, 2006b, 2007b, 2008). Roy(2003)가 주장하듯이, '실체(things)'를 이상적인 상태로 접근하기보다 우리는 실체의 변형과 역학에서 장점들을 찾을 필요가 있다.

🍎 교육과정 이론의 탈영역화

다름을 숭배하는 특권을 부여하는 교육과정 이론과 실천의 탈영역화를 위해 애쓰는 것은 교육을 관계들의 한 세트로 인식할 필요가 있음을 의미한다. 이 관계에서 개인적이며 정치적인 것이 주요 역할을 한다. 또한, Deleuze와 Guattari[4](1987)에 따르면, 교육과정 이론과 실천의 탈영역화를 위해 고군분투하는 일은 성장과 발전은 "체제, 부분 또는 요소들의 획득이 아닌 정확히 그것들을 잃음"(p. 48)으로 나타난다는 것을 인지함을 의미한다. 사실 학습이 모더니스트 상태, 즉 '획득의 맥락에서' 일어나는 반면 Deleuze와 Huebner의 이론에서 학습은 다름을 창조하는 것이 된다. 위에서 드러나듯이, Huebner는 학생들을 활력 없는 학습자의 한 부류로 치부하는 경향이 있는 연구법에 대해 굉장히 비판적이었다. Deleuze와 Huebner 모두 탈영역화된 교육과정 이론과 실천으로 향하는 문을 열었다. 그들은 초석을 닦으며 새로운 언어를 만드는 것을 허용했다. 그 안에서 우리는 교육을 좀 더 공정한 사회를 위해 교화하며, 문화적 정의와 경제적 정의로 굴러가는 세계로의 변화를 이끄는 주요 요인으로 인지한다.

교육과정 이론의 가장 어려운 문제는 본질적으로 "새로운 중심 지형을 부여하는 새롭고 강력한 비국가적 방식의 표현에 결부되어 있는 새로운 질서, 즉 새로운 체계를 작동시키는 법"(Sassen, 2004, p. 126)을 알아내는 것이다. 따라서 우리는 새로운 질서와 반질서를 권력 관계의 틀 안에서 봐야만 한다는 비판적이며 변혁적인 인지를 반영하는 자신들 고유의 영역을 다시금 재단하는 교육과정 이론과 실천이 필요하다. Foucault(1994)의 주장처럼, 한편으로 누구도 권력에 대해서 얘기하지 않으며 다른 한편으로는 권력을 얘기하는 것을 반대하는 얘기도 하지 않는다. 논의는 권력관계의 영역에서 구성 요소 또는 전략적 부분이다. 현재 교육과 교육과정의 지배 세력은 학교교육이 특정한 금기 사항들로 인해 방해받고 있는 것으로 인지하는 것을 체계적으로 거부함으로써 유례없는 무책임을 보여 주고 있다. 평가, 과목, 출석 시간, 교재, 전달되는 지식 등 학교교육 관련 문제는 독단적인 것으로 잘못 받아들여지고 있다. 그러한 협소한 시각은 그러한 조건들의 달성 없이 학교교육에 관한 어떤 입장을 갖는 것을 불가능하게 한다. Quantz(2011)의 주장에 따르면, "인간이 이성적으로 행동한다는 가정은 많은 교육 정책에서 시초부터 생겨난 가장 기본적인 오류 중 하나이다"(p. 5). 결국 이것이 Quantz의 『교육에서의 의식과 학생 정체성(*Rituals and Student Identity in Education*)』의 정수이다. Jorge Luis Borges(1962)가 강조하듯이, 현실은 "언제나 일어날 것 같거나 그럴 것 같지 않다." 이 대목에서 Bourdieu(2001)의 분석이 결정적인 역할을 한다. 그는 공식적인 언어가 마치 오직 하나의 합법적인 언어인 것처럼 모든 이들이 사용하도록 했고, 권위를 주장하는 작가들뿐만 아니라 공식적인 언어를 체계적으로 정리하는 지배적인 교육과정 연구 세력 및 공식어를 바탕으로 학생들을 가르치는 교사들에 의해 사용되고 유지되었다고 주장한다.

따라서, 우리가 해야 할 일은 정반대적 관점으로 교육은 일반적인 관점에서 그리고 교육과정은 특별한 관점에서 생각해 보는 것이다. 이는 Latour(2006)가 강조한 것처럼, 과거의 도구를 가지고 현재의 지적 문제를 마주하는 것보다 더 큰 범죄는 없기 때문이다. 현실이 꼭 진실의 문제로만 정의되지 않기 때문에 우리는 진실의 문제보다는 이해의 문제를 마주해야 한다. 또한, Latour는 사실에 관한 질문들은 이해 문제의 갈등과 정치적 형태로 봐야 한다고 주장한다. 분류와 구분의 리듬에 향하는, 가짜 역학에 의해 이끌리는, 분리된 결과에 따라 만들어진 통제가 잘 되는 학교를 옹호하는 것은 교육과정적 진실에 있어 Latour(2006)를 따르는 것이다.

기본적으로, Latour의 큰 의문점 중 하나는 이해의 문제, 즉 새로운 언어와 질서에 대한 새로운 논쟁을 허용할 문제들을 반영하는 또 다른 강력한 기술적 도구를 찾을 수 있느냐는 것이다(Deleuze & Guattari, 1987). 따라서 Deleuze와 Guattari(1987)의 방법론에 따르면, 탈영역화는 현행 교육과정 이론의 관례에 대한 새로운 논의이다. 이것은 우리가 그동안 계속해서 주장해 왔던 것이다(Paraskeve, 2006a, 2006b, 2007b, 2008). 물론 이러한 일이 이상적인 것은 아니다. Tarde에 의거하여 Latour(2006)가 이동성의 사회학이라 명명했던 것에 따르면, 이러한 개념의 안정성과 지나친 성문화는 교육과정 이론과 실천을 이해한 방법론과 깊게 연관되어 있다. 즉, 사회적인 것은 사회의 정체된 개념에 갇혀 있는 것이 아니라 '실체' 사이에서 자유로운 연상으로부터 드러난다는 사실을 고려하며 교육과정 이론과 실천을 이해하는 것이 중요하다.

🍎 순회하는 교육과정 이론

본질적으로, 탈영역화된 교육과정 이론은 다른 연구 형태, 즉 연구를 안정성이 아닌 "불안정의 단계로 밀어 넣고 불안정한 상태에서 개념들을 생산해 내는"(O'Brien & Penna, 1999, p. 106) 연구 형태에 대한 참여를 내포한다. 이 과정에서, 탈영역화된 교육과정 이론은 놀랍게도 비공간(nonspaces)의 이론인 순회하는(itinerant) 이론이 된다(Auge, 2003). 기본적으로, Gough(2000)의 주장처럼, 우리는 이분법을 그리고 시작과 끝을 넘어서 현실을 보는 뿌리줄기 같은 방법론을 가정할 필요가 있다. 이 방법론은 내재적 플랫폼의 다양성에서, 그리고 중심과 경계가 없는 상황에서 생성되며, 딱 떨어지는 지적 영역을 거부한다(Deleuze & Guattari, 1987; Eco, 1984).

Said(2005)의 주장은 이러한 맥락에서 굉장히 중요하다. Said는, 인간의 경험이 최초로 기록되고 이론적 공식이 주어졌을 때, 이 방법론의 강점은 역사적 상황들과 직접적으로 연결되어 있으며 이러한 여러 상황들의 유기적 결과물이라는 사실로부터 나온다고 말한다. 한 이론이 나오고 그 뒤로 나온 변형들은 원작이 가진 힘을 다시 만들어 낼 수 없다. 이는 기존의 상황이 정리되고 변하기 때문이다. 이런 상황의 변화들로 인해, 이론의 가치는 떨어지며 악화되고, 도입되고, 그리고 같은 것의 대체제로 변모하게 된다. 초기 목적 (정치적 변화)은 전복되어 간다. 본질적으로, Said(2005)는 이론들이 본래의 힘과 반항적 성향의 일부를 잃으며 다른 상황들에 적용되는 방식에 도전한다. 우리는 교육과정 연구가 드넓고 미묘한 인식론적 흐름 안에서 고정되지 않은 아주 다양한 틀을 반영하도록 하는 탈영역화된 교육과정 이론의 사고방식을 끌어 낼 수 있는 수많은 방법들이 필요하다.

우리가 기존의 이론 공식을 극복할 수 있는 순회하는 이론을 만들 수 있는 것이 사실일지라도, 이 순회하는 입장이 초월적인 것(transgressive)으로 인지되어야 한다는 것 또한 사실이다. Said(2005)처럼, 누군가 "교육과정 이론(이론가)의 목적은 방랑하며 한계를 넘어서고 끝없는 도피 속에 이동하고 머무르고 하는 것"(p. 41)이라고 말할지도 모른다. 비공간과 비시간의 이론은 본질적으로 모든 공간과 모든 시간의 이론이다. Jin(2008)의 말처럼, 교육과정 이론가는 "일련의 [인식론적] 사건"(Khalfa, 1999)들을 경험하는 끊임없이 방랑하는 사람이다. 나는 사고의 표상을 무너뜨릴 수 있는 비정형적인 인식론적 방법론을 주장한다. Merelau-Ponty[5](1973)의 말처럼, 이 방법론은 자연스럽게 자발적인 창조와 비자발적인 창조로 나뉠 것이다. 또한, "모든 저자가 공동 저자인 것처럼 모든 창조는 언제나 공동 창조이기에 교육과정 연구자와 창작자는 성장하는(qui auget) 창조자(auctor) 또는 늘어나는, 증가하는, 또는 행위를 완성하는 사람"(Agamben, 2005, p. 76)으로 볼 필요가 있다. 또한, 교육 및 교육과정 이론 학자를 정밀하지는 않으나 논리적으로 옳은 이론의 방향에 도전하고 도전받는 인식론의 이단아로 볼 필요가 있다(Deleuze, 1990b). 이러한 순회하는 이론(가)는 (일련의 위기에서 존재하며) 일련의 위기를 촉발하고 감탄할 만한 침묵을 만든다.

균형의 항시적인 부재를 보여 주는 이론(가)은/는 화산대에 놓여 있기 때문에 자신의 고유 언어에서는 언제나 이방인일 수밖에 없다. 그 또는 그녀는 선, 공간, 그리고 역학 생성의 다양성을 심도 있게 인지하는 순회하는 이론(학자)이다(Deleuze, 1990b). 이론 수업은 추상적이어서가 아니라 자유를 억압하기 때문에 최신식의 'Malangatana Valente Ngwenya'[6]와 'Jackson Pollok 옹호자'의 과정들로 정의된다. 그러나 이것은 독단적인 행동이 아니라 대중 속의 고독이다. 순회하는 이론의 방향은 다방면의 교육과정에서 절충안을 요구하며 어떠한 부적당한 '규범'에서도 '도망친다'. 순회하는 교육과정 이론은 다른 사람을 대변하는 모욕에 대한 찬가이다(Deleuze, 1990b). Bogues와 Gordon의 비평을 따른 Walsh(2012)는 유색 인종의 지식 생산에 대한 관심 부족을 지적한다. Walsh는 또한 진보를 겨냥하여 직설적인 표현을 드러낸다.

진보에게 '경험' 그것 자체는 문제가 아니다. '경험'은 사실 그것이 억압과 저항의 생생한 현실을 드러내고 사회 변화와 혁명을 생각하게 하기에 중요하다. 그러나 이것은 진보 사상가들에게 일반적인 주제였던 '이' 억압과 저항을 겪었던 이들의 목소리나 지적 생산물이 아니라 이 '경험'의 해석과 사용이다. 즉, 특히 라틴 아메리카에서 일반적으로 진보주의 정책과 사상을 특징짓는 하위계층과 억압받는 계층을 '대변하는' 지적 실천이다. 이 실천은 하위계층화를 재생산하고 유지하는 경향이 있다. 그러기에 지금 담론의 맥락에서 보면, 문제는 진보의 주요 사상이 계속해서 모더니티 자체에서 파생된 것이 아닌 그것의 다른 면, 즉 식민성과 식민지 상처를 경험한 주체로부터 나온 지적 생산물을 비난하거나 약화하거나 부정하는 방법들에 있다. (Walsh, 2012, p. 14)

그러한 지식의 억압은 또한 비서구의 공간과 장소에서 지배적인 그리고 반지배적인 서구 인식론의 형태들의 '침공'에서 극명하게 드러난다. Ibarra Colado(2007)는 번역 과정을 통해 그러한 지식의 식민화를 드러낸다.

지식의 식민화 과정은 미국과 다른 영어권 나라의 대규모 출판사가 유통하는 교재 번역본이 많아질수록 촉진된다. 교재 번역본은 이들의 이념을 안정적으로 재생산한다. 라틴 아메리카 대학교의 교육과정을 분석해 본 결과, 저명한 미국 저자들이 광범위하게 퍼져 있다는 것을 드러났다. 유사하게, '라틴 아메리카' 저자들의 특징에 곡해가 있다. 이 저자들은 그들 자신의 정체성을 버림으로 그들 고유의 현실을 무시하는 미국인처럼 생각하는 능력을 키워 왔다. 더군다나, 우리는 경영 대가들의 세계적인 베스트셀러들이 라틴 아메리카 대학교들의 교육과정과 수업의 많은 부분을 차지하고 있다는 것을 기억해야만 한다.

순회하는 이론(가)은/는 다방면에 걸친 방법론 그 이상이다. 이 이론은 완전한 하나의 이론적 규율이다. 결국, Popkewitz(2001)의 주장처럼, "지식에 관한 도전은 학술적 지식에만 머무르는 것이 아니라 동시대의 정치의 일부분인 진보와 사회 변화의 문화적 규범까지 아우른다"(p. 241).

순회하는 교육과정 이론은 주제를 직면하고 영원하며 불안정한 질문인 "사유란 무엇인가?"에 던져 넣는다. 또한, 순회하는 교육과정 이론은 '우리' 가 구체적으로 생각할 수 없는 것을 생각할 준비가 된 것이 아니라 생각할 수 없는 것을 뛰어넘어 그것의 무한성을 통달할 준비가 되어 있는지를 생각 하게 한다. 그리고 '우리'가 안다고 주장하는 것을 '우리'가 정말 알고 있다 고 실제로 어떻게 주장할 수 있는지 질문하게 할 뿐만 아니라 실제로 미래 의 관점에서 생각하게 한다. 순회하는 교육과정 이론은 원래 생각할 수 없 는 것이다(또는 생각할 수 있는 것이 아니다). 순회하는 교육과정 이론은 사고, 비사고, 사고의 부재 사이의 변화나 근본적으로 사고 내에서 비사고/사고 의 부재/사고의 식민지화의 무분별에 관한 것이다. 순회하는 교육과정 이론 은 사고와 행동의 무한함이 얼마나 큰지에 대한 질문을 이해하고 도입하려 고 한다. 누군가 무한함에 도전한다면, "그것은 혼돈이다. 그가 바로 혼돈에 있기 때문이다." 이것은 질문 또는 질문들이 (그것들이 무엇이든지 간에) 부정 확하게 영역을 벗어났으며 근본적으로 정착하는 특성을 가지고 있음을 의 미한다. 초점은 순회하는 교육과정 이론이 가정의, 공공의, 내재성의 순수 쾌락의 한 점으로 혼돈을 이해하는 것을 인지하는 것이다. 다양한 영역에서 순회하는 교육과정 이론을 포이에시스(poiesis, 제작)[7]로 인지할 필요가 있 다. 순회하는 교육과정 이론은 내재적인 측면에서 구현된다. '하나의 삶'을 내재하는 순회하는 교육과정 이론은 '하나의 삶'이다. 하나의 삶은 하나의 생성 또는 혁명과 같이 하는가? 완벽한 *Žižek*의 방식이라면, 대답은 '예, 그 렇다'이다. 순회하는 교육과정 이론은 결국 행위를 위한 행위의 언어이다. Deleuze(1995a)는 다음과 같이 주장한다.

> 이런 언어는 단일 체제일 수 없다. 이것은 무언가 불안정하고 항상 이
> 질적이다. 그 안에서 형식은 지나갈 수 있는 것과 지나가는 것의 잠재
> 적 차이를 조각한다. 우리로 하여금 세계의 음지에 놓여 있는, 우리가
> 거의 인식할 수 없는 것들을 보고 생각하게 하기 위해 불꽃이 번쩍이
> 며, 언어 그 자체로부터 나올 수 있다. (p. 141)

순회하는 교육과정 이론은 이곳저곳 떠돌아다니며 현실과 이성의 다양성을 이해하기 위해 표현의 무한성을 향해 주제를 던지는 하나의 포이에시스(poiesis)이다. 그러기에 초월성을 완벽히 이해하게 된다. 그냥 이론보다 좀 더 포이에시스에 가까운 (이것이 덜 이론적인 것이어서가 아니라) 순회하는 교육과정 이론의 순회하는 입장은 초월적인 유목민학(nomadography)를 집약적으로 보여 주는데, 이것이 초월적이지 않다. Deluze와 Guatarri(1995)에 따르면, "그것은 [순회하는 이론가]를 끝내는 죽임이 아닌, 너무나도 많은 삶을 보고, 경험하고, 생각하는 것이다. 상징, 사건, 삶, 그리고 바이탈리즘(vitalism) 사이에 중대한 관계가 있다. 그것은 사라질 유기체이지 삶은 아니다"(p. 143).

그러한 의문은 Deleuze와 Guattari가 절묘하게 드러내듯이, 한 명의 순회하는 이론가는 굳어진 진실과 케케묵은 현실과 신중하게 충돌하는 전쟁 기계가 아니며 순회하는 그것의 존재감은 실제로 오직 끊임없는 전쟁터에서만 가능하다는 것을 의미한다. 말할 필요도 없이, 순회하는 교육과정 이론은 역사에 있어 무신경한 방식이 아니다. 또한 역사가 패권주의와 특정 반패권주의 전통에 의해 흡사 압박당하는 방식에 대한 소심한 반응도 아니다. 개념 자체가 지리철학적인지에 대해 논란이 있을지라도, 순회하는 교육과정 이론은 고착화된 이론의 패권주의 및 특정 반패권주의의 틀과 벽, 댐, 제도적으로 역행하는 부르주아의 영역으로부터 자유로운 유동적 방법론 사이의 미학적 논쟁을 훨씬 넘어선다. 순회하는 교육과정 이론은 (비)공간성의 정확한 순환 역량, 항구적인 유연한 순환적 입장, 완전히 침투를 목표로 한 항구적인 탐색에 관해 초점을 맞추는 유동적 질문이다. 이러한 이론의 유목민학은 멈추지 않는 순환적 사고에 갇혀 있으며, 이 안에서 포이에시스 제작자는 사유의 역사 중 일부분인 것처럼 보이나 실은 특정 관점에서나 모든 관점에서나 그것으로부터 벗어나고 있다.

이러한 문화적 규범들은, 말하자면 철학, 사회학, 그리고 어떤 종류의 '공식적인' 지식 구조와 같은 학문 분야를 만들었다.

Catherine Walsh(2012)는 Rafael Sebastián Guillén의 1980년 멕시코 국립 자치 대학교(Universidad Nacional Autónma de México) 석사 졸업 논문의 주장을 전면에 내세운다. Guillén은 "철학, 저는 지금 철학을 하고 있습니다.

우리 모두 철학을 하고 있습니다. 좀 더 정확히 과학의 철학을. 이론의 이론을. 오르가즘에조차 도달하지 못하는 정신적 자위행위를"(Guillén, quoted in Walsh, 2012, p. 11)이라고 말하며 철학을 뒤죽박죽인 것으로 묘사했다. Guillén은 철학이 과학과 정치학 사이의 논쟁으로부터 벗어날 수 없다고 주장한다. Walsh(2012)는 다음과 같이 그의 주장을 인용한다.

> [이 철학으로부터] 어느 정도 거리를 유지하는 것이 필요합니다. 담론은 담론대로 내버려 두세요. 철학의 작동 원리, 철학이 발생하는 장소, 철학이 영향을 끼치는 곳, 그리고 철학이 사라지는 장소를 발견하세요. 철학적 담론을 자기 자신에게 반하는 방향으로 돌리기 위해 (…) 문제가 많은 것들을 변화하기 위해 (…) 이론적으로 정치적 변화를 주기 위해 (…) 다양한 형태의 철학을 '하는 것'과 철학의 다양한 '실천'을 [인식하기 위해] (…) 새로운 이론 및 실천 의도를 생산할지도 모르는 문제들을 드러내기 위해 (…) '다른' 토론 전략과 '다른' 철학적 작업을 가능하게 하고 이론을 만들어 내는 '다른' 공간을 여는 정치적 입장을 가정하기 위해 철학을 비철학적인 것으로 말할 필요가 있다. (p. 110, 자체 번역), (Walsh, 2012, p. 13 인용)

Rafael이 지도자 그리고 사파티스타 민족 해방군의 우두머리, 즉 부사령관 마르코스(Subcomandante Marcos) 또는 반란군 부사령관 마르코스(Subcomandante Insurgent Marcos)가 아니었다면, 이런 입장은 대중의 관심을 끌지 못했을 것이다. Guillén(부사령관 마르코스)은 특히 다음에 초점을 맞췄다.

> 지역 근대/식민 역사와 남반구의 아메리카인 '다른 아메리카'의 지역 투쟁에서 지식 생산을 안착시키는 것에 초점을 맞췄다. '아메리카'에서 매우 빈번하게 헷갈리는 용어인 남부는 카리브해, 중앙 아메리카, 그리고 특히 안데스 지역 안팎에서의 '남부'뿐만 아니라 북쪽에서의 '남부'를 포함한다. 이런 관심의 근원은 안데스 산지 주민과 아프리카 지식인 후예 그리고 여러 운동들이 인식론의 생산을 그들의 정치적 과

제, 즉 단순히 식민주의(탈식민화)의 자취를 직면하는 것이 아닌 지식, 권력, 존재, 그리고 삶 그 자체를 급진적으로 재건하는 데 초점을 맞춘 정치적 과제들의 핵심적인 요소로 인지하고 사용하는 특정 방식에 있다. 과제들은 변화와 창조의 동시다발적이며 지속적인 과정으로, 근본적으로 분명히 인식할 수 있는 사회적 상상, 상황, 지식과 권력의 상관관계의 구성으로 인식되는 '탈식민화'에 주목했다. (Walsh, 2012, p. 11)

즉, 내 개입의 중점적인 부분을 형성하는 이러한 '다른' 공간, 장소, 그리고 입장, 대륙 철학과 분석 철학을 구분 짓는 정의와 범위에 관한 것뿐만 아니라 지식의 지정학적 순서, 그리고 누가, 어디서, 어떻게, 무슨 목적으로 지식을 생산하는지에 대해 도전하는 '다른' 철학과 '다른' 지식인 것이다.

순회하는 교육과정 이론은 또한 교육과정 이론이 그 자신에게 등을 돌리도록 한다. 이것이 교육과정 학계 내 국제화 역학의 위험요소를 인지하는 자유의 철학이다. Fals-Borda의 책 *Ciencia Propria Y Conolialismo Intelectual*로부터, Mignolo(2008)는 통찰력을 가지고 다음과 같이 주장한다. "사회과학의 세계적인 확대는 지적 식민지화를 내포한다. 이러한 식민지화가 의도적이며 진보로부터 시작되고 탈식민화를 지원한다고 할지라도 지적 식민지화는 여전히 유효하다"(p. 232). Mignolo(2008)는 지적 탈식민화는 "기존의 철학과 학문 문화에서 나올 수 없으며 의존성은 보수에만 국한된 것이 아니라 또한 진보로부터도 만들어진다(p. 232)."라고 덧붙인다.

순회하는 사고방식은 세계화(Sousa Santos, 2008)에 주의를 기울이는 세계적 논의에 참여하고, subaltern counterpublics[8](Fraser, 1997)의 다양성에 대해 깊이 이해하며, 지역성(Hardt & Negri, 2000)과 군사적 특수주의(Harvey, 1998)의 생성 및 새로운 반란 세력인 세계시민주의(Popkewitz, 2007; Sousa Santos, 2008)의 (반)구성에 대해 진정한 관심을 가지고, 소수의 세계화 세력과 나머지 세력과의 논쟁에 대한 의식, 영어라는 언어의 위험한 패권주의(Macedo et al., 2003)에 대한 깊은 인식을 가질 수 있는 강력한 공간을 제공한다.

영어가 아닌 다른 언어로 행해지는 담론이 필요하다. 기존에 언급했듯이, 기존의 지배적인 서구의 인식론적 관점에 대항하는 대다수가 다른 언어적 형태나 다른 형태의 지식을 괄시하는 것처럼 보인다는 사실은 무례한 것이다. 서구(주로 미국)의 학자들, 심지어 공정한 사회를 위한 투쟁에 헌신했던 학자들의 참고문헌 대다수가 영미권 학자들과 영어로 쓰인 자료들로 채워졌다는 사실은 그리 놀랍지 않다. 너무나도 많은 사람들이 "준주변(semi-periphery) 또는 주변(periphery) 국가들에서 만들어진 과학적 지식에 대해 무지하며(심지어 알고 있어도 높게 평가하지 않는다), 이 지식을 모든 면에서 열등한 것으로 인식한다. 또한 이 지식은 주요 과학 과목에 의해 너무나도 쉽게 해체되어 공급원이나 원재료로 변환된다"(Sousa Santos, 2005). 이것은 분명히 언어의 후방 이론에 근거하여 다른 언어의 중요성을 공공연히 공식적으로 무시한 학교 시스템의 결과이다. 여러 다른 언어에 둘러싸여 있는 유럽이나 다른 문화권의 학생들과 달리, 학생의 대다수는 중학교나 고등학교에 진학할 때까지 다른 언어적 환경에 공식적으로 노출되거나 참여하지 않는다.

몇몇의 경우에서, 고유적인 실체를 '사용'하고 과학자들이 이러한 실체를 서구의 개념으로 흡수하고 포장하는 일이 흔해졌다. Sousa Santos(2005)는 이러한 행위를 "준주변 및 주변 과학자들의 프롤레타리아화(proletarian-ization)"(p. xxiv)이라고 명명한다. Spivak(1995)는 자신의 유명한 책,『서발턴(하층민)은 말할 수 있는가?(Can the Subaltern Speak?)』에서 "문맹 소작농들, 부족민들, 그리고 식민적 조우로 인식론적 폭력을 경험한 도시 하위 프롤레타리아(sub-proletariat)의 최하위 계층들의"(p. 28) 개인적인 일상 경험을 바탕으로 하는 신뢰할 만한 이야기를 향상시키는 특정 지성인들의 능력에 의구심을 갖는다. Guha(1983)의 주장처럼, 하위성(subalternity)은 "자산의 구조에 의해 물질화되고 법에 의해 정해지며 종교에 의해 신성시되고 전통에 의해 용인―심지어 이상적이―된다. 개혁이라는 것은 결국 그러한 상징들을 파괴하는 것이다"(p. 1).

5장에서 제기된 격렬한 주장들을 상기시키는 이러한 사실들은 서구의 인식론적 관점들이 서구와 영어의 안팎에서 다른 비서구 인식론적 관점에 주의를 기울이고 그것으로부터 배워야 한다고 주장할 수 있게 한다. 이와 달리, 오직 영어 쓰기 운동에 반하는 주장들은 단지 말뿐이다. Macedo(2000)가 통찰력 있게 말하듯이, 우리는 영어라는 언어의 식민지화를 경험하고 있다. 이러한 투쟁을 무시하는 것은 문화적 · 언어적 학살의 공범이 되는 것이다. 서구의 패권주의 인식론은 특정한 기표의 제국주의에 의해, 좀 더 정확히는 기표의 제국주의에 의해 제기되고 유지되었다. 그러기에 오직 특정한 '공식적인 의미'들만 법적으로 인증되었다. Deleuze(1990b)의 용어를 빌리자면, 우리는 사실 '랑그(langue)와 파롤(parole)'[9] 사이의 논쟁에서 특정한 정치적 노선을 정당화하는 전제적인 지나친 합법화의 문제를 마주하고 있다. Kawagely(2009)가 강조하듯이, 읽고 쓰는 것은 단순히 단어들에 관한 것이 아니라 오히려 전체적으로 통합적인 과정이며 기쁨과 즐거움의 여행이다. 이러한 여행을 하면서, 우리는 인간다움이 무엇을 뜻하는지를 가르칠 수 있을 것이다. 그러기에 우리는 기술의 발전으로부터 파생된 가장 큰 문제들 중 하나인 외로움과 싸워 나갈 수 있을 것이다.

wa Thiong'o(1986)의 언급처럼, "언어는 가장 중요한 운반 도구이며, 이 것은 영혼을 사로잡을 수 있는 힘이 있다. 총알이 육체적 복종을 위한 도구라면 언어는 정신적 복종을 위한 도구이다."(p. 9)라는 것을 잊어서는 안 된다. 언어 학살은 실은 식민지화와 신식민지화 프로젝트의 가장 중심에 위치한다. 여기서는 wa Thiong'o의 주장을 보고 가야 할 가치가 있다.

식민지화의 진정한 목적은 무엇을 생산하는지, 어떻게 만드는지, 또한 어떻게 유통시키는지 등 인간의 부를 통제하는 것이었다. 다른 말로, 실제 삶의 언어 전체 영역을 통제하는 것이었다. 식민지화는 사회에서 창출되는 부를 군사적 정복과 차후의 정치적 독재를 통해 통제한다. 그러나 정복의 제일 중요한 부분은 바로 피식민의 정신적 영역, 문화를 통한 통제, 피식민들이 어떻게 자아와 세계와의 관계에 대해 인식하고 있는지였다. 경제적 · 정치적 통제는 정신 통제가 없이는 완수되거나 효과적일 수 없다. 한 민족의 문화를 통제하는 것은 다른 사람들과의 관계에서 자기 자신을 인식하는 도구를 통제하는 것이다. 식민주의 관점에서 이것은 같은 과정의 두 가지 면을 포함했다. 이는 한 민족의 문화, 그들의 예술, 춤, 종교, 역사, 지리, 교육, 구전 문학 및 문학의 파괴 또는 의도적인 비하 그리고 식민자의 언어에 대한 의도적인 찬양으로 이루어졌다. 한 민족의 언어를 식민자의 언어로 지배하는 것은 피식민자의 정신적 영역의 지배에 중대한 부분이었다. (p. 16)

그리고 Achebe(1977)의 주장처럼, "문화가 멈춰 있으며 사람과 무관하게 존재하는 장소는 오직 박물관뿐이며 이는 아프리카의 기관이 아니다"(p. 29). 명확하게도 이 부분의 초점은 사실상 오류들과 꼭 필연적일 필요 없는 역사와의 진실한 조우에 근거하여 사회화하는 한 공간에 있는 박물관의 왜곡된 중요함에 있다. Visvanathan(2009)은 박물관이 "마치 도적질의 합리화와 같다"고 기술한다(p. 488). 다른 말로, 서구의 정치적 창조물로서의 박물관은 "원시적이며 미개한 꼬리표를 달고 있는 것에 대한 정당한 전략으로 폭력을 정당화하는 문화 간의 계층을 만드는 동서양 만남의 역설을 표현한다"(p. 489; Coomaraswamy, 1947). 그러기에, Coomaraswamy는 문화적인 조우 이상으로 박물관이 서구의 현대 과학의 오만한 객관성과 그것의 심각한 죽음의 향기를 포함한다고 주장한다. 박물관은 우생성 실험실의 연장선 위에 있으며 그것은 지금도 마찬가지이다.

그러나 wa Thiong'o(1986)가 주목하는 바와 같이, "아프리카 언어들은 사멸되기를 거부한다"(p. 23). 이것 역시 탈영역화 주장의 중요한 일부분이다. Popkewitz(1978)의 주장처럼, 이론적 틀을 정치적 도구로 봐야 할 필요가 있기 때문에 이것은 간단하게 넘어갈 문제가 아니다. 그는 교육 이론이 정치적 진술의 한 형태라고 주장한다. 교육 이론의 언어는 규범적인 특성을 가지고 있기 때문에 강력하다. 이론은 개인들로 하여금 "좀 더 추상적인 개념, 일반화, 원칙들의 관점에서 그들 자신의 세계를 되돌아보도록 도와준다. 좀 더 추상적인 이 범주들은 중립적이지 않다"(p. 28). 영어 외의 언어로 세계화에 대한 대화를 하기 위해 노력하는 것은 아프리카 대륙에서 세속적인 전통을 가진 실현 가능한 이상에 대해 고심하는 것이다.

20세기 초, 아프리카의 기술자이자 영적 지도자인 Agbebi(1903) 신부는 아프리카 교회 내에서 유럽식 이름과 의복뿐만 아니라 영어 찬송가와 교재의 사용을 폐지하고자 하는 투쟁을 이끌었다. 그는 '기독교의 근본 교리'를 요구했다. 그의 교회에 대한 과격한 비판과 기독교와 유럽 제국주의의 유혈 관계에도 불구하고, 그는 근본 교리가 '원곡(original songs)'과 담론성(discur-sivity)에 근거한 아프리카의 영성과 신앙심을 위한 자연적인 공간을 만들 것이라고 느꼈다(Agbebi, 1903; Falola, 2003). Walker(2011)는 인식론적 학살에 관한 공식적인 집회를 다음과 같이 통찰력 있게 드러낸다.

> 흑인 여성 학자이자 문학 비평가인 Barbara Christian은 1987년 자신의 저명한 수필 "The Race for Theory"에서 다음과 같이 말했다. "유색 인종들은 추상적 논리의 서구 형태와는 많이 다른 형태에서 언제나 이론화를 해 왔기 때문에…. 그 외에 우리 유색 인종들은 어떻게 우리의 육체, 사회 기관, 조국, 그리고 우리의 인간성을 공격하는 사회적 특성에서 가까스로 살아나올 수 있었을까?" 이론 전쟁의 정점에서, 기독교의 간섭은 인식론에 대한 입장의 대다수가 아프리카-미국의 지식 (재)생산을 고려할 때 개방되고 이용 가능했다는 것을 적절하게 암시했다. 결국, 이 중차대한 관찰은 "엘리트 사상 없이는 하위계층은 나타날 수 없었다"라는 Gayatri Spivak의 종종 반복되는 절대론자에 대한 해석의 미래에 대해 경고의 역할을 한다. 나는 우리가 Joan Scott의 말처럼, "의미가 만들어지는 과정을 분석하는 방법을 제공하는 인식 이론"으로 지역 지식의 건설로 돌아갈 수 있다고 믿는다. (pp. 110-111)

🍎 탈식민적 전환

순회하는 교육과정 이론은 교육과정의 변화이다. 또한 '보편적이지 않은' '다원적'이며 탈식민적 전환이다. 순회하는 교육과정 이론을 탈식민화한 존재의 제작 과정 내에서 봐야 할 필요가 있다. 이 부분에서 Mignolo(2011a, 2011b) 또한 큰 도움을 준다. 그는 다음과 같이 주장한다.

> 탈식민화 사고의 혈통은 다원적이다(보편적이지 않다). 그리하여 이 혈통 조직의 각각의 매듭이 언어, 기억, 경제, 사회 기관, 적어도 두 가지

주관성을 다시금 소개하는 탈연결과 개방의 지점이다. 인간성의 퇴보 및 무종교주의자, 미개인, 후진국 및 비민주주의 시민의 열등함에서 제국 유산의 위대함과 끔찍함 그리고 식민지 상처로 변해 버린 존재의 지울 수 없는 발자취. (2011b, p. 63)

Gough(2000)는 교육과정에 대한 의문은 "초국가적 상상이 표현되고 논의될 수 있는 현대 문화 생산의 한 형태"(p. 334)뿐만 아니라 장소의 적합성에도 초점을 맞추는 하나의 과정으로 볼 필요가 있다고 통찰력 있게 강조한다. 결국, "지식과 서구 문화의 세계화는 끊임없이 자기 자신을 진정한 지식의 중심, 지식으로 간주되는 것의 중재자 그리고 '문명화된' 지식의 근원으로 보는 서구적 관점을 확증한다"(Smith, 1999, p. 63). Said의 말처럼, 우월적 입장을 견지하는 이러한 끊임없는 노력을 마주하게 되면 일반적으로는 교육학에서, 특정하게는 교육과정에서 서구-유럽 중심의 가부장적 인식 패권주의의 패배를 주장하는 시도에 대해 주의할 필요가 있다. 내가 비록 몇몇 교육과정 이론가들이 그러한 승리의 순간을 주장하는 맥락을 이해한다 할지라도—예를 들어, Pinar(2004)는 "가부장적인 유럽 중심의 개념은 더 이상 유행이 아니다."라고 말한다—Sousa Santos(2005)의 주장처럼, 서구 과학 패권주의의 지배는 인식론적 자부감에 있어 심각한 위기를 초래하고 있다고 강조하고 싶다. 이는 수많은 유럽 및 비유럽 인식에 대한 반패권주의 형식들에 의해 촉발되었다. 말할 필요도 없이, 이러한 인식론적 자신감의 상실이 "혁신의 방향으로 가는 길을 열고 있다 할지라도, 인식론 비평은 비평주의 인식론보다 오랫동안 훨씬 더 나아갈 것이다"(p. xix). Wraga(2002)은 교육과정 노동은 "변화무쌍한 행동"이라고 주장한다. 그리고 Applebee(1996)의 주장에 따르면, 이것은 누가 그런 대화를 조율해야 하는지에 대한 복잡한 질문을 한다. 그러나 이것만이 중요한 문제는 아니다. 여기에서 Spivak(1990)의 정치적 입장은 큰 도움을 준다.

나에게는 "누가 목소리를 내어야 하는가?"보다 "누가 들을 것인가" 하는 질문이 더 중요하다. "나는 나 자신을 제3세계 사람으로 대변할 것이다."라고 하는 것은 오늘날 정치적 동원을 위해 중요한 입장이다. 그러나 실질적 요구는 내가 그 입장을 옹호할 때 긍정적인 의미의 제국주의 같은 것이 아니라, 심각한 의미로서 받아들여져야 한다. (pp. 59-60)

라틴 아메리카의 세속적이고 약탈적인 정책들에 관한 아주 특별한 해석에서 Galeano[10](1997)는 복잡한 인식론적 학살 모형의 중요한 면으로서 국제화의 위험을 우리에게 알린다. Francis Bacon의 주장을 이용해, Galeano(1997)는 "아는 것이 힘이며 그 이후로 그가 얼마나 옳았는지 분명해졌다"(p. 244).라고 주장한다. 즉, "과학의 세계에는 미미하게 보편성이 존재한다. 객관적으로 그들은 선진국 최전선의 한계에 부딪힌다"(Galeano, p. 244). 사실, "선진국의 기술을 이식하는 것은 문화적―그리고 너무나도 당연히 경제적―종속만을 포함하지 않는다." 라틴 아메리카, 아프리카, 서아시아의 경우에서 보듯이, 세계화가 의미하는 것은 "저개발은 개발로 가는 길에 있는 단계가 아니라 개발 이외의 것을 의미하는 것이다"(Galeano, 1997, p. 245). 사실, Galeano(1997)의 방법론은 세계화가 지난 5세기 동안 한 대륙의 인적 자원, 천연자원, 농업, 지식, 그리고 과학적 역량의 강탈과 같은 의미를 지니고 있다는 것을 알려 주었다. 이와 더불어 Galeano의 관점은 아프리카 아랍/서아시아의 현실과도 잘 맞는다.

Gough(2000)은 이것에 대해 정확하게 기술한다.

교육과정 학문의 세계화는 교육과정의 지역적 표현을 하나의 보편화된 담론의 관점으로 해석하기보다는 오히려 교육과정에 대한 의문에 있어 지역적 지식의 전통이 함께 작용할 수 있는 초국가적 공간의 창출 과정으로 이해될지도 모른다. 결국, 나는 최근 남아프리카공화국에서의 교육과정 업무를 수행한 경험을 통해 수행적이며 구상적인 언어에서 열성적으로 철저하게 지역 지식 체계를 회복해야 할 필요성을 강하게 느꼈다. 여기, 많은 지역적 지식 전통들은 제국주의자의 보편화하려는 담론과 실천의 영향으로 사라지게 되었다. 예를 들어, 짐바브웨나

말리위 같은 나라의 경우, 주로 시골에서 생계를 두고 있는 아프리카의 대다수 학생들을 위한 '좋은 교육'이라는 개념은 케임브리지 대학교 영어 O-level 시험을 통과하지 못한 것과 동일시되고 있다. (p. 339)

우리가 전에 언급한 것처럼, ILEP(International Leaders in Education Program)와 IREX(Civil Society and Media Development) 같은 기관들은 패권이 이념적으로 어떻게 작용하는지 생생하게 보여 준다. 즉, 외국의 교사들을 미국으로 보내 특정한 '공식적인' 지식의 틀에 맞추어 교육하여 자국으로 돌려보낸다.

실제로, 인식론적 학살에 대한 투쟁은 틀에 도전하는 새로운 교육과정 수정주의를 공고히 하며 특정한 담론과 계층 구조의 권한은 정체성, 권리, 주관성, 경험을 필요로 한다고 주장한다. 이러한 새로운 종류의 교육과정 수정주의는 특정한 중요 진보 교육과정의 흐름과의 특정 긴장감을 복잡, 명료하게 하고 해소해야 할 필요성을 강조할 뿐만 아니라 우리로 하여금 Pinar(2004)의 주장과 같이 현대 교육과정의 악몽이라는 현재주의(presentism)[11]와 싸울 가장 최신 도구들을 제공할 학교와 교육과정의 진실한 관계 분석을 위한 흥미로운 주장을 한다. 현재주의는 사실 표상주의자들의 방법론에 의해 촉진되었다. 우리는 지역색을 지우지 않거나 서양의 지정학적 힘에 저당잡히지 않은 그런 교육과정 이론을 필요로 한다(Mignolo, 2008; Walsh, 2012). 순회하는 교육과정 이론으로 인해 교육과정 이론을 모더니티/식민주의/탈식민주의의 과제에 적용시키는 법을 이해할 수 있다. Radhakishnan(1994)와 Appadurai(1990)와 같은 학자들로부터, Ibarra Colado(2007)는 다음과 같이 주장한다. "'다른 것'에 대한 인식이 세계화가 모든 지역적 현실의 특별성을 없애면 안 된다는 것에 대한 이해도를 높여 준다. 세계화가 다름을 없애는 의미이더라도, 이러한 다름이 여전히 존재하고 증가한다는 증거가 도처에 널려 있다(p. 3)."

인식론적 불복종에 근거한 새로운 인식론의 과도기적 훈련은 억압적이며 (미)완성된 신화들(Ellsworth, 1989)을 해결하고 기능주의자들의 함정(Liston, 1988)을 극복할 수 있는 교육을 위한 우리의 투쟁을 좀 더 정확하게 이해하도록 도와줄 것이다(Gore, 1993). 동시에 이 훈련은 "도전하는 사람들을 축하해 주는 것이 아니라 문학 학제들 사이의 행간을 읽는 것"(Popkewitz, 2001, p. 241)이 필요하다는 것을 인지하고 있다.

교육과정의 탈영역화는 Smith(1999)의 말처럼 탈식민주의 방법론적 틀에 대한 견고한 정치적 참여에 관심을 가진다. Kaomea(2004)의 주장처럼, "탈식민화 과정은 노인(*kupuna*), 조상, 그리고 우리 자신을 포함한 토착민(*kanakaa maoli*)뿐만 아니라 외부인(*haole*)의 과거와 현재의 사상과 관습에 숨겨진 식민 영향력에 대해 의문을 가지고 그것을 드러내는 데 끊임없이 노력하는 것을 필요로 한다"(p. 32). 그러나 Smith(1999)가 주장하듯이, 탈식민화 연구가 서구 이론과 연구 방법론의 완전한 배척을 의미하지 않는다. 반대로, 탈식민화 연구는 지배적인 서구의 전체주의적인 과학에 대한 관점의 재조립을 암시하며 과학의 이름으로 존재하는 부분에 도전하고 결국 Espinosa-Dulanto(2004)가 "누가 현지인/토착민 대 외국인/외부인이 되는가"(p. 45)에서 연구한 복잡성을 인지한 현지 및 외부 학자 사이의 협동 작업을 의미한다.

Mutua와 Swadener(2004)가 통찰력 있게 주장하는 맥락에서 보면, 탈식민화 연구는 "누가 학문을 정의하고 정당화하는가? 누가 명명할 힘을 가지고 있는가? 명명하는 것이 어떻게 기존의 권력 관계를 구체화하는가? 탈식민화 도구는 오직 현지 학자들에게만 해당되는가? 아니면 이것은 하나의 공동 과정인가? 탈식민화 연구에 대한 담론이 어떻게 식민화되거나 전유되었는가?"(p. 2)와 같은 질문을 할 수 있는 상태를 만든다. 우리는 "대학의 구조가 탈식민화 연구의 장애물"(Blauner & Wellman, 1973, p. 324)이라는 것들을 너무나도 잘 알고 있기에 이 질문들에 답을 하는 것은 매우 어려운 일이다. 이러한 어려움은 관료 행정 문제들뿐만 아니라 학문적 지식의 주체성의 아주 오래된 특질과도 연관성이 있다. 서구 패권주의적 과학 목회자들은 "규율들 중 엄격하고 편협한 부분, 중립성과 객관성을 구분하지 못하는 실증주의 방법론, 지식 발전의 문제를 협동조합주의자 특권의 문제로 축약하는 부서, 실험실, 그리고 교직원 간의 지식 관료적이며 차별적인 관계"(Sousa Santos, 2005, p. xix)에 결착한 패러다임의 숭배를 부추기고 촉진할 수 있었다.

Smith(1999)는 학계 지식에 대해 가열차게 비판하며 다음과 같이 주장힌다.

인류학자들은 종종 토착민들을 부정적으로 인식하는 인류학의 민족주의적 '응시'를 통해 다른 문화를 수집하고 분류하고 표현해 왔다. Hannui Kay Trask는 인류학자들을 원주민의 관대함과 '환대함을 착취하는' '갈취자 및 이용자'라고 비난한다. Livingstone은 이 학문을 '제국주의 과학의 우수성'으로 여겼다. (p. 67)

문제는 우리가 그러한 일에 어떻게 관여하는지이다. Žižek(2006)는 그 적당한 예를 보여 준다.

지금은 없어진 동독에서 돌던 오래된 농담이다. 이 이야기는 시베리아에 일자리를 구한 어느 독일 노동자에 관한 것이다. 그는 자신의 편지가 당국에 의해 검열될 것을 알았기에 친구에게 다음과 같이 이야기한다. "우리는 코드를 만들 거야. 네가 만약 파란색 잉크로 된 편지를 받으면 그건 내가 진실을 말하고 있다는 말이야. 반대로, 빨간색 잉크는 내가 거짓말을 하고 있다는 의미야." 한 달 후 친구는 파란색 잉크로 쓴 편지 한 통을 받았다. "여기에 모든 것은 너무도 아름다워. 상점은 물건들로 가득 차 있고 음식도 많고 방은 넓고 난방이 잘 돼. 극장은 서구 영화를 상영하고 있고 많은 여자들을 만날 기회가 있어. 근데 여기 없는 딱 한 가지가 있는데, 그게 바로 빨간색 잉크야." (p. 17)

Žižek의 예는 우리에게 사람들이 진실을 숨기면서 거짓말에 대해 어떻게 거짓말하는지를 보여 준다. 진정한 문제는 순환하는 교육과정 이론의 어떤 면을 다뤄야 하느냐는 것이다. Kliebard(1995)가 주장하듯이, 향후 50년 동안 교육과정 학계의 일은 신급진주의 정책이 치명적인 영향을 끼치기 전, 초기부터 학계를 지배했던 사고방식의 대안을 마련하는 것이다. 이것은 학계가 발전하기 위해 나은 방법일 수 있으나 이상적인 것은 아니다. 이것은 단순히 이분법적으로 나뉘어지지 않는 이론과 실천 사이 최선의 연계 작용

이다. 나는 어떤 하나를 우선시하는 것이 올바른 것이라고 보지 않는다. 이러한 방식에서 교육과정을 이해하는 것은 우리가 학생, 교사, 지역 공동체의 수많은 경험들에 의해 결정되는 불안정한 상태에 어떻게 잡혀 있는지를 보여 준다. 내 주장처럼(Paraskevba, 2010), 정의를 인지하지 않고서는 사회적 정의가 없다는 것을 인식한 채 이러한 경험들은 대화와 협상을 통해 적절한 교육 환경을 드러낸다. 이러한 교육과정 입장은 또한 내가 교육과정 토착민(학생과 교사)이라고 부르는 이들이 현실 문제의 끊임없이 맞닥뜨리면서 비결정성의 일상생활 내에서 관계를 만들게 한다.

『교육과정 이론 속의 논쟁들(*Conflicts in Curriculum Theory*)』(Paraskeva, 2011)과 이 책에서 진술하듯이, 내가 모두를 만족시킬 수 있는 방법을 주장하는 것이 아니다. 나는 오히려 그런 방법을 실행하지 못하도록 한다. 순회하는 이론의 방법론은 방법론의 기본 원칙을 깨고 막다른 길과 절규하는 침묵을 극복하기 위한 몇몇의 흥미 있는 (반)지배적인 충돌을 넘어서려는 시도를 한다. 그러나 이것은 서구의 지배적인 제작법 안팎에서 반항적인 세계주의 체제(Sousa santos, 2008)의 인식론 투쟁이다.

Sousa Santos(2005)의 주장처럼, 사회 해방을 재고하는 그의 과제는 "정형화된 이론적 틀의 모습을 하고 있지 않다"(p. xxv). 대신 그는 다음과 같이 주장한다.

> 이론적이고 분석적이고 방법론적인 원칙들을 혁신과 변화의 결합으로 개방해야만 한다. 이 과제는 하나의 이론적 틀 대신에, 다양한 이론적 틀이 적용될 수 있는 시야로 구성된 광범위한 분석적 경향성을 띤다. 이러한 분석적 시야는 사회과학자들 사이에서 적극적으로 공유되어야만 하는 목적들의 추구에 힘을 합치도록 하는 데 꼭 필요하다. 방법론 원칙의 위배는 그리 가벼운 것이 아니다. 위배에 따른 혼돈과 불화의 위험이 존재한다. (p. xxv)

그는 계속해서 순회하는 교육과정 이론은 "원칙에 대한 의도적인 결례이자, 인식론적 이단성에 대한 투쟁"(p. xxv)이며 이는 과학적 지식이 "사회과학자들이 연구한 사회운동가와 지도자들의 경험에 근기한 지식 및 완연한 비과학적인 지역적 지식"(p. xxv)과 마주하도록 한다. 이것은 Agamben(1999)의 아리스토텔레스 방법론을 사용하는 영양의 능력(nutritive faculty)의 가장 중심부에 위치한다. 순회하는 교육과정 이론은 "시민의식과 단결"(p. xxv)의 실행이며, 결국 사회적·인지적 정의의 행위이다.

Žižek(2006)은 아마도 현실이 어떻게 폭발하고 실제하는 것을 바꾸는지 아는 것이 가장 최선의 방법이라고 말할 것이다. Nkrumah(1964, p. 70)의 말처럼, 내가 여기서 주장하는 것은 "하나의 철학적 진술에서 공고해질 수 있는", 학계의 역사적 양심의 "위기로부터 만들어지는"(Nkrumah, 1964, p. 70) 새롭게 떠오르는 이념이다. 순회하는 교육과정 이론은 "엘리슨(Ellisonian) 자신을"(Taliaferro-Baszile, 2010, p. 487) 억압하지 않을 "철학적 양심주의"(Nkrumah, 1964, p. 70)를 요구한다.

흥미로운 부분은 내가 브라질에서 분석할 수 있었던 교육과정 과제에서 어떻게 똑같은 현상을 찾을 수 있느냐는 것이다. 나는 학계를 위한 어떠한 처방전도 주장하지 않는다. 전혀 주장하지 않는다. 이것은 꼭 부정적이거나 악성적인 것으로 볼 필요가 없는 특정한 긴장이나 분열을 극복하는 법에 대한 나의 이해일 뿐이다. 현재, 비판적이며 진보적인 교육과정의 흐름은 우리에게 미국과 그 외의 많은 나라들에서 수많은 다른 흐름을 보여 주고 있으며 우리의 일은 그러한 변화무쌍한 변화를 격려하는 것이다. 사회가 더 복잡하고 불공정할수록, 더 많은 흐름들이 나타날 것이다. 그러나 이러한 흐름의 상당한 부분에서 교육과정의 적합성은 아직도 강력한 제안이다. 같은 인식론적 틀에서 그리고 그 틀로 실행하는 것은 더 이상 가능하지 않다. 순회하는 교육과정 이론은 그러한 입장을 지지한다. Habermas를 참조하며, Mignolo(2008)은 다음과 같이 주장한다.

원칙의 일부가 모더니티에 비판적일 때에도, 서구 철학의 규칙에서 '사고'하는 것은 더 이상 가능하지 않거나 최소한 문제가 된다. 그렇게 하는 것은 의미는 불가능하지는 않을지라도 어떠한 정치철학의 포함도 어렵게 하는 맹목적인 인식론적 민족 중심주의의 재생산을 의미한다.

서양 철학의 한계는 진보부터 보수까지 서양 사상이 숨기고 억압했던 지역 역사의 다양성을 드러내는 식민적 차이가 발생하는 경계에 있다. (p. 234)

지난 몇 년을 요약하며, 나는 브라질 명문 대학의 수많은 교육과정 대학과 교수들이 수행한 교육과정 연구 사례들을 분석하기 위해 브라질 ANPED(the National Association of Graduate and Research in Education)의 교육과정 연구 그룹에 초대되는 특권을 누렸다. 내가 검토한 교육과정 연구 과제들에서 어떻게 이 일련의 방법론들이 매우 강력한 방식으로 드러나고 공고한지를 시험하는 것이 분석의 주요 업무였다. 이 분석은 우리에게 주요한 교육과정 흐름이 어디로 가고 있는지 그리고 우리는 논리정연하며 잘 다듬어진 남쪽 이론으로부터 배울 것이 아주 많다는 것을 보여 준다. 즉, 이 이론은 실은 단순히 하나의 교육과정의 이론을 넘어서 어떤 부분에서는 "가망 없는 서구 인식론적 긴장"에 시간을 허비하지 않고 대신 다른 방향으로 선회한다. 나는 의심의 여지 없이, 예를 들어, 남아프리카공화국과 앙골라에서의 경험에서도 이와 똑같은 것을 말할 수 있다. 지식 생태계의 근거하며 지역 공동체 지도자들, Catoca 광산 협회(Sociedade Mineira da Catoca), 국가 정부를 포함하며 Lunda Sul의 수도인 Saurimo에 국립공산대학교(Public Comminitarian University)를 만들려는 시도는 아프리카 인식론의 활력성과 과학성을 보여 줄 뿐만 아니라 서구 인식론적 관점에 논리정연한 비판을 내놓는다. 이상해 보일 수 있지만, 비서구 학자들은 오히려 서구 학자들보다 서구의 인식론이라 불리는 것에 대해 더 잘 알고 있으며 몇몇의 경우에는 정확한 세부사항까지도 알고 있거나 아니면 비서구 인식론에 대해 알고자 한다. 멈춰야 할 필요가 있을까? 순회하는 교육과정 이론은 그러한 염려를 해결할 훌륭한 방법을 알려 준다.

다음의 실제 예시들은 인식론적 학살에 대한 투쟁과 다른 지식도 가능하며 남쪽 이론(Connell, 2007)과 남쪽 인식론과 다른 틀의 존재가 도달할 수 없는 이상향이 아니라는 것을 보여 준다. Sousa Santos(2007)는 남쪽 인식론은 다음 세 가지 기본적인 축으로 구성된다고 주장한다. (1) 남쪽이 존재한다는 학습, (2) 남쪽으로 향하는 학습, (3) 남쪽으로부터 그리고 남쪽과 함께 하는 학습. 이것은 서구를 비서구화하는 것뿐만 아니라 포스트모더니즘과 포스트식민주의 방법론이 무시하는(Sousa Santos, 2009b) 어떠한 종류의 유럽 중심주의도 회피하는 것을 의미한다. Autio(2007)가 정확히 지적하는 것처럼, 비록 일부 포스트모더니즘, 포스트식민주의, 그리고 포스트문화적 이론들이 계층화된, 성 구분된, 그리고 인종 차별적인 유럽 중심의 전통에 도전한다 할지라도, Goody(2006)가 강조하듯이, 해야 할 일은 옥시덴탈리즘(occidentalism)과 오리엔탈리즘뿐만 아니라 유럽 중심주의와 반유럽 중심주의가 극복되어야만 가능한 '세계 역사'를 찾는 것이다. Goody(2006)가 명시하듯이, 일부 포스트모더니즘, 포스트식민주의 방법론들은 유럽 중심주의에 대항하는 주장에서 결국 유럽 중심적인 것으로 끝이 난다. 그러기에, Autio(2007)의 주장을 복잡화하는 모더니티와 식민주의의 재서사화는 포스트모너니티와 포스트식민주의 재서사화를 의미한다.

그러나 일찍이 밝혔듯이, 이것은 토착 투쟁이 아니다. 서구 지식 형태의 신비화 및 독점에 대항한 투쟁은 신비주의의 똑같은 함정에 빠질 수 없다. 해야 할 일은 반패권주의 지식이 토착 지식의 특정한 형태라는 것뿐만 아니라 이 둘을 어떻게 비교하는가, 즉 비슷한 점은 무엇이고 다른 점은 무엇인지를 이해하고 분석하려고 하는 것이다. 우리는 매우 중요한 질문을 던질 필요가 있다. 누구의 토착 지식인가? 누가 이익을 얻는가? 이 지식은 얼마나 인종 차별적이며 계층적이며 성차별적인가? 이러한 토착 지식 형태는 얼마나 민주적인가? 이러한 질문을 던짐으로써, 우리는 토착 지식을 낭만화하는 것을 피할 수 있을 것이다. 토착 문화 형태는 어떠한 형태의 계층, 성, 인종 차별과도 관계가 없다고 주장하는 것은 지적으로 옳지 않다.

Smith(1999)의 주장처럼, 교육학자들은 토착 이론 연구에 뛰어들 필요가 있다. 그러나 남쪽의 고유 지식보다 북쪽의 반패권주의 토착 지식을 선호하는 시도에 도전하는 것이 우리가 추천하는 순회하는 이론의 자세이다. 이러한 종류의 참여는 정체성과 깊은 관련이 있으며 존재와 인식을 둘로 분리하지 않는 투쟁일 수 있다. 이 투쟁은 과학에 대항하는 것이 아니라 대학교들 특히, 교사 교육 프로그램을 탈식민화하려는 노력을 내포하는 과학의 새로운 이해를 발전시킬 수 있는 정치적 참여에 대한 것이다.

　　Barnhardt(2009)는 묻는다. 왜 삶의 한 방향이 죽어야만 다른 방향이 지속될 수 있는가? 누구도 교육과정 학계가 세계화를 부르짖는 동안 미국을 포함한 국가들이 유엔 원주민권리선언문(the United Nations Declaration on the Rights of Indigenous Peoples, 2007)에 서명하기를 거부했다는 사실을 무시할 수 없다. 교육과정 학계의 가장 핵심적인 지식에 있어 이것은 가볍게 넘길 문제가 아니다. 해야 할 일은 존재와 인식 사이의 상호작용에 대한 이해이자 토착 지식의 형태를 세계 시나리오에서 중요한 지역 지식으로 인식하는 하나의 세계 존재-인식을 향한 노력으로 보이는 토착 지식의 교육을 위해 애쓰는 것이다. 허무맹랑한 목표가 아니다. wa Thiong'o(1986)의 주장처럼, "소작농들은 그들의 모국어를 말하는 것과 하나의 국가적 지형 또는 대륙 지형에 속해 있는 것의 모순을 보지 못했다. (…) [그들은] 근접한 국적에 속해 있는 것, 베를린 회담에서 결정된 구역에 따라 다국적에 속해 있는 것, 그리고 전체로서 아프리카에 속해 있는 것 사이의 필수적인 반대의 모순도 보지 못했다"(p. 23).

　　또 다른 과학은 꼭 그렇게 가능하지 않다. 사실이다. 순회하는 교육과정 이론은 공정한 이론을 위한, 즉 공정한 과학을 위한 주장이다. 순회하는 교육과정 이론—우리가 비판적·진보적 교육과정 학자들에게 최적의 길이라고 주장하는—이 세계화(Sousa Santos, 2008) 또는 세계주의의 복잡한 단계에서 패권, 이념, 사회 해방, 계층, 인종, 그리고 성 등과 같이 귀중한 개념과 역학을 이해하는 것뿐만 아니라 지난 세기 Counts의 '감히 학교가 새로운 사회 질서를 만드는가?'와 같은 교육과정의 비범한 질문들을 다시금 드러내는 것이 가능하다. 가난과 불평등이 계속해서 증가하는 동안 질문은 여전히 그 핵심에 있다. 신자유주의 정책의 파괴적인 영향력은 특정한 도전들의 시대 초월성을 강요한다. 나중에 Chomsky(1971)의 접근법을 조사할 때 볼 수 있듯이, 사회를 변화시키는 것이 중요하지만 그것을 정확하게 인식하는 것도 그만큼 중요하다.

　　순회하는 교육과정 이론이 완벽한 이론이라고 말하는 것이 아니다. 실은, 완벽한 이론이라는 것은 없다고 말하고 있다(Quantz, 2011). 확실히 순회하는 교육과정 이론에도 비평의 여지가 있다. 예를 들이, 포스트구조주의 견해들의 입장 차이가 더 확대될 수 있다. 생태적 영역이 그렇게 입을 다물고 있으면 안 된다. 순회하는 교육과정 이론은 영어와 다른 서구 제국주의 언어로 묘사되는 언어 제국주의에 질문을 던진다. 또한 순회하는 교육과정 이론은 사회적 공식일 뿐만 아니라 현대 인식론적 학살을 정당화하는 그러기에 사회적·인지적 정의의 최대 적인 학문적 글쓰기의 문화 정치에 근거하여 과학이 정의되고 정당화되는 방식에 도전한다. 순회하는 교육과정 이론은 그러한 시대가 어떠한 언어에서 발생하는지 대해서뿐만 아니라 세계화의 흐름이 가속화되는 것에도 도전한다. 순회하는 교육과정 이론은 교육과정 학문 영역을 세계화하려는 그 노력이 미국 학계 환경에서 상대적으로 최근의 일이라는 사실에 경종을 울린다. 스페인, 브라질, 아르헨티나, 멕시코, 이탈리아, 그리고 그 외의 곳의 교육과정 학자들은 수십 년 전부터 세계화의 길을 걸었다. 이 사실은 순회하는 교육과정 이론의 분석에서 확연하게 드러나는 "누구의 세계화인가?"라는 문제를 불러일으킨다. Pinar와 Gough 같은 학자들은 이 문제를 손쉽게 인지하고 이 문제를 알리는 데 공공연하게 거침없이 유창히 표현한다. 순회하는 교육과정 이론을 이원적인 이론 방향의 길로 보는 것은 환원적일 것이다. 순회하는 교육과정 이론은 서양과 비서양 인식론 영역들의 충돌이 아니다. 이것은 인식론적 탈식민화에 대한 찬가이다. 비공간과 비시간의 영원한 이론적 플랫폼인 순회하는 주장을 함으로써 논쟁들을 넘어서지만 순회하는 교육과정 이론은 그러한 경로들 사이의 충돌에서 나온다. 순회하는 교육과정 이론은 교육과정 이론이 자기 자신에 맞서게 하며, 서양과 비서양의 지배적인 관점과 반지배적인 관점들의 모순을 활성화한다. 순회하는 교육과정 이론은 공정한 이론을 주장한다. 이것은 사람들의 이론이다. 그리고 Marti(1979)의 주장처럼, 그렇게 존재함으로써 그것은 꼭 그런 사랑의 노동이 아니라 그것은 교육과 교육과정과 같이 "무한한 사랑의 행위"(p. 74)가 되어야 한다.

🦋 참고문헌

Achebe, Ch. (1977) *Conversations with Chinua Achebe*. Edited by Bernth Lindfors. Jackson: University Press of Mississippi.

Agamben, G. (1999) Absolute Immanence. In J. Khalfa (ed) *An Introduction to the Philosophy of Gillen Deleuze*. London: Continuum, pp. 151-69.

Agamben, G. (2005) *State of Exception*. Chicago: University of Chicago Press.

Agbebi, M. (1903) *Inaugural Sermon Delivered at the Celebration of the First Anniversary of the "African Church."* New York: Edgar Howorth. In this regard bide also T. Falola (2003) *The Power of African Cultures*. New York: University of Rochester Press, pp. 20-48.

Alexander, H. (2003) Education as Spiritual Critique: Dwayne Huebner's Lure of the Transcendent. *Journal of Curriculum Studies*, 35 (2), pp. 231-45.

Appadurai, A. (1990). Disjuncture and Difference in the Global Culture Economy. *Theory, Culture, and Society*, 7, pp. 295-310.

Applebee A. (1996) *Curriculum as Conversation: Transforming Traditions of Teaching and Learning*. Chicago: University of Chicago Press.

Auge, M. (2003). *Não-Lugares: introdução a uma antropologia da supermodernidade*. Campinas: Papirus Editora.

Autio, T. (2007) Towards European Curriculum Studies: Reconsidering Some Basic Tenets of Building and Didaktik. *Journal of the American Association for the Advancement of Curriculum Studies*, Volume 3, February.

Barnhardt, R. (2009) *Indigenous Knowledge*. American Educational Research Association, S. Diego.

Bauman, Z. (1998) *Globalization. The Human Consequences*. London: Blackwell Publishers.

Blauner, R. and Wellman, D. (1973) Toward the Decolonization of Research. In J. Ladner (ed) *The Death of White Sociology*. New York: Random house, pp. 310-30.

Borges, J. L. (1962). *Labyrinths*. New York: New Directions.

Bourdieu, P. (2001) *Language and Symbolic Power*. Cambridge: Harvard University Press.

Chomsky, N. (1971) *Problems of Knowledge and Freedom*. New York: The New Press.

Ibarra-Colado, E. (2007) Organization Studies and Epsitemic Coloniality in Latin America: Thinking Otherness form the Margins. *Worlds and Knowledges Otherwise*, Fall, pp. 1-24.

Connell, R. (2007) *Southern Theory. The Global Dynamics of Knowledge in Social Science*. Cambridge: Polity.

Coomaraswamy, A. (1947) *The Bugbear of Literacy*. London: Dennis Dobson.

Deleuze, G. and Guattari, F. (1987) *A Thousand Plateaus. Capitalism and Schizophrenia*. Minneapolis: University of Minnesota Press.

Deleuze, G. (1990a) *The Logic of Sense*. New York: Columbia University Press.

Deleuze, G. (1990b) *Pourparlers*. Paris: Les Editions de Minuit.

Deleuze, G. (1994) *What Is Philosophy*. New York: Columbia University Press.

Deleuze, G. (1995a) *Difference and Repetiton*. New York: Columbia University Press.

DeLeuze, G. (1995b) *Negotiations 1972-1990*. New York: Columbia University Press.

Dewey, J. (1902) *The Child and the Curriculum*. Chicago: University of Chicago Press.

Eco, U. (1984) *Proscript to the Name of the Rose*. New York: Harcourt, Brace and Jovanovich.

Ellsworth. E. (1989) Why Doesn't This Feel Empowering? Working Through the Repressive Myths of Critical Pedagogy. *Harvard Educational Review*, 59 (3), pp. 297-324.

Espinosa-Dulanto, M. (2004) Silent Screams: Deconstructing (Academia) the Insider/ Outsider Indigenous Researcher Positionalities. In K. Mutua and B. Swadener (eds) *Decolonizing Research in Cross-Cultural Contexts. Critical Personal Narratives*. New York: New York University Press, pp. 45-51.

Falola, T. (2003) *The Power of African Cultures*. New York: University of Rochester Press.

Foucault, M. (1994) *História da Sexualidade I—A Vontade de Saber*. Lisboa. Relógio D'Água.

Fraser, N. (1997) *Justice Interrupts. Critical Reflections on the "Postsocialist" Condition*. New York: Routledge.

Galeano, E. (1997) *Open Veins of Latin America. Five Centuries of Pillage of a Continent*. New York: Monthly Review Press.

Goody, J. (2006) *The Theft of History*. Cambridge: Cambridge University Press.

Gore, J. (1993) *The Struggle for Pedagogies. Critical and Feminist Discourses as Regimes of Truth*. New York: Routledge.

Gough, N. (2000) Locating Curriculum Studies in the Global Village. *Journal of Curriculum Studies*, 32 (2), pp. 329-42.

Guha, R. (1983) The Prose of Counter Insurgency. In R. Guha (ed.) *Subaltern Studies II*. Oxford: Oxford University Press, pp. 1-42.

Hardt, M. and Negri, T. (2000). *Empire*. Cambridge: Harvard University Press.

Hartley, D. (1977) *Re-schooling Society*. Washington: Falmer Press.

Harvey, D. (1998) What's Green and Makes the Environment go Round? In F. Jameson and M. Miyoshi (eds) *The Cultures of Globalization. Post-Contemporary Interventions*. Duke University Press, pp. 327-355.

Huebner, D. (1959) *From Classroom Action to Educational Outcomes. An Exploration in Educational Theory*. Madison: University of Wisconsin-Madison, pp. 35-78.

Huebner. D. (1961) *Creativity in Teaching*. Unpublished paper.

Huebner, D. (1962) Politics and Curriculum. In H. Passow (ed) *Curriculum Crossroads*. New York: Teachers College Press, pp. 87-95.

Huebner, D. (1964) *Curriculum as a Guidance Strategy*. Paper delivered al Elementary Guidance Workshop, pp. 1-15.

Huebner, D. (1966) "Curricular Language and Classroom Meanings." In J. Macdonald and R. Leeper (eds) *Language and Meaning*. Washington: ASCD, pp. 8-26.

Huebner, D. (1967) Curriculum as Concern of Man's Temporality. *Theory into Practice*, 6 (4), pp. 172-9.

Huebner, D. (1968a) *Teaching as Art and Politics*. (Mimeographed).

Huebner, D. (1968b) *The Tasks of the Curricular Theorist*. Paper presented at ASCD (Mimeographed).

Huebner, D. (1974a) The Remaking of Curriculum Language. In W. Pinar (ed) *Heightened Consciousness, Cultural Revolution and Curriculum Theory*. Berkeley: McCutchan Publishing Corporation, pp. 36–53.

Huebner, D. (1974b) *Curriculum... With Liberty and Justice for All*. Unpublished paper.

Huebner, D. (1975) Poetry and Power: The Politics of Curricular Development. In W. Pinar (ed) *Curriculum Theorizing, The Reconceptualists*. Berkeley: McCutchan Publishing Company, pp. 271–80.

Huebner, D. (1976) "The Moribund Curriculum Field: It's Wake and Our Work," *Curriculum Inquiry*, 6 (2) pp. 153–167.

Huebner, D. (1977) *Dialectical Materialism as a Method of Doing Education*. (Mimeographed).

Huebner, D. (1979) *Perspectives for Viewing Curriculum. Curriculum Symposium*. British Columbia Teachers Federation. Unpublished paper.

Huebner, D. (2002a) Tape # 1, Interview with Joao M. Paraskeva; recorded at 3718 Seminary Rd, Alexandria, VA 22304, Washington, USA.

Huebner, D. (2002b) Tape # 2, recorded at 3718 Seminary Rd, Alexandria, VA 22304, Washington, USA.

Jin, H. (2008) *The Writer as Migrant*. Chicago: The University of Chicago Press.

Johnson, M. (1968) "The Translation of Curriculum Into Instruction." Paper prepared for an invitational presession on curriculum theory at AERA, February.

Kaomea, J. (2004) Dilemmas of an Indigenous Academic: A Native Hawaiian Story. In K. Mutua and B. Swadener (eds) *Decolonizing Research in Cross-Cultural Contexts. Critical Personal Narratives*. New York: New York University Press, pp. 27–44.

Kawagely, O. (2009) *Indigenous Knowledge*. San Diego: American Education Research Association.

Khalfa, J. (1999) Introduction. In J. Khalfa (ed) *An Introduction to the Philosophy of Gillen Deleuze*. London: Continuum, pp. 1–6.

Kliebard, H. (1995) *The Struggle for the American Curriculum: 1893-1958*. New York: Routledge.

Latour, B. (2006) *O Poder da Crítica. Discursos. Cadernos de Políticas Educativas e Curriculares*. Viseu: Livraria Pretexto Editora.

Liston, D. (1988) *Capitalist Schools. Explanation and Ethics in Radical Studies of Schooling*. New York: Routledge.

Macdonald, J. (1977) Values Bases and Issues for Curriculum. In A. Molnar and A. Zahorik (eds) *Curriculum Theory*. Washington: ASCD, pp. 10–21.

Macdonald, J., Wolfson, B. and Zaret, H. (1973) *Reschooling Society: A Conceptual Model*. Washington: ASCD.

Macedo, D. (2000) The Colonialism of the English Only Movement. *Educational Researcher*, 29 (3), pp. 15–24.

Macedo, D., Dendrinos, B. and Gounari, P. (2003) *The Hegemony of the English Language*. Boulder: Paradigm.

Mann, J. (1968) *Toward a Discipline of Curriculum Theory*. Baltimore: The John Hopkins University, The Center for the Study of Social Organization of Schools. (Mimeographed).

Marti, J. (1979) *On Education*. New York: Monthly Review Press.

Merelau-Ponty, M. (1973) *The Prose of the World*. Evanston: Northwestern.

Mignolo, W. (2008) The Geopolitcs of Knowledge and Colonial Difference. In M. Morana, E. Dussel, and C. Jauregui (eds) *Coloniality at Large. Latin America and the Postcolonial Debate*. San Antonio: Duke University Press, pp. 225-58.

Mignolo, W. (2011a) *The Darker Side of Western Modernity. Global Futires, Decolonial Options*. Durham: Duke University Press.

Mignolo, W. (2011b) Epistemic Disobedience and the Decolonial Option: A Manifesto. *Transmodernity. Journal of Peripheral Cultural Production of the Luso-Hispanic World*, 1, (2), pp. 44-66.

Mutua, K. and Swadener, B. (2004) Introduction. In K. Mutua and B. Swadener (eds) *Decolonizing Research in Cross-Cultural Contexts. Critical Personal Narratives*. New York: New York University Press, pp. 1-23.

Nkrumah, K. (1964) *Consciencism*. New York: Monthly Review Press.

O'Brien, M. and Penna, S. (1999) *Theorizing Welfare*. London: Sage.

Paraskeva, J. (2006a) Desterritorializar a Teoria Curricular. *Papeles de Trabajo sobre Cultura, Educación y Desarrollo Humano*, 2 (1). Accessed from: http://www.doaj.org/doaj

Paraskeva, J. (2006b) Desterritorializar a Teoria Curricular. In J. Paraskeva (org) *Currículo e Multiculturalismo*. Lisboa: Edicoes Pedago, pp. 169-204.

Paraskeva, J. (2007a) *Ideologia, Cultura e Curriculo*. Lisboa: Didatica Editora.

Paraskeva, J. (2007b) *Continuidades e Descontinuidades e Silêncios. Por uma Desterritorialização da Teoria Curricular*. Associação Nacional de Pós-Graduação e Pesquisa em Educação, (ANPEd), Caxambu, Brasil.

Paraskeva, J. (2008) Por uma Teoria Curricular Itinerante. In J. Paraskeva (org) *Discursos Curriculares Contemporaneos*. Lisboa: Edicoes Pedago, pp. 7-21.

Paraskeva, J. (2010) Hijacking Public Schooling: The Epicenter of Neo Radical Centrism. In S. Macrine, P. McLaren and D. Hill (eds) *Revolutionizing Pedagogy: Educating for Social Justice within and Beyond Neo-liberalism*. New York: Palgrave, pp. 167-186.

Paraskeva, J. (2011) *Conflicts in Curriculum Theory. Challenging Hegemonic Epistemologies*. New York: Palgrave.

Pinar, W. (2004). *What Is Curriculum Theory?* Mahwah, NJ: Erlbaum.

Popkewitz, Th. (1978) Educational Research: Values and Visions of a Social Order. *Theory and Research in Social Education*, 4, (4), p. 28.

Popkewitz, Th. (2001) A Changing Terrain of Knowledge and Power: A Social Epistemology of Educational Research. In R. G. McInnis (ed) *Discourse Synthesis. Studies in Historical and Contemporary Social Epistemology*. Westport: Praeger, pp. 241-66.

Popkewitz, Th. (2007) *Cosmopolitanism and the Age of School Reform. Science, Education, and Making Society, by Making the Child.* New York: Taylor and Francis.

Quantz, R. (2011) *Rituals and Students Identity in Education: Ritual Critique for a New Pedagogy.* New York: Palgrave.

Radhakrishnan, R. (1994) Postmodernism and the Rest of the World. *Organization,* 1 (2), pp. 305–40.

Roy, K. (2003) *Teachers in Nomadic Spaces.* New York: Peter Lang.

Said, E. (2005) Reconsiderando a Teoria Itinerante. In M. Sanches (orga) *Deslocalizar a Europa. Antroplogia, Arte, Literatura e História na Pós-Colonialidade.* Lisboa: Cotovia, pp. 25–42.

Sassen, S. (2004) Space and Power. In N. Gane (ed) *The Future of Social Theory.* London: Continuum, pp. 125–42.

Smith, L. (1999) *Decolonizing Methodologies: Research and Indigenous Peoples.* London: Zed Books.

Sousa Santos, B. (2005) *Democratizing Democracy. Beyond the Liberal Democratic Cannon.* London: Verso.

Sousa Santos, B. (2006). *The Rise of the Left the World Social Forum and Beyond.* London: Verso.

Sousa Santos, B. (2008) Globalizations. *Theory, Culture and Society,* 23, pp. 393–9.

Sousa Santos, B. (2009). *Epistemologias do sul.* Coimbra: Almedina.

Spivak, G. (1990) Question of Multiculturalism. In S. Harasayam (ed) *The Post-Colonial Critic: Interviews, Strategies, Dialogues.* New York: Routledge, pp. 59–60.

Spivak, G. (1995) Can the Subaltern Speak? In B. Ashcroft, G. Griffiths, and H. Tiffin (eds) *The Post Colonial Reader.* London: Routledge, pp. 28–36.

Taliaferro–Baszile, D. (2010) In Ellison Eyes, What Is Curriculum Theory? In E. Malewsky (ed) *Curriculum Studies Handbook.* New York: Routledge, pp. 483–95.

United Nations Declaration on the Rights of Indigenous Peoples (2007). New York: United Nations.

Visvanathan, S. (2009) Encontros Culturais e o Oriente. Um Estudo das Políticas de Conhecimento. In B. Sousa Santos (ed) *Epistemologias do Sul.* Coimbra: Almedina, pp. 487–505.

wa Thiong'o, N. (1986) *Decolonizing the Mind.* Nairobi: East African Educational.

Walker, C. (2011) How Does It Feel to be a Problem. (Local) Knowledge, Human Interests and the Ethics of Opacity. *Transmodernity. Journal of Peripheral Cultural Production of the Luso-Hispanic World,* 1 (2), pp. 104–119.

Walsh, C. (2012) 'Other' Knowledges, 'Other' Critiques Reflections on the Politics and Practices of Philosophy and Decoloniality in the Other America. *Transmodernity. Journal of Peripheral Cultural Production of the Luso-Hispanic World,* 1 (3), pp. 11–27.

Wraga, W. (2002) Recovering Curriculum Practice: Continuing the Conversation. *Educational Researcher,* 31 (6), pp. 17–19.

Žižek, S. (2006) *Bem-Vindo ao Deserto do Real.* Lisboa: Relogio D'Agua.

탈식민주의와 교육과정 연구

🍎 역자 후주

[1] Dwayne E. Huebner는 교육 및 교육과정 이론가이다. 그는 신학자나 종교 전문가는 아니지만, 이 분야의 대학원생들의 멘토이자 조언자로서 기독교 종교 교육에도 상당한 영향력을 끼쳤다.

[2] 변증법적 유물론(dialectical materialism)은 헤겔이 최종적으로 발전시킨 관념론적 변증법과 포이어바흐의 유물론을 마르크스와 엥겔스가 변증법적으로 지양한 이론으로, 레닌이 볼셰비키의 교조로 만든 마르크스-레닌주의의 철학 교조 및 그것을 다시 공식화한 스탈린의 유물론 사상이다. 변증법이란 우리가 사물을 볼 때에 사물을 고정적인 상태에서 보는 것이 아니라, 사물의 전체적인 연관과 함께 끊임없는 발전을 한다고 보는 것에 핵심이 있다. 물질의 존재론적 우선성은 수용하면서도 물질이 부동의 본질 존재가 아니라 끊임없이 운동하고 변화한다고 본다. 근원적인 물질이 정, 반, 합의 세 가지 계기를 내포하는 변증법적 운동 법칙에 따라 끊임없이 변화한다고 본다. 사회 변동도 합목적적 차원과 합법칙적 차원 간의 변증법적 상호작용으로 설명한다.

[3] 환원주의(reductionism)는 철학에서 복잡하고 높은 단계의 사상이나 개념을 하위 단계의 요소로 세분화하여 명확하게 정의할 수 있다고 주장하는 견해를 말한다. 물체는 원자들의 집합이고 사상은 감각 인상들의 결합이라는 관념은 환원주의의 한 형태라고 할 수 있다. 특히 데카르트는 인간이 아닌 동물은 환원적으로 자동 기계로서 설명될 수 있다고 주장하였다.

[4] Pierre-Félix Guattari는 프랑스의 심리치료가, 철학가, 기호학자이자 실천가였다. 그는 schizonalysi(분열)와 ecosophy(생태적 조화와 평형의 철학)를 만들어 냈으며, 특히 Gilles Deleuze와 함께 쓴 *Anti-Oedipus*(1972)와 *A Thousand Plateaus*(1980)로 유명하다. 대표적인 저서로 *Capitalism*과 *Schizophrenia*가 있다.

[5] Maurice Jean Jacques Merleau-Ponty는 후설과 하이데거의 영향을 받은 프랑스의 현상학적 철학자이다. 인간의 경험 안에서의 의미의 구성이 그의 가장 큰 관심사였으며, 인식, 예술, 정치에 대해 글을 썼다. 그는 1945년 장 폴 사르트르가 창간한 좌파 잡지인 「현대」의 편집위원을 역임하기도 했다. Merleau-Ponty 철학의 핵심은 세계를 이해하는 것뿐만 아니라, 세계를 이해할 때의 기본적인 역할 인식에 대한 지속적인 주장이다. 다른 유명한 현상학자들처럼 그도 예술, 문학, 언어학, 정치학에 관한 글에서 철학적 통찰력을 보여 주었다. 그는 20세기 전반의 유일무이한 현상학자로서, 과학과 심리 등에 광범위한 영향을 미쳤다. 그는 세상을 인식하는 중요한 매개로서 육체를 강조하며, 육체와 인식을 분리될 수 없다고 보았다. 구현의 원리에 대한 표현으로 그는 현상학에서 벗어나 '간접적인 존재론' 또는 '육체로서의 존재론'으로 관심을 돌렸다.

[6] Malangatana Valente Ngwenya는 모잠비크의 화가이자 시인이다.

[7] 포이에시스는 "인간이 전에는 존재하지 않았던 어떠한 존재를 가져오는 활동"이다. 일반적으로 '제작'이나 '생산'을 의미한다. 아리스토텔레스는 인간의 지적 활동을 관조, 실천, 제작으로 구분했다. 관조는 이론적인 탐구를 의미하며, 실천은 정치를 포함한 윤리적 행동을 의미한다. 마지막으로 제작은 생산 기술 활동이나 예술 활동을 의미한다.

[8] Subaltern counterpublics는 공식적인 공공 영역과 병행하여 발전하는 분산형 영역으로, '종속된 사회 그룹의 구성원들이 그들의 정체성, 흥미, 요구에 대한 저항적인 해석을 형성하기 위한 저항으로서의 담화를 만들어 내고 쓰는 영역'을 뜻한다.

[9] 랑그(langue)와 파롤(parole)은 구조주의 언어학의 시조인 소쉬르가 처음 사용한 말이다. 랑그(langue)는 우리가 언어를 사용할 때 준수해야 하는 사회적 규칙으로서, 언어 활동의 사회적이고 체계적인 측면을 의미한다. 그리고 파롤(parole)은 발화하는 것으로, 소리를 내는 언어적 행위를 뜻하며, 이는 개인적이고 구체적인 발화의 실행과 관련된 측면이다. 따라서 파롤은 랑그를 떠나는 순간 의미를 상실한다. 랑그와 파롤은 서로 상반되지만 서로 상호 보완적이다. 다시 말해 파롤은 같은 내용의 언어가 사람마다 달라지는 것을 뜻하는 것으로 실제 발화의 행위를 의미하며, 이러한 다양한 파롤을 가능하게 하는 것이 바로 랑그이다.

[10] Duardo Hughes Galeano는 우루과이의 저널리스트, 작가, 소설가로, 라틴 아메리카 좌파 문학의 거인으로 유명하다. 가장 잘 알려진 그의 연구는 *Las venas abiertas de América Latina*(Open Veins of Latin America, 1971)와 *Memoria del fuego*(Memory of Fire Trilogy, 1982-6)이다. 그는 자신을 작가라고 말하며, 기억상실로부터 비난을 받는 친밀한 땅인 미국과 라틴 아메리카의 과거에 사로잡혔다고 자인한다.

[11] 현재주의는 시대적 철학에서 미래와 과거 모두 존재하지 않는다는 믿음이다. 현재주의의 반대는 영원주의(eternalism)인데, 이는 과거의 것과 아직은 영원히 존재하지 않는 것에 대한 믿음을 뜻한다. 현대주의는 오직 현재만 존재한다는 관점이다. 따라서 현재주의는 존재론적인 신념이며, 절대적으로 그리고 무제한적으로 존재하는 것과 관련된 관점이다. 이 관점은 문학에서 광범위하게 논의되는 주제이다. 따라서 현재주의의 발전을 형성하는 문학의 대부분은 현재주의에 대한 반대를 공식화하거나 이러한 반대에 대응하며 성장해 왔으며 동기를 얻어 왔다.

제7장

대안을 위한 대안적 사유를 향하여

동지 여러분,
유럽의 게임은 완전히 끝났고,
새로운 것을 찾아야 합니다.

—Fanon(1963)

Schwab-Heubner 대화주의[1]는 근대성의 현재 상태와 새로운 방향에 대한 지향점을 이해하기에 흥미로운 선택이 될 수 있다. 즉, 현재의 상황을 고려한 Schwab[2](1978)는 다음과 같이 이야기했다. "근대성(modernity)[3]이라는 분야는 거의 죽은 것과 마찬가지이다. 지금의 방법과 규칙들로는 특히 [전반적인 사회와] 교육에 지대한 효과를 나타내거나 기여하기 어렵다. 근대성은 그 자체적인 문제들의 특성과 다양성에 대한 새로운 관점을 창출해낼 수 있는 새로운 규칙들을 필요로 한다. 이는 문제를 해결하기 위한 새로운 예산안에 적절한 새로운 방법론을 필요로 한다(p. 287)."

만약 근대성이 실제로 죽은 것과 다름없는 정체된 상태에서 복잡한 싸움들에 의한 약탈적인 요구들과 자본주의의 세 번째 패권주의적인 단계에 의해 짜여진 주요 문제들을 해결하려고 애쓰고 있었던 것이라면(Arrighi, 2005), 세계화로 인한 부정적인 영향의 소용돌이의 탄생은(Giroux, 2011) 지역적이고 종종 돌이킬 수 없어 보이는 모든 결과를 포함하며(Bauman, 1998), 이 상태는 극도의 고통을 이미 지나친 상태라고 볼 수 있다. 가장 저명한 틸리히주의의 진보적 신학자들 가운데 한 명인 Dwayne Huebner는 "이제 마지막이 가까워졌으니 그 종말을 깨어 있는 상태로 모여 [서구의 데카르트적인 근대성 모델]이 가능케 한 것을 즐겁게 축하하고 우리는 더 이상 한 가정의 구성원이 아니므로 각자의 일을 하기 위해 흩어지자."라고 말했다(Huebner, 1976, pp. 154-155). 아마도 Latour(1993)가 말한 것처럼 우리는 한 번도 근대적이었던 적이 없는 것 같다.

Sabet(2008)에 따르면 "근대성은 인간 사회에서 요구되는 다차원적인 요구를 충족시키는 데에 실패했다. 왜냐하면 근대성의 더 나은 삶에 대한 매혹적인 약속은 인간의 정신적인 발전과 물질적인 발전으로 비롯되는 자아실현에 대한 지속적인 관심을 가려 버렸기 때문이다(p. 31)."

근대성과 관련해서 Dussel(2013)에게 가장 큰 골칫거리는 '타인'으로부터의 영구적인 순응이 불가능하다는 것이었다. 이는 "아프리카와 아시아, 그리고 라틴 아메리카에 대한 배제와 각각 [거의 끝난 것과 같은] 빈곤에 내몰린 그들이 생존에 대한 불굴의 의지"가 근대성을 지속 불가능한 지점으로 이끌었기 때문이다.

근대주의자들이 이른바 말하는 과학의 '타당성'에 대한 오만함은 심각한 수준이었다(Giroux, 1981a). Munslow(1997)는 "의미라는 것은 사회적으로 암호화된 상태에서 생성되고 난잡한 관행들에 의해서 구성되기 때문에 이런 요소들은 현실에 사사건건 간섭하여 직접적인 접근을 효과적으로 차단한다."(p. 11)라고 주장하였다. 이는 "과학적 객관성과 과거에 대한 탐구를 통해 역사적 발전에 대해 이해하는 과정에 대한 총체적인 담론은 이제 문제점에 봉착했기" 때문이다(Munslow, 1997, p. 17). 이에 더하자면 현실(성)은 어떤 계층, 인종, 그리고 성별이 가장 중요한 역할을 했는지에 의해서만 규정될 수는 없다. 특히 이런 역학 관계가 만들어질 때나 서구 바깥의 식민지 시대 이전의 사회들에서 또한 생산에 관한 비자본주의자들의 논리와 조건들을 구성할 때는 더욱더 그렇다(Rodney, 1973). 근대성은 현실(성)과 현실(성)에 대한 대표성의 사이에서 (의도적일 수도 있겠지만) 그 의미가 퇴색되었다.

그 실용적인 목적에도 불구하고, 서양의 데카르트적 근대성 모델은 지배적인 모델이지만 세계적인 사회 문제에 대한 오만한 주장은 그냥 정체된 것이 아니라 죽은 것과 다름없다. Harding(2008)의 말에 따르면, 근대성이라는 개념은 '현혹적인 꿈'에 불과했거나 불과하다(p. 23). 근대성의 마지막은 부분적으로는 근대성 그 자체로 인해, 그리고 진정한 전체주의적인 추종자들로 인해 결정되었다. 그 추종자들은 문화적이고 경제적인 폭탄을 통해 다른 모든 인식론적인 징후들을 지우려고 노력했지만, 이는 역설적으로 근대성과의 적대적인 충돌을 통해서 조직적으로 보강되고 강화되는 결과를 낳을 뿐이었다. 만약 식민지주의가 인간성에 반하는 범죄이고 식민지주의와 제국주의가 근대성의 테두리 밖에서는 존재하지 않았다면 근대성 또한 이러한 인간성에 반하는 범죄에 대해서 결백하다고 이야기할 수 없다. 그 이유는 근대성이 대량 학살에 관한 정책들과 행위들을 피하거나 막는 것에 기여하지 않았기 때문이 아니라, 정확하게 말하자면 근대성의 실질적인 존재성은 대량 학살을 얼마나 영구적으로 지속시킬 수 있는지에 달려 있었기 때문이다. 역사는 죄를 사하여 주지 않을 뿐더러 역사는 서구의 데카르트적 근대성 모델의 죄를 사해 주지도 않을 것이다. 우주 정복이나 기술 등과 같은 분야에서의 위대한 업적들은 전 세계 인구 중 거의 대부분의 사람들에게 노예 제도, 집단 학살, 대량 학살, 빈곤, 불평등, 사회적/의식적 인종 차별, 세대 간의 불공정, 그리고 자연을 바꾸려는 무모함과 같은 다른 문제들 가운데서 그저 하찮게 여겨졌다. 비참하게도 앞서 언급한 모든 이야기들은 근대의 사회적 기술 발전에 그 진정한 원인이 있다. Eagleton(2003)의 표현을 빌리자면, "신은 [근대적]이지 않았던 것 같다"(p. 1). 20세기에 대해서 Thernborn(2010)은 "마지막으로 유럽 중심적인 세기"였다고 이야기했다(p. 59).

🍂 심연에서 심연 밖의 사고까지

내가 『교육과정 이론 속의 논쟁들(*Conflicts in Curriculum Theory*)』(2011)에서 이야기했던 것처럼, Boaventura Sousa Santos(2007a, 2007b)는 서구의 근대적

사상은 심연에 갇힌 것과 같으며 우리를 심연에서 벗어난 사상으로 나아가는 것을 막는다고 신랄하게 비난했다. Sousa Santos의 이런 접근은 "오랜 인식론의 위기에 대한 더욱 정확하고 정제된 비판적인 분석을 제공한다"(Arriscado Nunes, 2008, p. 46). Sousa Santos(2007b)는 서구의 근대적 사상은 "심연의 사고(abyssal thinking)"[4]라고 이야기한다(p. 45).

> 이는 시각적인, 그리고 비(非)시각적인 구분에 의한 체계에 의해 구성되며 비시각적인 것들은 시각적인 것들의 기반이 된다. 비시각적인 구분은 사회적인 현실성을 '선의 이쪽'과 '선의 반대쪽'이라는 두 가지 영역으로 나누는 급진적인 선들에 의해서 확고해진다. 이런 구분은 '선의 반대쪽'은 현실성이 사라져 존재하지 않으며, 마치 원래부터 존재하지 않았던 것으로 만들어 버린다. 존재하지 않는 것이라는 것은 존재와 관련 있거나 이해할 수 있는 방식으로 존재하지 않음을 의미한다. 존재하지 않는 것으로 생겨난 모든 것은 철저히 배척된다. 그 이유는 그것은 포섭에 관한 일반적으로 인정된 개념을 그것과 다른 개념으로 간주하는 영역 밖에 있기 때문이다. 따라서 심연의 사고를 가장 근본적으로 표현해 주는 것은 그 선의 양(兩) 영역이 함께 존재할 수 없다는 점이다. 심연의 사고가 만연한 경우에, 그 선의 이쪽 면은 적절한 현실성의 분야를 고갈시킴으로써만 우세할 수 있다. 그러지 않은 경우에는 오로지 비존재성, 비시각성, 그리고 형언할 수 없는 존재만이 있을 뿐이다.

이런 심연의 사고들의 주된 목표는 공존의 철저한 불가능성을 넘어 가능한 다른 존재들에 대한 근본적이고 철저한 부정이다. 이런 심연의 지식은 "선의 이쪽 면의 사회적 현실성을 구성하는 강력한 시각적인 구분은 선의 이쪽 면과 다른 쪽 면을 구분하는 것의 비시각성에 근간을 두고 있다."라는 점으로 인해 더욱 부각된다(Sousa Santos, 2007b, p. 46). Sousa Santos는 Todorova (1997)[5]의 '불완전한 타자' 논의를 어느 정도는 넘어선다고 볼 수 있다. 그 이유는 심연의 선을 넘어서는 아무것도 존재하지 않기 때문에 '불완전한 타자'(그리고 '불완전한 지식')는 존재하지 않기 때문이다. '한쪽 면'의 비시각성과 비존재성은 '다른 쪽 면'의 시각성과 존재성에 기반을 두고 있다. 지식과 근대적인 법은 근본적인 비존재성과 부정에 대한 문화적인 정책들의 가장 정제된 성과를 나타내는 두 가지의 주요한, 구별되어 있으면서도 서로 관련이 있는 복잡한 분야이다(Sousa Santos, 2007b).

지식의 분야에서 "심연의 사고는 근대 과학에서 진실과 거짓 사이의 보편적인 구분을 할 때 독점을 가능케 하는 데에 기여하고 있으며, 이는 지식의 두 가지 대체 가능한 부분인 철학과 신학의 훼손을 발생시킨다"(Sousa Santos, 2007b, p. 47). 이것은 "독점의 배제적인 속성이 과학적 진실과 비과학적 형태의 진실 사이에서의 근대적 인식론적 논쟁의 핵심에 있기" 때문이다 (Sousa Santos, 2007b, p. 47). 이런 독점은 인식론적인 투쟁을 "특정 종류의 물체는 특정 환경 아래에 있고 특정 방법에 의해서 확고해진다"는 점에 관한 특정 체계로 한정 지을 수 있었다(Sousa Santos, 2007b, p. 47). "철학적인 진실이나 신념을 종교적 진실로 치부하는"(Sousa Santos, 2007b, p. 47) 것이 지배적인 서양의 근대적 사상 아래에서의 과학적인 근거(Giroux, 2011)에 맞지 않는다는 이유로 다른 형태의 지식을 존재하지 않는 것으로 만듦으로써 생겨나는 독점은 그 자체의 상대주의와 더불어 '과학적' 진실의 상대주의 또한 지워 버린다. 공개적이고 정당한 과학, 철학, 신학의 적대적인 갈등은 서구 데카르트적 사상에 기반을 둔 근대적인 면을 카르텔화했으며, "그들의 가시성은 어떤 앎의 방식에도 맞춰지지 않는 비가시적인 지식의 형태가 전제되어 있다"(Sousa Santos, 2007b, p. 47).

이는 그 선의 다른 면에 있는 대중적이거나 일반적이거나 농민적이거나 촌뜨기 같은, 또는 토착적인 지식은 진리와 거짓을 초월하기 때문에 적절하거나 균형 잡힌 지식으로 여겨진 채 사라질 것이다. 그들에게 과학적인 진실과 거짓의 구분뿐만 아니라 선의 이쪽 면의 모든 납득 가능한 지식을 구성하는 철학과 신학의 과학적으로 확인할 수 없는 진실들을 그것들에게 적용하는 것은 상상할 수도 없다. 다른 한편으로는 그 선의 다른 면에는 진실된 지식이란 없다. 기껏해야 과학적인 탐구의 객체나 소재가 되는 것이 고작인 믿음, 의견, 직관적이거나 주관적인 이해만이 있을 뿐이다. 따라서 과학을 과학의 근대적인 다른 것들과 구분하는 가시적인 선은 과학과 철학, 신학을 나누는 심연의 보이지 않는 선에 근간을 두고 있으며, 다른 면에서 진리의 과학적 방법이나 철학과 신학의 영역에서 공인된 경쟁자들의 요구를 충족시키는 것에 대해 이해할 수 없고 비교할 수 없게 되었다. (Sousa Santos, 2007b, p. 47)

이런 맥락에서 지식뿐만 아니라 "사유란 무엇인가?"라는 근본적인 질문이자 대답은 심각하게 더럽혀졌다. 다른 수많은 형태의 인식을 모으는 거대한 인식론적인 연단(platform)이 악랄하게 존재하지 않는 것이 되어 버린 상황에서 다른 사람이 안다고 주장하는 것에 대해서 누군가가 실제로 안다고 해서 정말 안다고 말할 수 있겠는가?

Chomsky(1971)는 그의 "Bertrand Russell Lectures"에서 "세계를 해석하는 것의 관건이 되는 문제는 어떻게 실질적으로 인간이 그렇게 할 수 있도록 나아가게 할 것인가를 결정하는 것이다. 특정 생물학적으로 주어진, 인간의 생각이라는 복잡한 시스템과 물질적·사회적 세계의 상호작용에 대한 연구이다."라고 주장했다(p. 3). 반박할 수 없는 논리적인 주장은 서구의 데카르트적 모델의 심연의 사고들이 가진 항변의 가능성마저 박탈한 채 사형을 선고받은 칼을 쓴 죄인의 상황에 처하게 한다. Chomsky(1971)의 예리한 지적은 인간이 세계를 이해하는 과정에서의 한 가지 방법만 차용하는 것의 불가능성뿐만 아니라 일차원적인 인간(Marcuse, 1964)을 만들어 내고—일차원성이라는 것 자체가 "다른 면은 존재하지 않는다"는 것의 결과에 기반을 두고 있기 때문에—재생산하며 정당화하기 위해서 서구의 데카르트적 근대 모델을 통해 만들어진 전체주의적 충동의 상대주의 또한 입증해 냈다(Sousa Santos, 2014).

인류가 세계를 경험하는 복잡하고 다양한 방식들은 과학적이고 논리적이라는 근대의 지배적인 학습 이론이 얼마나 조잡한지를 나타낸다. Russell의 주장을 인용한 Chomsky(1971)는 "경험이 어떻게 지식이나 신념과 연관

탈식민주의와 교육과정 연구

이 있는지에 대한 문제 제기를 하지 않았기 때문에 인간 심리에 대한 연구가 논지에서 벗어났으며, 이런 문제는 당연하게도 지식과 신념의 체계의 구조에 대한 연구 이전에 논리성을 전제로 한다."라고 이야기했다(p. 47).

심연의 체계는 "효과적으로 그 선의 다른 쪽 면에 있는 어떤 현실성이든 없앨 수 있을 정도인" 일차원성을 부추긴다(Sousa Santos, 2007b, 48). 더욱이, 이런 공존에 대한 급진적인 부정에 대해 Sousa Santos(2007b)는 "선의 이쪽 면에서 진실과 거짓, 합법과 불법을 나누는 급진적 차이를 확인하는 것의 근간이 된다."라고 이야기했다. 또한 "그 선의 다른 쪽 면은 버려진 경험의 거대한 집합으로 구성되어 있으며 이것들은 단체나 주체로서 비시각화되었으며 구체적인 영토적 의미의 장소라는 것이 없는 상태이다."라고 말했다(p. 48). "진실과 거짓, 합법적이거나 불법적인 것으로 생각될 수 없는 모든 것"을 포함하고 있는 식민지 구역으로 온 여러분들을 환영한다(Sousa Santos, 2007b, p. 48).

식민지 구역은 매우 탁월하며, 진실이든 거짓이든 지식으로 간주될 수 없는 이해할 수 없는 신념과 행동들의 영역이다. 그 선의 다른 쪽 면은 오로지 이해할 수 없는 마법 같거나 우상을 숭배하는 관습들의 온상이다. 그런 관습들은 완전히 낯선 느낌으로, 그런 행위들의 주체의 아주 인간적인 천성을 부정하기에 이르렀다. 인간성과 인간의 존엄성에 관한 그들의 정제된 개념에 기반하여 인문학자들은 야만성은 인간 이하라는 결론에 이르렀다. (Sousa Santos, 2007b, p. 51)

누구든 심연의 사고와 자본주의의 탄생과 발전의 기저에 깔려 있는 물질적 조건인 정치, 경제, 문화를 별개로 간주할 수 없을 것이다. Latour(1993)는 근대성은 인간의 탄생을 축하하거나 그 죽음을 알림에도 불구하고 동시에 이는 지금은 틀린 존재가 되어 버린, 관심 밖으로 밀려난 신의 시초와 같이 이상한 비인간성의 탄생을 간과하는 것이며, 따라서 자본주의적인 체제와 연결되어 있어 비대칭적인 구성을 드러낸다고 주장한다(p. 13). Amin(2008)에 따르면 근대성은 그 자체로 "문화적인 변혁에 국한되지 않는다. 그것이 가지고 있는 자본주의의 시작과 잇따른 성장과의 가까운 관계를 통해서만 그 의미를 찾을 수 있다"(p. 88). 이는 사실상 그러한 체제의 기화이기다. **포르투갈과 스페인의 토르데시야스 조약**은 첫 서구의 근대적·세계적인 "선"이라고 할 수 있는데, "진실한 심연의 선들은 16세기 중반의 우호의 선들과 함께 나타났다."라는 심연의 인식으로 인해 발생했다. Sousa Santos(2007b)는 "적도를 넘어서면 어떠한 죄악도 없다."라는 서양의 근대적 주장이 그 선의 다른 쪽 면에 대한 죽음의 입맞춤이었다고 받아들인다(pp. 49-50). 식민주의는 "어떤 지식과 법에 대한 근대적인 인식이 만들어지는지에 대한 사각지대이다"(Sousa Santos, 2007b, p. 50). 자본주의와 심연의 생각은 동전의 양면과 같기 때문에 문화적·경제적 정책의 급진적인 부정은 그 탄생 이래로 심화되어 갔다. 이런 맥락에서 17~18세기의 "과거를 꾸며 내 동일한 미래를 만들 여지를 만들어 내고" 사회적인 파시즘을 부과하는 사회적 계약 이론에 대해 이해해야 한다.

Amin(2008)은 근대성은 "자유로운 민주주의를 가능케" 한다고 주장하면서, 더 나아가 다음과 같이 더붙인다.

> 근대성은 근대성, 민주주의, 세속주의의 복잡한 연계로서 종교적인 것과 정치적인 것의 구분이라는 점에서 세속주의를 필요로 하며, 그 발전과 퇴보는 현대 사회를 구성하고 있다. 따라서 오늘날 근대성, 민주주의, 세속주의의 실질적인 형태는 자본주의 성장의 구체적인 역사의 산물로 간주할 수 있다. 이들은 자본의 점유가 표현되는 구체적인 조건에 의해 형성되며, 이러한 조건에는 패권주의적인 국가 연합 등에 대한 사회적인 내용을 단정하는 역사적인 타협 등이 있다. (pp. 87-88)

역설적으로 Sousa Santos(2007b)는 사회적 파시즘은 역사상 어느 때보다도 자유주의적인 민주주의의 핵심에 있다고 이야기한다.

> 그는 사회적 영역으로서 사회적 파시즘은 자유주의적인 정치적 자유민주주의와 공존할 수도 있다고 이야기했다. 민주주의를 세계적인 자

본주의의 요구에 희생시키는 것이 아니라 오히려 이는 민주주의를 희생하여 자본주의를 촉진하는 것이 더 이상 필요하지 않고, 심지어는 편리하지도 않다고 생각될 정도로 민주주의를 하찮게 만든다. 따라서 이는 다원적인 파시즘이며, 다시 말해서 역사상 존재하지 않았던 최초 형태의 파시즘[6]이고, 그는 사회가 확실히 정치적으로 민주적이고 사회적으로 파시스트적인 사회적 시기로 진입하고 있다고 주장했다. (p. 61)

그렇기는 하지만, 사회적 파시즘은 "급진적인 부재의 결과, 인간성의 부재, 근대적인 비인간성으로 인해서 근대적인 인간성은 근대적인 비인간성 없이는 납득할 수 없다"는 점에서 급진적인 부정의 정치학의 가장 핵심에 존재한다. 그 자신이 보편적인 것이라고 간주하는 그 다른 인간성의 부분에 대한 확언의 조건이라는 점에서 어떤 한 부분의 인간성의 부정은 제물로 바쳐진다(Sousa Santos, 2007b, p. 52).

근대성의 '다른 비서구적'인 발전의 결여에 대한 근대성의 장악은 지배와 폭력의 교육학을 몰래 숨긴다. 유럽 중심적인 문화 숭배자들은 폭력을 발전의 대가로 받아들인다. 따라서 "피해자들은 그들에 대한 폭력적인 정복과 그들 스스로가 피해자가 되는 것에 있어 과실이 있다고 느끼게 된다."라는 생각을 자연스럽게 받아들인다(Dussel, 1995a, p. 66).

근대적인 서구의 사상을 체계화해 온 심연의 국제적인 선들은 멈춰 있거나 고정된 것이 아니다. 또한 획일화된 움직임을 나타내지도 않는다. 철학과 종교의 영역 속에 있는 근대적인 서구 사상의 가장 중요한 핵심과 더불어 그들의 관계 사이에는 이율배반적인 자극들이 있다. 굉장히 획일적으로 잘못 만들어진 그 선의 다른 쪽 면에도 똑같은 논의를 할 수 있다. 국제적인 선의 다양성의 방향성을 극적으로 변경시킨 논쟁의 가장 최근의 예시들 중 하나는 반식민주의적 움직임이다. 이는 "그 선의 다른 쪽 면은 전형적인 예시의 전용(轉用)이나 폭력성에 취약한 사람들의 급진적인 배제에 대항했으며 그들을 법률이나 해방의 패러다임에 포함시켜야 한다고 요구"했기 때문이다(Sousa Santos, 2007b, p. 54.).

오늘날, 빈곤과 불평등의 수준을 나타내는 수치의 증가를 동반한 세계화의 국지적인 결과(Bauman, 1998)는 또한 근대 서양식 생각의 약탈적인 DNA를 드러내는 한편 심연의 생각 이후의 탄생을 위한 지평을 열었으며, 이는 Sousa Santos(2007b)가 이야기하는 "세계주의의 종속관계"(p. 55)이다. 이는 세계화나 자본주의의 가장 최신의 패권주의적인 시기(Arrighi, 2005 참조)가 "근대적인 서구의 사상은 인간의 원칙들이 비인간적인 행위들에 의해서 더럽혀지지 않는 방식으로 인간을 비인간으로부터 구분하는 심연의 선들을 통해서 작용한다."라는 점의 근거가 되기 때문이다(Sousa Santos, 2007b, pp. 52-53). 하지만 근대적인 서양 사상의 진정한 중심부 안에서의 특정 반패권주의적인 도전 또한 조심스럽게 재고되어야 한다(Andreotti, 2011; Cho, 2012; Fraser, 2014; Paraskeva, 2011a). 내가 앞서 언급했듯이 특정 반지배적인 서구의 강령은 그들이 저항하던 기능주의를 주장하는 기능주의자들로 전락하고 말았다. 다른 쟁점들 가운데서 그들은 그들의 주장마저도 탈식민함으로써 탈식민화와 함께 행동하기에는 부적절했다. 유럽 중심적인 유럽 중심주의 대 반유럽 중심적인 유럽 중심주의의 논쟁을 넘어서는 서구의 반패권주의적인 인식론과 세계주의의 종속관계 사이에서 무엇이 새로운가?

세계주의의 종속관계의 참신함은 무엇보다도 완벽함에 전혀 목표를 두지 않는 깊은 불완전함에 있다. 한편으로 이는 세계에 대한 이해는 서구의 세계에 대한 이해를 훨씬 능가하며, 따라서 우리의 세계화에 대한 이해는 세계화 그 자체에 비해 훨씬 세계적이지 못하다는 사실을 뒷받침한다. 다른 한편으로는, 세계에는 아직 알아 가야 할 것이 많다는 것이 더욱더 명확해짐으로써 더욱 비서구적인 세계에 대한 이해가 인식되고 있으며, 따라서 서구와 비서구적인 요소를 섞은 혼합적인 이해는 실질적으로 무한하다. 따라서 심연 이후의 사상은 세계의 다양성이 무궁무진하기 때문에 그런 다양성은 적절한 인식론이 결여되어 있다는 점에서 비롯된다. 다른 말로 하면, 세계의 인식론적인 다양성은 아직 형태가 없다는 것이다. (Sousa Santos, 2007a)

Fraser(2014)는 특히 근대의 반패권주의적 충동의 한계점을 인성하면서, 이를 방해할 수 없는 위기의 차원으로 통합함으로써 우리 시대의 새로운 현실에 적합한 새로운 비판 이론을 요구하고 있다. Fraser(2014)가 주장하듯이, 만약 사회의 재정적·경제적 측면에 대한 관심을 줄인다면, 사회적·생태적·정치적 충돌과 이들과 경제와의 관계를 명확하게 하는 능력을 잃게 될 것이다. Fraser가 원하는 것은 시스템의 논리에만 집중하려는 기능주의자의 유혹에서 벗어나 사회적 행동의 논리를 파악할 필요성을 느끼는 것이다. 따라서 Fraser(2014)는 현재의 사회적 문제를 언급하길 원하는 모든 비판적 접근은 다차원적으로 변함으로써 경제주의를 능가해야 하며, 사회 구조와 집단에 좀 더 주목함으로써 기능주의를 극복할 필요가 있음을 주장한다. 즉, 오늘의 위기는 "경제와 재정뿐만 아니라 생태, 사회, 정치까지 포함하는 다차원적인"(Fraser, 2014, pp. 541-542) 것이다. Fraser(2014)는 비판 이론은 생태, 재정, 사회 재생산의 세 측면에 의해 촉발된 위기에 대해 다룬다고 덧붙인다. 하지만 Fraser(2014)는 다음과 같이 주장한다.

> 오늘날 우리는 이러한 비판 이론이 부족하다. 우리의 위기에 대한 이해는 특히 독립적이고 다른 것보다 중요하다고 생각되는 경제적이거나 생태적인 단편적인 차원에 집중하는 경향이 있다. 대부분의 생태 이론가는 자연의 위기를 금융의 위기로부터 격리시키며, 또한 대부분의 정치적·경제적 비평가들 역시 이러한 영역들을 생태학과 연결시키지 못한다. 그리고 두 집단 모두 젠더 연구와 페미니스트 이론의 영역이 된 사회 재생산의 위기에 무관심하며, 따라서 편협한 시각에 머무른다. (p. 542)

Fraser(2014)의 주장은 매우 중요하며, 비판 이론이 탈식민화의 과정으로 진행되어야 한다는 주장을 강조한다. 만약 그렇지 않다면 이는 하찮은 것에 불과하다. 이는 후기 심연(post-abyssal), 즉 비심연(non-abyssal)은 무모하다는 것을 보여 준다.

후기 심연의 사고는 가장 넓은 의미에서 사회적 배제가 심연으로부터 또는 비심연의 선에 의해 결정되는지에 따라 매우 다른 형태를 취한다는 인식에서 출발하며, 심연에서 비타협적인 배제가 지속되는 한, 진정으로 진보적인 후기 자본주의적 대안의 가능성은 없다는 인식에서 출발한다. 긴 과도기 동안, 심연의 배제에 직면하는 것은 이 선에서 현재의 세계를 나누는 비심연적 배제의 여러 가지 형태를 효과적으로 나타내는 전제조건이다. 마르크스의 후기 심연적 개념(그 자체로 심연적 사상의 좋은 예시)은 세계 자본주의에 의해 억압받지만 직접적으로 이용되지 않는 제3세계의 버려질 수 있는 모든 인구를 해방시키는 것과 관련한 노동자들의 해방을 위해 싸워야 한다고 주장할 것이다. 또한 이는 이방인들이 하등의 인간으로 취급되는 한 시민권은 보장되지 않는다고 주장할 것이다. (Sousa Santos, 2007b, p. 65)

비판적 사고는 패권주의적 인식론적 카르텔로 심연의 사고를 인식함으로써, 우생학자들의 연단을 타파하는 데 큰 역할을 할 것이다. 즉, "그러한 인식 없이는, 비판적 사고는 아무리 반심연적이라고 스스로 주장할지라도 심연의 선을 재생산하는 파생적인 사고로 남을 뿐이다"(Sousa Santos, 2007b, p. 65). Sousa Santos(2007b)는 "후기 심연의 사고는 비파생적인 사고이다. 이는 근대 서구의 사상과 행동 방식과의 철저한 단절을 수반한다."라고 말한다. 이를 비파생적 사고로 생각하는 것은 "서구 근대 사상에서는 상상할 수 없었던 선의 다른 면의 관점에서 생각하기 때문이다"(Sousa Santos, 2007b, p. 65).

후기 심연의 사고가 집단적인 움직임으로 보여야 한다는 것은 말할 필요도 없다. 그러한 심연의 복잡성을 완전히 이해하기 위해서는 "어떤 학자라도 혼자, 개인으로서 할 수 있는 것은 없고"(Sousa Santos, 2007b, p. 66) 매우 힘든 노력이 필요하다는 것을 알아야 한다. Amin(2008)의 주장에 따르면, "지배적인 자본의 전략적인 세계화는 그들의 희생자로서의 세계적인 [집단적인] 반응을 요구한다"(p. 77). 후기 심연의 사고는 "지식은 상호적인 지식이라는 사상에 바탕을 둔 지식의 생태학에서 현대 과학의 단일문화에 맞서는 제3세계의 인식론을 통한 제3세계로부터의 배움"의 대안적인 사고방식이다(Sousa Santos, 2007b, p. 66). 후기 심연의 사고는 급진적인 공존을 암시하는데, 즉 "선의 양쪽의 실천과 주체는 동시대적임"을 의미한다(Sousa Santos, 2007b, p. 66). 이는 "세계의 인식론적 다양성의 사상과 과학적 지식을 넘어서는 다원적 지식의 존재에 대한 인식에 대한 전제"로서 지식의 생태를 의미한다(Sousa Santos, 2007b, p. 67). 그렇게 함으로써, 후기 심연의 사고는 패권주의적인 의미에서 정치적인 명확성을 제공하며, 일반적인 인식론을 포기함으로써 "우리는 아마도 일반적인 인식론의 불가능성에 대한 일반적인 인식론으로 나아가기 위해 남겨진 일반적인 인식론적 요구가 필요할 것이다"(Sousa Santos, 2007b, p. 67).

🍎 트랜스모더니티, 경계적 사고, 또는 급진적 공존

Sousa Santos(2007b)는 후기 심연의 사고가 "급진적 공존"과 "일반적인 인식론의 불가능성의 일반적인 인식론"의 비타협적인 주장과 함께, 트랜스모더니티(Maldonado-Torres, 2008a 참조)와 경계적 사고(Tlostanova & Mingolo, 2012 참조)와 같은 탈식민적 연단(platform)의 강력한 의식을 구축하고 있다. 즉, 나는 Sousa Santos(2007b)가 중요한 기반으로 완벽히 조정된 트랜스모더니티적 주장에 유창하게 대항하는 후기 심연의 사고가 경계적 사고의 이론가들과 연단을 형성하는 일부 주장과는 다른 점을 보여 준다고 주장한다. Maldonado-Torres(2008a)는 트랜스모더니티가 탈식민적 전화의 복잡한 매트릭스 안에서 구조화되어야 한다고 주장한다. 이러한 전환은 네 번째의 단계에 속한다. 탈식민적 전환은 다음과 같이 인식될 수 있다.

탈식민적 전환은 서양의 신정론(서구 문명 자체가 신을 대신하여 어떠한 악에도 맞서고 방어해야 한다는 신정론의 한 형태)에 대한 회의적인 특정한 징후의 표현이라고 인식될 수 있다. 그것은 500여 년 전 근대 식민적 경험의 시작부터 식민적 그리고 인종적 주체로 표현된 인종주의와 식민주의에 대한 비판적 반응에 근원을 두고 있다. 탈식민적 전환은 근대의 유럽과 급진적이고 식민화된 주체의 상황의 위기에 대응하기 위한 동시 자발적인 반응이다. 이는 배제보다는 윤리적 관계가 기준이 되는 세상을 만들기 위한 정치학의 필요성뿐만 아니라 자유, 자율성, 평등이라는 서구의 개념이 가지는 문제에 대한 해결책으로서 윤리적인 우선성을 가진다. 탈식민적 전환은 노예화되고 식민화된 인류에 대한 탐구의 인식적 연관성을 강조한다. 이는 새로운 형태의 비판과 인식론적 균열을 통해 사고의 원천을 해방하고 이론적 영역에서의 인종적 차별을 해체하고자 한다. (p. 7)

따라서 탈식민주의는 새로운 전환이 아니다. 사실 첫 번째 단계는 19세기 말로 거슬러 올라가며, 아프리카계 미국인들의 해방의 딜레마와 연결되어 있다. 다음의 급진적인 국면은 제1차 세계대전과 제2차 세계대전과 전쟁 후의 붕괴와 함께 나타난 탈식민화 운동과 함께 생겨났다. 여기서 유럽 외부에서의 비판적 인식의 출현과 발전의 장에 대한 필요성은 활발한 단계에 접어들었음을 의미한다. 세 번째 단계는 1960년대 말에 시작되었다. 1968년 5월 해방 이론, 해방 철학, 서발턴 이론(subaltern theory)[7]의 출현 등 주요한 비단일적인 사회 운동에서 제기된 불가능성에 대한 가능성은 반지배적인 서양의 연단뿐만 아니라 지배적인 근대 서구 사상 모두에 대한 명백한 요구였다.

트랜스모더니티는 이성적인 해방과 폭력의 실천에 동시에 의존하는 모순적인 모멘텀이라는 피비린내 나는 근대 서구 모델에 목숨을 걸고 대항할 것을 요구한다(Dussel, 1995a). Maldonado Torres(2008a)는 "근대성은 추상적인 보편성 또는 글로벌 디자인으로 해방되는 반면, 트랜스모더니티는 일반성을 다양하게 생각할 수 있는 가능성을 제공한다."(p. 231)라고 주장한다. Dussel의 해방 철학과 트랜스모더니티 사상은 "근대성의 한계에 대한 인식에 의해 나타났으며, 특히 이러한 사상은 비판 이론의 급진주의를 측정하는 기준으로서 그리고 비판주의적 관점을 통합하는 장소로서의 제3세계를 포함하는 전 세계적 인식으로부터 명백하게 만들어진다"(Maldonado-Torres,

2008a, p. 232). 따라서 Maldonado-Torres(2008a)에 따르면, 트랜스모더니티는 "양 쪽 측면을 모두 포함한다. 즉, 이성의 해방(유럽인들의 해방이 아닌)의 관점으로부터의 세계화된 유럽인 또는 북아메리카인들의 최상을 포함하는 한쪽 면과 근대성으로부터 배제되거나 가려진 문화와 지식의 해방적인 측면에 대한 비판적 성격의 동의라는 면(p. 231-233)이다." 트랜스모더니티는 근대성의 전쟁에 대한 패러다임에 도전한다(Maldonado-Torres, 2008a).

트랜스모더니티는 "근대성이나 식민성 모두 역사, 기억, 그리고 식민화된 문화 또는 종교적 전통의 인식론적·소생적 자원을 완전히 지우지 못했다는 것"(Maldonado-Torres, 2008a, p. 232)을 입증할 뿐만 아니라, 심연의 세계적 선을 벗어나기 위해 근대 서구 사상의 가장 핵심 내에서의 중대한 반패권주의적 충동을 목표로 한다(Sousa Santos, 2007b). 바로 여기서 후기 심연의 사고가 경계적 사고를 벗어나는데, 이는 근대성의 무자비한 계획의 영향에 대한 공통성의 부정 때문이 아니라, 경계주의 이론가들의 일반적인 인식론의 불가능성에 대한 일반적인 인식론의 탐색의 필요성으로서 급진적인 공존의 위치의 중요성에 대한 타협의 거절 때문이다. 비록 일반적인 인식론의 불가능성의 일반적인 인식론을 위한 탐색은 경계주의 이론가들의 중심 사상이지만, 그들은 이러한 목표가 반드시 급진적인 공동의 존재에 의해 달성되는 것은 아니라고 주장한다.

Mignolo(2012)는 마치 동전의 양면과 같이 근대성과 식민성을 단순화하는 위험성을 없애기 위해 식민적인 차이와 연계하여 경계적 사고를 탐구한다. 자본주의 매트릭스의 필수적인 부분임에도 불구하고 근대성과 식민성 사이의 논쟁은 전 세계적으로 다르게 전개되었다(또는 Latour[1999]는 다르게 '발생했다'고 말했다). 예를 들어, 억압된 라틴계 미국인들의 경우 "근대성과 식민성은 명백히 동전의 양면"인 반면, Rashida Triki와 같은 북아메리카인들은 "식민성은 근대성 이후에 도래했으며, 그녀[또는 억압된 대상들]에게는 아메리카의 관점에서 식민성은 근대성의 구성물이라는 것을 이해하는 것이 쉽지 않다"(Mignolo, 2012, p. 50). 즉, 자본주의 매트릭스의 정확한 분석은 "두 방향으로 작용하여 제국주의적 분쟁과 연결된 내부의 경계를 재설계하고, 식민적 차이에 새로운 의미를 부여함으로써 외부적 경계를 재설계하는" 식민적 차이에 대한 명확한 이해를 내포하고 있다(Mignolo, 2012, p. 50). 아프리카와 유럽은 물론 라틴 아메리카와 아시아와 같은 세계의 다른 지역들도 근대성과 식민성의 다른 구성을 보여 준다(Mignolo, 2012). 더욱이 이는 근대의 세계적 시스템의 근원을 해부하는 데 매우 중요하다. 즉, 우리가 주장해 온 바와 같이 지중해와 대서양 사이에 개방된 새로운 상업적 노선은 "근대성과 식민성 모두의 토대가 된다"(Mignolo, 2012, p. 21). 지구의 지리적 재구성은 서양과 동양과 같은 사회적 구성들 사이의 인식론적 충돌을 너무나 잘 설명하고 있다. Mignolo(2012)는 "서양 숭배주의는 근대적/식민지적 세계 시스템의 상상력을 하나로 묶는 지정학적 주체였다."라고 완곡히 말했다. 이와 같이 서양 숭배주의는 오리엔탈리즘 출현의 조건이다. 즉, 서양이 존재하지 않으면 동양 역시 존재할 수 없다(p. 51). 게다가 Mignolo(2012)는 "서양은 유럽의 타자가 아니라 동일성 내에서의 차이이며, 서인도와 후기 아메리카는 서로 다른 것이 아닌 둘 다 극서를 의미한다."라고 덧붙였다. 아프리카와 아시아에 반대되는 아메리카는 유럽의 팽창의 부분으로서 서로 동일하게 여겨졌다. 즉, 여기서도 마찬가지로 서양 숭배주의가 없이는 오리엔탈리즘도 없다는 것을 보여 준다(p. 58). Mignolo(2012)는 "글로벌 디자인을 포함하는 지역 역사로부터의 사상의 계보학을 연결하고 구성"하기 위한 필요성을 주장하며, 우리가 "유럽인들의 비즈니스로서의 근대성과 유럽 밖에서 일어나는 식민성"이라고 생각하는 지배적인 사상에 정면으로 도전하고 있다.

Tlostanova와 Mignolo(2012)는 탈식민적 프로젝트를 위한 필요 조건인 외부성의 인식론으로서의 경계적 사고를 옹호한다. 서양의 비판적 패러다임과는 달리, 탈식민적 경계적 사고는 "식민지와 하층민들의 경험에 근거하여, 인문학과 사회과학의 인식적 특권, 즉 자신을 제외한 나머지를 탐험의 대상으로 삼는 탐험가의 특권을 부정한다"(p. 60).

탈식민적 경계적 사고는 인식론적으로 신학이나 자기중심적 정치학의 지식으로부터 영향력을 빼앗긴 유럽의 근대성과 권력을 대체하는 지식의 원리와 이론적 실천가의 다양한 종류를 전면에 내세운다. 탈식민적 전환은 더 이상 유럽 6개 제국의 언어(르네상스 시대의 이탈리아어, 스페인어, 포르투갈어; 계몽주의 시대의 프랑스어, 영어, 독일어)의 근대적 인식론적 사상을 전달하기 위해 그리스어와 라틴어 범주에 근거하지 않으며, 근대적 인식론이 인식론적 지속 가능성이 없어 배제한 범주(만다린어, 일본어, 러시아어, 힌디어, 우르두어, 아이마라어, 나와틀어, 월로프어, 아랍어)와 유럽 제국의 범주와 언어 사이에 근거한다. 영점(zero point)의 인식론은 '경영적'이며, 이는 오늘날의 기업, 자연과학, 전문적인 학교, 사회과학에서 흔히 볼 수 있다. 경계적 사고는 미래에 대한 인식론이며, 이것이 없다면 또 다른 세계가 존재할 수 없다. (Tlostanova & Mignolo, 2012, p. 61)

Sousa Santos의 후기 심연의 사고가 경계적 사고와 사상가들을 더욱 복잡하게 만드는 것이 그 이유이다. 경계적 사상사들의 "모든 경험과 지리역사학적 폭력과 기억을 설명할 제국주의적 추상의 세계(예를 들어, 비판 이론, 지구 상의 모든 인류를 위한 문화의 기호학 또는 유목학)로부터 벗어나야 한다"(Tlostanova & Mignolo, 2012, p. 65)는 주장은 후기 심연의 사고를 형성하는 지식의 생태학을 위한 급진적인 공존과 정면으로 충돌한다. 경계적 사고와는 달리, 제국적인 관점은 거의 불가능하며 탈식민적 관점은 반드시 필요로 한다는 점에서 나의 주장은 반드시 서구의 근대성에 의해 증진되는 제국주의적 추상적 보편성뿐만 아니라 보편성의 원천이 됨으로써 탈식민화될 필요가 있다는 것이다.

Andreotti(2013)는 이러한 논쟁에서 벗어나기 위해 다른 흥미로운 방법을 제안한다. Andreotti(2013)는 트랜스모더니티와 경계적 사고가 모두 몇 가지 문제점을 가지고 있다는 것을 인정한다. 예를 들어, 한편으로 Andreotti는 우리에게 트랜스모더니티가 하나의 맥락이나 문법만을 강조하는 근대의 동일한 위험한 보편주의에 빠질 수 있다는 사실을 경고한다. 반면에, 정화의 숭배에 의한 경계적 사상은 경계적 사상가들이 매우 정확하게 도전할 수 있는 일종의 재생산적 위치에 존재할 수 있다. Andreotti(2013)는 이러한 부분을 해결하기 위해 호스피스라는 개념을 차용했다. 즉, 무엇을 해야 하고 하면 안 된다고 주장하는 사람들의 정당성을 파괴하는 사람은 자신이 창조한 것이 엉망이 되었기 때문에, 근대성을 죽어 가는 인간과 같이 바라볼 필요가 있다고 말한다.

이 책의 첫 부분에 이야기했듯이, 나의 주장은 이러한 논쟁을 복잡하게 만들고자 한다. 나의 주장은 서구 식민적 근대성이 가난, 차별, 기아, 빈곤과 같은 사회적 사건을 다루고 종결시키는 데 있어서 중요하지 않은 것은 이 자체가 개념적 정의가 불분명한 것 때문이 아니라, 정확히 말해 이러한 사회적 사건들의 생산에 지나치게 의존하고 있기 때문이다. 1970년대의 역사적 풍토 이후 경제적 평등이 다시 실현되고 있는 가운데, 사회 세력의 계급구조가 점차 몰락하고 있다(Thernborn, 2010, p. 57). 말할 필요도 없이, 나는 근대성을 한 가지 의미로 정의하는 것은 아니다. 그러나 근대성의 지배적 전통이 실제로 존재하는 방식으로서 대량 학살적 실천에 초점을 맞추는 반면, 내가 반드시 인정할 수밖에 없는 큰 빚을 지고 있는 반지배적 전통은, 지배적 연단 내에서 만들어졌음에도 불구하고, 점차 진리가 희미해지고 있으며 스탈린주의와 마오쩌둥주의와 같은 비인간화된 포이시즘에 의해 악화된 좌절감으로 얼룩졌다. 어떻게 보면, 지배적 관점과 반지배적 관점이 모두 동일한 "역사의 터널"(Harding, 1998)에서 궁지로 몰렸으며, 이 때문에 기능주의라는 벌레에 대해 면역력이 생기지 않았다(Paraskeva, 2011a). 전자는 인식론적 학살을 지휘하는 존재인 반면, 후자는 종종 근대 자본주의의 가장 핵심에 있는 인식론의 청산을 비난하는 투쟁을 주도하기도 했지만, 거의 모든 경우를 살펴보았을 때 완전한 청산에는 거의 도움이 되지는 않았다. 인식론적 학살은 서구 근대성에서 고질적인 존재이다. 여기서 더 중요한 점은 근대성은 이러한 인식론적 청산에 도전하기 위한 소멸 직전의 연단이다. 내가 우리가 인식론적 학살과의 투쟁에 있어 반지배적 연단에 상당한 빚을 지고 있다고 주장한 바로 이 순간에 잠시 멈추고, 이전에 했던 주장들을 다시 한 번 되새겨 보고자 한다. 만약 근대성이 인식론적 학살을 되돌리기 위한 도구라면, 어떻게 우리는 근대성에 대해 특정한 반지배적 전통에 빚을 지게 되는 것일까? 그리고 내가 Sousa Santos의 급진적인 공존에 적극적으로 동의하는 이유는 바로 여기에 있다.

🍎 (신)마르크스주의의 탈식민화

인식론적 학살에 대항하는 투쟁에서 반지배적/반패권주의적 근대의 서구적 접근 방식의 하찮음에도 불구하고, 이는 반박할 수 없는 사실이며, 심지어 그들의 한계성과 침묵을 통해서도 근대 서구 체제의 가장 핵심에 있는 자본주의에 대항하는 수많은 거대한 승리를 위한 길을 닦았다. 만약 (신)마르크주의자 또는 진보주의의 연단에 의해 심층적으로 확대된 (신)마르크스주의 또는 진보주의적 운동이 있었던 지난 세기 동안 더욱 인간적인 역동성으로 나아가기 위한 인간성의 큰 변화를 야기한 운동이 있다면, 서양뿐만 아니라 전 세계에 모두 있을 것이다. 이처럼 나의 주장은 우리가 완전히 사회적이고 인지적인 정의를 향해 그러한 변화의 한 획을 긋는 존재에 대한 지각이 있어야 한다는 것이다. 즉, 그 한계와 도전을 회피하고 싶다면, 특정한 반지배적 접근 방식 안에서 인식론적 타당성이 존재한다는 뜻이다. 따라서 새로운 비판적 사고는 역사와의 전쟁, 역사의 터널(Harding, 1998)과의 충돌을 내포하고 있다. 예를 들어 비판적/(신)마르크스주의적 사상과 탈식민적 사상 사이의 차이처럼, 이러한 전쟁은 '응크루마한(Nkrumahanian) 철학적 공상주의'(1964)처럼 이해될 필요가 있다. Mignolo(2013)과 함께 Quijano(2000b)는 마르크스주의에 대해 다음과 같이 주장한다.

> 유럽의 지역적 역사를 기반으로 하는 비판적이고 해방적인 프로젝트로서 노동자와 공장주들이 같은 민족에 속했던 비교적 동질적인 공동체 안에서의 마르크스주의는 계급 억압과 노동 착취에 의존했다. 그러나 유럽 경제와 정치 이론이 팽창하여 세계를 정복함에 따라 마르크스가 자본 분석에서 제시한 도구들은 유럽을 넘어 전 세계적으로 유용하다. 하지만 식민지와 비식민지 세계에서의 주체성과 지식은 유럽의 경험과는 다르다는 사실만큼이나 중요하다. 그러한 주체성, 경험, 종교, 역사, 일상생활로부터 경계적 사고와 탈식민적 해방 프로젝트들이 등장하였다. 그리고 마르크스주의는 평행하지만 다른 프로젝트들로 통합되었다. (Mignolo, 2013. pp. 16-17)

탈식민적 사고에서 Mignolo(2013)는 "인종적 차별(16세기부터의 유색 인종이나 여성에 대한 경제적·정치적 종속성을 정당화하는 인간의 계급)"뿐만 아니라 계급 차별도 강조한다(p. 17). 이러한 마르크스주의에 대한 탈식민적 시도는 앞서 살펴본 바와 같이 실제로 많은 아프리카의 지식인들과 Abdel Khaliq Mahgoub의 "마르크스주의의 덕목, 당신들의 명예(Virtue of Marxism, Your Honor)"를 통해 실제로 볼 수 있다. Mahgoub(2012)는 사형 선고를 받기 직전의 법정 연설에서 "아프리카인들이 마르크스주의 사상을 자신들의 사회안에서 반동이나 반항하는 것에 대한 체계적인 비판을 구체화하는 진보적 문화를 만들어 내기 위해 이용할 수 있는지"(Hassan, 2012, p. 7)를 이야기했다. 마르크스주의는 "식민 지배와 침략의 파괴로부터 [아프리카] 사회를 해방시키는" 좋은 동맹이었다(Mahgoub, 2012, p. 17). Hassan(2017)은 탈식민적 과정의 일부로서 마르크스주의의 중요성을 말하며, 다음과 같이 주장하고 있다.

> 폭력, 불평등, 배제, 궁핍 그리고 그에 따른 경제적 억압이 지구와 인간의 역사상 많은 사람들에게 영향을 미친 적은 없었다. 역사적 종말의 행복감 안에서의 자유 민주주의 사상과 자본주의 시장 사상의 출현을 찬양하는 것 대신에, 그리고 '이데올로기의 종말'과 위대한 해방적 담론의 종말을 축복하는 것 대신에, 우리는 이 사실을 결코 소홀히 하지 말아야 한다. 그 어떤 진보라고 할지라도 절대적인 수치로 볼 때 수많은 남자, 여자, 아이들이 지구상에서 지배당하거나, 굶주리거나, 학살되는 것을 결코 무시해서는 안 된다. (pp. 7-8)

Mahgoub(2012)는 "나는 아첨을 하거나 일시적인 이득을 위해 마르크스주의의 문을 두드리지 않았다."라며 완고히 부인했다(p. 20). 반대로, 그는 "나는 아들과 딸이 풍요와 풍부함을 누리게 될 주권적이고 품위 있는 수단 공화국을 건설하기 위한 진실된 해방이라는 대의에 충실했다(Mahgoub, 2012, p. 20)."라고 주장했다. Mahgoub(2012)는 그가 어떻게 해방에 초점을 맞추는 것이 인식론과 정치적 권력의 중요한 변화를 목격하게 해 주었는지를 꽤나 신랄하게 비난했다. 탈식민화 또는 마르크스주의와 비판적 이론 연단을 재구성하는 것은 마르크스의 유럽 중심적 충동의 순회적 해석과 득정한 비판적 이론 연단이 사용되어 온 방식을 함의한다(예를 들어, Escobar, 2013; Cho, 2012 참조). 사실 마르크스와 엥겔스가 내세우는 접근법에서 몇 가지 탈식민적인 속삭임을 식별하는 것은 가능하다. 분명히 이러한 주장은 마르크스주의의 근본적인 유럽 중심주의적 해석을 훼손하지는 않는다. 예를 들어, Grosfoguel(2010)은 마르크스의 인식론적 인종 차별주의와 그에 따른 "이슬람교도들의 프롤레타리아 정신"의 가능성을 이해하지 못하는 그들의 무능을 비난하는 것 자체를 무시한다(p. 34). Grosfoguel(2010)은 마르크스의 언어로 "터키 출신의 이슬람교도들은 로마 제국의 폭도들을 현인들과 같이 보이게 만든 무지한 사람들"이라고 언급했다(p. 35). 그러나 어떤 마르크스의 연구들에서는 비록 미미하지만 몇몇 탈식민적 충동에 주의를 기울이는 것이 중요하다.

Anderson의 『변두리의 마르크스(*Marx at the Margins*)』는 마르크스,의 연구 중 가장 중요한 종합적인 평가인 "그의 생애 동안 자본주의의 가장 주변부를 차지하는 사회"의 모습을 보여 준다(Anderson, 2010, p. 2). Anderson(2010)은 「뉴욕 데일리 트리뷴(*New York Daily Tribune*)」에 실린 마르크스와 엥겔스의 글들을 언급하고 있는데, 이 글들은 『탈식민주의에 대하여(*On Colonialism*)』에도 나온다. 이러한 글들(Marx & Engels, 1853; Anderson, 2010)을 통해 식민적-탈식민적 과정에 대한 마르크스의 이해를 탐구할 필요가 있다. 이 글들은 인도, 인도네시아, 알제리, 중국과 같은 나라들의 "변두리에 있는 한 가지 방법 또는 다른 방법"으로서 자본주의 근대 식민지화의 효과에 대한 마르크스의 걱정을 보여 준다(Anderson, 2010, p. 2). 마르크스(그리고 엥겔스)는 러시아, 인도, 중국, 알제리, 인도네시아와 같은 나라들이 "서구 유럽과 현저하게 다른 사회 구조를 가지고 있다"고 말했다. 마르크스와 엥겔스는 이러한 비서구적 사회의 미래 발전에 대한 문제를 고심했다(Anderson, 2010, p. 2). 게다가, 마르크스와 엥겔스의 「뉴욕 데일리 트리뷴」의 글은 "폴란드, 아일랜드, 영국에서의 아일랜드 노동자, 미국에서의 흑인들"과 같은 억압받는 국적과 민족 집단들에 대한 연구 결과를 보여 준다(Anderson, 2010, p. 3).

따라서 이 두 개의 서로 연결된 주제는 마르크스의 자본주의 이론화에서 하찮은 것이 아니라, 당대의 세계 사회 질서에 대한 복잡한 분석의 일부였다. 마르크스의 프롤레타리아는 백인과 유럽인일 뿐만 아니라, 당시 영국과 미국의 지배적인 문화에서 '백인'으로 간주되지 않았던 아일랜드인 그리고 흑인 노동층도 포함하고 있다. 더욱이, 자본주의적 근대성이 러시아와 아시아로 침투하여 이들 사회의 자본주의 이전 시대의 질서를 악화시킴에 따라, 마르크스는 이러한 새로운 장소로부터의 혁명적 변화의 새로운 가능성을 옹호하게 될 것이다. (Anderson, 2010, p. 3)

마르크스의 영국 이주는 그의 글에도 불구하고, "인도를 그가 가진 유럽 중심주의의 증거로서 차용하며, 마르크스의 비평에 대한 큰 논란의 근거로 여겼다."라고 언급하며, 비서구 사회에 대한 세심한 관심의 시작을 알렸다(Anderson, 2010, p. 11). 그러나 그러한 비평에는 어느 정도 정당성이 있다.

『인도에 대한 영국의 지배(The British Rule in India)』(1853)는 마르크스가 특정 비서구 사회를 폭넓게 조사한 책이다. 마르크스는『아시아의 아일랜드로서의 인도 대륙(Hindustan as the Ireland of Asia)』(1853)을 공동 집필한 후, "영국이 인도에 가한 고통은 본직적으로 다르며, 이는 인도가 전에 겪었던 모든 고통과는 차원이 다를 정도로 높다."라고 영국의 지배 아래 있는 인도의 상황에 대해 정확히 진단을 내렸다(p. 32). 인도는 영국 식민 제국에 의해 파괴된 사회적 구조를 가지고 있었는데, 그 이유는 영국의 점령 이후 '새로운 시장'에 의해 만들어진 생산의 새로운 방식과 조건에 따라 완전히 변화된 특정한 체계의 개발에 더 많은 관심을 가졌기 때문이다. 실제로 마르크스의 비서구 사회에 대한 글은 (1) 근대 자본주의 생산 방식 내에서 또는 밖에서 이러한 국가들을 맥락화할 필요성과 (2) 인도와 같은 삶의 학살을 혁명의 원천으로 볼 필요가 있다는 문제적 관념에 의해 패권적인 성격을 띠고 있다. 그러한 주장이 완전히 틀렸다고 말하기는 어렵지만, 아프리카 대륙을 통해 살펴보면, 이는 유럽 중심주의적 해석을 피할 수 없다는 마르크스의 관념적 근원 중 하나이다. 이를 받아들이는 것은 근대 식민적 자본주의가 만들어

탈식민주의와 교육과정 연구

낸 파괴와 말살에 의해 구원된 후에아 급진적인 변혁이 가능하다는 것을 인정하는 꼴이다. 그보다도 특히 문서들을 통해 살펴볼 수 있듯이, 서로 달라 보이며, 안정적이고, 다소 불평등한 사회적 구조를 지닌 비서구 사회에서는 유럽 중심주의의 고통을 겪지 않고서는 변혁이 이루어지지 않는다는 것이다. 즉, 한편으로는 마르크스가 인도와 같은 나라의 고대 비서구 사회 구조가 동양적 전제주의의 원천이라고 주장한 것은 정확했다(Marx, 1853). 그러나 비서구 사회의 대규모적 파괴에 대한 대가로 혁명적 변화의 조건이 생겨난다는 것을 인정하는 것은 우생학적/학살적 자본주의의 역사적 필연성을 주장하는 것을 반박할 수 없다. 그러나 이보다 더 심각한 것은, 서구 근대성의 무자비한 폭정 아래의 마조히즘적으로 당한 비서구 사회의 인식론적 종속화를 증명해 내는 것이다.

Jani(2002)는 「뉴욕 데일리 트리뷴」에 실린 마르크스와 엥겔스의 글을 세심히 분석하여 복잡하게 얽혀 있는 마르크스주의와 유럽 중심주의에 대해 통찰력 있는 분석을 진행했다. Said(1979)와 Warren(1980) 등 학자들이 편집한 논리적인 비평은 상당히 분별력 있는데, 이들은 마르크스주의를 유럽 중심주의적 사상가와 연단으로써 "자본주의의 진보를 위해 진보적이고 비극적이게도 필수적인 자본주의 이전의 아시아 사회의 몰락을 보여 준다."라고 주장했다(Jani, 2002, p. 82). 그리고 "마르크스는 아시아에 자본주의가 들어오기 위해서는 식민주의가 필수적이라는 생각을 절대 거부하지 않았다(Jani, 2002, p. 83)."라는 생각에 동의를 하지만, Jani(2002)는 마르크스의 사상과 1857년 영국 지배하의 인도의 반란 사이의 좀 더 깊은 논리적 구조에 주목할 필요가 있다고 주장한다. 즉, Jani(2002)는 인도의 내부와 외부의 반란의 영향으로 마르크스의 접근방식이 "영국의 부르주아들에 대한 배타적인 초점에서 식민지화된 인도 사람들의 자발적 운동과 투쟁을 이론화로 하는 것으로 점차 관심을 옮겨 갔다."라고 주장한다(p. 82). 더욱이, 아시아의 생산 방식과 조건과 식민지화된 인도에서의 투쟁에 대한 마르크스의 관심의 증가 사이의 갈등은 그를 명백하고 노골적인 반식민주의자가 되게 했다(Jani, 2002). 인도의 투쟁에 대한 마르크스의 접근 방식은 식민지 통치자와 억압받는 국민들의 갈등에 대한 정확한 이해를 제공한다. Jani(2002)는 「뉴욕 데일리 트리뷴」의 글에서 마르크스는 명백히 식민주의를 비난한다고 주장하며, "식민지화 계획과 식민 통치자들을 묘사하기 위해 '과학적 야만주의'라는 용어를 반복적으로 사용하면서 영국의 타락한 역할을 강조한다."라고 말한다(p. 85). 이러한 저널리즘적 글에서 Jani(2002)는, 식민주의의 잔혹성은 마르크스에 의해 감춰진 것이 아니라 "자본주의의 공포적인 표현"으로써 강조된다고 했다. 마르크스는 인도의 진보가 식민주의에 대항한 투쟁의 산물이라는 것을 인정했다.

마르크스주의와 특정한 비판 이론적 형태를 다시 재구조화하는 것은 마르크스주의의 유럽 중심적 근원에 대한 명확한 이해를 내포하고 있다.

> 마르크스주의는 노동자와 공장주가 같은 민족에 속하는 비교적 동질적인 공동체에서의 유럽 지역 역사에서의 비판적이고 자유로운 이론으로서 형성되었고, 따라서 마르크스주의는 계급의 억압과 노동의 착취에 의존했다. 그러나 유럽의 경제와 정치 이론은 세계를 확장하고 정복하며, 마르크스가 자본에 대한 분석을 위해 제시한 도구들은 유럽을 넘어 전 세계적으로 유용하다. 하지만 식민지와 식민지 외부 세계에서의 주체성과 지식은 유럽의 경험과 다르다는 것만큼이나 중요한 것이다. 이러한 주체성, 경험, 종교, 역사, 일상생활로부터 경계적 사고와 탈식민적 해방 이론들이 나타났다. (Mignolo, 2010, pp. 12-13)

마르크스주의와 특정한 비판적 충동에 대해 다시금 생각해 보면, "마르크스주의와 탈식민주의 이론은 각각 같은 방향을 가리키고 있지만, 탈식민주의 이론은 마르크스주의 이념의 하위 분류로 구분될 수 없으며, 마르크스주의가 탈식민주의의 하위 분류로 구분되어야 한다."라고 하는 명확한 이해를 요구한다(Mignolo, 2010, p. 17). 그렇게 함으로써 마르크스주의를 식민 운동의 모멘텀을 가리기 위한 근원으로 다시금 판단할 뿐만 아니라, 우리는 많은 경우에, 이미 역사가 문서화된 피비린내 나는 오해와 잘못 표현된 "좌파로부터의 제국주의 이데올로기가 되기 위한 마르크스주의"(Mignolo, 2010, p. 17)에 대한 오해의 재생산을 막을 수 있다.

Thernborn(2010)은 패권주의적 단체와의 대립적 위치에서 정치적 운동으로서 반패권주의적 좌파의 견제와 균형의 정확한 구조 안에서 마르크스주의의 또 다른 필요성을 나타내고 있다. Thernborn(2010)은 후기 마르크스주의의 모멘텀은 좌파의 성공과 실패를 파악할 필요가 있다고 주장한다. Therborn(2010)은 "노골적인 인종 차별과 식민주의의 몰락과 급진적인 자본주의 국가 내에서의 복지에 대한 세계 대전 이후의 논쟁, 그리고 여전히 바뀌지 않은 전통적인 성 역할에서의 자유와 평등을 위한 페미니즘 운동에 대한 남성 급진주의자들의 비난"을 강조했다(pp. 22-23). Thernborn(2010)은 마치 중국과 소비에트의 분쟁, 폴 포트와 베트남의 분쟁, 아프리카 국가 붕괴와 같은 문제들과 같이 "신자유주의 정책이 어느 정도 물질적 보상을 가져다주었으며, 세계에서 좌파와 우파의 균형을 무겁게 짓눌렀던 좌파와 지리정치학적 사건의 완전한 실패를 신자유주의 정책의 탓으로 돌릴 수 없다는 사실"(pp. 23-25)과 1970~1980년대의 경제 위기 때 발생한 분배의 갈등을 해결하지 못한 실패, 1968년 시위대들과 기존의 노동 운동 사이의 충돌, 폭력의 정당화, 그리고 1990년대의 공산주의의 붕괴에 대처하는 좌파들의 실패를 강조했다. 급진적인 차이로서 사회경제적인 공간을 결정하는 견제와 균형은 여러 면에서 좌파를 옹호하는 입장으로 내몰았을 뿐만 아니라, 다른 마르크스적 사회 변증법을 필요로 한다는 것을 강조한다(Thernborn, 2010, p. 57). 이는 "세속화된 계몽주의적 모더니즘이며, 그중 마르크스적 노동 운동이 가장 핵심적인 부분이었고, 급진적인 우상적 예술과 비판적 사회 사상을 심각하게 약화시켰다"(Thernborn, 2010, p. 59).

미국의 대표적인 교육적 마르크스주의자인 McLaren[8](2008)은 비판 이론과 교육학의 핵심에서 탈식민주의적 운동에 혼란을 겪지 않았다. 그는 (2008) 모순적인 자본주의와 민주주의를 타파하기 위한 방법으로 민주주의 교육의 틀 안에서 마르크스주의자들의 비판적 관점으로부터 탈식민할 필요가 있다는 점을 강조했다. McLaren(2008)의 주장은 강력하지 않았지만, 그의 접근방식이 세계의 과거와 현재를 구성하는 서구 근대 인식론의 거만함과 자본주의적 야만인들의 자본주의적 생산 방식과 조건을 강조하는 특별한 분류 안에서의 계급에 대한 이론적인 불법성 모두를 어떻게 비난하는지에 대한 중요성을 강조한다. 또한 비판적 이론가들과 교육자들이 패권주의적일 뿐 아니라 특정한 인식론을 정당화하는 현재의 식민주의적 구조를 탈피할 필요성에 대해서도 강조한다. McLaren(2008)은 그의「마르크스적 반추(Marxian ruminations)」에서 용기가 반드시 필요한 것이 아니라, 잔인하지만 인종과 계급의 지배 사이의 논쟁을 벗어나기 위한 지적인 정직성이 필요하다는 것을 보여 준다. 차이의 정치학에 대한 복잡한 언어적 형성 안에서의 계급 투쟁을 다시 해석하고자 노력한 탈식민주의의 과정을 '잘못된 전환'과 같이 위험한 "포스트모더니즘의 평면적 반정치"(McLaren, 2008, p. 47)에 대해 경고를 한 뒤, McLaren(2008, p. 48)은 Grosfoguel의 이론을 차용하면서 데카르트주의에 도전한다. 데카르트주의는 오만한 분석틀로서, 단지 "지식의 토대로서 신을 인간으로 대체한 것"일 뿐만 아니라, 구체적으로 특정한 신과 특정한 인간, 즉 신과 인간의 서구적 표현에 도전한다. 즉, McLaren(2008)은 미국 학자들의 우생학적 배경 아래에서의 우위성이 그들에게 "지식이 지리정치학, 성별, 계급 투쟁의 구조적 반목으로부터 면역력을 얻게 된다는 것 뿐만 아니라, 서구 문명의 진전된 보호를 대표하는 지식인들은 거의 동일한 보편적인 자각의 상태가 있다."라고 믿게 한다고 주장한다(p. 48). 비판적 교육자로서 McLaren(2008)이 생각하는 과제는 "국제 재정적 자본의 우월성을 보장하지 않고, 초국가적 기업의 투자와 시장 특권을 침해하며, 그리고 이들을 국민의 통제에 맡기는 것"을 비판적으로 가르치는 것이다(p. 49). McLaren(2008)은 새로운 "비판적 혁명의 교육학은 사회주의적 대안을 향한 민주주의를 탈식민화하려는 투쟁을 반드시 내포한다."(pp. 50-51)라고 명백히 주장하지만, 사실 그가 미국의 교육 분야에서 가장 뛰어난 마르크스주의 지식인으로서 정당화되는 것이 사실이다. 또한 비판 이론을 비판적 혁명의 교육자의 미래로 탈식민시키는 것의 필요성에 대한 그의 주장은 높이 사지만, McLaren(2008)이 아직 표면적으로 다룬 그가 가진 흥미로운 숙고들을 그의 미래의 연구에서 더 깊이 파고들 필요가 있으며, 마르크스주의와 신마르크스주의를 현재의 권력과 존재의 식민성 안에서 타당하고 합법적인 설명으로 반박할 필요가 있다는 것 역시 사실이다. 분명히 말하지만, 나는 여기서 McLaren(2008)의 주장을 반박하는 것이 아니다. 오히려 정확히 그 반대라고 말힐 수 있다. 나의 주장은 McLaren(2008)이 인식론적 학실에 대항하고 자본주의 사회의 생산 방식과 조건을 합치는 것에 대한 정확한 반응이 어떻게 중요한지를 보고자 한다(Marx & Engels, 1853).

Thernborn(2010)은 신자유주의 이데올로기의 전반적인 불신을 강조하면서도, 후기 유럽 중심적 세계에서 "마르크스 숭배자들은 조잡하면서도 무지한 마르크스주의는 지속할 수 없는 모더니즘으로 드러났고, 마르크스주의는 심오한 유럽인들의 운동이었다."는 것을 인정해야 한다고 주장한다(p. 61). 내가 이전에도 언급했으며 앞으로도 보여 줄 내용처럼, 유럽인들의 DNA는 마르크스와 특정 마르크스주의 지식인 모두가 비유럽 중심적 충동에 관심을 기울이지 않았음을 의미하는 것은 아니다. 이러한 맥락에서, 마르크스주의의 유럽적 조건과 비유럽 중심적 사회 구조의 모호한 비난을 같이 배치하는 것은 지적인 동기유발을 불러일으킬 것이다. Thernborn(2010)은 마르크스주의의 비유럽 중심적 모멘텀으로서 트랜스 사회주의(trans-socialism)를 보여 주는데, 이는 사회 변혁의 관점으로서 사회주의를 보여 주기 때문에 후기 사회주의는 아니라고 할 수 있다.

> 트랜스 사회주의는 광대한 사회주의 운동의 역사적 정당성과 창의성과 열의, 인내와 투쟁, 아름다운 꿈과 희망, 실패와 환멸감의 영웅적 서사시를 수용하는 것으로부터 시작한다. 이는 착취, 억압, 차별, 특권과 빈곤 사이의 필연적인 연결고리로부터 해방되는 것은 오직 착취와 불공평에 대한 투쟁으로부터 실현된다는 마르크스주의적 사상을 포함한다. (Thernborn, 2010, p. 61)

이러한 트랜스 사회주의적 관점에서 Thernborn(2010)은 무엇보다 자본주의의 사회적 변증법에 대한 정확한 이해를 요구하며, "억압받고 차별받는 민족들 내의 민족 집단 정체성의 변증법"에 대해 말한다(pp. 62-63). 정확히 말하자면, 살벌한 대량 학살 정치와 관행에 근거한 자본주의의 우생학적 변증법 때문에, 후기 마르크스주의의 모멘텀으로서의 트랜스 사회주의는 비서구적 인식론적인 연단에 대한 관심을 높이며 동시에 변증법적인 수수께끼를 다루고 이를 해결할 필요가 있다. 이러한 변증법적 수수께끼는 서구 유럽의 인식론적 지형에 의해, 그리고 그 안에서 구조화되고 있다. 세계 자본주의와 이것의 황량한 결과들을 방지하고 근절하려는 시도에도 불구하고, 탈식민주의적 과정에 참여할 무모한 용기가 없다면, 후기 마르크스주의의 연단에 관심을 가질 만한 가치가 없을 것이다.

이러한 맥락에서, 마르크스주의는 "영원히 유럽 중심적이며, 식민주의 그 자체를 포함하는 근대성의 지배적인 내러티브와 결부"된다고 주장하는 것은 부정확하다(Bartolovitch, 2002, p. 1). 앞선 주장과 Bartolivitch(2002)의 접근법에 따르면, 탈식민화된 마르크스주의의 필요성을 주장하는 것은 "사회주의의 세계적인 죽음"을 위해 동반되는 것은 아니다(Galeano, 1991, p. 250; Bartolovitch, 2002). 수많은 훌륭한, 중요한, 효과적인 비서구의 지식인들에게 마르크스주의가 주는 영향은 마르크스주의적 반식민주의적 통찰력과 탈식민적 잠재력을 분명히 보여 주는 것이며, "유럽의 철학으로서 마르크스주의를 경솔하게 무시하는 많은 사람들을 멈추게 해야 한다는 것이다"(Bartolovitch, 2002, p. 4). 게다가, "유럽을 정치적·경제적·이론적으로 세계의 중심으로 만드는 담론과 세계관의 지속으로 인해 유럽 중심주의가 재생산된다면, 마르크스의 인도에 대한 글은 유럽 중심적이지 않다"(p. 11). 또한 마르크스를 탈식민화하는 것은 근대성의 신화를 비난하는 것이다. 즉, Dussel(1995a)은 마르크스가 "억압받는 국가들의 국민(토착민, 아프리카인, 메스티소, 농작민, 노동자)의 빈곤이 주변과 중심의 자본 내에서 부자들의 부와 어떻게 비례하는지를 설명한다는 것은 부인할 수 없다."라고 주장한 것에 동의한다(p. 130). 이 모든 것을 무시하면서, 근대성은 하나의 신화로 여겨질 필요가 있다.

마르크스주의자들의 탈식민화 과정은 Negri[9]의 업적 중 일부와 아주 긴밀한 연관관계가 있다. Negri, Althusser, Deleuze 사이의 상호작용은 이미 Negri가 마르크스를 넘어 새로운 이론적 마르크스주의자의 길을 모색하는 것뿐만 아니라, 가상, 탈영역화, 리좀, 노동의 물질성/물형성, 수많은 새로운 작용의 역학 등과 같은 특정한 이슈를 다룰 때에도 마르크스 이론의 영향력에 상당한 주의를 기울인다는 것을 보여 준다. Negri는 제1차, 제2차,

제3차의 국제적으로 불필요하면서도 지속되는 마르크스주의의 몰락을 위해 서구 자본주의적 패권주의 모델에 대한 격렬한 비난을 하는 세계적인 물결에 직면하여 주체성에 대한 존재론적인 우월성의 새로운 모델을 발전시켰다.

🍎 언어적 학살: 국제적이지 않은 서구 국가주의

(신)마르크스주의와 비판적 사고를 탈식민화한다는 것 역시 근대 서구의 심연의 사고, 언어적 테러리즘, 대량 학살의 가장 강력한 도구 중 하나에 대한 명확한 이해를 내포한다(Anzaldua, 2007). 언어는 탈식민주의에서 핵심적인 역할을 한다. Amin(2011)은 표음 문자와 표의 문자의 복잡한 매트릭스 안에서 언어적 투쟁을 맥락화한다(p. 168). 중국이 유럽에 비해 5세기 앞섰지만, 중앙 아시아에서 발명된 인상적이고 다양한 표음 문자와 표의 문자의 발달은 "한 민족/국가 언어학적으로 동질적인 신화 아래 많은 사람들에게 공용어로서의 외국어를 강요했던 자본주의적 근대성"의 출현과 함께 파괴되었고, 몇 세기 전에 기질적으로 공존하는 정체성의 다원성에 극적인 영향을 미쳤다. 이탈리아어, 스페인어, 포르투갈어, 프랑스어, 영어, 독일어 등 자본주의적 만트라(mantra)[10]의 전반에 걸친 근대 서구 언어의 동질성은 기이하게도 그들 중 일부는 비근대적 서구 언어에 기반을 두고 있으며, 이는 근대 서구 식민주의의 가장 중요한 측면 중 하나를 말해 준다. 동일한 유의어 사전을 전쟁의 패러다임으로 정당화하는 것을 강요함으로써(Maldonado-Torres, 2008a), 그리고 세계와 단어에 대한 특정한 이해를 형성함으로써, 근대 서구 사상은 무존재로서의 토착성을 칭송했다. Anzaldua(2007)는 근대 서구의 언어적 무대에서 "치카나(멕시코계 여성)는 스페인의 과학이다. 우리는 당신의 언어적 악몽, 당신의 언어적 비정상, 당신의 언어적 혼혈, 당신의 조롱의 주체이다. 우리가 불의 혀를 가지고 말하기 때문에, 우리는 문화적으로 학대를 당한다. 인종적으로, 문화적으로, 그리고 언어적으로 우리는 젊다. 우리는 어린아이의 언어로 말한다(p. 80)."라고 지적한다. 이것은 모든 순회

하는 교육과정 이론가들에게 중요한 이슈이다.

순회하는 교육과정 이론은 정확히 '일반적인 인식론의 불가능성에 대한 일반적인 인식론'을 목표로 한다. 그것은 급진적인 공존의 약속에 깊숙이 관여하는 순회하는 입장이다. 이는 심연의 사고의 근대 서구적 추종에 도전할 뿐만 아니라 선들 사이의 허구의 진공 상태를 모호하게 만들려는 시도이기 때문에 비심연적이라고 할 수 있다. 그러한 맥락에서 순회하는 교육과정 이론은 형이상학적 차원에서도 투쟁이나 대항의 의미를 가진다. 즉, 근대 서구적 심연의 사고에 대한 투쟁은 정치적인 문제만은 아니며, 이는 실존적이고 영적인 투쟁이자 도전이다. 즉, 서구의 데카르트적 모델에 대항하는 투쟁은 다른 것을 위한 데카르트적 모델의 대체물로 의미될 수 없다. 또한, 과제는 그러한 모델로 지배되지 않거나, 좀 더 인본주의적 충동을 혹평하기 위함이 아니다. 그 과제는 마지막 단어를 말하는 것이고, 존경받는 장례식을 위한 잔여물을 준비하기 위함이다. 비록 이는 중요하지만, 그 과제는 언어와 개념을 바꾸기 위함이 아니다. 그 과제는 인식론적 안락사를 촉진하는 지식의 특정한 패권주의적 지형을 끝내기 위함이다.

영어의 식민주의에 대항하는 명백한 도전(Macedo et al, 2003)뿐만 아니라 다른 근대적 서구의 언어에 의해 범해진 언어적 식민주의의 모든 형태에 대항하는 것(Paraskeva, 2011a)과 더불어, 후기 심연의 사고는 제3세계의 민족주의, 근대 서구 국제화와 국제주의로서 Ahmad(2008)가 만든 것에 대항하는 경계심이다. 나는 『교육과정 이론 속의 논쟁들(Conflicts in Curriculum Theory)』(2011)에서 미국 교육과정 분야의 역사에 대한 개요에 관심을 가졌으며, 이 분야의 미래로서 순회하는 교육과정 이론을 제시했다. 그리고 나는 비근대적인 서구적 인식에 대한 모든 형태의 낭만주의에서 벗어날 필요가 있다는 점을 경고했다. 순회하는 교육과정 이론은 민족주의적 이론적 연단이 아니다. 나는 『교육과정 이론 속의 논쟁들』(2011)에서 토착적 상태의 어떠한 형태와도 싸워야 한다고 분명히 주장했다. Ahmad(2008)는 이러한 이데올로기적 함정의 위험성을 장황하게 파헤쳤다. Ahmad(2008)는 핵심적인 위치로서 근본적인 민족주의적 입장을 가정하면서 "'제3세계 문학'과 '식민적 담론 분석'의 이론적 입장은 우리의 반대적이고 급진적인 문화 생산물들의 풍부한 역사를 의도적이든 의도적이지 않든 명백히 전복시키는 경향이 있다."라고 주장한다(p. 44). 즉, 우리는 마르크스주의를 앞서거나 반대하거나 옹호하는 사람들의 영향을 넘어, 다양한 차이를 바탕으로 더 폭 넓은 지식을 쌓을 필요가 있다. 이러한 복잡한 마르크스주의를 앞선, 반대하는, 옹호하는 사람들의 영향에 대한 대체는 "제3세계 민족주의의 공허함은 정치적으로, 이론적으로 회귀적이다."라는 주장에 영향을 주었다(Ahmad, 2008, p. 44). 순회하는 교육과정 이론은 그러한 변화에 대해 심각히 경고하며, 지배적이고 일부는 반지배적인 근대 서구 인식론적 연단의 가치를 높게 평가했다. 민족주의(Cabral, 1969; Fanon, 1968; Lumumba, 1963; Machel, 1985; Nkrumah, 1964, 2006)는 비근대의 서구 인식론 내에서 의도적으로 획일화의 오류를 감추려 한다(Paraskeva, 2011a). 통일되지 않은 범주로서 민족주의는 진보적이고 퇴행적인 종류의 자극들과 매우 다양한 종류의 이데올로기와 관행을 내포하고 있으며, "'문화 민족주의'를 만들어 내기 위한 문화의 범주에 민족주의의 범주가 얽혀 있을 때, 이론적 논쟁과 세계사적 설명은 더욱 불투명해진다"(Ahmad, 2008, pp. 7-8). 즉, 문화 민족주의는 "사실상 통일된 민족 문화의 많은 상징을 구체화함으로써 그들 자신의 문화적 관행과 열망을 보여 주기 위해 매우 옹졸한 부르주아 계급의 욕망뿐만 아니라, 자신의 모습을 편협주의, 역인종 차별주의, 그리고 토착적 반계몽주의로 지나치게 쉽게 변화시킨다."

"토착적 상태"(Paraskeva, 2011a, p. 3)에 경각심을 가지는 것은 제3세계 인식이 근대 서구 연단뿐만 아니라 그 분야를 탈식민화하는 국제민족주의화의 현시대의 신념의 내부를 탐험하는 것을 통해 문화적 생산의 순환에 대해 인식한다(Johnson, 1983). 다시 말해, 여기서 Ahmad(2008)의 접근법은 매우 중요하다.

> Ahmad(2008)가 주장하듯이, 제3세계의 작가들을 우리의 기존 교육과정에 포함시키는 것은 분명히 다시 이루어질 것이다. 그러나 상대적으로 덜 중요하며, 특히 제3세계의 다른 지역에서 온 인식론이 직접으로나 자율적으로 우리에게 오는 것이 아니라 식민 통치 국가로부터 지배

를 받는 누적, 해석, 재배치의 격차를 통해 우리에게 온다는 사실의 결과에 타협하지 않고, 다양한 방법을 통해 이루어질 때 제3세계의 작가들이 기존 교육과정에 포함될 것이다. 라틴 아메리카의 소설이 인도 델리에 도착할 무렵, 점점 커져 가는 제3세계 문학의 기록들은 식민 통치 국가의 중재를 위한 복잡한 기준들을 통해 선택되고, 번역되고, 출판되고, 검토되고, 분석되고, 지명되었다. 즉, 이미 그 글은 유포와 분류의 과정을 거친 채 그곳에 도착한다. (pp. 44-45)

Quijano(2010)는 식민주의와 식민성 사이의 복잡한 논쟁 속에서 인식론적 이야기를 만들어 낸다. 서구 근대성의 패권주의적 인식론적 이론은 사회 전체성의 위험한 복제품을 건설하고 생산했다. 따라서 Quijano(2010)는 이 이론은 "유럽의 식민주의/근대성 내에서 정교하게 만들어진 사상과 이미지를 스스로 드러내는 전체성의 개념의 거부하는 것이 아니라, 유럽의 합리성/근대성의 위험으로부터 지식, 성찰, 그리고 의사소통을 해방시키기 위한 것"이라고 주장한다(p. 31). 여기서는 사회 전체성을 거부할 뿐만 아니라 침묵된 풍부한 인식론적 다양성에 의존한다. 이는 보이지 않고 존재하지도 않는 역사적으로 '다른' 단편적 존재에 의존한다.

서양의 바깥에서, 사실상 알려진 모든 문화에서, 모든 우주적 상상, 모든 이미지, 모든 지식의 체계적 생산은 전체성의 생산과 관련이 있다. 그러나 이러한 문화에서 지식의 총체적 관점은 모든 현실의 이질성, 후자의 줄어들지 않는 역설적인 성격, 예를 들어 모든 현실의 구성요소에 대한 다양한 성질의 바람직함에 대한 합법성의 인정을 포함한다. 따라서 사회적 전체성에 대한 사상은 사회의 역사적 다양성과 모든 사회의 이질성을 부정할 뿐만 아니라 의존할 수밖에 없다. 다시 말하면, 이는 부정할 뿐만 아니라, '다른', 즉 다양하고 차이가 나는 것에 대한 사고를 요구한다. 그러한 차이는 반드시 '다른' 불평등한 성질과 관계의 절대적 외형성, 계층적 불평등, 타자의 사회적 열등성을 필수적으로 의미한다는 것은 아니다. (Quijano, 2010, p. 31)

따라서 패권주의적 연단은 독특하지 않지만 총체적이다. 즉, "이러한 차이가 반드시 지배의 근간이 되는 것은 아니다"(Quijano, 2010, p. 31). 그러므로 "역사적인 문화적 이질성은 그들을 둘러싼 다양한 역사적 논리의 공존과 표현으로 패권적이지만 독특하지는 않다는 것을 암시한다." 그렇기 때문에 신뢰할 수 있는 비평은 "서구 근대성의 모든 범주에 대한 단순한 부정"(Quijano, 2010, p. 31)에 의존할 수 없으며, 이는 결국 다원적인 현실로서 이해되고 만들어질 필요가 있다(Boatca, 2010, p. 222).

특정한 비근대적 서구 인식론이 합법화되는 과정은 지배와 강압의 명확한 징조인 주어진 인식의 생산, 재생산, 그리고 합리화의 발현과 깊은 연관이 있다. 유럽 중심주의와 서구 중심주의를 넘어 학계 내에서 이후에 논의될 논쟁(Mignolo, 2012)은 "지리학적 위치와 지식 생산 사이의 비율"을 재배치하는 것을 의미한다(p. 92).

그러한 포이에시스(poiesis)는 우리를 국제화라는 또 다른 추종의 모순으로 인도한다. Ahmad(2008)는 "국제화는 좌파의 구성적 전통 중 하나였지만, 후기 자본주의 시대에 특정한 종류의 국제주의 역시 가능한 한 엄격히 분류되어야 할 제국주의적 자본 자체의 순환과 좌파의 국제화 사이의 경계선에서 자발적으로 발생한다는 것을 인식하는 것이 가장 중요하다."라고 주장한다(p. 45). Ahmad(2008)에 주장에 따르면, 우리의 과제는 "반규범과 조작되기 전에는 존재하지 않는 일종의 규범, 지배, 또는 출현과 같은 것으로서 식민 통치적 대학"이 출현하는 방식으로 비근대적 서구 인식론의 범주를 규정하는 것이다(p. 45). 순회하는 교육과정 이론은 근대 서구 인식론들이 "무엇을 생각하는가?"라는 과정과 중요성을 확장시켜 온 것을 통해 국제화가 얼마나 많은 측면에서 새로운 조직이었는지를 비난하고 있다. 그것은 "서구 지식의 성취와 문화적 지배에 대한 의심은 제국화된 국가들을 넘어선 급진적인 자본적 국가들에 의해 행사되었다."라는 사실에 의해 생긴 상처를 점점 더 깊게 만들었다(Ahmad, 2008, p. 2).

Quijano(2010)는 식민성은 명확한 정치적 질서로서 식민주주의의 파괴 속에서 현재의 "세계의 지배 형태"라고 덧붙인다. 그리고 이는 1848년 공산당 선언과 같은 사건에서 드러난 서구 근대 자본주의 사회를 지탱해 왔던 것과 같은 생산의 방식과 조건을 계속해서 발전시키는 과정이다. 지식의 패권적 형태에 대한 생산과 재생산은 정확히 생산의 방식과 조건으로부터 벗어날 수 없는 언어적·문화적 인식론의 제도화인데, 이는 특히 현재에도 계속 이루어지고 있다. 어떤 이유에서인지 마르크스의 『자본론』은 상품에 대한 조사로 시작한다. 식민주의의 영향은 "민족 간의 착취와 지배의 조건이나 방식" 모두를 멈추지 못하게 한다(Quijano, 2010, p. 24).

언어적 학살의 재생산은 1980년대 말 wa Thiong'o, Owuor-Anyumba, Lo Liyong의 투쟁에서 볼 수 있다. 이 아프리카의 지식인들은 케냐의 나이로비 대학교에서 영어학과를 폐지하는 운동을 주도했다. wa Thiong'o, Owuor-Anyumba, Lo Liyong(1978)은 식민 통치자들의 언어를 가르치는 학과를 대체할 새로운 아프리카 문학과 언어학과의 개설을 위해 투쟁하며, 아프리카인의 관점과 아프리카의 언어학적 메커니즘을 통해 아프리카의 사회 현실을 조사하고, 이해하며, 연구해야 할 필요성을 주장했다. 이러한 중요한 투쟁의 핵심은 단순히 이론적 형태를 다른 형태로 대체하는 이론이 아닌, 언어와 문학적 메커니즘을 통해 식민지 시대 이후의 모멘텀에서의 명백한 형태의 대량 학살에 도전하는 것임은 말할 필요도 없다. 이와 같은 대량 학살은 세속적인 케냐 문명 집단의 기억을 지우고, 국가 전체의 정체성을 뼛속 깊이 변화시킨다. wa Thiong'o, Owuor-Anyumba, Lo Liyong은 식민지 시대 이후의 새로운 모멘텀을 가진, 더욱 역동적인 도구로서 언어와 문화에 관심을 가졌다. 그들은 이를 점차적이고도 꾸준하게 아프리카 사회를 회복시킬 이데올로기적 도구로 보았다. 이런 맥락에서 그들은 전 세계 모든 나라에서 영어학과가 폐지되어야 한다고 주장했다.

🍎 클리나멘[11]: 지식의 생태학을 향하여

나의 주장은 대안에 대한 대안적 사고방식은 일반적인 인식론의 불가능성에 대한 일반적인 인식론을 목표로 하는 탈식민주의적인 사고방식을 따라야 한다는 것이다. 이는 단순히 탈피하기 위해서가 아니라 비심연의 사고를 생신하기 위해 심연의 선을 건너기는 것이다. 이는 매우 어려운 일이라는 것은 인정한다. 그리고 이를 위해서는 순회적이고 방랑하는 자세가 필요하다. 또한 이는 생각할 수 없는 것을 생각하는 능력이 필요하다. 유럽 중심주의를 넘어, 그리고 서양 숭배주의를 넘어 감히 새로운 곳을 찾아내겠다는 것을 의미한다. 이는 특정한 지식 형태의 종속화(Mignolo, 2012)뿐만 아니라 존재하지 않는 생산에 대항하는 것(Sousa Santos, 2014)을 의미한다. 더 정확히 말하면, "중대한 문화적 성취, 지적 발전은 미신과 무지의 인지 상태에 영구적으로 갇혀 있는 것으로 간주되는 특정 공간에서만큼은 부정된다"(Mills, 1997, p. 44). 자연적으로, "지식, 과학, 세계를 지적으로 이해하는 능력은 합리성의 세계적 거점으로 나타나는 유럽으로 제한된다"(Mills, 1997, p. 45). 식민지 통치자가 없었다면 억압당하는 사람들의 삶이 어떻게 되었을지는 아무도 모르지만, Memmi(1991, p. 114)는 서양의 근대성은 "유럽인들이 자신의 본성이 합리성을 잘 이해할 수 있기 때문에 세계를 정복한 반면, 비유럽인들은 자신의 본성이 합리성을 비난하고 거부했기 때문에 식민지화되었다."라는 생각으로 인해 촉발되었다고 주장한다. 그러나 West(1999, p. 52)는 서구 근대성은 비열한 역설이라고 통찰력 있게 주장한다. 즉, "민주주의는 대서양 횡단 노예 무역과 뉴욕 노예의 등장와 함께 유럽인들에 의해 번성했다." 이러한 맥락에서 West(1999)는 "세계 자본주의와 신생의 민족주의는 가장 처음 신대륙 또는 신세계로 가는 길에 아프리카인들을 방문한 테러와 공포에 의해 예상되었다."라고 주장한다(p. 52).

즉, 특정한 식민적 지배와 식민적 권력 매트릭스로부터 비롯되는 존재의 식민성은 "합리적 인간성(유럽)과 세계의 나머지 사람들 사이의 지식과 계층적 관계의 보편적인 패러다임을 만들어 냈다"(Mignolo, 2012, p. 59). 식민적 서구 근대성은, 반드시 그렇지는 않지만 환경이 다르기 때문에 "주제를 인식하는 것은 근대 인식론으로부터 기원한 합리성의 개념을 통해 제시된 지식의 주체를 넘는 것이 가능하다는 생각을 받아들이는 것은 상상할 수 없는 일이 되었다."라는 특정한 주체-객체-주체의 심연적 관계를 제시할 수 있었다(Quijano, 1992, p. 422; Mignolo, 2012 참조). 이 과제는 심연의 사고를 넘어서는 것이다.

후기 심연의 사고는 지식의 생태학의 확장되어 있는 후기 심연의 인식론이다. 내가 이전에 언급한 바와 같이, 후기 심연의 사고는 근대 서구의 사고와 행동 방식의 급진적인 중단을 의미하는 반면, 그러한 중단은 특정한 근대 서구 충동을 비난하는 것을 의미하지는 않는다. 즉, "비과학적 지식에 대한 신뢰를 높이는 동시에, 과학적 지식의 신뢰를 훼손하는 것을 의미하지 않는다. 이는 단지 반패권적 활용을 암시한다. 반면에, 이러한 활용은 과학의 내부적 다원성의 탐구를 포함한다. 즉, 과학적 지식과 비과학적 지식 사이의 상호 작용과 상호 의존성을 촉진하는 데 있어 페미니스트와 후기 식민주의적 인식론들에 의해 나타났던 대체적인 과학적 관행을 포함한다는 것이다"(Sousa Santos, 2007b, p. 31).

지식의 생태학은 신화뿐만 아니라 이성의 문제이다. 그것은 "과학적 지식과는 달리, 외부의 힘보다는 내부를 선호하거나, **소산적 자연**(natura naturata)보다는 **능산적 자연**(natura naturans)을 선호한다는 지식을 바탕으로 한 인간의 가능성에 대한 더 깊은 이해가 필요하다. 이러한 지식을 통해 근대 과학의 실증적이고 기능적인 메커니즘에서 이해할 수 없는 향상된 가치나 헌신의 개념을 기르는 것이 가능하다"(Sousa Santos, 2007b, p. 39). 즉, 지식의 생태학은 "경이로움과 분노를 위한 새로운 능력, 그리고 새롭고, 비순응적이고, 불안정한 것과 실제로부터 잠재력을 추론하기 위한 거부에 근거를 둔 자발성의 정도와 세계의 비규범적 다양성의 풍부함에 근거를 둔 반항적인 이론과 실천을 배양하는 능력을 길러준다"(Sousa Santos, 2007b, p. 40). 지식의 단일 문화로서의 규범적 전통을 파괴하는 것을 목표로 하는 불안정한 인식론으로서, 지식의 생태학에서 중요한 것은 "사회과학의 경우와 같이 구조와 기관의 구별이 아니라 클리나멘(clinamen)적 행동과 순응적 행동의 구별이다"(Sousa Santos, 2007b, p. 40).

클리나멘에 대한 행동의 개념은 Sousa Santos(2007b)가 에피쿠로스와 루크레티우스에게서 클리나멘의 개념을 차용한 것으로, 에피쿠로스가 데모크리토스의 원자로 바뀌는 능력이라고 불리는 원인과 결과의 관계를 악화시키는 '어떤 것(quiddam)'으로는 설명될 수 없는 것으로 이

탈식민주의와 교육과정 연구

해되었다. 클리나멘은 원자들을 불활성의 상태로 보이지 않게 만드는 것이며, 오히려 자발적인/창조적인 움직임의 동력인 경사를 통한 동력의 생성에 부가된 것으로 보인다(Epicurus, 1926; Lucretius, 1950). 혁명적인 행동에서 발생하는 것과는 달리, 클리나멘적 행동의 창의성은 급진적인 파괴가 아니라, 생물과 사회 집단 간에도 그러하듯이 원자들 사이의 복잡하고 창조적인 결합이 가능한 것처럼 보이는 누적된 효과로서 방향을 살짝 바꾸거나 일탈하는 것에 기초한다. (p. 40)

따라서 Sousa Santos(2007b)는 다음과 같이 주장한다.

클리나멘은 과거를 거부하지 않는다. 반대로, 과거로부터 벗어나는 방식으로 과거를 가정하고 되찾는다. 후기 심연의 사고를 위한 클리나멘의 잠재력은 심연의 선을 넘어서는 능력에 있다. 클리나멘적 행동의 발생은 그 자체로 설명할 수 없다. 이와 관련하여 지식의 생태적 역할은 단지 그러한 발생의 가능성을 극대화하는 조건이 무엇인지 식별하는 것과 동시에, 방향을 바꿀 가능성이 작동할 범위를 정의하는 것이다. (p. 41)

지식의 생태학은 "서구 근대성 내외에서 사회성 또는 주관성의 기이하거나 한계적인 형태로 탐험하는 클리나멘과 함께 움직일 특별한 능력, 에너지, 의지를 부여받은 집단적 주체성 또는 개별적 주체성을 파괴하는 것으로서 바라볼 필요가 있다. 그리고 이러한 형태는 심연의 기분에 따라 정의되는 것을 거부한다"(Sousa Santos, 2007b, p. 41). 즉, 유럽 중심주의는 내생적이다.

급진적인 공존의 헌신을 주장할 때 순회하는 교육과정 이론은 그러한 지식의 생태학에 철저히 연관되어 있으며, 순회하는 교육과정 이론가의 도전은 물리적-철학적인 것의 결합을 푸는 것이다. 즉, 우리는 개인이고, 고정되지 않은 시스템이 우리를 제도화하지만, 우리는 기관이 아니다. 우리의 과제는 왜 우리가 이를 가르치지 않는지 그리고 어떻게 우리가 이를 가르칠 수 있는지를 밝혀내는 것이다. 그런 의미에서 순회하는 교육과정 이론은 윤리적인 과제이다.

Anzaldua(2007)는 "유대인, 히스패닉, 흑인을 합친 민족적 · 세계적 화합을 상상하는" 멕시코 철학자인 Jose Vascondelos의 사상을 전하고 있다(p. 99). 그는 이러한 상황을 '다인종적 세계'라고 불렀다(Anzaldua, 2007, p. 99). 이와 같은 세계적 인식은 포괄성의 이론을 내포한다. 세계 이론은 "염색체가 있는 두 개 이상의 유전적 흐름이 이 인종의 결합을 끊임없이 '넘는 것'을 할 수 있고, 열등한 존재가 되기보다는 계급과 성별이 단순히 더해지며 풍부한 유전자 구성을 가진, 혼합적이고 변이적이며 유연성 있는 유전자를 가진 종을 만들어 낸다. 최근 이러한 인종적 · 이념적 · 문화적 · 생물학적 혼합으로부터 '이질적인' 인식이 만들어지고 있다. 즉, 이는 선의 경계가 맞닿아 있는 곳에서의 의식이다."

Anzaldua(2007)가 만들어 낸 '양심이나 자각(conciencia)' 또는 Nkrumah (1964)가 말하는 '탈식민화를 위한 철학과 이데올로기(concientism)'는 분명히 선의 경계에 존재한다. 그것은 근대 서구적 심연의 사고인 인식론적 학살에 의해 저질러진, 세계적으로 지속되어 온 범죄에 대항하는 것이다. 교육에서 우리가 어떻게 인식론적 학살에 대한 집단적인 거부를 다루는가에 대한 고민은 한 사람의 이데올로기적 정체성을 얼마나 다룰지를 고민하는 것을 뜻한다. 이것이 21세기의 진정한 교육과정적 문제이자 윤리적인 문제이다.

참고문헌

Ahmad, A. (2008) *In Theory*. London: Verso.

Amin, S. (2008) The World We Wish to See. Revolutionary Objectives in Twenty First Century. *The Bamako Appeal*, 107–12.

Amin, S. (2011) *Global History: A View from the South*. Dakar: Pambazuka Press.

Anderson, K. (2010) *Marx at the Margins. On Nationalism, Ethnicity and Non-Western Societies*. Chicago: University of Chicago Press.

Andreotti, V. (2011). *Actionable Postcolonial Theory in Education*. New York: Palgrave.

Andreotti, V. (2013) Renegotiating Epistemic Privilege and Enchantments with Modernity: The Gain in the Loss of the Entitlement to Control and Define Everything. *Social Policy, Education and Curriculum Research Unit*. North Dartmouth: Centre for Policy Analyses/University of Massachusetts Dartmouth, pp. b–s.

Anzaldua, G. (2007) *Borderlands. La Frontera. The New Mestiza.* S. Francisco. Aunt Lute Books.

Arrighi, G. (2005) *The Long Twentieth Century. Money, Power and the Origins of Our Times.* London: Verso.

Arriscado Nunes, J. (2008) O Resgate da Epistemologia. *Revista Critica de Ciencias Sociais,* 80, pp. 45-70.

Bartolovich, C. (2002) Introduction: Marxism, Modernity and Postcolonial Studies. In C. Bartolovich and N. Lazarus (eds) *Marxism, Modernity and Postcolonial Studies.* Cambridge: Cambridge University Press, pp. 1-17.

Bauman, Z. (1998) *Globalization. The Human Consequences.* London: Blackwell Publishers.

Boatca, M. (2010) The Eastern Margins of the Empire. Coloniality in 19th Century Romania. In W. Mignolo and A. Escobar (eds) *Globalization and the Decolonial Option.* New York: Routledge, pp. 222-38.

Cabral, A. (1969) The Weapon of Theory. In A. Cabral (ed) *Revolution in Guine Bissau.* New York: Monthly Review, pp. 90-111.

Cho, S. (2012) *Critical Pedagogy and Social Change. Critical Analysis on the Language of Possibility.* New York: Routledge.

Chomsky, N. (1971) *Problems of Knowledge and Freedom.* New York: The New Press.

Dussel, E. (1995) *The Invention of Americas. The Eclipse of the Other and the Myth of Modernity.* New York: Continuum.

Dussel, E. (2013) *Ethics of Liberation. In the Age of Globalization and Exclusion.* Durham: Duke University Press.

Eagleton. T. (2003) *After Theory.* London: Verso.

Escobar, A. (2013) Words and Knowledges Otherwise. In W. Mignolo and A. Escobar (eds) *Globalization and the Decolonial Turn.* New York: Routledge, pp. 33-64.

Fanon, F. (1963) *The Wretched of the Earth.* New York: Grove.

Fanon, F. (1968) *Black Skin, White Masks.* London: MacGibbon and Kee.

Fraser, N. (2014) Can Society Be Commodities All Wa Down? Post-Polanyian Reflections on Capitalist Crisis. *Economy and Society* 43 (4), pp. 541-58.

Galeano, E. (1991) A Child Lost in the Storm. In R. Blacburn (ed) *After the Fall. The Failure of Communism and the Future of Socialism.* London: Verso, pp. 250-54.

Giroux, H. (1981a) *Ideology, Culture & the Process of Schooling.* Philadelphia: Temple University Press.

Giroux, H. (2011). *Zombie Politics in the Age of Casino Capitalism.* New York: Peter Lang.

Grosfoguel, R. (2010) Epistemic Islamophobia. Colonial Social Sciences. *Human Architecture: Journal of the Sociology of Self-Knowledge,* VIII (2), pp. 29-39.

Harding, S. (1998) *Is Science Multicultural? Postcolonialisms, Feminisms and Epistemologies.* Bloomington: Indiana University Press.

Harding, S. (2008) *Sciences from Bellow. Feminisms, Postcolonialities and Modernities.* Durham: Duke University Press.

Hassan, S. M. (2012) How to Liberate Marx from is Eurocentrism? Notes on African/Black Marxism. *Documenta Series* 13, 091, pp. 4-8.

Huebner, D. (1976) The Moribund Curriculum Field: It's Wake and Our Work.

Jani, P. (2002) Karl Marx, Eurocentrism and 1857 Revolt in British India. In C. Bartolovich and N. Lazarus (eds) *Marxism, Modernity and Postcolonial Studies*. Cambridge: Cambridge University Press, pp. 81–96.

Johnson, R. (1983) *What Is Cultural Studies Anyway?* Centre for Contemporary Cultural Studies, University of Birmingham, N° 74 (Mimeographed).

Latour, B. (1993) *We Have Never Been Modern*. Cambridge: Harvard University Press.

Latour, B. (1999) *Pandora's Hope. Essays on the Reality of Science Studies*. London: Harvard University Press.

Lumumba, P. (1963) Lumumba Speaks. In J. Van Lierde (ed) *The Speeches and Writings of Patrice Lumumba, 1958-1961*. Boston: Little, Brown and Company, pp. 54–142.

Macedo, D. Dendrinos, B. and Gounari, P. (2003) *The Hegemony of the English Language*. Boulder: Paradigm.

Machel, S. (1985) Samora Machel. In B. Munslow (ed) *Samora Machel. An African Revolutionary*. London: Zed Books.

Mahgoub, A. K. (2012) By Virtue of Marxism, Your Honor. *Documenta Series* 13, 091, pp. 15–30.

Maldonado-Torres, N. (2008a) *Against War. Views from the Underside of Modernity*. Durham: Duke University Press.

Marcuse, H. (1964) *One Dimensional Man*. Boston: Beacon Press.

Marx, K. & Engels, F. (1853) *On Colonialism*. Moscow: Foreign Language Publishing House.

McLaren, P. (2008) Decolonizing Democratic Education. Marxian Ruminations. In A. Abdi and G. Dei (eds) *Decolonizng Democratic Education. Trans-disciplinary Dialogues*. Rotterdam: Sense, pp. 47–55.

Memmi, A. (1991) *The Colonizer and the Colonized*. Boston: Beacon Press.

Mignolo, W. (2010) Introduction: Coloniality of Power and De-Colonial Thinking. In W. Mignolo and A. Escobar (eds) *Globalization and the Decolonial Option*. New York: Routledge, pp. 1–21.

Mignolo, W. (2012) *Local Histories / Global Designs. Coloniality, Subaltern Knowledges and Border Thinking*. Princeton: Princeton University Press.

Mignolo, W. (2013) Introduction. Coloniality of Power and Decolonial Thinking. In W. Mignolo and A. Escobar (eds) *Globalization and the Decolonial Turn*. New York: Routledge pp. 1–21.

Mills, C. (1997) *The Racial Contract*. Ithaca: Cornell University Press.

Munslow, A. (1997) *Deconstructing History*. New York: Routledge.

Nkrumah, K. (1964) *Consciencism*. New York: Monthly Review Press.

Paraskeva, J. (2011a) *Conflicts in Curriculum Theory. Challenging Hegemonic Epistemologies*. New York: Palgrave.

Quijano, A, (1992) Colonialidad y Modernidad-Racionalidad. In H. Bonilla (org) *Los Conquistadores*. Bogota: Tercer Mundo, pp. 437–47.

Quijano, A. (2000). Colonialidad del poder y classificacion Social. *Journal of World Systems Research*, 6 (2), pp. 342–86.

Quijano, A. (2010) Coloniality and Modernity / Rationality. In In W. Mignolo and A. Escobar (eds) *Globalization and the Decolonial Option*. New York: Routledge, pp. 22-32.

Rodney, W. (1973) *How Europe Undeveloped Africa*. Accessed from: http://www. blackherbals.com/walter_rodney.pdf

Sabet, A. (2008) *Islam and the Political. Theory, Governance and International Relations*. London: Pluto Press.

Said, E. (1979) *Orientalism*. New York: Vintage.

Schwab, J. (1978) *Science, Curriculum and Liberal Education*. Chicago: University of Chicago Press.

Sousa Santos, B. (2007a) *Another Knowledge is Possible*. London: Verso.

Sousa Santos, B. (2007b) Beyond Abyssal Thinking. From Global Lines to Ecologies of Knowledges. *Review*, XXX (1), pp. 45-89.

Sousa Santos, B. (2014). *Epistemologies of the South: Justice against Epistemicide*. Boulder: Paradigm.

Thernborn, G. (2010) *From Marxism to Post-Marxism*. New York: Verso.

Tlostanova, M. and Mignolo, W. (2012) *Learning to Unlearn. Decolonial Reflections from Euroasia and the Americas*. Ohio: Ohio State University.

Todorova, M. (1997) *Imagining the Balkans*. Oxford: Oxford University Press.

wa Thiong'o, N., Owuor-Anyumba, H. and Lo Liyong, T. (1978) On the Abolition of the English Department. In N. wa Thiong'o (ed) *Homecoming: Essays on African and Caribbean Literature, Culture and Politics*. London: Heinemann, pp. 145-50.

Warren, B. (1980) *Imperialism: Pioneer of Capitalism*. London: New Left Books.

West, C. (1999) *The Cornel West Reader*. New York: Basic Books.

❦ 역자 후주

[1] 대화주의라는 용어는 그 반응을 예상하는 과거와 미래의 다른 사례와의 관계에 의해 정의된다는 것을 정확히 인정하는 담화의 사례의 성질을 나타내기 위해 흔히 사용된다.

[2] Joseph Jackson Schwab(1909~1988)는 미국의 교육자로, 학교 교육과정의 준비와 관련된 교육과 과학의 철학적 탐구를 강조했다. 미시시피주의 콜럼버스 출생이며, 1946년 시카고 대학교에서 강의를 시작하여, 1953년 자연과학 대학의 교수로 임용되었다. 그는 보편적 교육에 관심이 있었지만, 유대인 교육에도 관심을 두었다. 그는 유대 신학교에서 유대교 교육을 위한 멘토 연구 센터의 학술 위원이었다. 그는 1938년과 1965년 시카고 대학교의 퀜트렐 상을 수상한 이력이 있다. 저서로는 *Eros and Education*(1958), *The Teaching of Science as Enquiry*(1962), *Education and the Structure of the Disciplines*(1961), *College Curriculum and Student Protest*(1969), *Science, Curriculum, and Liberal Education: Selected Essays*(1978)가 있다.

[3] 근대성은 인문학과 사회 과학의 주제로서 17세기 사상인 '이성의 시대'와 18세기의 '계몽주의'를 아우르는, 르네상스 이후에 생겨난 특정한 사회-문화적 규범, 태도, 관행의 결합뿐만 아니라 역사적 시대(the modern era)를 의미하기도 한다. 일부는 근대화의 시대가 1930년대에 끝났다고 보고 있는데, 1945년 제2차 세계대전이나 1980년대 또는 1990대는 포스트모더니티라고 불린다. 따라서 근대라는 용어는 지금 현재의 시대라는 뜻과는 반대로 과거의 특정 시대를 지칭하는 것으로 사용될 수 있다. 분야에 따라 근대성은 다른 시대 또는 성질을 의미할 수도 있다. 분석적 개념과 규범적 사상으로서 근대성은 철학과 미학적 모더니즘의 윤리, 계몽주의와 연결되는 정치적/지적 경향, 그리고 실존주의, 현대 예술, 사회과학의 공식적인 설립, 마크르스주의와 같은 동시대의 반이론적 발달과 밀접하게 연결되어 있다. 또한 자본주의의 출현과 관련된 사회적 관계와 세속화와 산업화 이후의 생활과 관련된 태도의 변화까지도 포괄한다(Berman, 2010, pp. 15-36). Michel Foucault(1975)는 역사적 범주로서 근대성은 과거에 대한 의문이나 거부; 개인주의, 자유, 형식적 평등의 우선 순위화; 불가피한 사회, 과학과 기술의 진보, 합리화와 전문화에 대한 믿음, 봉건제도에서 자본주의, 시장 경제, 도시화와 세속화를 향한 움직임, 국가, 대의 민주주의, 공교육의 발전을 지향한다(Foucualt, 1977, pp. 170-177).

[4] 심연의 사고(abyssal thinking)는 근대적 서구 사상이다. 이는 눈에 보이는 것과 보이지 않는 것으로 구분되는데, 보이지 않는 것은 눈에 보이는 것의 기초가 된다. 보이지 않는 구분은 급진적인 선을 통해 사회 현실을 두 개의 영역으로 나누는데, 그 영역을 '선의 이쪽' 영역과 '선의 반대쪽' 영역으로 구분한다. 그 구분은 현실이 존재하지 않게 됨으로써 '선의 반대쪽'이 사라지게 되어 실제로 존재하지 않는 것으로 여겨진다.

    존재하지 않는다는 것은 어떤 존재가 적절하거나 이해할 수 있는 방식으로 존재하지 않는다는 것을 의미한다. 존재하지 않는 모든 것은 급진적으로 근본적으로 배제된다. 왜냐하면 포함이라는 개념 자체가 다른 것이 되어야 하는 영역 자체를 거부하기 때문이다. 선을 기준으로 양쪽의 영역에 대한 공존은 불가능하다는 것이 심연의 사고가 가지는 근본적인 의미이다. 선의 이쪽은 현실과 관련된 분야의 고갈시킴으로써 우세를 점한다. 즉, 선의 반대쪽은 오직 존재하지 않는 것, 보이지 않는 것, 비변증법적 부재만이 있을 뿐이다(Sousa Santos, 2007).

[5] Maria Todorova는 세계적으로 영향력 있는 책인 *Imagining the Balkans*의 저자로, Edward Said의 오리엔탈리즘의 개념을 발칸 반도에 적용한 것으로 유명하다. Todorova는 현재 일리노이 대학교의 역사학 교수로 재직하고 있으며, 현대 발칸 반도의 역사를 전공한다. Todorova의 책은 14개 언어로 번역될 정도로 권위 있는 학자이다.

[6] 파시즘은 이탈리아의 무솔리니가 주장한 국수주의적 · 패권주의적 · 반공적인 정치 이념을 뜻한다. 어원을 살펴보자면 이탈리아어로 묶음을 뜻하는 파쇼(fascio)라는 단어로부터 시작되었으나, 결속이나 단결 등의 뜻으로 사용되고 있다. 파시즘의 특징으로는 반합

리주의적이며, 인간의 평등을 기부하고, 폭력을 허용한다는 점에서 비이성적이라고 할 수 있다.

[7] 서발턴(subaltern)은 후기 식민적 연구와 비판 이론에서 사용되는 용어이다. 이는 식민지 통치자나 제국의 통치 계급에 속하는 사람들에게 통치를 받는 사람들을 지칭하는 용어로, 사회적·정치적·지리학적인 특징을 모두 포함한다. Antonio Gramsci는 대중 역사로서의 문화적 헤게모니를 설명하면서, 이들의 정치적 목소리를 거부하기 위해 사회의 사회경제적 제도에서 배제되고 소외된 사회 집단을 표현하기 위해 서발턴이라는 용어를 만들어 냈다. 서발턴이라는 개념과 서발턴 연구는 인도의 역사에서 사회적/경제적 집권자들의 정치적 행위자로서의 역할을 재탐구하기보다는 대중을 구성하는 남자와 여자의 정치적 행위자로서의 역할을 탐구한 역사학자들의 서발턴 연구 그룹의 연구를 통해 후기 식민주의의 용어로 포함되었다.

[8] Peter McLaren은 채프먼 대학교의 비판학부 교수로, Freire의 민주적 프로젝트의 공통 책임자 및 국제 윤리와 사회 정의 담당 대사를 역임하고 있다. 그는 45권이 넘는 책과 수백 권의 학술 논문을 썼으며, 이는 20개 이상의 언어로 번역되었다. 그는 비판교육학의 대표적인 학자 중 한 명으로 알려져 있으며, 비판적 글 읽기, 교육사회학, 문화학, 비판적 인종학, 마르크스주의 이론에 대한 연구로 저명하다. 비판교육학의 창시자인 Paulo Freire는 다음과 같이 말했다. "Peter McLaren은 내가 알고 있는 뛰어난 지식인 중 한 명이고, 그들에 의해 나의 이론을 더욱 발전시킬 수 있었다. 나는 그의 글을 읽자마자 우리는 같은 '지적 혈통'에 속한다고 확신했다." 그는 마르크스적 인문학적 철학과 독특한 문학적 표현 양식의 영향을 받은, 타협하지 않는 정치적 분석으로 명성을 얻었다. 저서로는 *Pedagogy of Insurrection: From Resurrection to Revolution*(2016), *Pedagogy and Praxis in the Age of Empire*(2007), *Rage＋Hope*(2006), *Critical Pedagogy and Predatory Culture*(1995) 등이 있다.

[9] Antonio Toni Negri는 이탈리아의 스피노자주의자이자 범신론자이자 마르크스주의적 사회학자이자 정치철학자로 그의 책인 *Empire*로 인해 유명해졌다. Deleuze처럼 Negri의 스피노자에 대한 애착은 현대 철학의 분야에서 잘 알려져 있다. Althusser와 Deleuze와 함께, 20세기 후반과 21세기 초반의 대륙 철학 분야에서 네오스피노자주의의 중심 철학가로서 활동했다. 대표적인 저서로는 *Declaration*(2012), *Empire*(2000), *Contemporary Variation*(2004), *Commonwealth*(2009) 등이 있다.

[10] 만트라는 "영적 또는 물리적 변형을 일으킬" 수 있다고 여겨지고 있는 발음, 음절, 낱말 또는 구절을 뜻한다. 밀주나 다라니라고도 하는데, 만트라의 용도와 종류는 해당 만트라를 사용하는 종교나 철학의 학파에 따라서 달라진다.

[11] 클리나멘(clinamen)은 고대 자연철학의 용어로, '기울어져 비껴감 또는 벗어남'을 뜻

하는 '편위'로 번역될 수 있다. 에피쿠로스 학파에 속하는 철학자인 루크레티우스가 허공 속에서 원자들의 운동을 통해 새로운 세계가 만들어지고 변화가 일어나는 원리를 설명하기 위해 도입한 용어이다. 루크레티우스가 우주 속에서의 변화를 설명하기 위해 만든 이 개념은 현대에 들어와 다양한 분야에서 사용되고 있다. 특히 Deleuze는 클리나멘의 영향을 받는 원자들의 상호 의존성을 비판하고 서로 독립적이고 시공간의 제약을 받는 원자론을 제시하기도 했다. 또한 프랑스의 마르크스주의 철학자인 Althusser는 평행으로 낙하하는 원자들의 세계에서는 새로운 사건이나 변화가 일어날 수 없기 때문에 원자들의 마주침의 운동이자 다수성을 생산하는 클리나멘이 반드시 필요하다고 주장했다.

결론

순회하는 교육과정 이론
중언(重言)

*Conflict in Curriculum Theory: Challenging Hegemonic Epistemologies*의 서문을 작성하던 시기에 집으로 돌아가던 중, 나는 요하네스버그, 힐브로의 한 서점에서 Ezekiel Mphahlele의 매우 탁월한 책을 발견하게 되었다. 그 책에서 Mphahlele는 인종 분리 체제에서 살아가는 남아프리카공화국 사람들의 일상적인 삶을 소개하면서 그러한 이야기들이 억압, 빈곤, 심각한 불평등에 저항하는 복잡한 투쟁을 이해하기 위해 얼마나 중요한 것인지 보여 주었다. 그 책에서 내가 강조하고 싶은 부분이 있다. Mphahlele와 Thuyvsma (2011)는 다음과 같이 주장한다. "나는 글을 쓰고자 한다. 나는 반드시 글을 써야만 한다. 나는 글을 쓸 것이다. 칠흑같이 어두운 그믐날 밤에 나는 나 자신에게 도대체 무엇에 대해서 글을 쓰지? 왜 나는 글을 써야만 하지? 하고 자문한다. 남아프리카공화국의 지식인 Mphahlele와 Thuyvsma은 이러한 문구로 자신들의 "The Unfinished Story"를 시작한다. Mphahlele와 Thuyvsma의 질문은 나로 하여금 많은 지식인들과 수많은 지평들을 떠올리게 한다. 그러던 중 나는 갑자기 Mphahlele, Steve Biko, bell hooks의 3자 대담 (trilogue)을 떠올렸다. 그 질문에 대해 Steve Biko(1978)는 아마도 "당신은 당신이 쓰고 싶은 것을 써야 한다."라고 이야기했을 것이다. hooks(1998)는 어쩌면 "나는 나를 깊이 감동시키지 않는 것에 대해 쓴다."라고 이야기했을 것

이다. 하지만 Mphahlele는 이러한 논의에 복잡성을 더할 것이다. 개인은 세상에 대해 무언가를 이야기해야 한다. 개인은 세상에 이야기할 무언가를 가지고 있어야 한다. 핵심적으로 개인은 세상에 무언가를 이야기할 수 있기 위해서 세상에 이야기할 무언가를 가지고 있어야 한다. Mphahlele(2011)은 다음과 같이 주장한다.

반투족에 대해서 많은 이야기들이 쓰였다. 하지만 나는 항상 쓰이지 않은 매우 중요한 무언가가 있다는 느낌을 지울 수 없다. 나는 나 자신에게 단순한 사건을 들려주는 이야기 이상으로 매우 중요한 것이 있다고 이야기한다. 나의 부족 사람들의 사랑과 증오, 그들의 갈망, 그들의 소유와 부유함, 그들의 성취와 실패, 그들의 근면함과 게으름, 그들의 열정과 차가운 무관심, 그들의 유머, 그들의 박장대소와 비극에 대한 그들의 감성적인 흐느낌과 동정. 나는 세상에 무엇을 이야기할 수 있을까? (p. 14)

Conflicts in Curriculum Theory(2011)를 쓰는 과정에서 나는 Mphahlele가 가졌던 의문에 심각하게 직면하였다. 수많은 그리고 중요한 성취가 있었는데도 불구하고 나는 비판 이론과 후기 구조주의의 너무나 방대하고 복잡한 지평 속에 존재하는 차이와 모호함을 직면하였을 때 글을 쓰는 많은 사람들이 그런 것처럼 나는 좌절에 직면하였다. 나는 진중하게 그러한 접근들을 넘어서고자 노력하였으며, 우리 모두가 직면하고 있는 현재 지구상의 세계화(Sloterdjik, 2013)로 특징지어지는 '유동적인 순간'(Bauman, 1998)의 압박에 존재하는 복잡한 이슈들을 다루기 위해서 '순회하는 교육과정 이론(Itinerant Curriculum Theory, ICT)'를 제안하였다. Arlene Croce(1998, p. 16)에 따르면 비평가는 세 가지 요점을 가지고 있다. 첫째, 보고 다시 보는 것이다. 둘째, 보되 다시 보지 않는 것이다. 셋째, 보지 않는 것이다. 그녀는 네 번째도 추가하였는데, 이는 "기이한 상황에서 가능해질 수 있는 보지 못한 것에 대해 쓰는 것이다". 이 책에서 나는 '보고 다시 볼 필요'에 대해서만 강조하지 않았다. 실제로 이 책은 그 이상을 추구한다. 이 책은 교육과정 분야에서의 비판

이론의 역사적 성취와 강점 그리고 급진적인 비판적 진보적 강이 직면한 도전들에 대해서 논의하였다. 이를 통해 나는 '순회하는' 미래의 방향을 주장하였다. 또한 나는 어떤 해결책을 제시할 때 매우 신중한 태도를 견지하면서 비판적이고 순회하는 접근의 필요성에 대해 논의하였다.

내가 제안한 ICT에 대해 교육과정 분야 내에서 즉각적인 반응이 등장하였다. 그러한 반응은 서구와 비서구의 입장 그리고 다양한 인식론적 관점에서, 그리고 학문 분야뿐만 아니라 비학문 분야로부터 등장하였다. 몇몇 반응들은 매우 긍정적이었다. 몇몇 사람들은 특별한 경우에 제기될 수 있는 타당한 염려들을 제기하였다. 또한 몇몇 비판들을 보면 그들이 ICT를 잘못 이해했다는 것을 보여 줄 뿐만 아니라 왜 인식론적 학살에 대한 우리의 도전이 얼마나 중요한지를 잘 보여 준다. 물론 이 결론의 장에서 그들의 비판점에 대해서 깊이 논의하는 것은 적절하지 않다. 예를 들어 ICT가 유대-기독교 서구 백인 남성의 헤게모니와 인식론에 대한 의도적 또는 비의도적 공격이라고 주장하는 이들은 ICT를 완전히 잘못 이해하고 있는 것이다. ICT는 그러한 논쟁을 훨씬 뛰어넘는 것이다. 다른 반응들 중에서 ICT를 환영하거나 수용할 만한 문제를 지적하는 주장 또한 논의의 여지가 있다. 머지않은 미래에 나는 그러한 반응들에 대해서 논의할 것이다. 많은 진보주의자들에게 인식론적 차이에 대한 논쟁은 매우 불편하게 여겨질 수 있다. 화려한 색채를 띤 다문화에 의한 인도적인 자본주의는 그들에게 매우 매혹적으로 보일 수 있을 것이다. 그리고 어떤 이들은 그 정도에도 미치지 못할 것이다. 사실 문제는 '그 정도'는 충분하지 않다는 것이다. 나에게 지속적으로 떠오르는 Dwayne Huebner(2005, p. 1)의 주장이 있다. 즉, "많은 교육자들은 반드시 도량이 넓은 사람들이 아니다. 그들 중에는 다양한 방식의 사고에 열려 있지 않으며 중요한 비판 또한 수용할 수 없는 이들도 있다."

나는 ICT를 통해 교육과정 분야에 무언가를 이야기하고자 노력하였다. ICT는 새로운 영역과 이론적 상태를 말한다. ICT는 서구 교육과정 인식론 학살에 저항하고 우리 자신에게 비서구 인식의 지평들을 존중하고 '복잡한 대화'에 포함시키는 것을 추구한다. 이는 서구 학문의 굴레에 굴복하는 것이 아니다. William Pinar(2012, 2013)는 ICT의 영향력 있는 개요성을 인정하였다. *Curriculum Studies in the United States*(2013)에서 그는 다음과 같이
이야기한다.

> 현재 영향력 있는 다른 담론들이 존재한다. 이들에게 '지속 가능성'은
> 매우 중요해 보인다. 예술 기반 연구가 그 중요한 예가 될 수 있다. (…)
> 특히 Joao M. Paraskeva의 글을 간과할 수 없다. 잡종성(hybridity) 또한
> 중요한 요소들 중 하나다. 그의 논의에서 교육과정에 대한 정치적 이
> 해를 위한 '비판적 강물'의 다중적 흐름은 흘러 넘치고 있다. 그는 '순
> 회하는 교육과정 이론'을 통해 '정전의 의도적인 무례함'을 꼬집는다.
> Paraskeva의 논의에서 '강물'은 남쪽으로 흐른다. 그 남쪽은 "모든 종류
> 의 유럽 중심주의가" 거부되고 "국지적 지식을 낭만화"하지 않는 라틴
> 아메리카다. 헤게모니, 이데올로기, 권력, 사회적 해방, 계급, 인종, 젠
> 터에 대한 논의는 새로운 방식의 사고를 의미한다. 새로운 이론 (…) 순
> 회하는 교육과정 이론. (p. 64)

물론 ICT에 대한 Pinar의 이해도 중요하지만, 나는 여기서 복잡성의 관점에
서 그 남쪽은 라틴 아메리카만을 의미하지 않는다는 점을 명료하게 밝히고
자 한다. 다시 강조하지만 Sousa Santos(2009b)의 다음 주장은 매우 중요하다.

> 남쪽은 상징적으로 서구의 자본주의가 세계의 식민적 상황에 끼친 부
> 정적인 역사적인 영향과 상처를 치유하고 다루는 인식론적 도전의 영
> 역을 가리킨다. 그러한 '남쪽'의 개념은 지리적으로 남쪽, 서구 유럽의
> 식민주의에 의해 통제받고 지배받았으며 오스트레일리아나 뉴질랜드
> 가 성취한 경제 발전의 성취, 즉 유럽이나 미국과 같은 선진국 수준의
> 경제 발전을 이루지 못한 지역과 나라들을 포함하는 개념이다. (Sousa
> Santos, 2009b, pp. 12–13).

그러므로 우리는 "남부의 인식론에 의한 세계 인식론의 다양화를 지정한
다"(Sousa Santos, 2009b, p. 12). 이러한 점에서 ICT는 새로운 비판 이론, 즉

탈식민되어야 하는 새로운 해방적인 실천의 필요성에 대한 Sousa Santos (2006, p. xi)의 주장을 강조한다. 비판 이론의 선조들과 달리 새로운 이론과 실천은 세계에는 매우 다양한 문화가 존재하는 것처럼 매우 다양한 인식론이 존재한다는 전제를 인정해야 한다. 또한 그러한 인식론적 다양성은 자본주의에 대한 세계적 저항 그리고 새로운 형태의 사회성 추구의 중심에 위치해야 한다는 것을 받아들이는 것이다(Sausa Santos, 2006, p. xi).

ICT는 문제를 다루기 위해 순회하는 여정을 만들고자 시도하는 것이다. 이를 통해 ICT는 기대하지 않았던, 피할 수 없지만, 필요한 것, 즉 Deleuze와 Guattari(1987)가 이야기한 블랙홀에 직면하는 것이다. ICT는 그러한 블랙홀에 직면하는 것을 영속적인 순회성을 존중할 때 가능한 일관성을 위한 창의적이고 바람직한 과정으로 본다. 이러한 이론들은 주어진 사회 구성의 흐름과 구조를 이해한다. ICT의 순회성은 이론이나 이론가의 다른 이론들과 조우할 수 있도록 하며, 왜 특정한 변화나 변태가 등장하고 정당화되는지 이해하도록 한다. 이러한 ICT는 각 사회를 형성하고 억압하는 자와 억압받는 자 사이의 다툼을 일으키는 기제를 이해하고 이에 도전한다. 이는 자본주의 사회에서 어떤 특정한 코드가 공리화된 복잡한 과정을 이해할 수 있도록 한다. 즉, 15세기의 노예 제도와 오늘날의 노예성의 형성을 과잉 생산의 확산에 의해 조장된 경제와 문화의 흐름 속에서 이해할 수 있도록 한다(Marx & Engels, 2012).

ICT는 국가와 세계 자본주의, 기술적이고 억압적인 권력 관계, 착취, 불평등, 그리고 배제의 문화적 논리를 갖추고 있는 유럽 중심주의의 지배적인 다문화주의의 형태들에 저항하는 결점 없는 주장이다(Sausa Santos, 2007a, pp. xxiii–xxiv). 그러한 과학적 지식에 대한 단일 문화의 정당화는 지식의 생태학에 의해 패배해야 하며 교체되어야 한다(Sausa Santos, 2003a, 2003b). ICT는 권력, 존재, 지식, 그리고 노동의 식민화에 도전한다(Grosfoguel, 2007; Mignolo, 2012; Quijano, 2000b). 이러한 점에서 "문화 다양성과 상호 지성의 정치학은 일반적 이론화가 아니라 순환적이고 수평적인 번역의 복잡한 과정을 요구한다"는 점을 지각한다(Sausa Santos, 2007a, p. xxvi).

다른 지식인들 그리고 세계와의 대화를 통해 나의 머릿속에 ICT를 형성하기 위해 나는 그것의 개념과 주장의 복잡성을 고려해야만 한다. 하지만 ICT의 개념화와 창안은 미켈란젤로나 피카소가 자신들의 예술 작품을 창조한 것처럼 세계와의 자연스럽고도 복잡한 상호작용에 의한 것이다.

미켈란젤로는 자신의 작품에 대한 아이디어가 어디에서 왔는지에 대한 질문을 받은 적이 있다. "확실하지 않아요. 그 형상이 그냥 거기 있었어요. 마치 나를 기다린 것처럼. 내가 한 일이라고는 그것에 생명을 불어넣은 것 뿐이죠."라고 그는 대답하였다. 피카소 또한 게슈타포 경찰관에게 유사한 질문을 받은 적이 있다. 제2차 세계대전 중 파리 점령기에 게슈타포 경찰관들이 피카소의 아파트를 침입하였다. 그 경찰관은 스페인 내란을 주제로 전쟁의 비극성을 표현한 피카소의 대표작인 「게르니카」를 가리키며 "당신이 그렸소?"라고 물었다. 피카소는 "아니요. 그것은 바로 당신이오."라고 대답했다고 한다. Deleuze(1995)가 이야기한 것처럼 글쓰기는 "어떤 것에 생명을 불어 넣는 것이다. 그것에 자유를 불어 넣는 것이며 비상할 수 있는 길을 열어 주는 것이다"(p. 141).

또한 미켈란젤로와 피카소의 말은 예술로서 이루어지는 번역 이론(theory of translation)에도 시사점을 준다. 이와 마찬가지로 ICT는 해방적 담론과 실천의 재건이 유럽 중심의 개념이나 내용의 재생산을 방지한다(Sausa Santos, 2007a, p. xxvi). 번역은 코딩과 디코딩의 과정의 결정적인 요소이다.

> 대항 헤게모니의 제안과 경험에 대한 다양한 형태의 지식 생성에 드러나는 다양하고 구체적인 지적·인지적 자원은 새로운 지식의 형성, 인정, 확산은 지엽적이고 맥락적인 경험과 투쟁 속에서 일어난다. (Sausa Santos, 2007a, p. xxvi)

*The Struggle for Meaning*에서 Hountondji(2002, p. 26)는 Georges Canguil-hem과 Georges Balandier의 감시와 간섭 아래에서 겪은 딜레마를 고백하였다. Hountondji는 "아이디어의 역사에 대한 탐구를 통해 우리는 과학으로 나아가기 위한 조건과 지식의 형태와 존재의 형식을 알 수 있음"을 탐구하고자 하였다. 그의 포부는 현존해는 **코퍼스**(corpus) 속에서 과학과 기술의

탈식민주의와 교육과정 연구

고고학을 발견하고 범위를 정하는 것이었다. 나아가 그는 그것을 아프리카에 비판적으로 적용하는 것이었다. Hountondji는 그 연구 주제를 수행하는 과정에서 겪은 어려움을 이야기하였다. 그는 자신의 전략을 '의미를 위한 투쟁'이라고 설명한다. 이는 자신의 연구 분야를 명료하게 하고자 중심이 아니라 소외된 주변부를 탐구하는 것이었다. 이 작업을 통해 그는 실제적으로 아프리카적이고 실제적으로 철학적인 지적 작업의 지평을 그리고 정당성을 수립하였다.

이와 관련한 예로 Acouba Sawadogo를 들 수 있다. 그는 몇 세기 동안의 가뭄으로 황폐화된 토양을 전통적인 농법으로 회복시키고 있는 아프리카의 농부이다. 그의 접근은 서구의 과학 프레임에 존재하지 않는다고 해서 비과학적으로 폄하되거나 존재하지 않는 것으로 간주될 수 없는 것이다. 서구의 지식인들은 서구의 인식론적 플랫폼(지배적인 담론뿐만 아니라 비판적 담론에서도)이 충분치 않으며 그것이 미친 영향을 분석하는 데 적절하지 않음을 인정해야 한다(Seth, 2011). 새로운 시스템은 과거의 폐허 속에서 생성될 수 없다. 미래가 데카르트의 근대적 모델 속에서 발견될 수 있다고 생각하는 것은 무의미하다. 다시 말해, 현재를 낡은 모델 속에서 구성하려는 시도는 실제적으로 가망 없는 일이다.

서구의 반주류적 관점들은 사회적·인지적 정의를 위한 투쟁에서 핵심적일 수 있지만 그것으로는 충분하지 않다. Sandra Corazza(2002, p. 131)가 용기 있게 주장하였듯이 "우리는 진정한 교육과정 사고 이론의 과점을 진지하고 고민할 필요가 있다." 이는 서구 지식의 정전을 열어젖히는 것이며, 새로운 인식론적 지평을 추구하는 것이다. 이를 위한 투쟁의 여정은 과학 지식의 단일한 문화를 지식의 생태학으로 교체하는 것이다. 그러한 지식의 생태학에 대해 Sousa Santos는 다음과 같이 이야기한다.

> 지식의 생태학은 지식들 사이의 비상대론적인 대화를 추구하는 것이며, 더 민주적이고 정의로운 사회 건설을 추구한다. 뿐만 아니라 지식과 권력의 탈식민화에 기여하는 다른 지식과 인식론에 동등한 기회를 제공하는 것이다. (Sausa Santos, 2007a, p. xx)

교육을 이해하고 변화시키기 위한 다른 이론적인 노력이 그러하듯이 (Pinar, 2004 참조), ICT 또한 주장을 심화시키기 위한 경계 없는 위도와 경도를 가지고 있다. 예를 들어, 많은 다른 이슈들 중에 ICT는 영어와 영어권 문화에 의해 만들어진 언어적 제국주의를 학살의 중요한 부분으로 간주한다. 이러한 언어적 제국주의를 대량 학살의 핵심적인 부분으로 간주함으로써 ICT는 캄프랭글리시(camfrenglish, Cameron+French+English)를 존중하고 이해한다. 캄프랭글리시는 카메룬의 도시 젊은이들이 영어와 프랑스의 문법적 규칙을 의도적으로 허물어 버리며 영어와 프랑스어의 '신성성'을 허물어 버린다. 캄프랭글리시는 야온데와 같은 카메룬의 도시에 사는 사람들의 언어다.

문화 이론과 정치의 정치경제학에 대한 해석에서 Darder(2012a)는 우생학에 대항하는 투쟁의 중심에 언어를 가져온다. Darder(2012a, p. 105)는 "언어의 복잡성 그리고 학생들이 지식을 어떻게 생성하는지 그리고 언어가 그들의 세계를 어떻게 구성하는지는 모든 교육 환경에서 매우 중요한 교수학습적 요소로 간주되어야 한다."라고 주장한다. 또한 Darder(2012a)는 언어는 단순한 도구가 아니며 구체적인 학습 이론이나 화려한 교수법의 전형을 보여 준다고 주장한다. 물론 언어는 권위, 평등, 사회적·인지적 정의와 같은 다른 문제들과 교차한다. 문화 민주주의를 표방하고 지향하는 어떤 비판 이론도 교실에 존재하는 문화와 권력을 결정짓는 포이에시스로서의 이중 문화의 힘을 간과할 수 없다(Darder, 2012a).

ICT는 Sausa Santos가 주장한 것과 같이 해방의 인식론의 지속적인 생산을 추구한다. 이는 '존재 본질의 실제'에 대한 지배적인 식민적 실천의 사악함을 거부하는 것이다(Dussel, 1995b, p. 44-45; Dussel, 2013 참조). 또한 이는 해방을 위한 해방의 철학을 통해 이루어진다. 해방을 위한 철학에 대해 Dussel은 다음과 같이 이야기한다.

해방의 철학은 주변화된 사회 구조의 배경에 대항하는 기계적인 포이에시스나 혁명의 실천에 의해 만들어진 존재론이 아닌 형이상학을 구성한다. 이를 위해 반드시 필요한 것은 '존재'에서 외부의 신성한 조건화를 길어 내야 한다. 구조주의, 과학주의 또는 수학에서도 기능주의를 벗어야 한다. 또한 해방 실천의 감각을 그려야 한다. 오직 주변에서 억압받는 사람들의 실천, 남성 중심의 이데올로기에 의해 억압당한 여성, 복종을 강요받는 아이들, 이들만이 해방의 철학을 우리에게 온전히 드러내 줄 수 있다. (Dussel, 1995b, p. 15)

이는 ICT가 의식적으로 인식론 자체의 해방을 전제로 하는 해방의 인식론을 필요로 한다는 것을 의미한다. 또한 ICT는 어떤 형태의 불경 또는 토착적 문화와 지식의 낭만화를 경계할 뿐만 아니라 서구-비서구의 이분법적 프레임도 거부한다. 이러한 점에서 ICT는 기능주의의 형태들에 도전한다. ICT의 순회하는 역동성은 이론가들로 하여금 다양한 방향으로의 여정으로 나아가도록 권고한다.

더욱 중요한 것은 ICT가 이러한 과업을 영원하고 안정적이지 않은 질문 "생각한다는 것이 무엇인가?"에 대해 지속적으로 탐구하기를 추구한다는 것이다. ICT를 통해 우리는 만일 우리가 ICT의 무한성을 알기 위해 어떻게 생각할 수 없는 것을 생각하고 그 너머로 어떻게 나아갈 것인지 생각할 수 없다면 우리는 어떻게 우리가 아는 것을 안다고 주장할 수 있을 것인지에 대한 미래 지향적 질문을 던져야 한다. 이러한 점에서 ICT는 급진적으로 생각할 수 없는 것이다. ICT는 생각되는 것, 생각되지 않는 것 사이의 변태 (metamorphosis) 작용을 의미한다. 하지만 이는 사유 속에 존재하는 사유되지 않는 것에 대한 식민화의 만용과 관련 있다. ICT는 무한이 얼마나 거대한지, 사고와 행동의 무한성을 이해하는 것이다. 만일 누군가 무한성에 도전한다면 그는 혼돈에 존재하는 것이다. 핵심은 ICT가 혼돈은 지엽적인 것이며, 공적인 것이며, 순수한 내재성 속의 점을 지칭한다는 것이다. 이러한 다양성 속에서 ICT는 포이에시스로 간주되어야 한다. ICT는 내재성의 지평에서 작동한다. 내재성의 존재, 삶, ICT는 하나의 삶이다. 삶은 포이에시스 혹은 혁명에 의해서 이끌어지는가? Žižek의 말을 빌리자면 당연히 그렇다. ICT가 포이에시스라는 것은 순회성은 실제의 무한성과 상대성을 이해하기 위해 재현하는 것이다. 이로써 ICT는 초월성을 추구한다. 이론보다는 포이에시스를 강조함으로써 ICT의 순회성은 초월적인 유목학의 전형이라 할 수 있다.

ICT는 특정한 서적을 찬양하는 것을 거부한다(Tse Tung, 2007, p. 45). ICT는 세계를 이해하는 다양한 형식에 관심을 기울일 것을 권유한다. 고통과 억압에 대한 표현들은 무용이나 그림과 같은 예술의 형식을 통해 아프리카에서 매우 강하게 나타난다. Marc Ela(2013)가 주장한 것처럼, 경제적으로 위태로운 나라의 춤이 불평등과 억압을 대하는 하나의 방식인 것만은 아니다. 그것은 "좌절을 직면하는 매우 강력한 방식"이다(Ela, 2013, p. 16). ICT는 우리에게 인간의 존재성의 또 다른 형식을 드러내 준다. Corazza(2002)의 지각 있는 주장은 여기서 매우 적절하다. 그녀가 주장하듯이, 나는 ICT가 정체된 교육과정(assentado curriculum)에서 유목하는 교육과정(vagamundo curriculum)으로의 이동을 위한 도전이라고 생각한다. 즉, "유목하는 교육과정을 창조하기 위해 우리는 우리가 어떻게 이야기할 수 없는 것, 생각할 수 없는 것, 영토 밖에 있는 것, 자아 속의 다른 자아, 다른 자아를 생각할 수 있는지 질문해야 한다"(Corazza, 2002, p. 140). 이와 관련해 Corazza는 다음과 같이 이야기한다.

> 이러한 교육과정 사유는 그 사유에 대한 행동 그리고 가능한 경험이
> 아니라 실제 경험으로부터 만들어진 새로운 개념의 창조를 통한 새
> 로운 사유의 추구를 지향하는 효과적인 불확정성이 없다면 공허한 것
> 이다. 사실 다른 지식과 다른 철학의 강인함은 새로운 개념과 새로운
> 의미를 만들어 낼 수 있는 그것의 능력이나 가능성에 의해 결정된다.
> (Corazza, 2002, p. 140)

이러한 Corazza(2002)의 주장은 Axelle Kabou(2013), Jean Marc Ela(2013)를 비롯한 여러 아프리카 학자들이 왜 "만일 아프리카가 발전이나 개발을 원하지 않는다면?"이라는 질문을 통해 서구와 비서구의 헤게모니 도구를 비판하는지 이해하는 데 도움을 준다.

제3세계(the global South) 위해 필요한 발전의 개념화는 서구 중심의 단일한 문화적 접근을 극복하는 다른 시각으로부터 이해될 필요가 있다. 발전

이 누구의 목적을 성취하도록 하는가? 진보로 치장된 회전 숫돌은 어떠한 희생을 초래하는가? 이러한 맥락에서 ICT는 그것이 사회적 · 인지적 정의를 추구한다는 점에서 진정으로 인권의 문제이다. ICT는 지배적인 다문화의 형태에 도전하고 탈제국적 인권의 간문화성을 위해 인권의 간문화적 재건의 환경을 창조하는 것이다. 많은 문제들 중에 특히 ICT는 다음의 문제들을 강조한다. 1) 지식에 대한 권리, 2) 역사적 자본주의를 세계의 심판대에 올릴 수 있는 권리, 3) 민주적인 자기 결정권, 4) 자연이나 미래 세대와 같이 주체적으로 권리를 찾을 수 없는 대상에서 권리를 부여할 수 있는 권리(Sausa Santos, 2007a, 2007b).

ICT는 사회적 정의와 지적 정의를 위한 투쟁에 적극적으로 참여함으로써 교육과정 인식론적 학살에 저항하는 맑고 투명한 요청이다. 이러한 요청은 정의를 위한 세대를 뛰어넘는 것이다. 이와 관련하여 Saramago의 메타포는 매우 적절하다. 노벨상을 수상한 포르투갈의 지식인 Saramago는 자신의 최고의 소설 중 하나인 *Seeing*에서 한 국가의 시민들의 '투표'가 어떻게 그들의 일상적인 삶을 불가능하게 만들었는지 상세하게 보여 준다. 이야기를 간략하게 설명하면 다음과 같다. 포르투갈에서 전형적인 흐리고 추운 겨울 투표일에 대부분의 시민들은 투표를 하러 가지 않다가 늦은 오후에야 투표장으로 몰렸다. 그 소설은 이러한 상황에서 어찌할 바를 몰라 점점 공황 상태에 빠지는 정치인들을 묘사한다. 그러던 중 늦은 오후에 너무나 많은 사람이 투표소에 몰려 투표를 하였다. 놀랍게도 개표 결과 대부분의 투표 용지가 공란으로 비어 있었다. 정부는 그 이유를 조사하였고 추운 날씨를 비롯한 여러 가능한 원인들이 제기되었다. 정부는 일주일 뒤 날씨가 좋은 날에 다시 투표를 실시하였다. 그러나 실망스럽게도 투표 결과는 이전보다 더 좋지 않았다. 80% 이상의 투표 용지가 기표되지 않은 것이었다. 정부는 마치 범죄가 발생한 것처럼 그 투표 결과에 대처하였다. 정부는 포위 작전을 동반한 국가 위기 사태를 선포하였으며 거짓말 탐지기까지 동원하여 시민들을 심문하고 감시하였다. 그 소설은 이와 같은 기이한 이야기들로 이어진다.

Saramago의 소설은 우리가 직면한 인식론적 학살을 매우 명료하게 드러내 준다. 이 소설은 민주주의를 보호하기 위해 민주주의를 어떻게 이용할 것인지를 넘어 더욱 많은 것을 시사한다. 이는 근대 서구의 인식론적 지배와 우리의 사고방식을 식민화하는 특정한 대항 헤게모니에 저항하는 사회적·인지적 정의를 위해 기표되지 않은 투표에 대한 요청이다. 뿐만 아니라 Ahmad(2008)와 우리가 존재하는 학문적 맥락의 복잡한 매트릭스의 흐름에 저항해야 함을 요구한다. Saramago의 *Seeing*의 관점과 관련하여 ICT는 우리가 살고자 하는 세상을 만들기 위해 나아가야 할 방향을 제시한다. Bamako는 그 방향을 다음과 같이 제시한다.

> (1) 인간 개인과 민족의 연대와 결속에 기초한 세상, (2) 남성과 여성 그리고 시민들의 완전한 확언과 지지에 기초한 세상, (3) 모든 영역에서 창의적인 발전을 최대한 가능하게 하는 세계적 문명, (4) 진정한 민주주의에 기초해 만들어진 문명화된 사회, (5) 지구의 자원, 농지, 그리고 상품화되지 않은 것들에 대한 인정에 기초한 세상, (6) 문화적 산물, 과학적 지식, 교육, 건강이 상품화되지 않는 사회, (7) 완전한 민주주의, 사회 진보, 그리고 모든 나라와 사람들의 자치권과 자율권을 보장하는 정책을 추구하는 사회, (8) 반제국주의에 기초하여 선진국과 개발도상국의 모든 사람들을 결속시키는 세상. (Amin, 2008, pp. 108–111 참조)

추가적으로, 내가 『교육과정 이론의 갈등: 인식론의 헤게모니에 대한 도전(*Conflicts in Curriculum Theory: Challenging Hegemonic Epistemologies*)』에서 논의한 것처럼, ICT는 모든 사람들을 위한 것이어야 한다. 다시 말해, 진정한 간문화적 대화가 가능한 환경을 만들어야 한다. 이와 관련하여 Al-Azmeh(2009)의 논의는 매우 적절하다. 우리는 간문화적 대화라는 개념 자체에 대해 다시 생각해 보아야 한다.

> 간문화적 대화의 문제가 사람들 사이의 영원히 소통할 수 없는 이해불가능성, 외국인 혐오 조장, 인종 청소, 야만적인 행위들 때문에 나타나는 것만은 아니다. 그것은 바로 간문화적 대화에 대한 인식이 대화자

이 기진 최종성이나 고정성 때문이다.

비심연적 사고와 간문화주의의 우생학적 지배에 대한 거부를 강조하는 ICT 는 '새로운 패러다임(paradigma otro)' 즉, 비서구적 사유의 가능성으로 나아 가고, 거대한 근대적 내러티브의 인식론과 패러다임의 직선적이고 단일한 역사에 순응하지 않는다(Escobar, 2013, p. 34).

이러한 새로운 패러다임은 근대적/식민적 연구 속의 서구의 근대성에 대한 논쟁의 활로를 개척한다. Escobar(2010)가 이야기하듯이 유럽 중심 서 구 근대성은 세계적-지역적 논쟁과 연관되어 있다. 즉, 유럽 중심 서구 근대 성은 그것이 서발턴시키는 다른 지역의 역사와 그들의 양상을 특정한 세계 적 근대성으로 형성할 수 있었다(Escobar, 2013, p. 38; Mignolo, 2013).

ICT는 서구 유럽 중심의 근대성과 식민성에 대한 투쟁은 '지식에 대한 협력적 투쟁'이며 서구의 인식론적 플랫폼 극복을 추구한다. 우리 모두는 서로 다른 이들에 기대어 존재한다. ICT는 비판 이론과 비판 교육에 대한 비 판, 희망, 그리고 가능성의 언어를 개발한다. 또한 ICT는 비판 교육은 경험, 지식, 그리고 권력이 어떻게 불평등한 교실에서 형성되는지에 대한 이해를 필요로 한다(Giroux, 2011, p. 5). ICT는 뼈처럼 굳어 버린 모든 이론적 입장에 대한 명료한 도전이다. 말할 필요도 없이 ICT는 우리가 일상생활에서 직면 하는 분쟁에 대한 진지한 논쟁을 필요로 한다. ICT는 일반 시민의 이론이다. 우리가 Giroux의 희망과 가능성의 언어 그리고 그가 비판 이론과 비판 교육 을 어떻게 이야기하고 있는지 진정으로 이해하면 ICT가 다른 마르크스주의 영향과 비서구적 인식론과 더불어 양립할 수 있음을 이해할 수 있다. 또한 ICT는 비판 이론과 마르크스주의 사이의 매트릭스의 중심으로부터 시작하 는 탈식민의 과정을 의미한다. 이것이 마르크스가 주창한 존재하는 모든 것 에 대한 가차 없는 비판이 의미하는 것이 아닌가?

🍎 참고문헌

Ahmad, A. (2008) *In Theory*. London: Verso.

Al-Azmeh, A. (2009) *Islams and Modernities*. New York: Verso.

Amin, S. (2008) The World we Wish to See. Revolutionary Objectives in Twenty First Century. *The Bamako Appeal*, pp. 107-12.

Bauman, Z. (1998) *Globalization. The Human Consequences*. London: Blackwell Publishers.

Biko, S. (1978) *I Write What I Like*. Johannesburg/Sandton: Heinemann Publishers.

Corazza, S. M. (2002). Noologia do currículo: Vagamundo, o problemático, e assentado, o resolvido. *Educação e Realidade*, 27 (2), pp. 131-42.

Croce, A. (1998). Discussing the undiscussable. In Maurice Berger (ed) *The Crisis of Criticism*. New York: New Press, pp. 15-29.

Darder, A. (2012a) *Culture and Power in the Classrooms. Educational Foundations for the Schooling of Bicultural Studies*. Boulder: Paradigm Publishers.

DeLeuze, G. (1995) *Negotiations 1972-1990*. New York: Columbia University Press.

Deleuze, G. e Guattari, F. (1987) *A Thousand Plateaus. Capitalism and Schizophrenia*. Minneapolis: University of Minnesota Press.

Dussel, E. (1995b) *Philosophy of Liberation*. Oregon: Wipf & Stock.

Dussel, E. (2013) *Ethics of Liberation. In the Age of Globalization and Exclusion*. Durham: Duke University Press.

Ela, J. M. (2013) *Restituir a Historia as Sociedades Africanas*. Lisboa: Edicoes Pedago.

Escobar, A. (2013) Worlds and Knowledges Otherwise. In W. Mignolo and A. Escobar (eds) *Globalization and the Decolonial Turn*. New York: Routledge, pp. 33-64.

Giroux, H. (2011). *Zombie Politics in the Age of Casino Capitalism*. New York: Peter Lang.

Grosfoguel, R. (2007) The Epistemic Decolonial Turn: Beyond Political Economy Paradigms. *Cultural Studies* 21(2-3), pp. 211-223.

Hountondji, P. (2002) *The Struggle for Meaning. Reflection on Philosophy, Culture and Democracy in Africa*. Athens: Ohio State University.

Huebner, D. (2005) *E-Mail Correspondence*.

Kabou, A. (2013) *E se A Africa se Recusar ao Desensvolvimento?* Lisboa: Edicoes Pedago.

Marx, K. and Engels, F. (2012) *The Communist Manifesto*. New York: Verso.

Mignolo, W. (2012) *Local histories / global designs: Coloniality, subaltern knowledges and border thinking*. Princeton: Princeton University Press.

Mignolo, W. (2013) Introduction. Coloniality of Power and Decolonial Thinking. In W. Mignolo and A. Escobar (eds) *Globalization and the Decolonial Turn*. New York: Routledge, pp. 1-21.

Mphahlele, E. (2011). *Corner B*. New York: Penguin Classics. pp. 15-29.

Pinar, W. (2000) Introduction: Toward the Internationalization of Curriculum Studies. In D. Trueit, W. Doll Jr, H. Wang and W. Pinar (eds) *The Internationalization of Curriculum Studies*. New York: Peter Lang, pp. 1-13.

Pinar, W. (2004). *What Is Curriculum Theory?* Mahwah, NJ: Erlbaum.

Pinar, W. (2012) *Curriculum Studies in the United States.* New York: Palgrave.

Pinar, W. (2013). *Curriculum States in the United States: Present Circumstances, Intellectual Histories.* New York: Palgrave.

Quijano, A. (2000b). Colonialidad del poder y classificacion Social. *Journal of World Systems Research*, 6 (2), pp. 342–86.

Seth, S. (2011) Travelling Theory: Western Knowledge and Its Indian Object. *International Studies in Sociology of Education*, 21 (4), pp. 263–82.

Sloterdjik, P. (2013) *In the World Interior of Capital. Towards a Philosophical Theory of Globalization.* Cambridge: Polity Press.

Sousa Santos, B. (2003a). Prefácio. In B. de Sousa Santos (org.), *Democarizar a Democracia—Os caminhos da Democracia Participativa.* Porto: Edições Afrontamento, pp. 25–33.

Sousa Santos, B. (2003b). Para uma sociologia das ausências e uma sociologia das emergências. In Boaventura de Sousa Santos (org) *Conhecimento prudente para um vida decente: Um Discurso sobre as ciencias revisitado.* Porto: Afrontamento, pp. 735–75.

Sousa Santos, B. (2006). *The Rise of the Left the World Social Forum and Beyond.* London: Verso.

Sousa Santos, B. (2007a) *Another Knowledge Is Possible.* London: Verso.

Sousa Santos, B. (2009b). Beyond abyssal thinking. From global lines to ecologies of knowledges. *Review*, 30(1), pp. 45–89.

Trueit, D. (2000) Democracy and Conversation. In D. Trueit, W. Doll Jr, H. Wang and W. Pinar (eds) *The Internationalization of Curriculum Studies.* New York: Peter Lang, pp. ix–xvii.

Tse Tung, M. (2007). Oppose Book Worship. In Slavoj Žižek. *Slavoj Žižek presents Mao on practice and contradiction.* London: Verso, pp. 43–51.

탈식민주의와 교육과정 연구

찾아보기

역자 소개

김영천

진주교육대학교 교육학과 교수로서, 미국 The Ohio State University에서 교육
과정학과 질적 연구 전공으로 박사학위를 받았다. 약 50권의 저서와 50편 이상
의 학술지 논문을 게재하였다. 초창기의 문화기술지와 생애사 연구를 거쳐 탈식
민주의 교육학 연구와 질적 연구에 정진하고 있다. 미국 McMillan Publisher에
서 2019년 정정훈 박사와 공저로 *Shadow Education as Worldwide Curriculum
Studies*를 출간하였다.

최성호

진주교육대학교 학부를 졸업하고 대학원에서 교육과정과 수업 전공으로 석사
학위를 받았다. 그 이후 진주교대 학부에서 교육과정 과목을 가르치면서 김영천
교수에게서 질적 연구 그리고 교육과정 이론에 대하여 지도받았다. 연구 영역으
로서 질적 연구의 방법론적 이론화 그리고 한국 학생들의 탈경계적 학습 문화이
다. 연구 논문으로는 "질적 내용 분석의 내용과 절차"(2016), "인문계 고등학교
학생들의 학습 문화: 생애사적 탐구"(2017), "질적자료분석 방법으로서 영역 분
석"(2017) 등이 있다. 탈식민주의 교육과정 그리고 다문화 교육과 국제 교육과
정 연구를 심도 있게 공부하기 위하여 2020년 가을 미국의 대학교에 박사과정으
로 입학할 예정이다.

탈식민주의와 교육과정 연구

발 행 일 | 2020년 3월 2일 초판 1쇄 발행
저   자 | João M. Paraskeva
역   자 | 김영천 · 최성호
발 행 인 | 구본하
발 행 처 | (주)아카데미프레스
주   소 | 서울시 마포구 월드컵북로5길 33 동아빌딩 2층
전   화 | (02)3144-3765
팩   스 | (02)3142-3766
웹사이트 | www.academypress.co.kr
이 메 일 | info@academypress.co.kr
등록 번호 | 제2018-000184호
I S B N | 979-11-968103-3-7

값 20,000원